Les origines du Coran, le Coran des origines

François DÉROCHE, Christian Julien ROBIN et Michel ZINK éd.

Actes du colloque international organisé par l'Académie des Inscriptions et Belles-Lettres et la Berlin-Brandenburgische Akademie der Wissenschaften

à la Fondation Simone et Cino del Duca et à l'Académie des Inscriptions et Belles-Lettres, les 3 et 4 mars 2011

avec le soutien de la Fondation Max van Berchem, de l'École pratique des Hautes Études, du CNRS (UMR 7192 « Proche Orient-Caucase » et UMR 8167 « Orient & Méditerranée »), de la Hermann und Elise geborene Heckmann Wentzel-Stiftung et du programme franco-allemand Coranica (ANR et DFG)

Ouvrage publié avec le concours de l'École pratique des Hautes Études, du programme franco-allemand Coranica (ANR et Deutsche Forschungsgemeinschaft) et du CNRS (UMR 7192 et UMR 8167)

Académie des Inscriptions et Belles-Lettres
Paris • 2015

Les origines du Coran, le Coran des origines

Illustration de couverture :
The Nasser D. Khalili Collection of Islamic Art, KFQ 60, recto.

N° ISBN : 978-2-87754-321-7
Édité en 2015

AVANT-PROPOS

En 1860, Theodor Nöldeke, jeune docteur de l'Université de Göttingen, publiait un livre qui devait marquer durablement les études coraniques en Occident, la *Geschichte des Qorâns*. On oublie souvent que cette œuvre majeure est née d'une initiative prise en 1857 par l'Académie des Inscriptions et Belles-Lettres qui, selon l'usage de l'époque, avait proposé comme sujet pour le Prix du Budget qui devait être attribué en 1859 de « faire l'histoire critique du texte du Coran ». La question, audacieuse à l'époque, avait suscité trois essais, dont celui de Nöldeke, qui furent équitablement couronnés bien que seule la *Geschichte des Qorâns* ait atteint une telle notoriété. Les réponses qui avaient été offertes vers le milieu du XIXe siècle étaient cependant loin d'avoir épuisé tous les aspects du sujet. Quelque soixante années plus tard, une seconde édition de l'ouvrage, considérablement augmentée par trois disciples du maître, Gotthelf Bergsträsser, Otto Pretzl et Friedrich Schwally, fut publiée entre 1919 et 1938 : la lecture des trois volumes permet de prendre la mesure des progrès qui étaient survenus en un peu plus d'un demi-siècle.

Le même constat peut être dressé en ce début de XXIe siècle : comme le montre la récente *Encyclopaedia of the Qur'an* publiée par Jane McAuliffe – il est vrai que l'exégèse y est également prise en considération –, l'éventail des connaissances s'est considérablement ouvert.

En outre, un récent regain d'intérêt pour l'étude du Coran, caractérisé par la volonté d'en comprendre les origines dans le contexte de l'Antiquité tardive, offrait des conditions particulièrement favorables pour la tenue d'un colloque consacré aux origines du texte coranique, qui marquerait, à sa manière, le 150e anniversaire de la publication de la *Geschichte des Qorâns*.

Le sujet que l'Académie parisienne avait retenu en 1857 n'a rien perdu de sa pertinence et a donc pu constituer, un siècle et demi plus tard, le fil directeur des communications données durant le colloque *Les origines du Coran, le Coran des origines*. Des dix-neuf communications qui ont été lues lors des séances des 3 et 4 mars 2011, treize sont réunies dans ce volume. À l'exception de l'une d'elles, qui retrace l'histoire du concours de l'Académie, elles offrent un panorama de la recherche sur la genèse du texte du Coran au cours d'une période qui s'étend des deux siècles qui précèdent l'apostolat de Muhammad à ceux au cours desquels la transmission manuscrite se perfectionne pour donner à la vulgate l'apparence que nous lui connaissons aujourd'hui.

Depuis l'époque où Nöldeke rédigeait sa contribution, l'évolution des recherches a eu pour effet de donner d'un côté plus de place à l'examen des liens entre l'Arabie pré-islamique et le texte coranique : l'étude archéologique et épigraphique de la Péninsule arabique a connu dans les dernières décennies un développement considérable et livré un matériel qui jette un jour nouveau sur les circonstances dans lesquelles est apparu l'islam. D'un autre côté, les questions posées par la transmission écrite du texte se sont multipliées, d'une part grâce à la découverte (ou à la redécouverte) de témoins manuscrits du premier siècle de l'Hégire et de l'autre grâce à une connaissance plus fine de ces corans primitifs. L'examen du texte lui-même, de sa chronologie et de ses rapports avec son milieu d'origine représente le troisième grand axe selon lequel s'organisent les communications. Le style allusif et elliptique du discours coranique impose à l'historien de le scruter avec minutie et d'exploiter avec prudence l'abondante information transmise par des savants musulmans médiévaux animés parfois par une « indiscrète sagacité », pour reprendre la formule de Régis Blachère.

Le colloque *Les origines du Coran, le Coran des origines* a été organisé dans le cadre du projet Coranica (2011-2014) financé par l'Agence nationale de la Recherche (ANR) et la Deutsche Forschungsgemeinschaft (DFG) dans le cadre des projets franco-allemands. Il a bénéficié du soutien de l'Académie des Inscriptions et Belles-Lettres, de la Fondation Max van Berchem (Genève), de l'UMR 8167 « Orient&Méditerranée » du CNRS et de l'École pratique des Hautes Études : nous les remercions très chaleureusement pour leur appui.

François Déroche et Christian Julien Robin

ALLOCUTION D'ACCUEIL

Les études coraniques, et plus largement arabes, mêlent leurs origines à celles de l'histoire de l'orientalisme, qui est l'un des principaux domaines d'étude à l'honneur en notre Compagnie. Naguère, deux colloques, organisés ici même, ont rappelé à cet égard le rôle pionnier joué par notre Académie, dès le XVIIIe siècle, et sa contribution notable aux premiers efforts menés pour en forger les méthodes, pour dresser la liste des enquêtes à conduire, et pour établir le corpus des sources à éditer. Dans ce sillage, la quête de sens appliquée aux traditions religieuses orientales a poussé, dès alors, historiens et philologues à porter un regard critique sur le vaste ensemble de textes, rédigés en des écritures si diverses, qui furent réunis, au gré des aléas de leur transmission, au sein des canons des grands monothéismes, ou bien qui les ont puissamment environnés. Le Coran tint dès le départ dans ce panorama une place d'honneur, si bien que c'est tout naturellement qu'il a été décidé d'accueillir le présent colloque international « Les origines du Coran, le Coran des origines » en vue de faire notamment le point sur un ensemble foisonnant et durable de réflexions dont le coup d'envoi fut donné jadis quai de Conti. L'occasion s'est aussi offerte d'associer à nos travaux nos savants confrères de l'Académie de Berlin, en particulier de sa section du Corpus Coranicum, dont j'ai plaisir à saluer la participation. Ce colloque est par voie de conséquence tout autant une réunion d'amitié que de science.

Il n'est nul besoin de passer en revue les grands noms qui illustrèrent le rayonnement de l'Académie dans des domaines d'étude dont le succès en France, lié à son passé colonial, résulte pour beaucoup aussi de la permanence des liens tissés avec l'ensemble des cultures de l'Orient, dans le cadre prolifique de relations politiques, diplomatiques et culturelles qui plongent leurs racines dans un lointain passé. Je me bornerai par conséquent à mentionner quelques noms seulement, qui ont illuminé d'un éclat persistant l'essor et le développement de disciplines historiques et philologiques consacrées à la langue arabe et à son environnement religieux, toujours rémanent à un degré ou à un autre.

En tête de cette galerie, il convient assurément d'évoquer les mânes d'Antoine-Isaac Silvestre de Sacy (1758-1838). Au fondateur des études arabes en France, qui fut secrétaire perpétuel de notre Académie (1833), l'on doit notamment une célèbre *Chrestomathie arabe*, récemment rééditée par les soins de notre confrère M. François Déroche, dans le cadre des actions de mécénat scientifique conduites par la fondation Khôra de l'Institut de France. Rappelons aussi les noms du lexicographe Armand Caussin de Perceval (1795, AIBL 1849, 1871), professeur d'arabe au Collège de France et auteur d'un *Essai sur l'histoire des Arabes avant l'islamisme* (1847), du dialectologue William Marçais (1872, AIBL 1927, 1956), du suisse Max van Berchem (1863-1921, élu associé étranger en 1913), le fondateur de l'épigraphie arabe, de l'islamologue Gaston Wiet (1887, AIBL 1957, 1971), directeur du musée d'Art arabe du Caire, ou bien, plus près de nous, de Henri Laoust (1905, AIBL 1974, 1983), dont les travaux ont notablement enrichi notre connaissance de l'islam et qui a marqué de son influence nombre de jeunes islamologues. Parmi ses travaux les plus remarquables, on retiendra son étude sur le grand penseur musulman Ibn Taymiyya et la traduction qu'il élabora de son *Traité de la politique juridique*, aujourd'hui encore un classique sur le droit public. Nous aurons garde de ne pas omettre non plus, dans le domaine de la grammaire de l'arabe classique, l'œuvre de Régis Blachère (1900, AIBL 1972, 1973), traducteur du Coran, ou de Charles Pellat (1914, AIBL 1984, 1992), ancien officier des Affaires indigènes et directeur fort compétent et actif de l'*Encyclopédie de l'islam*, une entreprise de l'Union académique internationale au progrès de laquelle notre Compagnie a toujours été en quelque sorte organiquement attachée.

Comme le rappelleront à de nombreuses reprises les études qui suivent, les années 1859 et 1860 furent un moment décisif pour les études coraniques en Europe, que notre Académie contribua à cristalliser alors. Ainsi organisa-t-elle en 1859 un concours sur les origines du Coran qui consacra les contributions de trois savants: Michele Amari (1806-1889), Aloys Sprenger (1813-1893) et Theodor Nöldeke (1836-1930), nommé son correspondant étranger en 1906. Avec célérité, ce dernier, dès 1860, devait publier après l'avoir traduit en allemand l'un des textes que notre Compagnie avait couronnés de son prix du Budget : la *Geschichte des Qorâns* ; plus tard, sa deuxième édition en trois volumes (1909-1938), considérablement développée, allait marquer durablement de son empreinte les recherches ultérieures.

Où en sommes-nous un siècle et demi plus tard ? Sans pour autant négliger de tracer des pistes de réflexion, parfois fort diverses, pour l'avenir, telle est la question à laquelle ont brillamment concouru à répondre les participants réunis à ce colloque commémoratif, co-organisé par MM. François Déroche, Christian Robin, membres de l'AIBL, et Michael Marx, directeur du groupe de recherche Corpus Coranicum. Il est remarquable qu'après une phase de relatif désintérêt, de nouveaux travaux aient vu le jour au cours des dernières décennies et qu'en particulier des problématiques originales aient relancé le débat sur la genèse du texte coranique. Comme vont nous le montrer les exposés présentés lors de ces deux journées, les progrès de notre connaissance de l'Arabie ancienne, les nouvelles façons d'approcher le texte sacré des musulmans et sa structure, ou bien encore la prise en compte des vestiges manuscrits de la transmission, forment autant d'éléments qui renouvellent substantiellement le regard que l'on peut porter sur cette question essentielle.

À tout seigneur tout honneur: nous aimerions clore cette trop brève évocation en saluant l'ambitieux projet du Corpus coranicum, soutenu par l'Akademie der Wissenschaften de Berlin-Brandebourg. Fondée autour d'un noyau de chercheurs franco-allemand, cette entreprise se fixe deux objectifs principaux: d'un côté, favoriser une meilleure connaissance de l'histoire du Coran en s'appuyant sur les témoins matériels des premiers siècles de l'Hégire – en particulier sur l'édition des manuscrits rédigés en écriture *hijâzite*, réputés les plus anciens ; de l'autre, développer une base de données, créée en 2007, sur le texte coranique, sa transmission et les liens extrêmement divers qui en font un écrit de son temps. D'ores et déjà, plusieurs manuscrits sont prêts pour la publication et une collection, co-patronnée par l'Académie des Inscriptions et Belles-Lettres et l'Académie de Berlin, est prévue pour voir le jour chez Brill, sous le titre : « Manuscripta et documenta coranica ».

C'est donc par des vœux que j'achèverai ce mot d'accueil: que ces journées d'échanges et de travail fructueux permettent d'attirer l'attention qu'elles méritent sur ces nouvelles éditions fondamentales, fruit d'une collaboration ou mieux, dirai-je même, d'une communion internationale.

Jean Leclant
Secrétaire perpétuel de l'Académie des Inscriptions et Belles-Lettres

LA GENÈSE DE LA *GESCHICHTE DES QORÂNS*

Il y a de cela un siècle et demi, l'éditeur Dieterich, de Göttingen, publiait un petit livre intitulé *Geschichte des Qorâns*. L'auteur, Theodor Nöldeke, n'avait alors pas encore vingt-cinq ans ; il venait pourtant de marquer de manière durable un domaine des recherches orientales – on pourrait même dire qu'il venait d'en poser la première pierre, et quelle pierre !

Il avait composé peu auparavant en latin un essai qui parut en 1856. Le *De origine et compositione surarum qoranicarum ipsiusque Qorani* s'inscrivait dans le cadre d'un concours (*ausserordentliche Ausgabe*) que l'université Georg-August de Göttingen avait organisé en 1855 et dont Nöldeke avait été le lauréat[1]. L'appréciation de ses juges, reproduite au début de la préface, était des plus élogieuses[2]. Après avoir obtenu son titre de docteur l'année suivante, et peut-être avec la somme qu'il avait gagnée en remportant le concours, il entreprit un voyage européen qui lui permit de visiter plusieurs des bibliothèques qui, à l'époque, possédaient des fonds orientaux importants : Vienne en 1856 et 1857, Leyde en 1857 et 1858, et, pour terminer, Gotha et Berlin en 1858.

Un autre concours allait donner au jeune orientaliste l'occasion d'élargir considérablement le champ de son premier travail. Les concours académiques étaient à l'époque un trait de la vie intellectuelle et l'Académie des Inscriptions et Belles-Lettres ne faisait pas exception à la règle. Elle disposait notamment du « prix du Budget », connu également comme le « Prix annuel », dont le lauréat recevait 2000 francs de l'époque. Le thème changeait chaque année selon un cycle qui le faisait passer de l'Antiquité classique aux études médiévales puis à l'histoire et aux langues orientales.

L'année 1857 était la troisième du cycle et l'Académie devait constituer une commission composée du président, du vice-président, du secré-

1. *De origine et compositione surarum qoranicarum ipsiusque Qorani scripsit Theodorus Noeldeke Lingensis. Commentatio in concertatione civium Academiae Georgiae Augustae, IV. Junii MDCCCLV ab amplissimo philosophorum ordine praemio regio ornata*, Göttingen, 1856.

2. *Ibid.*, p. I.

taire perpétuel et de quatre académiciens pour proposer à la compagnie trois sujets. Le rapporteur était Ernest Renan, spécialiste des études sémitiques, mais dont les compétences s'étendaient bien au-delà de ce seul champ de recherches[3]. Son influence devait du reste se faire particulièrement sentir sur les études historiques en France au cours de la seconde moitié du XIXe siècle.

Lors de la séance du 26 juin 1857, il présenta à ses confrères les résultats des discussions de la commission. Les trois sujets proposés étaient classés par ordre d'intérêt et le premier concernait le Coran :

> « Faire l'histoire critique du texte du Coran : rechercher la division primitive et le caractère des différents morceaux qui le composent. Déterminer, autant qu'il est possible, avec l'aide des historiens arabes, des commentateurs, et d'après l'examen des morceaux eux-mêmes, les moments de la vie de Mahomet auxquels ils se rapportent; exposer les vicissitudes que traversa le texte du Coran, depuis les récitations de Mahomet jusqu'à la recension définitive qui lui donna la forme où nous le voyons. Déterminer, d'après l'examen des plus anciens manuscrits, la nature des variantes qui ont survécu aux recensions. »[4]

Après avoir donné lecture de l'énoncé du sujet, Renan ajouta quelques remarques qui semblent tout à fait significatives : « Le temps est venu d'appliquer la critique à ce recueil »[5].

Il conclut par un bref commentaire, signalant qu'« il a paru en Allemagne une dissertation intéressante sur le Coran, mais <qu'>elle n'est pas complète »[6]. Le nom de l'auteur de cette contribution n'est pas signalé, ce qui fait qu'il est difficile de décider s'il pensait au *De origine* de Nöldeke ou à la *Historisch-kritische Einleitung in den Koran* que Gustav Weil avait fait paraître en 1844[7]. L'emploi du terme « dissertation » me semble de nature à faire pencher la balance en faveur du *De origine*, qui est un travail réalisé dans un cadre universitaire. Les deux autres sujets proposés par la commission sont plus brièvement présentés par Renan : l'un concerne le *nirvâna* et le second le soufisme. À l'issue du rapport, l'Académie se prononça de manière unanime en faveur du premier sujet.

3. R. Dussaud, « Notice sur la vie et les travaux d'Ernest Renan, Membre de l'Académie », *Comptes rendus des Séances de l'Académie des Inscriptions et Belles-Lettres* pour 1943, fasc. 4 (octobre-décembre), p. 532-556. Également http://www.aibl.fr/membres/academiciens-depuis-1663/article/ernest-renan (consulté le 21 juillet 2014).
4. *Comptes rendus des séances de l'Académie des Inscriptions et Belles-Lettres* pour 1857, p. 139.
5. *Ibid.*
6. *Ibid.*, p. 140.
7. G. Weil, *Historisch-kritische Einleitung in den Koran*, Bielefeld, 1844.

Lors de la séance publique du 7 août 1857, le sujet du prix fut annoncé de manière officielle. De manière tout à fait significative, le texte des *Comptes rendus de l'Académie des Inscriptions et Belles-Lettres* insiste sur le fait que le concours ne concerne pas les idées du Coran, comme s'il s'était agi de corriger ce qu'avait déclaré précédemment Renan[8]. Ce qui est attendu des candidats, c'est une histoire du texte, depuis le moment où il fut annoncé publiquement au cours de la prédication de Muhammad jusqu'à sa mise par écrit. L'ultime remarque fait clairement apparaître que l'Académie, ou du moins certains de ses membres, était au courant des recherches les plus récentes[9]. On peut donc conclure que les travaux de Weil et de Nöldeke étaient connus, mais que l'on s'attendait à de nouveaux développements. Les *Comptes rendus*, qui constituent la source d'information officielle, ne donnent pas plus de détails. Comme souvent, une partie des discussions préparatoires avait eu lieu de manière informelle et un élément important dans la genèse de ce concours nous est connu par les souvenirs de Hartwig Derenbourg – comme nous le verrons plus loin.

Après l'annonce officielle du sujet du prix le 7 août, l'information fut reprise dans la presse. Dans le numéro du *Moniteur officiel* du 11 août, elle figure à côté d'autres informations relatives à l'Académie – nous sommes à une époque où cette dernière jouait un rôle important dans la vie sociale[10]. Il ne m'a pas été possible de déterminer comment le sujet fut connu en dehors de France. Le *Moniteur* était certes diffusé à l'étranger, et ce d'autant plus qu'il contenait des informations à caractère officiel. Mais il n'est pas exclu que d'autres moyens de communication aient joué un rôle, notamment les échanges épistolaires entre orientalistes.

Nous savons que Nöldeke eut connaissance du concours alors qu'il séjournait à Leyde. Selon les termes de la lettre d'introduction au mémoire qu'il rédigea pour répondre à la question posée par l'Académie des Inscriptions et Belles-Lettres, il y travaillait sur des poètes arabes anciens et sur des grammairiens : « car lorsque je commençai ce travail, j'étais à Leyde où je me consacrais à l'étude des poètes anciens et des grammairiens arabes »[11]. Il décida de changer d'objectif et de se pencher à nouveau sur les questions coraniques.

8. « Il ne s'agit point, comme on voit, d'examiner le fonds des idées que contient le Coran » (cf. *supra* [n. 4], p. 175).

9. « Des essais déjà tentés dans le sens qu'indiquent ces programmes prouvent que de pareilles études sont maintenant possibles » (*ibid.*).

10. *Moniteur officiel*, 11 août 1857, p. 1 (« Sujets proposés pour les concours de 1858 et 1859 »).

11. Archives de l'Académie des Inscriptions et Belles-Lettres, Prix du Budget, année 1859, dossier n° 1, lettre d'accompagnement, f. 1^{v}, l. 14-18.

Durant leur séance du 14 janvier 1859, les membres de l'Académie avaient sélectionné quatre de leurs confrères pour constituer avec les membres du bureau la commission chargée d'attribuer le prix[12]. Les mémoires allaient donc circuler entre sept savants : trois d'entre eux, les membres du bureau, n'avaient que peu de compétences dans le domaine des études orientales. Henri Wallon[13], le président, Jules Berger de Xivrey[14], le vice-président, et Joseph Naudet[15], le secrétaire perpétuel, étaient des spécialistes du monde occidental et leur intérêt pour l'Orient, très occasionnel, ne dépassait pas le cadre des études néo-testamentaires. Les quatre autres étaient en revanche des orientalistes reconnus. J'ai déjà eu l'occasion de présenter le plus célèbre d'entre eux, Ernest Renan, qui fut désigné rapporteur. Avec lui, les membres de l'Académie avaient élu Joseph Reinaud, qui était professeur d'arabe à l'École des langues orientales et conservateur des manuscrits orientaux de la Bibliothèque impériale – tel était alors le nom de la Bibliothèque nationale. Il était un disciple direct d'Antoine Isaac Silvestre de Sacy et était avant tout un homme de cabinet[16]. Il édita et souvent traduisit des textes arabes, essentiellement dans les domaines de l'histoire ou de la géographie.

À la différence de Reinaud, Armand Caussin de Perceval était un homme de terrain. Il avait voyagé en Orient et occupait une chaire d'arabe dialectal à l'École des langues orientales avant d'être élu au Collège de France comme professeur d'arabe[17]. En dépit de cette orientation relativement moderne, il avait publié une dizaine d'années plus tôt un *Essai sur l'histoire des Arabes avant l'islamisme, pendant l'époque de Mahomet et jusqu'à la réduction*

12. *Comptes rendus des Séances de l'Académie des Inscriptions et Belles-Lettres* pour 1859, p. X.

13. G. Perrot, « Notice historique sur la vie et les travaux de M. Henri-Alexandre Wallon », *Comptes rendus des Séances de l'Académie des Inscriptions et Belles-Lettres* pour 1905, p. 667-729. Voir également http://www.aibl.fr/membres/academiciens-depuis-1663/article/wallon-henri (consulté le 21 juillet 2014).

14. P. Larousse, *Grand dictionnaire universel du XIXe siècle*, t. 2, Paris, p. 579-580.

15. H. Wallon, « Notice historique sur la vie et les travaux de M. Joseph Naudet, Membre de l'Académie des Inscriptions et Belles-Lettres », *Comptes rendus des Séances de l'Académie des Inscriptions et Belles-Lettres* pour 1879, fasc. 4 (novembre-décembre), p. 384-426. Voir également http://www.aibl.fr/membres/academiciens-depuis-1663/article/joseph-naudet (consulté le 21 juillet 2014).

16. J.-M. Quérard, *La France littéraire, ou Dictionnaire bibliographique…*, *s.v.* J.-T. Reinaud, Paris, t. 7, p. 513.

17. H. Wallon, « Notice historique sur la vie et les travaux de M. Armand-Pierre Caussin de Perceval, Membre de l'Académie des Inscriptions et Belles-Lettres », *Comptes rendus des Séances de l'Académie des Inscriptions et Belles-Lettres* pour 1880, fasc. 4 (octobre-décembre), p. 394-427.

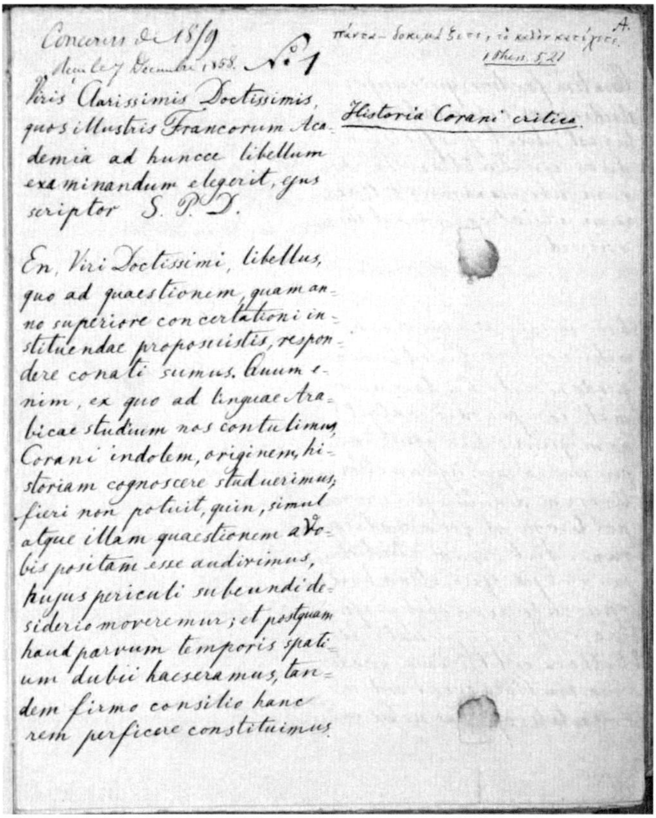

Concours de 1859 A.
Reçu le 7 Décembre 1858. N° 1
πάντα δοκιμάζετε, τὸ καλὸν κατέχετε. 1 Thess. 5,21
Historia Corani critica.

Viris Clarissimis Doctissimis, quos illustris Francorum Academia ad huncce libellum examinandum elegerit, ejus scriptor S. P. D.

En, Viri Doctissimi, libellus, quo ad quaestionem, quam anno superiore concertationi instituendae proposuistis, respondere conati sumus. Quum enim, ex quo ad linguae Arabicae studium nos contulimus, Corani indolem, originem, historiam cognoscere studuerimus, fieri non potuit, quin, simul atque illam quaestionem a vobis positam esse audiremus, hujus periculi subeundi desiderio moveremur; et postquam haud parvum temporis spatium dubii haeseramus, tandem firmo consilio hanc rem perficere constituimus.

FIG. 1. – Lettre de Th. Nöldeke accompagnant le manuscrit de son *Historia Corani critica*.

de toutes les tribus sous la loi musulmane[18], ouvrage qui faisait de lui une référence sur la période de la prédication coranique. Le septième membre de la commission était Julius ou Jules Mohl. Allemand de naissance, il avait fait carrière en France ; ce spécialiste du persan est surtout connu pour sa traduction du *Shahname*[19].

Les membres de la commission trouvèrent trois mémoires. Le nom de l'auteur était caché à l'intérieur d'une enveloppe scellée sur laquelle figurait une devise qui apparaissait également sur le mémoire. De la sorte, l'anonymat de chacun devait être garanti jusqu'au moment de la proclamation des résultats. La contribution de Nöldeke était parvenue à l'Académie le

18. *Essai sur l'histoire des Arabes avant l'islamisme, pendant l'époque de Mahomet et jusqu'à la réduction de toutes les tribus sous la loi musulmane*, Paris, 1847-1848.
19. F. M. Müller, *Biographical Essays*, Londres, 1884, p. 272-310.

7 décembre 1858[20] ; par rapport aux autres candidats, il avait sans doute planifié son travail avec méthode et y avait consacré toute son énergie.

Nöldeke, comme nous l'avons vu tout à l'heure, avait entrepris un voyage qui lui avait permis de visiter plusieurs bibliothèques européennes. Il avait notamment eu la chance de se rendre à Berlin alors que la Königliche Bibliothek de cette ville venait de faire l'acquisition de la *Bibliotheca orientalis* d'Aloys Sprenger, qui contenait plusieurs ouvrages d'importance pour le sujet à traiter. Il bénéficia sur place du catalogue que Sprenger en avait établi, ce qui lui permit de travailler plus efficacement[21]. À cette époque, de nombreux textes arabes étaient encore inédits ou mal identifiés et l'accès à une bonne copie manuscrite pouvait s'avérer déterminant. Nöldeke eut la chance de disposer de relativement bonnes informations grâce à ce catalogue ; à Leyde, des bibliothécaires compétents, Theodor Juynboll – qui était plus exactement *interpres legati Warneriani* – et Pieter de Jong[22], l'avaient utilement conseillé.

Les 408 pages du mémoire de Nöldeke étaient rédigées en latin, comme le *De origine*[23]. Le titre qu'avait retenu l'auteur, *Historia Corani critica*, s'inscrivait dans le droit fil des suggestions contenues dans le sujet ; de fait, il s'agit d'une reprise presque littérale des premiers mots : « Faire l'histoire critique du texte du Coran ».

La lettre qui accompagnait le mémoire nous laisse percevoir que son auteur ne se sentait pas complètement à l'aise (fig. 1). Certes, la *captatio benevolentiae* fait partie de l'usage rhétorique de ce type d'exercice. Mais l'insistance mise par Nöldeke à justifier l'usage du latin et non du français, à s'excuser de son écriture maladroite ou encore de ne pas être venu à Paris pour tirer profit de la collection de manuscrits laisse percevoir un certain embarras[24]. On peut se demander dans quelle mesure le silence qu'il laisse planer sur sa récente publication n'explique pas cette attitude.

20. Archives de l'Académie des Inscriptions et Belles-Lettres, Prix du Budget, année 1859, dossier n° 1, note sur la couverture et sur la lettre d'accompagnement, f. 1^{r}.

21. *A Catalogue of the Bibliotheca Orientalis Sprengeriana*, Giessen, 1857.

22. T. Nöldeke, *Geschichte des Qorâns*, Göttingen, 1860, p. VI.

23. Le manuscrit de l'*Historia Corani critica* ne comporte pas de pagination ni de foliotation, mais une numérotation des bifeuillets. Je conserverai ces numéros, en les accompagnant d'une lettre, de a à d, pour indiquer l'emplacement exact des renvois.

24. Archives de l'Académie des Inscriptions et Belles-Lettres, Prix du Budget, année 1859, dossier n° 1, lettre d'accompagnement, f. 2^{v}, l. 23-3^{r}, l. 5 (sur l'emploi du latin) ; f. 3^{r}, l. 11-19 (sur son écriture) ; f. 1^{v}, l. 3-11 (sur la collection parisienne).

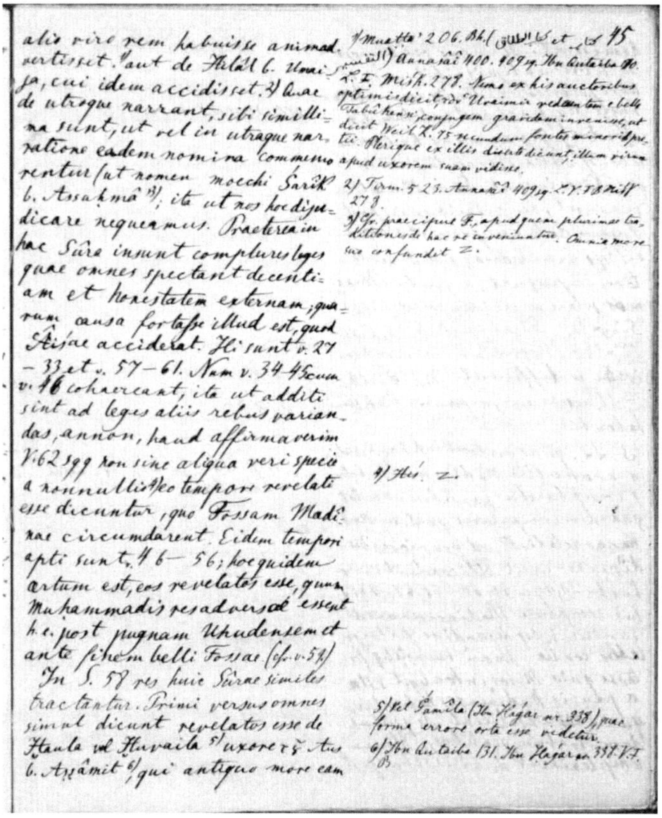

FIG. 2. – F. 45a du texte de l'*Historia Corani critica* de Th. Nöldeke.

Comme les autres concurrents, Nöldeke avait choisi une devise identifiant son mémoire. Il s'agit d'un extrait de la 1ère Épître de Paul aux Thessaloniciens :

> Πάντα... δοκιμάζετε, τὸ καλὸν κατέχετε (I Thessal. V, 21)
> « Prouvez toute chose…, conservez ce qui est bon »

L'*Historia Corani critica* est divisée en trois parties (fig. 2). La première, sur l'origine du Coran, est consacrée à un examen de la nature de la mission prophétique de Muhammad et des révélations que ce dernier recevait, puis passe à l'origine des différentes parties du texte ; après une longue introduction, Nöldeke s'intéresse d'abord à la recension telle que nous la connaissons aujourd'hui, développe son approche chronologique en trois périodes mekkoises et une médinoise, et termine en examinant les textes qui ont été conservés dans la littérature, mais n'ont pas été intégrés dans la version finale[25]. La deuxième partie est consacrée à la collecte du texte[26] et la troisième et dernière, intitulée *De historia textus Corani post ejus collectionem per 'Oṯmân*, recouvre les lectures, les variantes et la tradition manuscrite[27]. De toute évidence, Nöldeke avait lu avec attention le sujet proposé par l'Académie, adaptant à ce dernier son *De origine* et se lançant dans de nouvelles recherches.

Parmi ces dernières figure notamment tout ce qui est dit des manuscrits anciens du Coran. Il ne faut pas exclure que la suggestion contenue dans le sujet du concours à ce propos ait aiguillé vers Gotha le parcours de Nöldeke. Ce dernier ne pouvait pas manquer de penser que les membres de l'académie parisienne avaient des raisons de mentionner les plus anciens manuscrits du Coran. La bibliothèque du duché de Saxe-Cobourg-Gotha possédait une intéressante collection de fragments coraniques sur parchemin qui avait été formée au Caire par Ulrich Seetzen[28].

Ce dernier avait passé en Égypte quelques mois en 1808 et 1809[29]. Il y avait rencontré Jean-Louis Asselin de Cherville, sur lequel je reviendrai plus longuement par la suite. Asselin de Cherville, qui était lui-même un élève de Silvestre de Sacy, était alors consul adjoint au Caire, mais consacrait une partie de son temps à acquérir des manuscrits. Il est probable que c'est par lui que Seetzen avait eu connaissance de l'existence d'un dépôt de fragments coraniques anciens dans la mosquée de 'Amr à Fustât[30].

Nöldeke jouait de chance, semblait-t-il. La bibliothèque de Berlin venait de son côté d'acheter en 1851 un ensemble de manuscrits appartenant à Johann Gottfried Wetzstein[31]. Ce dernier continuait toutefois à posséder une collection où figuraient notamment une quarantaine de fragments coraniques anciens qu'il devait céder plus tard à la bibliothèque de Berlin, en 1862[32] :

25. Th. Nöldeke, *Historia Corani critica*, manuscrit, Archives de l'Académie des Inscriptions et Belles-Lettres, Prix du Budget, année 1859, dossier nº 1, f. 1a-46c.

26. *Ibid.*, f. 46d-60b.

27. *Ibid.*, f. 60c-102d.

28. W. Pertsch, *Die orientalischen Handschriften der Herzoglichen Bibliothek zu Gotha*, Dritter Teil: *Die arabischen Handschriften*, t. 1, Gotha, 1878, p. 376-396.

29. F. Kruse éd., *Ulrich Jasper Seetzen's Reisen durch Syrien, Palästina, Phönicien, die Transjordan-Länder, Arabia Petraea und Unter-Aegypten*, t. 3, Berlin, 1855, p. 388-390.

30. U. Seetzen, « Auszug eines Briefes des Herrn Kollegienassessors Seezen [*sic* !] an Herrn von Hammer », *Mines de l'Orient* 1, 1809, p. 43-75 et p. 112-127.

31. Nöldeke signale au début de la *Geschichte des Qorâns* (p. XI) que le fonds de la Königliche Bibliothek, ancêtre de la Staatsbibliothek, incluait les manuscrits de cette collection qui correspondent aux cotes Wetzstein de la Staatsbibliothek de Berlin.

32. Ces fragments apparaissent sous les cotes Wetzstein II de la Staatsbibliothek de Berlin (cf. W. Ahlwardt, *Verzeichniss der arabischen Handschriften der Königlichen*

le nombre indiqué par Nöldeke correspond en effet approximativement à l'état de la deuxième collection Wetzstein conservée à la bibliothèque de Berlin. Ultérieurement, en 1864, Wetzstein cèdera un autre lot de fragments coraniques anciens à l'État de Wurtemberg[33].

Tandis qu'il était consul de Prusse à Damas, fonction qu'il occupa entre 1848 et 1862, Wetzstein avait sans doute eu connaissance de l'existence dans la mosquée des Omeyyades d'un dépôt en bien des points similaire à celui de Fustât. Je ne sais pas à quel moment ni de quelle manière il commença à acquérir des fragments, mais le témoignage de Nöldeke nous apprend qu'une quarantaine de fragments étaient à Berlin dès 1858[34]. Ce qui implique probablement que les vingt-cinq fragments qui sont actuellement à Tübingen résultent de l'activité de collectionneur de Wetzstein au cours de ses dernières années à Damas.

En fait, le *colpo fortunato* de Nöldeke était un peu en trompe-l'œil : les fragments coraniques auxquels il avait eu accès étaient dans l'ensemble relativement tardifs. Ils dataient du IIIe/IXe siècle et cela explique qu'il en ait conclu qu'il y avait peu à en attendre[35]. Il tenait pour improbable qu'il y ait eu, parmi les « manuscrits coufiques » comme il les appelle, quoi que ce soit datant du Ier/VIIe siècle, et estimait que seul un très petit nombre de témoins du siècle suivant pouvait avoir survécu[36]. Il n'en rédigea pas moins une présentation substantielle de ses observations dans un effort méritoire pour satisfaire autant que possible les attentes du jury français qui allait le lire.

Le plan du mémoire de Nöldeke illustre les progrès réalisés depuis l'essai de 1856, qui ne contenait que les deux premières parties du mémoire et ne comportait pas de chapitre sur les révélations qui sont conservées dans d'autres ouvrages que le Coran. Et si l'on met en parallèle des passages supposés « communs », la différence saute aux yeux. Certes, certaines phrases de l'essai de 1856 ont été reprises telles quelles dans le mémoire, mais les ajouts sont nombreux et les notes fourmillent de références que le jeune savant ignorait en 1855. Il ne fait pas de doute que le voyage européen de

Bibliothek zu Berlin, t. 1, Berlin, 1887, p. X). Dans la *Geschichte des Qorâns* (p. XI), Nöldeke signale ces manuscrits de la collection privée de Wetzstein (information reprise p. 301).

33. C. Seybold, *Verzeichnis der arabischen Handschriften*, I : *Systematisch-alphabetisch Hauptkatalog der königlichen Universitätsbibliothek zu Tübingen. M. Handschriften. A. Orientalische*, VI., Tübingen, 1907, p. V ; M. Weisweiler, *Universitätsbibliothek Tübingen. Verzeichnis der arabischen Handschriften*, II, Leipzig, 1930, p. V.

34. T. Nöldeke, *op. cit.* (n. 22), p. 301. Comme on l'a vu, les fragments passèrent à la bibliothèque un peu plus tard.

35. *Ibid.*, p. 325-329.

36. *Ibid.*, p. 325.

l'auteur et l'accès qu'il a eu à un nombre considérable de manuscrits, y compris des fragments coraniques anciens, aient puissamment aidé à cette transformation.

La *Geschichte des Qorâns* est pour l'essentiel la traduction en allemand du mémoire composé par Nöldeke en réponse au sujet du concours de l'Académie des Inscriptions et Belles-Lettres, comme on peut le voir en confrontant les trois étapes qui conduisent du *De origine* à la *Geschichte*. Les p. 157-158 du texte de 1860 donnent un aperçu du cheminement.

Du *De origine* à la *Geschichte des Qorâns* (Fig. 3 et 4)

Texte de 1856	Concours de 1859
-**Sûrae 24 gravissima parte agitur de iis, quae 'Aishae in** eodem bello et postea **acciderunt.** Cum hac parte, quae efficitur versibus **4 sq.** et **10-26**, cohaerere videtur **lex de stupro 1-3**. Sed v. 6-9, si verum est, quod traditur **de 'Uvaimire**, qui Tabûko reversus (anno 9) uxorem gravidam invenit, postea ad has leges additi sunt, ita ut tum demum eos dimissos esse crederent. Quo accedit, quod B. aliam revelationis causam commemorat, quum dicat, significari **Hilâl ibn Umaija**. **Praeterea in hac Sûra complures leges** sunt, **quae omnes spectant decentiam et honestatem ; quarum causa fortasse illud est, quod 'Aishae acciderat ;** (*p. 80*) quae si non omnes eodem tempore latae sunt, tamen et v. **27-33** et **57-64** aequales habere possumus. Illi versus constant e 3, hi e 5 legibus. V. **34-45** priores videntur esse. V. **46-56**, quibus invehitur	**Sûrae 24 gravissima parte agitur de iis, quae Âisae in** eadem expeditione **acciderunt.** Hi versus, qui constant e v. **4 sq**, cum quibus verisimillime cohaerent v. **1-3** (**lex de stupro**) et v. **10-26** revelati sunt fere mense post reditum e bello. Sed de v. 6-9 postea additi esse videntur. Revelati esse dicuntur aut **de 'Uvaimir** b. Alhârit Al'aglânî, qui uxorem cum [*45a*] alio viro rem habuisse animadvertisset[1], aut de **Hilâl b. Umaija**, cui idem accidisset[2]. Quae de utroque narrant, sibi simillima sunt, ut vel in utraque narratione eadem nomina commemorentur (ut nomen moechi Sarîh b. Assahmâ[3]) ; ita ut nos hoc dijudicare nequeamus. **Praeterea in hac Sûra** insunt **complures leges quae omnes spectant decentiam et honestatem** externam **; quarum causa fortasse illud est, quod 'Aisae acciderat**. Hi sunt v. **27-33** et v. **57**-61. Num v. **34-45** cum v. 46 cohaereant, ita

157

zu bestimmen, als dafs sie wahrscheinlich später hinzugefügt sind. Sie sollen entweder wegen des ʿUwaimir b. Alḥâriṯ Alʿajlânî, der seine Frau des Ehebruchs beschuldigte [1]), oder wegen des Hilâl b. Umaiya [2]) geoffenbart sein, der dasselbe gethan haben soll. Die auf beide bezüglichen Berichte sind einander so ähnlich, sogar in dem Namen (z. B. dem des Ehebrechers Šarîk b. Assaḥmâʾ) [3]), dafs wir hier keine Entscheidung treffen können. Aufserdem enthält diese Sûra verschiedene Gesetze über Anstand und Sitte, die wol durch ʿÂïša's Abenteuer mit veranlafst sind: nämlich v. 27—33 und v. 57—61. Ob v. 34—45 mit v. 46 zusammenhängen und blofs zur Abwechselung dienen sollen, wage ich weder zu bejahen, noch zu verneinen. V. 62 ff. verlegt man nicht ohne einige Wahrscheinlichkeit in die Zeit, wo um Yaṯrib der Graben gezogen wurde [4]) (Jahr 5). Für dieselbe Zeit pafsten gut v. 46—56; so Viel ist wenigstens gewifs, dafs sie einer Zeit zuzuschreiben sind, in der es Muḥammed schlecht ging, d. h. der Periode zwischen der Schlacht am Uḥud und dem Ende des Grabenkampfes.

Sur. 58 handelt über ähnliche Dinge, wie Sur. 24. Die ersten Verse beziehen alle Angaben auf Ḫaula oder Ḫuwaila [5]), die von ihrem Gemahl Aus b. Aṣṣâmit auf eine

---

[1]) Muaṭṭa' 206. Bh. im كتاب الطلاق und كتاب التفسير. Muslim I, 882 ff. Annasâî 400, 409 f. Ibn Qutaiba 170. L. F. Miśk. 287. Keiner von diesen erzählt, dafs ʿUwaimir bei der Rückkehr vom Zuge nach Tabûk (Jahr 9) sein Weib schwanger fand, wie Weil K. 75 behauptet; die Meisten sagen vielmehr ausdrücklich, dafs er sie auf frischer That ertappte.

[2]) Muslim I, 886. Tirm. 523. Annasâî 409 f. L. Wah. F. B. Miśk. 278.

[3]) Vergl. besonders F. Alles verwirrt nach seiner Weise Zam.

[4]) His. 670. Zam.

[5]) Bei Ibn Ḥajar nr. 338 Jamîla, eine Form, die vielleicht auf einem alten Schreibfehler beruht (جميلة für خويلة)

FIG. 3. – *Geschichte des Qorâns*, p. 157, qui correspond aux f. 44b (ligne 8 de la colonne de droite de la transcription publiée en face, p. 10) et 45a de l'*Historia Corani critica* (ligne 15 de la transcription p. 12).

in Simulatores, revelati sunt tempore, quo malis urgebatur avideque expectabat, fortunam mutatum iri. Itaque eos editos habeo post cladem Uhudi, sed ante bellum Fossae.

– Cum hac sûra conjugimus versum, cui simile est argumentum, quum sit de poena adulterii. Quo versu abrogatur Sur. 4, 19 sq. Verba, quae ab iis, qui Q. collegerunt, sine dubio errore, omissa sunt, sunt haecce. « Ne destituatis patres vestros ; nam haec in vobis impietas est ; et quum maritus et matrona adulterantur, lapidibus eos necatote utique poena a deo (constituta) ; quum deus sit potens et sapiens ! » – **Sur. 22, quae vulgo Mekkana, sed a nonnullis Medînensis habetur, e compluribus partibus constat, quarum** plures **quidem** sunt Mekkanae, **sed graviores Medînenses.** Versus Mekkani tertiae aetati attribuendi sunt. Quorum major pars constare videtur e. v. **1-24**, ex quibus v. 20-24 (nisi fallor ob falsam v. 20 explicationem) a B. et Gal. (Weil. M. ann. 589) falso Medînenses habentur ; v. **43-56 ; 60**-65 **; 67-75**. V. 11 sq. Gal. quidem Medînenses habet, sed sine causa.

ut additi sint ad leges aliis rebus variandas, annon, haud affirmaverim. V. 62 sqq non sine aliqua veri specie a nonnullis eo tempore[4] revelati esse dicuntur, quo Fossam Madînae circumdarent. Eidem tempori apti sunt **46-56** ; hoc quidem certum est, eos revelatos esse, quum Muhammadis res adversae essent h.e. post pugnam Uhudensem et ante finem belli Fossae (cf. v. 59).

In S. 58 res huic Sûrae similes tractantur. Primi versus omnes simul dicunt revelatos esse de Haula vel Huvaila[5] uxore του Aus b. Assâmit[6], qui antiquo more eam [<u>*45b*</u>] dimiserat. De cujus rei tempore in libris antiquis nihil inveni. Libri posteriores videntur eam attribuere tempori post reditam ex Hudaibija (exeunte ao. 6 vel vacuato ao. 7)[1]. Alia praecepta, quae in hac Sûra insunt, Sûrae 24 aetati conveniunt, nec primis annis post fugam data esse possunt. V. 6-9 et v. 15 sqq non Judaeos, sed Simulatores impugnat, a quibus Muslimos plane se recipere jubet (v. 22) Singulae Sûrae partes (v. 1-5 ; 6-11 ; 12-13sq 15sqq) aetate vix nullum inter se differunt. V. 1-10[2] et 9-11[3] nescio cur, a paucis Makkani habentur.

S. 22, quae vulgo Makkana, sed a nonnullis Madînensis[4] **habetur, e compluribus partibus constat quarum** complures **quidem** Makkanas aetatis III, **sed graviores Madînenses sunt.** Illi constant e versibus **1-24** ; **43-56 ; 60**-56 **; 67-75** Ex his complures Madînenses esse dicuntur.

158

altheidnische Weise entlassen war [1]). Spätere Quellen [2]) setzen dies Ereignifs freilich in die Zeit kurz nach der Rückkehr von Ḥudaibiya (also in das Ende vom Jahr 6 oder den Anfang von 7), aber in alten Traditionen habe ich keine Zeitangabe gefunden. Die in dieser Sûra enthaltenen Vorschriften über die dem Propheten gebührenden Ehrenbezeugungen passen für das Zeitalter der Sûr. 24; auf keinen Fall stammen sie aus den ersten Jahren nach der Flucht. V. 6—9 und v. 15 ff. sind gegen die Heuchler gerichtet. Die einzelnen Theile dieser Sûra (v. 1—5; 6—11; 12; 13 f.; 15 ff.) werden sich der Zeit nach einander ziemlich nahe stehen. Ohne vernünftigen Grund halten Einige v. 1—10 [3]) oder v. 9—11 [4]) für mekkanisch.

Sur. 22, welche gewöhnlich für mekkanisch, mitunter jedoch auch für medînisch gilt [5]), ist zwar ihrem gröfsten Theile nach im dritten Zeitraum vor der Flucht geoffenbart, erhält aber ihre Hauptbedeutung durch die in ihr vorkommenden medînischen Stücke; weshalb wir es für besser gehalten haben, die ganze Sûra hier aufzuführen. Mekkanisch sind v. 1—24; 43—56; 60—65; 67—75. Von diesen werden mehrere mit Unrecht auch als medînisch bezeichnet: v. 1 f. sollen auf dem Zuge gegen die Banû'lmuṣṭaliq geoffenbart sein [6]), vielleicht, weil Muḥammed sie auf demselben einmal vortrug; v. 11 f. werden von Einigen nach der Flucht gesetzt, weil man sie auf die Araberstämme, welche erst später den Islâm annahmen, oder auf andere nach der Flucht geschehene Dinge bezog [7]). Ebenso dachten Einzelne auch bei v. 15 an arabische Stämme, weil

[1]) Ibn Qutaiba 131. Wah. F. B. Ibn Ḥajar a. a. O.

[2]) Weil 184 und Anm. 280.

[3]) B.

[4]) Itq. 36.

[5]) Vergl. 'Omar b. Muḥammed. Itq. 26 f. und die Kommentare.

[6]) F. Zam. Itq. 43.

[7]) 'Omar b. Muḥammed. Wah. F.

FIG. 4. – *Geschichte des Qorâns*, p. 158. La transcription figurant en face, p. 12, correspond au texte de 1860 jusqu'à la ligne 21.

Notes des f. 45 a-c :

[45a] 1) Muatta' 206. Bh (*kitab al-talaq* et *kitab al-tafsir* 43). Annasâî 400. 409 sq. Ibn Qutaiba 110. L. I Mish. 278. Nemo ex his auctoribus optimis dicit τον 'Uvaimir redeuntem e bello Tabûkensi, conjugem gravidam invenisse, ut dicit Weil K. 75 secundum fontes minoris pretii. Plerique ex illis diserte dicunt, illum virum apud uxorem suam vidisse.

2) Tirm. 523. Annasâî 409sq. L.V.FB Misk 278.

3) Cfr. præcipue F., apud quem plurimas traditiones de hac re inveniuntur. Omnia more suo confundit Z.

4) His. Z.

5) Vel Gamila (Ibn Hagar nr 338), quæ forma errore orta esse videtur.

6) Ibn Qutaiba 131. Ibn Hagar nr 338 V.F.B.

[45b] 1) Cfr Weil 189 et annot 280.

2) B.

3) Itq 36.

4) Cfr cod. Lugd. 679. Itq 26 sq et commentarios.

Comme je le signalais au début, les *Comptes rendus de l'Académie des Inscriptions et Belles-Lettres* ne donnent qu'une partie de l'information. Le concours devait son existence à une situation proprement parisienne. Comme l'avait sans doute perçu Nöldeke, la phrase du sujet invitant les candidats à « déterminer, d'après l'examen des plus anciens manuscrits, la nature des variantes qui ont survécu aux recensions » tranchait avec ce que l'on savait à l'époque de la transmission manuscrite du Coran[37]. La seule publication ayant abordé la question, la *Descriptio codicum quorundam cuficorum* de Johann Christian Georg Adler, parue en 1780, concluait pré-

37. *Moniteur officiel*, 11 août 1857, *loc. cit.* (n. 10).

cisément que « les variantes <des manuscrits coraniques anciens> sont sans grand intérêt étant donné qu'elles consistent presque toutes en la suppression de l'*alif* quiescent »[38]. Un élément nouveau était intervenu. Il y avait à Paris deux collections de fragments coraniques anciens sur parchemin qui contenaient des témoins attribuables au Ier/VIIe siècle. La première était celle de Jean-Joseph Marcel, qui avait participé à l'expédition d'Égypte et avait acquis de nombreux feuillets du dépôt de la mosquée de ʿAmr, comme le ferait plus tard Seetzen[39]. Ernest Renan et d'autres orientalistes y avaient eu accès. La seconde collection était celle d'Asselin de Cherville qui avait été achetée par la Bibliothèque royale de Paris[40] ; elle contenait, comme celles qu'avaient formées Marcel et après lui Seetzen, des fragments coraniques provenant de Fustat, mais certains d'entre eux étaient beaucoup plus anciens que ceux acquis par le voyageur allemand.

Un réfugié politique italien, Michele Amari, fut chargé d'y mettre de l'ordre en vue d'un catalogue de l'ensemble du fonds des manuscrits arabes de la bibliothèque[41]. Il avait appris l'arabe avec Reinaud, qui lui avait trouvé ensuite un emploi de bibliothécaire subalterne. Amari se piqua au jeu et multiplia les observations et les découvertes qu'il ne manquait pas de partager avec son maître. Ce dernier, impressionné par les résultats obtenus, pensa à récompenser le zèle de son assistant et en vint ainsi à imaginer d'organiser un concours sur le Coran lorsque le « prix du Budget » irait aux études orientales. Derenbourg, qui connut personnellement aussi bien Reinaud qu'Amari, rapporte brièvement ces faits et suggère que personne ne s'attendait à ce que le sujet du concours déchaînât une aussi forte concurrence – de fait seul le mémoire d'Amari était attendu[42].

38. J. G. C. Adler, *Descriptio codicum quorumdam cuficorum partes Corani exhibentium in Bibliotheca regia hafniensi et ex iisdem de scriptura Arabum observationes novae, Præmittitur disquisitio generalis de arte scribendi apud Arabes ex ipsis auctoribus arabicis adhuc ineditis sumta*, Altona, 1780, p. 27.

39. A. Maury, *Biographie universelle (Michaud) ancienne et moderne… Nouvelle édition*, t. 26, Paris-Leipzig, s. d., p. 461-463 ; F. Déroche, *La transmission écrite du Coran dans les débuts de l'islam. Le codex Parisino-petropolitanus*, Leyde-Boston, 2009, p. 8-10 et 13.

40. Cf. H. Dehérain, *Orientalistes et Antiquaires. Silvestre de Sacy, ses contemporains et ses disciples* (Bibliothèque archéologique et historique, XXVII), Paris, 1938, p. 93-112 ; P. F. Burger, « Jean-Louis Asselin de Cherville, agent consulaire et collectionneur de manuscrits orientaux », *Dix-huitième siècle* 28 (1996), p. 125-133 ; F. Déroche, *op. cit.*, p. 13-16..

41. F. Gabrieli, *s. v.* Amari, *Dizionario biografico degli Italiani*, 2, 1960, p. 637-654.

42. H. Derenbourg, *Bibliographie primitive du Coran*, M. Amari éd. Extrait tiré de son mémoire inédit sur la chronologie et l'ancienne bibliographie du Coran, publié et annoté par

Ce dernier fut pourtant remis *in extremis* à l'Académie, le 31 décembre 1858 ! Trois vers de la *Divine Comédie* identifiaient cette contribution. Le choix de la citation constituait une allusion transparente à l'identité de l'auteur et s'imposait naturellement à lui puisqu'il s'agissait du passage où Dante évoque Muhammad :

> *Guardommi e con le man s'aperso il petto,*
> *Dicendo: Or vedi com'io mi dilacco;*
> *Vedi come storpiato è Maometto!* (*Inf.* XXVIII)

« Il me regarda et, de ses mains, s'ouvrit la poitrine et dit : Vois donc comme je me déchire moi-même, vois comme Mahomet est estropié ! »

Le mémoire comportait 384 pages couvertes d'une écriture qui se fait de plus en plus cursive au fur et à mesure que l'on s'approche de la fin (fig. 5). Ce détail, de même que la date de remise du texte, suggèrent qu'Amari dut se hâter pour achever son travail. Le texte, intitulé *Mémoire sur la chronologie et l'ancienne bibliographie du Koran*, est divisé en trois parties : chronologie de la Révélation[43], bibliographie primitive du Coran[44] et analyse des sourates et des traditions qui leur sont associées[45]. La seconde partie est de loin la plus originale ; c'est également le seul élément qui a été publié, de manière posthume, par Derenbourg[46]. Comme on pouvait s'y attendre, c'est la seule des trois contributions qui répondait pleinement au sujet publié en 1857.

En effet, il n'y eut pas seulement deux candidats, mais trois ! Le troisième, Aloys Sprenger, était un peu plus jeune qu'Amari, qui avait 52 ans au moment du concours ; tous deux, on le voit, étaient sensiblement plus âgés que Nöldeke. Sprenger, qui était né en Autriche, venait alors à peine de rentrer d'un séjour de quatorze ans en Inde, où il avait constitué une belle collection de manuscrits qu'il venait de vendre, on l'a vu, à la bibliothèque de Berlin[47]. Son mémoire, intitulé *Histoire des*

H. Derenbourg, *Centenario della nascita di Michele Amari*, t. I, Palerme, 1910, p. 1-22.

43. M. Amari, manuscrit « Mémoire sur la chronologie et l'ancienne bibliographie du Koran », Archives de l'Académie des Inscriptions et Belles-Lettres, Prix du Budget, année 1859, dossier n° 2, p. 1-111.

44. *Ibid.*, p. 112-144.

45. *Ibid.*, p. 145-384.

46. M. Amari, *man. cit.* (n. 43).

47. J. Fück, *Die arabische Studien in Europa bis in den Anfang des 20. Jahrhunderts*, Leipzig, O. Harrassowitz, 1955, p. 176-178 ; S. Prochazka, *Österreichisches biographisches Lexikon 1815-1950*, t. 13, *s.v.* Sprenger Aloys, A. C. Spanner et G. Stulli éd., Vienne, 2010, p. 49.

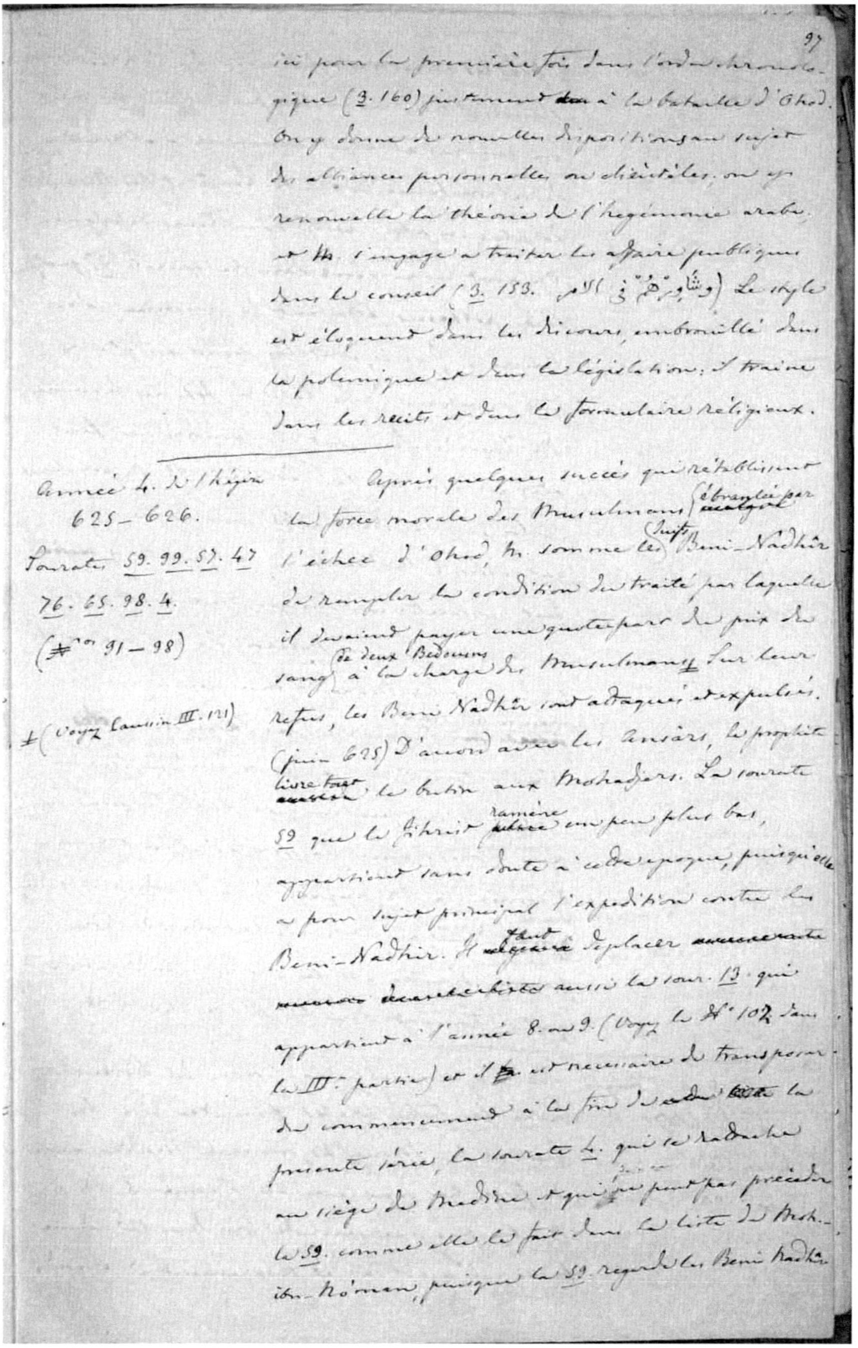
97

ici pour la première fois dans l'ordre chronologique (3. 160) justement à la bataille d'Ohod. On y donne de nouvelles dispositions au sujet des alliances personnelles ou héréditaires, on y renouvelle la théorie de l'hégémonie arabe, et M. s'engage à traiter les affaires publiques dans le conseil (3. 153. وشاورهم في الامر) Le style est éloquent dans les discours, embrouillé dans la polémique et dans la législation; il traîne dans les récits et dans le formulaire religieux.

Année 4. de l'hégire 625–626. Sourates 59. 99. 57. 47 76. 65. 98. 4. (N.os 91–98)

Après quelques succès qui rétablissent la force morale des Musulmans (ébranlée par l'échec d'Ohod, M. somme les Juifs Beni-Nadhir de remplir la condition du traité par laquelle il devaient payer une quote-part du prix du sang (de deux Bedouins) à la charge des Musulmans+. Sur leur refus, les Beni Nadhir sont attaqués et expulsés. (juin 625) D'accord avec les Ansars, le prophète livre tout le butin aux Mohadjars. La sourate 59 que le Fihrist ramène un peu plus bas, appartient sans doute à cette époque, puisqu'elle a pour sujet principal l'expédition contre les Beni-Nadhir. Il faut déplacer aussi la sour. 13. qui appartient à l'année 8. ou 9. (Voyez le N.° 102 dans la III.e partie) et il est nécessaire de transporter du commencement à la fin de la présente série, la sourate 4. qui se rattache au siège de Medine et qui ne peut pas précéder la 59. comme elle le fait dans la liste du Moh. ibn-No'man, puisque la 59. regarde les Beni Nadhir

+ (Voyez Caussin III. 121)

FIG. 5. – P. 97 du texte du *Mémoire sur la chronologie et l'ancienne bibliographie du Koran* de M. Amari.

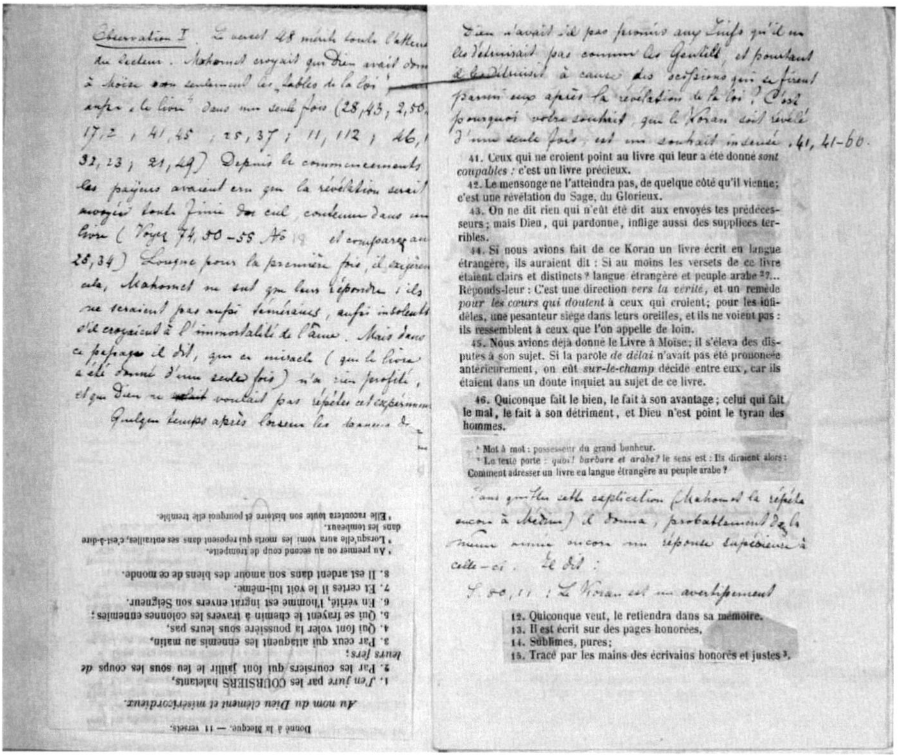
41. Ceux qui ne croient point au livre qui leur a été donné *sont coupables :* c'est un livre précieux.
42. Le mensonge ne l'atteindra pas, de quelque côté qu'il vienne; c'est une révélation du Sage, du Glorieux.
43. On ne dit rien qui n'eût été dit aux envoyés tes prédécesseurs; mais Dieu, qui pardonne, inflige aussi des supplices terribles.
44. Si nous avions fait de ce Koran un livre écrit en langue étrangère, ils auraient dit : Si au moins les versets de ce livre étaient clairs et distincts? langue étrangère et peuple arabe [2]?.. Réponds-leur : C'est une direction *vers la vérité,* et un remède *pour les cœurs qui doutent* à ceux qui croient; pour les infidèles, une pesanteur siége dans leurs oreilles, et ils ne voient pas : ils ressemblent à ceux que l'on appelle de loin.
45. Nous avions déjà donné le Livre à Moïse; il s'éleva des disputes à son sujet. Si la parole *de délai* n'avait pas été prononcée antérieurement, on eût *sur-le-champ* décidé entre eux, car ils étaient dans un doute inquiet au sujet de ce livre.
46. Quiconque fait le bien, le fait à son avantage; celui qui fait le mal, le fait à son détriment, et Dieu n'est point le tyran des hommes.

[1] Mot à mot : possesseur du grand bonheur.
[2] Le texte porte : *quoi! barbare et arabe?* le sens est : Ils diraient alors : Comment adresser un livre en langue étrangère au peuple arabe?

12. Quiconque veut, le retiendra dans sa mémoire.
13. Il est écrit sur des pages honorées,
14. Sublimes, pures;
15. Tracé par les mains des écrivains honorés et justes [3].

FIG. 6. – Texte de l'*Histoire des révélations de Mahomet* d'A. Sprenger.

révélations de Mahomet, est identifié par une devise arabe : *al-muḥaqqiq huwa al-mustaḥiqq*.

Le texte, qui couvre 406 pages, est d'une apparence un peu particulière dans la mesure où il comprend de nombreux passages découpés d'une traduction du Coran en français, celle d'Albin Kasimirski (dans l'édition de 1852), qui sont insérés dans la contribution de Sprenger, écrite à la main, de manière à illustrer sa démonstration ou fournir la matière d'une analyse (fig. 6).

Une lettre en allemand accompagnait cet envoi (fig. 7). Elle expliquait que le texte soumis au jugement de l'Académie était la traduction d'un ouvrage plus vaste en allemand qui devait être imprimé deux ou trois mois plus tard et paraître peut-être en même temps qu'une traduction en anglais. La traduction française était l'œuvre d'un ami de l'auteur qui se plaignait néanmoins qu'elle ne rendait qu'imparfaitement le sens de l'original et qu'elle n'avait parfois aucun sens. Sprenger ajoutait que si l'Académie le souhaitait, il serait facile de trouver un traducteur compétent à Paris ou à

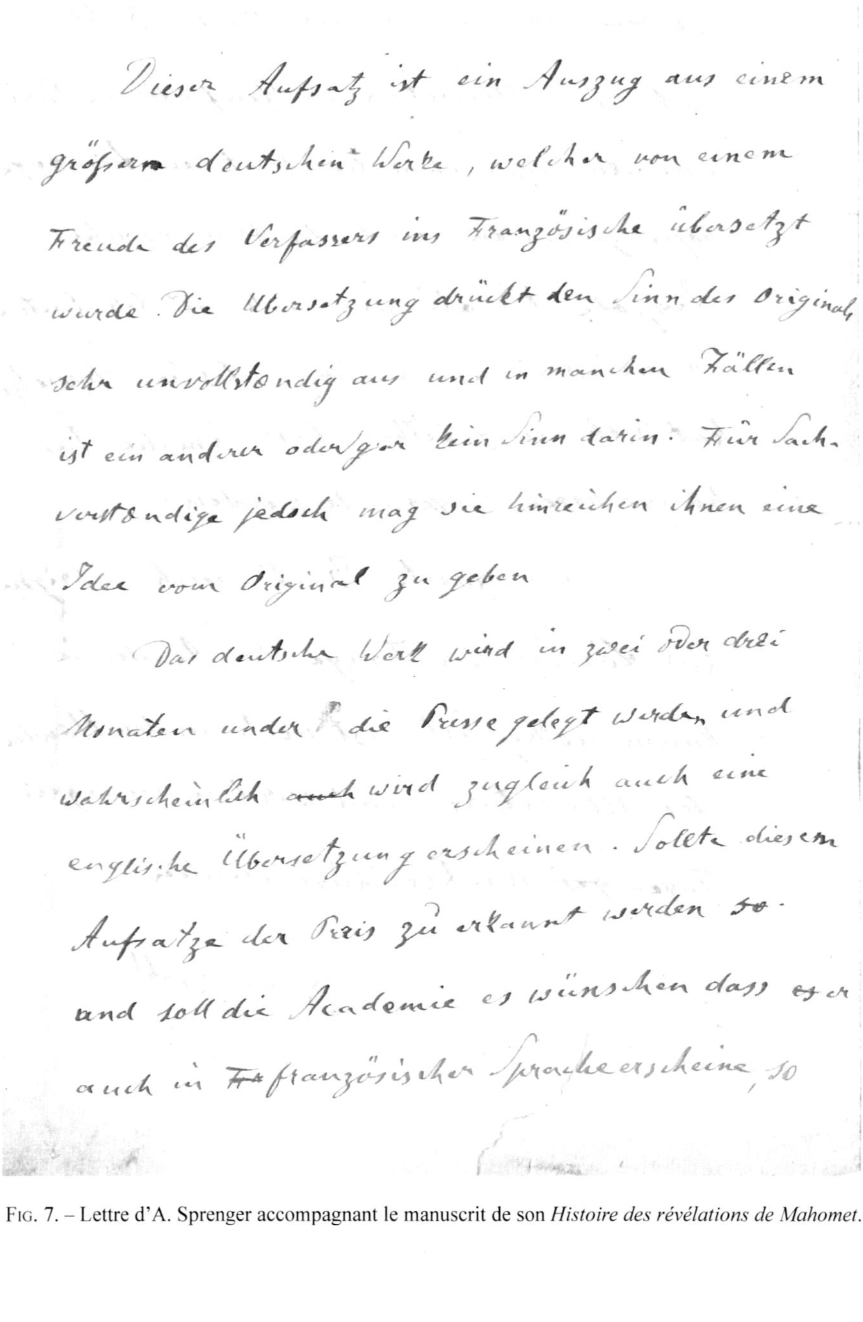
Dieser Aufsatz ist ein Auszug aus einem
größeren deutschen Werke, welcher von einem
Freunde des Verfassers ins Französische übersetzt
wurde. Die Übersetzung drückt den Sinn des Originals
sehr unvollständig aus und in manchen Fällen
ist ein anderer oder/gar kein Sinn darin. Für Sach-
verständige jedoch mag sie hinreichen Ihnen eine
Idee vom Original zu geben

Das deutsche Werk wird in zwei oder drei
Monaten under die Presse gelegt werden und
wahrscheinlich ~~auch~~ wird zugleich auch eine
englische Übersetzung erscheinen. Sollte diesem
Aufsatze der Preis zu erkannt werden ~~so~~
und soll die Academie es wünschen dass ~~es~~ er
auch in ~~Fr~~ französischer Sprache erscheine, so

FIG. 7. – Lettre d'A. Sprenger accompagnant le manuscrit de son *Histoire des révélations de Mahomet*.

Genève et de lui faire parvenir les épreuves du texte allemand pour disposer d'une version française du livre.

Le mémoire de Sprenger était divisé en trois parties : les deux premières étaient une histoire des révélations, organisées comme la contribution d'Amari, sur une base chronologique. La troisième partie était consacrée à l'état du texte et à son histoire ultérieure. Des candidats, Sprenger était le seul à ne pas évoquer les manuscrits anciens du Coran. Il s'y réfère brièvement au début du 6e cahier de son livre 3, intitulé « Les variantes dans le Coran », mais c'est pour évoquer le codex d'Ibn Mas'ûd, qu'il examine à travers des sources secondaires qu'il connaissait bien. Il ressort de son texte qu'il aborde ce point pour se conformer au sujet proposé par l'Académie :

> « La thèse qu'a posée l'Académie des Inscriptions parle de déterminer, d'après l'examen des plus anciens manuscrits, la nature des variantes qui ont survécu aux recensions. Au moyen des recueils privés de sourates, dont nous avons parlé plus haut, ont été rédigés des textes du Koran indépendants de celui d'Othman. Le plus connu de ces textes est celui d'Ibn Mas'ud. »[48]

Il semble que, si Amari avait remis *in extremis* son mémoire, Sprenger quant à lui n'avait pas été à même de rester complètement dans les délais impartis. Sa lettre n'est pas datée, mais signale que le traducteur est encore en train de travailler sur le deuxième livre du mémoire. De fait, les cahiers de ce dernier portent une note manuscrite indiquant : « Renvoyé à titre de renseignement à la commission. N° 3 ». On peut en déduire qu'ils arrivèrent hors délais à Paris. Mais cela n'était pas le seul problème posé par cette contribution. Durant sa session du 7 janvier 1859, l'Académie examina la conformité du mémoire de Sprenger avec les règles de ce type de concours[49]. Quel qu'ait été le point litigieux – texte sur le point d'être publié, utilisation de découpures de la traduction imprimée du Coran, lettre d'accompagnement en allemand ou encore incapacité à remettre l'ensemble du mémoire dans les délais impartis, l'Académie décida néanmoins de prendre en compte la candidature de Sprenger[50].

48. A. Sprenger, manuscrit «Histoire des révélations de Mahomet», Archives de l'Académie des Inscriptions et Belles-Lettres, Prix du Budget, année 1859, dossier n° 3, Livre 3, cahier 6, f. 2r.

49. *Comptes rendus des séances de l'Académie des Inscriptions et Belles-Lettres* pour 1859, p. 5.

50. Le compte rendu de la séance du 14 janvier signale la désignation de la commission chargée de juger les mémoires (*ibid.*, p. 8) ; comme ces derniers sont remis dès le 15 janvier aux commissaires, d'après la feuille d'émargement, on peut conclure que la question avait été tranchée en faveur de Sprenger entre les deux séances (Archives de l'Académie des Inscriptions et Belles-Lettres, Prix du Budget, année 1859).

Les membres de la commission chargée de juger les contributions, autrement dit le bureau de l'année 1859 et les orientalistes Caussin de Perceval, Mohl, Renan et Reinaud, reçurent les mémoires le 15 janvier 1859. Le vendredi, jour de la séance hebdomadaire de l'Académie, était le moment où les membres de la commission pouvaient commodément recevoir ou remettre le mémoire qui leur avait été confié pour lecture, mais la circulation des contributions des candidats se passa parfois en dehors de ce cadre. Des documents conservés dans les archives de l'Académie, il ressort que le travail reposa surtout sur les épaules de ceux qui possédaient des compétences dans le domaine. Sur la page de titre de l'*Histoire des révélations* de Sprenger, seules apparaissent les signatures de Caussin de Perceval, Renan, Reinaud et Mohl. Le Secrétaire perpétuel, Naudet, ne paraît pas avoir participé du tout au processus, ou s'il le fit, ce fut sans laisser quelque trace que ce fût. Il convient aussi de rappeler qu'il eut cette année de graves problèmes de santé[51]. Wallon et Berger de leur côté ne regardèrent que les mémoires de Nöldeke et d'Amari ; et s'ils lurent celui de Sprenger, ce fut sans le signaler.

Trois hommes s'occupèrent directement de l'évaluation des textes des candidats. Le 15 janvier, Mohl reçut celui d'Amari, Reinaud celui de Nöldeke tandis que celui de Sprenger était remis à Caussin de Perceval. Ils mirent deux à trois mois pour en achever la lecture, avant de les restituer et de prendre en charge les deux autres. Mais ils consacrèrent moins de temps à prendre connaissance de ces derniers : de trois à dix jours, à l'exception de Reinaud qui passa un peu plus d'un mois à lire la contribution d'Amari. Mais il est vrai qu'il s'agissait de son protégé. Un quatrième homme participa activement au processus de sélection : Renan, qui lut les trois mémoires en conservant par devers lui chacun d'eux entre vingt et quarante jours.

Lorsque les membres de la commission se réunirent pour rendre leur verdict, il était clair que le niveau des candidats avait singulièrement compliqué leur tâche. Il n'est pas impossible qu'au cours de leurs rencontres hebdomadaires, ils aient déjà discuté du problème de manière informelle. Finalement, ils décidèrent de ne pas trancher et de donner le prix aux trois candidats. Le résultat de leurs discussions fut communiqué à l'Académie le 15 juillet 1859 et l'ensemble de la compagnie ratifia cette décision. Les *Compte rendus* conservent le souvenir de leurs délibérations. Renan expli-

51. Il est de fait remplacé temporairement par J. Guigniaut au cours de cette année (voir *Comptes rendus des Séances de l'Académie des Inscriptions et Belles-Lettres* pour 1859, p. 168).

qua à ses confrères que le « résultat <du concours> a dépassé les espérances et produit trois excellents mémoires, dans lesquels la question est traitée à des points de vue différents, mais toujours avec une rare supériorité d'intelligence et de savoir »[52]. L'évaluation de chaque contribution tente de définir les mérites de chaque auteur :

> « Le N° 1, est celui dont la rédaction est la plus satisfaisante et la composition la mieux ordonnée, celui enfin qui répond le mieux au programme. »[53]
>
> « Le N° 2 se recommande par des parties neuves, des aperçus qui n'appartiennent qu'à l'auteur et par un jugement plus pénétrant et plus sûr que le premier. »[54]
>
> « Le N° 3 a des défauts et des qualités à part qui font sentir le maître. Évidemment la rédaction est très-imparfaite et gâtée encore par une traduction infidèle et maladroite. L'ouvrage n'a pas été conçu en vue du concours ; c'est une partie détachée d'une plus grande histoire, mais on y reconnaît la main et le génie du maître dont les deux autres concurrents ne sont que les heureux et habiles disciples[55]. »

Il est difficile de ne pas penser qu'une partie au moins de ce jugement a été rédigée après coup, une fois connus les noms des candidats. Formellement, leur identité ne fut révélée qu'après que l'Académie eut accepté de classer les trois candidats ex-æquo et de demander que soit augmenté le montant du prix afin de tenir compte de cette situation exceptionnelle. Le Secrétaire perpétuel écrivit dans ce sens au ministre de l'Instruction publique[56].

La réponse vint au début du mois de septembre : le montant du prix fut doublé – une solution peu commode dans la mesure où diviser 4 000 francs en trois était difficile[57] ! Le retard qu'entraîna cette démarche explique peut-être que le résultat du concours n'ait pas été annoncé par le *Moniteur officiel*. Je n'en ai pas trouvé de trace dans les numéros du mois de juillet, mais il est vrai qu'à ce moment l'opinion publique était monopolisée par la guerre

52. *Comptes rendus des séances de l'Académie des Inscriptions et Belles-Lettres* pour 1859, p. 114.
53. *Ibid.*
54. *Ibid.*
55. *Ibid.*
56. *Comptes rendus des séances de l'Académie des Inscriptions et Belles-Lettres* pour 1859, p. 168 (sa lettre fait suite à la décision de l'Académie, prise sur la recommandation de la Commission, de demander une augmentation du montant du prix ; *Comptes rendus des séances de l'Académie des Inscriptions et Belles-Lettres* pour 1859, p. 114).
57. *Ibid.*

en Italie et la bataille de Solferino qui la conclut. Il n'y est pas fait allusion dans le numéro du 14 août, où un article est consacré à la session des Cinq Académies, ni dans celui du 2 septembre où figure un rapport du secrétaire perpétuel Naudet sur l'Académie. Nöldeke avait cependant très vite eu connaissance, de manière officieuse, du résultat du concours : il l'annonçait à Michael de Goeje dès le 19 juillet 1859 et ajoutait qu'une augmentation du montant était envisagée[58].

Nöldeke et Sprenger publièrent par la suite un livre. Seul le premier indiqua sur la page de titre que son œuvre avait été couronnée par l'Académie et l'introduction donnait des informations sur l'ensemble de l'épisode. Rien en revanche sur la page de titre de l'ouvrage de Sprenger, *Das Leben und die Lehre*, paru en 1861, ne rappelle le concours ; il est vrai qu'il ne correspond pas au texte du mémoire, même si certains éléments leur sont communs. En revanche, l'auteur mentionnait Nöldeke et Amari dans une note et relevait que la contribution de ce dernier n'avait pas encore été publiée en 1861[59]. On ne peut exclure que l'auteur ait attendu la publication des mémoires de ses deux concurrents afin d'en savoir plus. Si ce qu'il dit dans sa lettre est vrai, il avait entre les mains un livre prêt à être publié en 1859. A-t-il procédé à un profond remaniement de cette œuvre ? Nous ne conservons malheureusement aucune trace de tout cela.

Il est intéressant de relever dans la préface de *Das Leben und die Lehre* des reproches à peine voilés adressés à Nöldeke : « au lieu de faire, comme cela n'est plus rarement le cas avec de jeunes savants, de l'usage pompeux des citations et de la pinaillerie le but suprême, alors qu'il s'agit *de lana caprina*, nous devons nous efforcer de dominer la littérature[60]... » Même l'Académie n'échappe pas aux critiques de Sprenger : « cette escroquerie dominera partout où les savants professionnels sont en nombre et forment

58. B. Maier, *Gründerzeit der Orientalistik. Theodor Nöldekes Leben und Werk im Spiegel seiner Briefe* [Arbeitsmaterialen zum Orient, Bd. 29], Würzburg, 2013, p. 88. Nöldeke travaillait alors à la Bibliothèque royale de Berlin et l'orientaliste Richard Gosche, qui y était bibliothécaire, fut chargé par Renan d'annoncer la nouvelle au lauréat qui commenta ainsi le résultat à son correspondant : « deux Allemands et un Italien ; pas de Français ». Nöldeke rapportera plus tard brièvement l'épisode (H. Bobzin, Theodor Nöldekes *Biographische Blätter* aus dem Jahr 1917, dans W. Arnold et H. Bobzin éd., « *Sprich doch mit deinen Knechten aramäisch, wir verstehen es* », Wiesbaden, 2002, p. 94-95).

59. A. Sprenger, *Das Leben und die Lehre des Mohammad nach bisher grösstenteils unbenutzten Quellen*, Berlin, 1861, p. XX, n. 1.

60. *Ibid.*

une corporation, comme dans les universités allemandes ; même l'académie parisienne a donné lieu à de telles manifestations maladives »[61].

Le mémoire d'Amari fut victime à la fois de la guerre d'Italie et de la publication de la *Geschichte des Qorâns*. Brusquement, l'exilé devint un personnage officiel dans son pays qu'il regagna au cours de l'été 1859. D'abord professeur d'arabe à Pise, il fut ensuite ministre et sénateur et abandonna les études coraniques. D'un autre côté, il était difficile de publier un livre sur l'histoire du Coran après 1860. Ce n'est qu'après sa mort en 1889 que son ami Derenbourg décida de sauver une partie du mémoire n° 2 en le faisant paraître dans un volume commémoratif paru à Palerme en 1910[62]. Ce choix n'était pas des plus heureux, car le texte est resté relativement ignoré des spécialistes – le troisième volume de la seconde édition de la *Geschichte des Qorâns* ne le mentionne pas[63]. Le 23 décembre 1859, Amari fut élu correspondant étranger de l'Académie des Inscriptions et Belles-Lettres, une autre forme de reconnaissance pour sa contribution[64].

Nöldeke dut attendre plus longtemps pour obtenir cette distinction. Il est vrai que son jeune âge était un obstacle, mais par la suite les relations difficiles entre la France et l'Allemagne et sa propre rivalité avec les sémitisants français jouèrent sans doute en sa défaveur. Ce n'est qu'en 1906 qu'il fut élu correspondant étranger, alors qu'il avait déjà soixante-dix ans[65].

Les membres de l'Académie avaient sans nul doute été les premiers à être surpris par le succès de leur proposition. Ils n'avaient pas imaginé un tel afflux de candidats et surtout d'un tel niveau, et le secrétaire délégué Joseph Guignaut parlait à juste titre d'un « succès extraordinaire »[66]. Au-delà de la réussite que pouvait représenter le fait d'avoir suscité une telle participa-

61. A. Sprenger, *op. cit.* (n. 58), p. XXI.

62. H. Derenbourg, *Centenario della nascita di Michele Amari* (cf. *supra*, n. 42).

63. T. Nöldeke éd., *Geschichte des Qorâns*, G. Bergsträsser et O. Pretzl, t. III : *Die Geschichte des Korantexts*, 2e édition, Leipzig, 1938. Il n'en est pas davantage question dans l'ouvrage de N. Abbott (*The Rise of the North Arabic Script and Its Ḳur'anic Development*, Chicago, 1939).

64. *Comptes rendus des séances de l'Académie des Inscriptions et Belles-Lettres* pour 1859, p. 225. Il deviendra par la suite associé étranger en 1871 (*Comptes rendus des séances de l'Académie des Inscriptions et Belles-Lettres* pour 1871, p. 300).

65. *Comptes rendus des Séances de l'Académie des Inscriptions et Belles-Lettres* pour 1906, fasc. 10 (décembre), p. 737. Le fait d'être titulaire d'une chaire à Strasbourg a pu également jouer en sa défaveur.

66. *Comptes rendus des séances de l'Académie des Inscriptions et Belles-Lettres* pour 1859, p. 168.

tion, il est indéniable que le concours de l'Académie joua à plus long terme un rôle important pour les études coraniques en Europe. De premières recherches avaient été entreprises précédemment en ce domaine, comme nous l'avons vu, et des publications comme la *Historisch-kritische Einleitung* de Weil[67] ou le *De origine et compositione* de Nöldeke avaient montré la voie. Le sujet publié en 1857 suggérait toutefois de nouvelles pistes à un moment où la documentation disponible en Europe s'était considérablement accrue. Tant les fragments anciens de Paris que les textes de sciences coraniques figurant dans la collection de Sprenger permettaient de pousser plus loin les investigations.

Pour en revenir plus précisément à Nöldeke, le concours me semble avoir été un élément décisif dans la genèse de sa *Geschichte des Qorâns*. Si nous nous fions à ce qu'il déclarait dans la lettre qui accompagnait son mémoire, il était plongé dans l'étude des poètes et des grammairiens lorsqu'il eut connaissance du sujet en 1857. Il n'avait donc pas le projet de pousser plus loin son *De origine*, d'autant que, comme il l'écrivait en décembre 1859, ce domaine de recherche « <l'>intéressait très peu »[68]. Le concours le conduisit pourtant à se remettre à cette question et à élargir le champ de son travail. Le résultat facilita clairement la publication rapide de l'ouvrage qui pouvait se prévaloir d'une prestigieuse récompense. Il était toutefois difficile d'envisager de le faire en latin ; aussi l'auteur traduisit-il son mémoire en allemand[69]. Il décida également d'en modifier légèrement le titre : son *Historia Corani critica* devint la *Geschichte des Qorâns*. Celle-ci présentait une synthèse magistrale de la question et ouvrait de nouvelles pistes de recherche aux études arabes. Il est vrai qu'elle en fermait aussi une au moins, celle des manuscrits anciens, que Nöldeke jugeait sans intérêt pour les raisons que nous avons vues.

François DÉROCHE

67. G. Weil, *op. cit.* (n. 7).

68. B. Maier, *op. cit.*, p. 89 : dans une lettre du 20 décembre 1859 à M. J. de Goeje, il se plaint qu'il « <lui> est passablement ennuyeux de reprendre continuellement une littérature qui, dans le fond, <l'>intéresse très peu ». Le ton est plus nuancé dans les *Biographische Blätter* (H. Bobzin, *op. cit.*, p. 95).

69. *Ibid.* : il annonce à son correspondant qu'il est en train de traduire son mémoire en allemand en vue d'une parution rapide et se réjouit d'y trouver un complément de revenus (à cette date, sa part du prix ne lui a pas encore été versée !).

L'ARABIE DANS LE CORAN. RÉEXAMEN DE QUELQUES TERMES À LA LUMIÈRE DES INSCRIPTIONS PRÉISLAMIQUES

Pour l'historien, le texte coranique est déroutant, parce qu'il ne comporte que très peu de données concrètes, se rapportant à l'histoire ou à la géographie. Tout au plus peut-on dénombrer quelque six personnages[1] ; une douzaine de lieux et monuments[2] ; huit tribus et peuples[3] et quatre événements[4]. Au total, ce ne sont donc qu'une trentaine de noms propres qui fixent le cadre temporel ou spatial – nombre approximatif puisque diverses

1. Abū Lahab (Q 111 / 1), Aḥmad (prophète annoncé par Jésus et identifié avec Muḥammad, Q 61 / 6), dhū 'l-Qarnayn (Q 18 / [82] 83), Muḥammad (Q 3 / [138] 144 ; 47 / 2 et titre de la sourate 47), Tubbaʿ (dans l'expression « le Peuple de Tubbaʿ », *qawm Tubbaʿ*, Q 44 / [36] 37 et 50 / [13] 14) et Zayd (Q 33 / 37). Quand un verset porte un double numéro, le premier (entre crochets) renvoie à l'édition de Flügel et le second à celle du Caire. Nous n'avons pas retenu les prophètes arabiques : Hūd (prophète des ʿĀd), Idrīs, Luqmān, Ṣāliḥ (prophète de Thamūd) et Shuʿayb (prophète de Madyan) ; et pas davantage les 24 personnages « bibliques » ou les anges empruntés au judaïsme et au christianisme.

2. al-Aḥqāf (Q 46 / [20] 21 et titre de la sourate 46), al-ʿArim (Q 34 / [15] 16), Bābil (Babylone, Q 2 / [96] 102), Bakka (lieu du premier temple fondé pour les hommes dans la religion d'Abraham, Q 3 / [90] 96), al-Ḥijr (Q 15 / 80 et titre de la sourate 15), Iram dhāt al-ʿImād (Q 89 / [6] 7 ; autre lecture, « Aram »), al-Kaʿba (Q 5 / [96] 95, [98] 97), al-Madīna (Q 9 / [102] 101, [121] 120 ; 33 / 60 ; 63 / 8), Makka (Q 48 / 24), Ṭūr Sināʾ (Sinaï, Q 23 / 20 ; ou Ṭūr Sīnīn, Q 95 / 2 ; ou al-Ṭūr, Q 2 / [60] 63, [87] 93 ; 4 / [153] 154 ; 20 / [82] 80), le Val sacré de Ṭuwà (*al-wādi 'l-muqaddas Ṭuwà*, Q 20 / 12 ; 79 / 16) et Yathrib (Q 33 / 13).

3. ʿĀd (20 mentions, Q 7 / [63] 65 etc.), les banū Isrāʾīl (43 mentions, Q 2 / [38] 40 etc.), Miṣr (Égypte, Q 10 / 87), Madyan (10 mentions, Q 7 / [83] 85 etc.), Quraysh (titre de la sourate 106), al-Rūm (Q 30 / [1] 2 et titre de la sourate 30), Sabaʾ (Q 27 / 22 ; 34 / [14] 15 et titre de la sourate 34) et Thamūd (26 mentions, Q 7 / [71] 73 etc.).

4. Les batailles de Badr (Q 3 / [119] 123) et Ḥunayn (Q 9 / 25), le massacre de chrétiens à Najrān (Q 85 / 4-8) et l'expédition d'Abraha contre la Kaʿba (Q 105), si on accepte l'interprétation traditionnelle des « Gens de la Fosse » (*aṣḥāb al-Ukhdūd*) et des « Compagnons de l'Éléphant » (*aṣḥāb al-Fīl*). On pourrait ajouter d'autres événements simplement évoqués, notamment la bataille du Fossé (Q 33 / 7-27), l'expulsion des banū Naḍīr (Q 59 / 1-10), le massacre des banū Qurayẓa (Q 33 / 26-27), ou le pacte de Ḥudaybiyya (Q 48 / 1-10), sans parler des affaires domestiques de Muḥammad. Pour un inventaire analytique des noms propres du Coran, voir par exemple Horovitz 1925 et 1926.

expressions énigmatiques renvoient peut-être à des lieux ou à des événements (comme *Aṣḥāb al-Ayka*, *Aṣḥāb al-Rass*, *al-Baḥrayn* etc.). L'États-unien F. E. Peters a joliment résumé ce constat en qualifiant le Coran de « texte sans contexte » (1991, p. 300).

Un seul passage fait allusion à un événement contemporain se produisant hors d'Arabie. Ce sont les fameux versets au début de la Sourate 30 [« Les Romains », *al-Rūm*] / [1-2] 2-3 :

Leçon commune :

« [1] 2 « Les "Romains" ont été vaincus aux confins de notre terre.
[2] 3 [*Mais*] eux, après leur défaite seront vainqueurs,
[3] 4 dans quelques années »

Variante :

[1] 2 « Les "Romains" ont vaincu aux confins de notre terre.
[2] 3 [*Mais*] eux, après leur victoire, seront vaincus,
[3] 4 dans quelques années »[5]

(Blachère 1966, p. 429-430).

Pour les deux versions, le corps consonantique est le même : le désaccord porte sur la vocalisation (notée en arabe par de petits symboles qu'on ajoute au-dessus ou au-dessous des consonnes) des deux verbes : dans la version commune, le premier verbe est au passif et le second à l'actif (*ghulibat* et *sa-yaghlibūna*) et dans la variante, c'est le contraire (*ghalabat* et *sa-yughlabūna*). La variante avec *ghalabat* et *sa-yughlabūna* semble secondaire : Theodor Nöldeke observait déjà qu'elle se fondait sur des savants moins fiables et qu'elle faisait allusion aux défaites que les musulmans avaient infligées aux « Romains », c'est-à-dire à Byzance, après la mort de Muḥammad b. ʿAbd Allāh[6].

On notera l'absence, dans le Coran, de toute mention de la Perse sāsānide, la puissance la plus influente en Arabie aux alentours de 600, et des puissances de second rang que sont Ḥimyar en Arabie du Sud et Aksūm en Afrique[7]. L'allusion à la victoire des Romains est un écho bien faible des guerres qui ensanglantaient alors le Proche-Orient et le monde méditerranéen. Les deux grands empires de la région, le byzantin et le sāsānide, se livraient une lutte sans merci. La déposition et le meurtre de l'empereur Maurice en 602 avaient permis à Khusraw II de reconquérir progressive-

5. *Ghulibat al-Rūmu / fī adnà ʾl-arḍi wa-hum min baʿdi ghalabi-him sa-yaghlibūna / fī biḍʿi sinīna.*

6. Nöldeke *et al.*, 2013, p. 122 et n. 30.

7. Pour les toponymes et les ethnonymes, se reporter à la carte ci-contre (fig. 1).

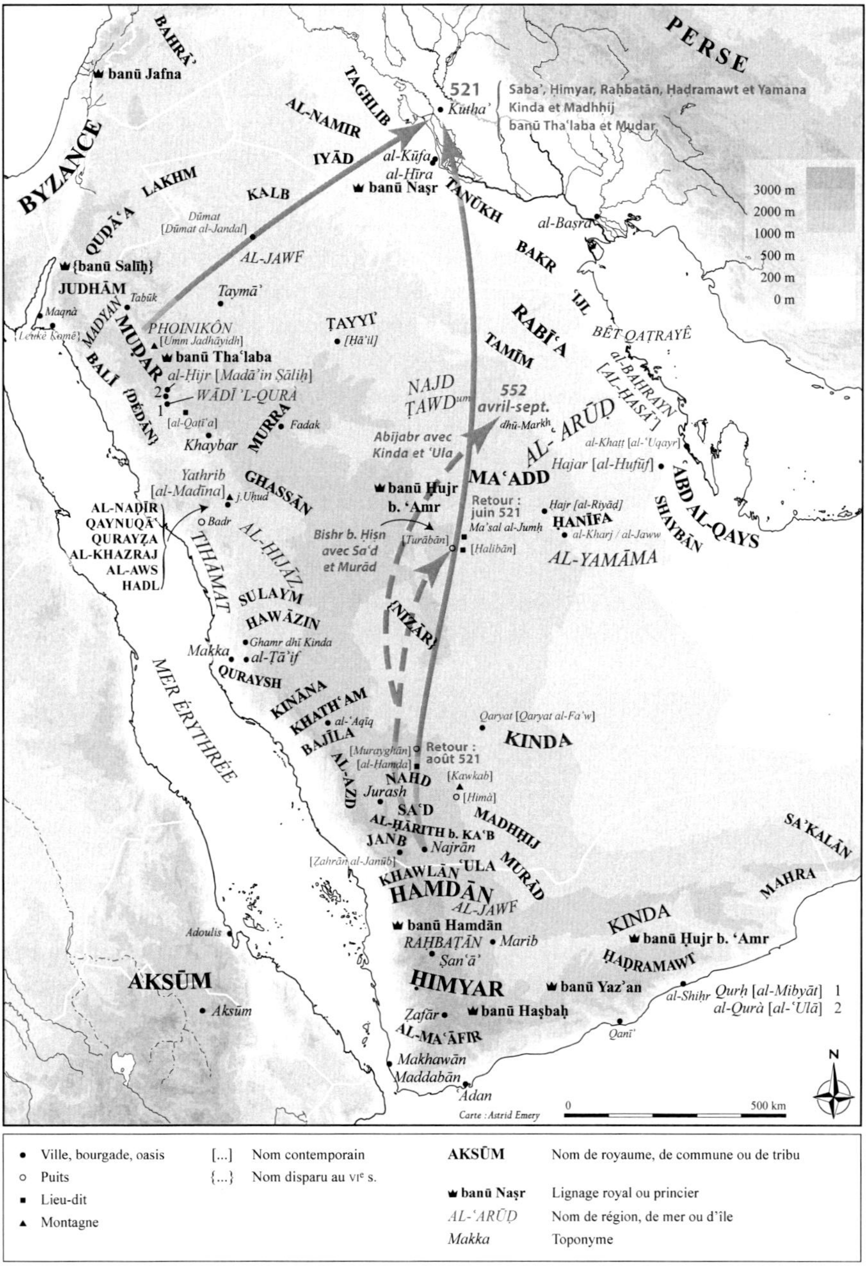

FIG. 1. – L'Arabie à la veille de l'Islam, avec l'illustration de deux campagnes ḥimyarites connues par les inscriptions, celles des rois Ma'dīkarib Ya'fur (521, trait continu) et Abraha (552, trait discontinu).

ment l'Arménie et toute la Syrie, puis de s'emparer de Jérusalem en 614 et de prendre le contrôle de l'Égypte entre 616 et 620. Après l'accession au trône d'Héraclius en 610, Byzance avait progressivement repris l'initiative. Sans entrer dans le détail des succès et des revers, Héraclius avait reconquis l'Arménie à partir de 622 et, après la déposition et la mise à mort de Khusraw II (février 628), qui avaient provoqué en Perse une sévère crise dynastique, il avait repris pied en Égypte et en Syrie en 629.

Le Coran évoque également des événements et des personnages historiques d'Arabie vers l'époque de Muḥammad. On peut les répartir en deux grandes catégories. Ce sont d'une part toutes les péripéties de la carrière de Muḥammad à Makka et à al-Madīna, puisque, selon les exégètes et les traditionnistes unanimes, de nombreuses révélations coraniques apportent des réponses doctrinales, juridiques ou pratiques aux problèmes qui se posaient alors au prophète. Une branche de la science coranique, appelée *asbāb al-nuzūl*, s'emploie à rechercher et à identifier les circonstances dans lesquelles chaque révélation a été reçue : elle met en relation les données souvent allusives et passablement obscures du texte coranique avec des personnages, des événements ou des situations connus par d'autres sources de la Tradition arabo-musulmane (*ḥadīth*, anecdotes rapportées par les Compagnons, poésie ancienne etc.). Aucun de ces faits n'est connu par une source indépendante de la Tradition. Pour l'historien, la question est ici de savoir si ces faits proviennent de sources indépendantes du Coran ou si tous n'en sont qu'une simple amplification. La seule méthode pour en décider consiste à rechercher si les plus significatifs apparaissent effectivement dans des sources non coraniques[8].

La seconde catégorie d'événements et de personnages mentionnés dans le Coran se trouve dans les admonestations et les mises en garde que Muḥammad adresse aux incroyants, rappelant les noms de ceux que Dieu a châtiés pour leur infidélité[9]. Certaines sourates multiplient les exemples effrayants, jusqu'à sept dans la sourate 50. Chaque fois, l'évocation est laco-

8. Si le débat, déjà ancien (Stefanidis 2008, p. 8-10), reste ouvert, il n'est guère douteux que les théologiens musulmans ont disposé d'autres sources que le Coran (voir par exemple Rubin 2003).

9. Ce sont principalement :

– des personnes : Pharaon maître des Épieux (*Fir'awn dhū 'l-awtād*), Coré (*Qārūn*) ou Haman (*Hāmān*) ;

– des groupes placés sous l'autorité d'une personne : le Peuple de Noé (*qawm Nūḥ*), le peuple de Tubba' (*qawm Tubba'*), la famille de Loth (*qawm Lūṭ* ou *āl Lūṭ*) ;

– des groupes caractérisés de façons diverses : les Gens du Puits (*aṣḥāb al-Rass*), les Gens du Fourré (*aṣḥāb al-Ayka*), les Gens d'al-Ḥijr (*aṣḥāb al-Ḥijr*) ;

– des peuples : Madyan, 'Ād, Thamūd ;

– les Cités subversées (*al-Mu'tafikāt*).

nique, avec un nom et l'allusion à un destin tragique. Dans un tel contexte, peu importe la précision des faits. Ce qui prime, c'est la force de l'image et l'émotion qu'elle provoque. Il ne faut donc pas attendre une rigueur de notaire.

Ma contribution, qui portera sur quatre événements et personnages de cette seconde catégorie (classés par ordre d'historicité décroissante), se propose de présenter quelques données nouvelles tirées de découvertes épigraphiques récentes[10].

L'inondation d'al-ʿArim (la Digue de Marib[11])

La rupture de la Digue de Marib est souvent mentionnée comme l'un des très rares événements historiques auxquels le Coran ferait allusion. En fait, le Coran ne se réfère pas à un événement précis, mais interprète simplement les ruines de Marib comme une illustration de la punition divine qui frappe les peuples incrédules, suivant le schéma explicatif habituel des « récits de châtiments divins ». Divers arguments peuvent être avancés: l'association de la Digue de Marib avec Sabaʾ est insolite si on se situe vers la fin du VIe siècle : l'affirmation que Sabaʾ est incrédule ne s'accorde guère avec le fait que le polythéisme a été rejeté depuis plus de deux siècles ; enfin, il ne semble pas que l'abandon de la Digue se soit produit comme le rapporte le récit coranique.

La sourate « Sabaʾ » (Q 34) mentionne une inondation catastrophique qui ravage les deux jardins des Sabéens :

> 14 [15] « Certes les Sabaʾ, dans leur habitat, avaient un signe. [*C'étaient*] deux jardins à dextre et à sénestre. "Mangez de l'attribution de votre Seigneur et soyez-lui reconnaissants ! [*ce pays est*] un pays délicieux. [*Allāh*] est un seigneur absoluteur".
>
> 15 [16] Les Sabaʾ se détournèrent [*cependant de Nous*]. Nous déchaînâmes contre eux l'inondation d'al-ʿArim et, au lieu de leurs deux jardins, Nous leur donnâmes deux jardins poussant [*des végétaux aux*] fruits amers, des tamaris et de rares baies de jujubier.

10. Pour ces événements et ces personnages, la bibliographie est immense. Seuls sont cités les titres utiles à mon propos.

11. La capitale de Sabaʾ est appelée Maryab (*Mryb*), puis Marib (*Mrb*), dans les inscriptions antiques. En arabe, le nom devient Maʾrib.

16 [17] Cela, nous leur avons donné en prix de ce qu'ils furent incrédules. Pourrions-nous "récompenser" [*ainsi*] un autre que l'Incrédule ? »[12].

Même si le texte coranique ne donne aucune indication topographique précise, l'identification traditionnelle d'al-ʿArim avec la Digue de Marib (à 120 km à l'est de Ṣanʿāʾ au Yémen) paraît assurée. En premier lieu, la Digue de Marib est bien appelée *al-ʿArim* dans les inscriptions antiques (en sabaʾique *ʿrm*^{n}, avec l'article postposé, ou *ʿrm Mrb*)[13]. Deuxièmement, l'immense périmètre irrigué par la Digue de Marib, qui a approché les 10000 hectares dans sa plus grande extension, se divise bien en deux parties de dimensions voisines : une qui se trouve au nord du wādī Dhana (l'antique Adhanat, *ʾḏnt*) et l'autre au sud. Enfin, Marib a été la capitale des Sabéens. L'expression « l'inondation d'al-ʿArim » (*sayl al-ʿArim*), qui veut dire « l'inondation de la Digue de Marib », est une manière ramassée de faire allusion à une inondation provoquée par un dysfonctionnement de la Digue. Au Yémen, le *sayl* est le puissant courant d'eau qui envahit les vallées sèches après une pluie d'orage ; il doit être distingué du cours d'eau pérenne qui est appelé *ghayl*.

Les inscriptions ḥimyarites mentionnent quatre interventions sur la Digue de Marib qui s'étagent entre 370 environ et novembre 558. On peut donc situer la fin de l'irrigation à Marib et l'abandon de la Digue après 560 environ. Le *terminus ante quem* est 632, date de la mort de Muḥammad, qui sait que le périmètre de Marib n'est plus irrigué. Cette fourchette chronologique s'accorde avec le fait que le royaume ḥimyarite se désintègre dans les années 560 (voir ci-dessous « Les Compagnons de l'Éléphant »). La sourate 34 pourrait donc faire allusion à un événement historique.

Mais, si on y regarde de plus près, c'est bien improbable. Selon le texte coranique, l'inondation catastrophique d'al-ʿArim est une punition infligée par Dieu à Sabaʾ l'Incrédule.

Cette mention de Sabaʾ est insolite à la fin du VIe ou au début du VIIe siècle parce que l'ensemble tribal qui portait ce nom a pratiquement disparu depuis plusieurs siècles. Saba' a été une vaste confédération tribale, jouant un rôle

12. *La-qad kāna li-Sabaʾ*^{in} *fī maskani-him āyat*^{un} *jannatāni ʿan yamīn*^{in} *wa-shimāl*^{in} *kulū min rizqi rabbi-kum wa-ʾshkurū la-hu baladat*^{un} *ṭayyibat*^{un} *wa-rabb*^{un} *ghafūr*^{un}. | *Fa-aʿraḍū fa-arsalnā ʿalay-him sayla ʾl-ʿArimi wa- baddalnā-hum bi-jannatay-him jannatayni dhawātà ukul*^{in} *khamṭ*^{in} *wa-athl*^{in} *wa-shayʾ*^{in} *min sidr*^{in} *qalīl*^{in}. | *Dhālika jazaynā-hum bi-mā kafarū wa-hal nujāzī illā ʾl-kafūra*. La traduction des textes coraniques est empruntée à Régis Blachère (1966).

13. Darles *et alii* 2013, p. 9

majeur aux origines de l'histoire sudarabique, entre les VIIIe et VIe siècles avant l'ère chrétienne. Ses souverains ont dominé la presque totalité du Yémen ; sa capitale, Maryab (appelée ensuite Marib, aujourd'hui Ma'rib), semble avoir été le berceau de la culture sudarabique ; sa langue et sa culture ont servi de modèle à ses voisins d'Arabie et d'Éthiopie. Par la suite, Saba' est resté un royaume important, mais déclinant. Au début du IIIe siècle de l'ère chrétienne, une nouvelle capitale, Ṣanʿā', double Marib : c'est la traduction symbolique du fait que, depuis deux siècles, les communes (c'est-à-dire les tribus sédentaires de culture sudarabique) de la montagne se sont emparées du pouvoir au détriment des populations du piémont. Le royaume est finalement annexé par Ḥimyar dans les années 270. Il semblerait que, déjà vers cette date, la langue sabéenne ne soit plus guère parlée. Vers 300, de la puissante tribu de Saba', il ne subsiste qu'un modeste groupe, constitué par les habitants de la ville de Marib. Pour qu'il n'y ait pas de confusion avec la brillante Saba' du passé, les inscriptions appellent cette Saba' résiduelle « Saba' Kahlān »[14].

De la fin du IIIe siècle de l'ère chrétienne jusqu'à la veille de l'Islam, Ḥimyar domine l'ensemble de l'Arabie méridionale et une part variable de l'Arabie déserte. Le nom de Saba' n'apparaît plus guère, sinon dans des expressions figées (comme les titulatures royales) ou comme désignation de la population de Marib. Si l'on examine les grandes inscriptions royales ḥimyarites des Ve et VIe siècles, les principales composantes du royaume sont Ḥimyar^um^[15], Ḥaḍramawt[16], Raḥbatān (à savoir les Hautes-Terres autour de Ṣanʿā')[17] et (après 500) les Abyssins (ou Aksūmites)[18].

Les attestations de Saba', comme nom de la région et de la population de Marib, ne sont pas nombreuses. Elles sont au nombre de quatre, toutes dans la grande inscription d'Abraha (535-565 environ), le souverain ḥimyarite d'origine aksūmite. Abraha apprend que la Digue de Marib s'est rompue par un « appel à l'aide de Saba' »[19]. Pour gagner le Yémen oriental où Kinda

14. Voir par exemple Ja 653 / 1, 15-16 ; Ja 735 / 3, 8, 16 et 18.

15. Sadd Ma'rib 3 = *CIH* 540 / 65, 70 ; Sadd Ma'rib 5 = *CIH* 541 / 75 (« ses Ḥimyarites », *'ḥmr-hmw*).

16. Sadd Ma'rib 3 = *CIH* 540 / 65, 71.

17. Sadd Ma'rib 3 = *CIH* 540 / 68.

18. Sadd Ma'rib 5 = *CIH* 541 / 75 (« ses Abyssins », *'ḥbs²-hmw*). Dans les inscriptions sabéennes et ḥimyarites comme dans les sources arabes, le royaume d'Aksūm (dont le territoire englobait une grande partie de l'Érythrée et de l'Éthiopie contemporaines) est appelé d'ordinaire « Abyssinie » (*Ḥbs²t*, Ḥabasha). La dernière mention de « l'armée de Sabaʿ », qui se trouve dans Ja 651 /30, est antérieure à 300.

19. Sadd Ma'rib 5 = *CIH* 541 / 42, *s¹rḫ^m^ bn S¹b'*.

(sabaʾique Kiddat, *Kdt*) vient de se révolter, il descend « les deux passes de Sabaʾ » (*mqly S^1bʾ*), à savoir le naqīl Shujāʿ qui fait passer du wādī ʾl-Sirr (banū Ḥushaysh) au wādī Ḥarīb al-Qarāmish, à 40 km à l'est-nord-est de Ṣanʿāʾ et à 80-90 km à l'ouest de Maʾrib[20]. La révolte de Kinda reçoit le soutien des « princes de Saba', les Saḥarites Murrat,(15) Thumāmat, Ḥanash^{um} et Marthad^{um}, et Ḥa(16)nīf^{um} dhu-Khalīl »[21]. Enfin, Abraha évoque une réfection de la Digue de Marib par le souverain ḥimyarite Shuriḥbiʾīl Yaʿfur (450-468 environ) en citant « ʿAwdān que Yaʿfur avait entièrement reconstruit (98) avec Sabaʾ et les princes »[22].

Une autre raison de douter du caractère historique du texte coranique réside dans le fait que la population de Marib a rejeté le polythéisme, comme le reste du royaume de Ḥimyar, vers 380 de l'ère chrétienne. Le Grand Temple consacré au dieu Almaqah cesse alors d'être fréquenté. Toutes les inscriptions postérieures montrent que les Ḥimyarites (ou pour le moins les élites) adhèrent à un monothéisme qui s'inspire du judaïsme, puis, après la crise des années 520, au christianisme[23]. Les habitants de Marib ne sont donc pas des « Incrédules » (*kāfirūna*).

Si le Coran voit dans la ruine de la Digue de Marib une conséquence de l'incrédulité de Sabaʾ, c'est parce qu'il ne se réfère pas à un événement réel. Il part simplement du constat, évident pour tout visiteur, que la zone de Marib a été irriguée et cultivée dans le passé grâce à la Digue et que maintenant elle est en grande partie abandonnée aux plantes sauvages. Cette déchéance est interprétée comme une punition divine et un avertissement pour les Incrédules, tout comme la disparition de nombreux peuples du passé.

Le peuple qui est puni est logiquement Sabaʾ. Le Coran en donne lui-même la raison. Une autre sourate, Q 27, rapporte que le peuple de la Reine de Sabaʾ est idolâtre :

20. MS-Shujāʿ 1 / 4 (Al-Salami 2011, Karte 3, p. 179). Sur le naqīl Shujāʿ, voir al-Maqḥafī 2002, p. 850 (« Shijāʿ »).

21. Sadd Maʾrib 5 = *CIH* 541 / 14-16 : *ʾqwl S^1bʾ ʾs^1ḥr^n Mrt w-*(15)*Ṯmmt w-Ḥns*^{2m} *w-Mrṯdm w-Ḥ*(16)*nf*^{m} *ḏ-Ḫll*. Les lignages dhu-Saḥar et dhu-Khalīl sont effectivement de très anciennes familles aristocratiques de Maryab (Maʾrib). Mais c'est la première fois qu'elles sont mentionnées avec le titre de « prince » (*qayl*). C'est probablement le résultat d'une évolution vers la constitution d'une caste aristocratique unique, réunissant ces grandes familles du piémont avec la noblesse communale de la montagne.

22. Sadd Maʾrib 5 = *CIH* 541 / 98-99 : *ʿwd*^{n} *ḏ-tqh Yʿfr* (99) *b-S^1bʾ w-ʾqwl*^{n}. En fait, dans son inscription, Shuriḥbiʾīl Yaʿfur dit qu'il a réparé la Digue avec des troupes venues de Ḥimyarum et du Ḥaḍramawt (Sadd Maʾrib 3 = *CIH* 540, lll. 65 et 70-71).

23. Robin 2012 b.

« Je t'apporte, sur les Saba᾽, une nouvelle sûre. (23) J'ai trouvé qu'une femme est leur reine, que de toute chose, elle a été comblée et qu'elle a un trône magnifique. (24) Je l'ai trouvée, elle et son peuple, se prosternant devant le soleil, à l'exclusion d'Allāh. »

(Sourate « Les Fourmis », *al-Naml*, 27 / 22-24).

On voit que, aux origines de l'Islam, les récits légendaires qui se sont développés autour de la Reine de Saba᾽ prévalent déjà dans la mémoire historique sur la réminiscence des événements réels. On ajoutera qu'aucun traditionniste arabo-musulman ne connaît l'existence d'un royaume de Saba᾽ antérieur à Ḥimyar et que les noms donnés aux monuments antiques ruinés de Ma᾽rib se rapportent avant tout à la Reine de Saba᾽ (appelée Bilqīs par la Tradition arabo- musulmane), comme « le sanctuaire de Bilqīs » (*maḥram Bilqīs*), « le trône de Bilqīs » (*ʿarsh Bilqīs*) ou « la mosquée de Salomon fils de David » (*masjid Sulaymān b. Dāwūd*). Cette identification des habitants de Marib avec les sujets de la Reine de Saba᾽ était un moyen bien pratique de se rattacher à l'histoire prophétique. On peut supposer qu'on la doit aux juifs, à l'époque où Ḥimyar adhérait à un judéo-monothéisme.

Il reste une dernière interrogation : la fin de la Digue de Marib a-t-elle été soudaine et brutale ? Le Coran suggère que la Digue de Marib, après s'être remplie à la suite des pluies de mousson, s'est rompue, provoquant une vague énorme qui aurait ravagé les deux périmètres irrigués. En réalité, même si une rupture de la Digue avait provoqué un « tsunami », ce dernier n'aurait détruit que les aménagements proches de la Digue et non l'ensemble des zones irriguées. Si les « deux jardins » de Marib sont stériles à l'époque de Muḥammad, ce n'est pas à cause des destructions provoquées par une inondation, mais parce qu'ils ne sont plus irrigués.

Mais peut-on retenir au moins que la Digue s'est rompue soudainement ? Deux modèles de l'abandon de la Digue de Marib peuvent être proposés. Le premier est une rupture brutale comme celles évoquées par deux inscriptions[24]. Le second est une lente dégradation du dispositif, parce qu'il devenait de plus en plus difficile de mobiliser les moyens nécessaires pour remettre en état ce qui avait été détruit lors de la dernière saison des pluies. Entre ces deux modèles, il est difficile de trancher, même si deux observations sont plutôt en faveur du second. La première est que le niveau des alluvions en amont de la Digue correspond au sommet du mur de retenue : on peut en déduire que la Digue s'est rompue après avoir été progressivement comblée. La seconde observation est que la poésie préislamique ne

24. Ja 671 + 788 et Sadd Ma᾽rib 3 = *CIH* 540.

fait aucune mention de la Digue, ce qu'elle aurait peut-être fait si la Digue s'était rompue brutalement, donnant à cet événement un plus grand relief[25].

Une dernière remarque peut être ajoutée : les légendes sur la dispersion des tribus d'Arabie du Sud après la ruine de la Digue, qui présentent les mêmes traits que le texte coranique, sont manifestement une simple amplification du ce dernier. Quoi qu'il en soit, il paraît assuré que le Coran ne peut pas être utilisé comme un texte documentant la dernière rupture de la Digue de Marib. Il nous apprend seulement que la zone de Marib n'était plus irriguée quand Muḥammad mentionna al-ʿArim dans ses révélations. Ce constat, qui n'a rien de nouveau, rappelle que la finalité du texte coranique n'est pas de rapporter des faits historiques, mais d'édifier ses auditeurs.

« Les Compagnons de l'Éléphant » (*Aṣḥāb al-Fīl*)

Avec les « Compagnons de l'Éléphant », le Coran évoquerait un événement historique immédiatement antérieur à l'époque de Muḥammad, à savoir l'expédition d'Abraha, le roi aksūmite de Ḥimyar, contre Makka. Pendant une cinquantaine d'années, on a estimé que cette expédition était mentionnée dans une inscription. Il est assuré aujourd'hui que ce n'est pas le cas. Cependant, d'après les données de l'épigraphie arabique, une telle expédition est parfaitement plausible. Il est même possible de la dater après 560. Par ailleurs, des images d'éléphant, découvertes récemment dans la région de Najrān (sud-ouest de l'Arabie séoudite, sur la frontière avec le Yémen), s'accordent avec l'hypothèse que l'expédition d'Abraha contre Makka est historique.

Selon la sourate 105 (*al-Fīl*, « L'Éléphant ») qui est bien énigmatique, des individus appelés « les Compagnons de l'Éléphant (*Aṣḥāb al-Fīl*) » ont monté un stratagème qui échoue. Dieu les punit en envoyant contre eux des oiseaux qui les bombardent de pierres d'argile.

> « 1 N'as-tu pas vu comment ton Seigneur a traité les Hommes de l'Éléphant ?
> 2 N'a-t-Il point fait tourner leur stratagème en confusion ?
> 3 N'a-t-il point lancé contre eux des oiseaux par vols,
> 4 qui leur jetaient des pierres d'argile,
> 5 en sorte que ton Seigneur en fit comme feuillage dévoré ? »[26]

25. Ghassan el Masri, « The Dam of Maʾrib in Pre-Islamic Arabic sources », dans Darles *et al.* 2013, p. 63-70.

26. *a-lam tara kayfa faʿala rabbu-ka bi-Aṣḥābi ʾl-Fīli* (2) *a-lam yajʿal kayda-hum fī taḍlīl*[in] (3) *wa-arsala ʿalay-him ṭayr*[an] *abābīla* (4) *tarmī-him bi-ḥijārat*[in] *sijjīl*[in] (5) *fa-jaʿala-hum*

Un problème supplémentaire réside dans le découpage du texte : il est possible que les sourates 105 (« L'Éléphant », *al-Fīl*) et 106 (« Quaraysh », dont on a trois versions) constituent une seule sourate, comme dans le *corpus* d'Ubayy, et non deux.

L'expression « les Compagnons de l'Éléphant (*Aṣḥāb al-Fīl*) » appartient à la longue liste des locutions coraniques composées de *aṣḥāb* (pluriel de *ṣāḥib*), suivi par un complément du nom[27]. Le terme *ṣāḥib* signifie « compagnon, ami » ; mais il est également employé fréquemment pour « Qui se trouve dans tel ou tel lieu, ou avec telle ou telle chose, et en est, *pour ainsi dire*, le compagnon. On peut le traduire par *homme de*, *gens de*… ; qui appartient à telle ou telle chose » (Kazimirski 1860, *sub verbo*).

Selon les exégètes et les traditionnistes arabo-musulmans unanimes, cette sourate serait une allusion à l'expédition du roi Abraha contre la Kaʿba et au châtiment subi par ce dernier. Ce roi Abraha est le personnage central de nombreuses anecdotes[28]. Lors de la conquête de Ḥimyar par les Abyssins (ou Aksūmites), il commande une partie des troupes qui débarquent en Arabie. Peu après, il se révolte. La querelle est réglée par un combat singulier avec le chef de l'armée abyssine. Abraha l'emporte grâce à un stratagème et s'empare du pouvoir en Arabie, mais dans le combat il a perdu son nez, d'où le surnom d'*al-Ashram*, « au nez coupé ».

L'image d'Abraha que transmet la Tradition est assez contrastée. Elle présente plusieurs traits négatifs. Le roi dirige une expédition sacrilège contre Makka, celle qui serait évoquée dans Q 105 ; on mentionne encore qu'il s'est emparé de la femme d'un prince yéménite et s'est octroyé un droit de première nuit avec les jeunes mariées. Mais les traits positifs abondent également. C'est un grand roi dont l'autorité s'étend sur toute l'Arabie, puisqu'il intervient dans les affaires intérieures de nombreuses tribus, jusqu'au voisinage du ʿIrāq. Il exerce le pouvoir avec modération. Il est apprécié par ses sujets puisqu'on donne son nom, bien que typiquement abyssin, à de nombreux enfants du Yémen. Une grande famille aristocratique du Yémen médiéval le mentionne même parmi ses ancêtres[29].

Sur le plan religieux, la Tradition sait qu'Abraha est chrétien et que ses partisans – y compris dans l'Arabie déserte – le sont aussi[30]. Cette foi chré-

ka-ʿaṣf^{in} *maʾkūl*.

27. Voir cette liste dans le paragraphe consacré aux *Aṣḥāb al-Ukhdūd*, ci-dessous, p. 55.

28. Daghfous 1995, I, p. 114-130 ; Rubin 2009.

29. Robin 2012 b, p. 292.

30. La Tradition mentionne le nom de deux chefs arabes qui auraient été investis par Abraha : Muḥammad b. Khuzaʿī al-Sulamī à la tête de Muḍar (la confédération des tribus de

tienne n'est pas une simple option personnelle. Sous Abraha, le christianisme est la religion officielle de Ḥimyar. Cela se traduit notamment par l'édification d'une superbe église dans la capitale, Ṣanʿāʾ, avec l'aide d'artisans byzantins pour le travail du marbre et des mosaïques. Abraha veut faire de cette église un centre de pèlerinage majeur en Arabie, afin de supplanter la Kaʿba[31].

Pour partir en campagne contre la Kaʿba de Makka, Abraha prend prétexte d'une provocation, dont on a deux versions divergentes. Certaines traditions relatent que des Arabes du Ḥijāz, originaires d'une tribu alliée de Makka, auraient profané l'église de Ṣanʿāʾ en la souillant d'excréments. Selon d'autres, des Mecquois auraient attaqué et dépouillé à Najrān un petit-fils d'Abraha, revenant du pèlerinage de Makka[32] ; ils y auraient également pillé une église[33].

Rendu furieux par cette provocation, Abraha décide de se venger des Mecquois et de détruire la Kaʿba. Il rassemble donc une armée, composée d'Abyssins, de Ḥimyarites et d'Arabes, à l'avant-garde de laquelle il place un éléphant[34]. Parvenu aux abords de la ville d'al-Ṭāʾif, dont la tribu se soumet, il se dirige vers Makka.

Un notable mecquois, ʿAbd al-Muṭallib, le grand-père de Muḥammad, tente de négocier avec Abraha, apparemment pour son propre compte, mais les discussions n'aboutissent pas. Les Mecquois quittent leur ville pour se réfugier dans les montagnes. C'est alors que se produit le miracle : l'élé-

l'Arabie du nord-ouest) et Zuhayr b. Janāb, le chef (*sayyid*) de Kalb, à la tête de deux tribus de l'Arabie du nord-est, Bakr et Taghlib (Lecker 1989, p. 108 et suiv. ; Kister 1986, p. 45-46, p. 50 ; Lecker 2005-XI, p. 31 ; de Prémare 2000, p. 302-310). Elle indique explicitement que Muḥammad b. Khuzaʿī était chrétien. Il en était probablement de même pour Zuhayr b. Janāb, un chef de Kalb, une tribu de la mouvance de Byzance (Lecker 2005) ; on attribue à Zuhayr b. Janāb, par exemple, la destruction du sanctuaire de Buss consacré à la déesse al-ʿUzzà peu après sa contruction (Robin 2012 c, p. 28).

31. Robin 2010 a.

32. Selon la Tradition, divers personnages probablement chrétiens participent à des rites polythéistes (pèlerinages, offrandes d'objets précieux) ; elle rapporte également que la Kaʿba était décorée d'images d'inspiration biblique ou chrétienne. À Muḥassar, une vallée proche de Muzdalifa et Minā, les chrétiens avaient leur propre lieu de rassemblement (*mawqif*). Même s'il n'est pas sûr que ces anecdotes soient authentiques, il est vraisemblable que les temples préislamiques accueillaient volontiers les adeptes de toutes les religions. On peut aisément imaginer que les membres d'une même tribu ou d'un même lignage pratiquaient collectivement certains rites, mêmes si certains s'étaient convertis au judaïsme ou au christianisme.

33. Kister 1965, p. 431.

34. Il y en aurait eu plusieurs selon certaines traditions.

phant placé à la tête de l'armée refuse d'avancer. L'armée d'Abraha est alors massacrée par des oiseaux qui la bombardent de pierres[35].

Quelques savants rapportent d'autres traditions, incontestablement plus réalistes : une maladie inconnue fait des ravages dans l'armée[36]. De fait, c'est l'époque de la fameuse peste de Justinien : depuis 541 (date de son apparition en Égypte), elle a frappé successivement les divers pays de la Méditerranée orientale ; au Yémen, entre octobre 547 et janvier 548, elle avait déjà obligé Abraha à suspendre les travaux engagés sur la Digue de Marib[37].

Ce qui a tout particulièrement frappé les contemporains, c'est que l'armée était précédée par un éléphant qui se serait appelé Maḥmūd. Si l'éléphant est commun sur la rive africaine de la mer Rouge, domestiqué ou à l'état sauvage – un ambassadeur byzantin envoyé à Aksūm vers 530 croise ainsi un troupeau de 5000 têtes[38] –, il est totalement inconnu en Arabie. Un éléphant était donc susceptible de semer l'effroi par sa taille et sa morphologie, mais aussi de susciter l'admiration du fait de l'énorme dispositif qu'il fallait mettre en œuvre pour l'abreuver et le nourrir dans le désert.

Dans les annales de Makka, l'éléphant Maḥmūd est naturellement devenu une référence. Non seulement l'année de l'expédition ḥimyarite a été nommée « l'année de l'Éléphant » (*ʿām al-Fīl*), mais encore elle est devenue le point de départ d'un comput mecquois en usage pendant quelques dizaines d'années.

On pourrait penser qu'il est facile de dater précisément l'« année de l'Éléphant ». Ce n'est pas le cas parce que, comme le savant israélien Uri Rubin l'a démontré, la chronologie de Makka a été reconstruite en se référant à des événements marquants de la vie de Muḥammad dont la date, oubliée, a été reconstituée en utilisant des intervalles de durée symbolique[39].

Les événements retenus sont la naissance de Muḥammad, le début de sa mission prophétique, l'hégire (l'installation à al-Madīna[40] en 622) et sa mort (632). La chronologie de la vie de Muḥammad va être organisée en se fondant sur plusieurs bases numériques.

35. Prémare 2000, p. 316-322.

36. Daghfous 1995, I, p. 128-129.

37. Robin 2012 d, p. 138.

38. Photios, *Bibliothèque*, I, 3, p. 6 (dans la relation de l'ambassade de Nonnosos).

39. Rubin 1995, p. 189-214. L'histoire des règnes de David et de Salomon a été reconstruite par les auteurs bibliques de la même manière.

40. En 622, Muḥammad quitte Makka pour prendre la direction d'une petite principauté, à la demande de quelques tribus de l'oasis de Yathrib, renommée alors Madīnat al-Nabī ou al-Madīna (en français Médine). Le mot « hégire » (*hijra*) signifie « émigration » ; la traduction par « fuite » est apologétique : en suggérant que Muḥammad arrive à al-Madīna comme un proscrit, elle donne plus de relief à sa réussite.

Une première base est le nombre 40, emprunté à la biographie de Moïse qui commence sa mission à 80 ans (Exode 7 / 7) et meurt à 120 (Deutéronome 31 / 2)[41]. Mais, pour Muḥammad, cette base est divisée par deux et ramenée à 20 années. En effet, Muḥammad aurait expliqué à sa fille : « chaque prophète atteint la moitié de l'âge auquel son prédécesseur est parvenu ; Jésus fils de Marie a été envoyé pour agir comme prophète pendant 40 ans, et moi, j'ai été envoyé pour être un prophète pour 20 ans »[42]. En application de ces principes, Muḥammad commence son activité prophétique à 40 ans et meurt à 60.

Une deuxième base utilisée dans la construction de la chronologie de la vie de Muḥammad est le nombre 10. Elle sert à déterminer la durée de l'activité prophétique de Muḥammad à Makka (10 ans) et à al-Madīna (également 10 ans).

Il reste maintenant à rattacher la chronologie mecquoise à cette chronologie prophétique. Pour ce faire, certains ont utilisé un dernier nombre symbolique, celui de 70 années, et ont cherché à identifier l'épisode marquant de la vie de Muḥammad qui se serait produit 70 ans après l'« année de l'Éléphant ». On a naturellement proposé soit le début de la mission prophétique soit l'hégire. Il en résulte deux datations pour l'« année de l'Éléphant », 552 ou 542, puisque l'hégire est datée avec certitude de 622.

Mais un autre système chronologique a finalement prévalu. Comme l'« année de l'Éléphant » a marqué le début de la *success-story* qui va faire des Mecquois, en trois générations, les maîtres d'un empire s'étendant des rives de l'Atlantique à l'Asie centrale, elle doit coïncider avec un événement majeur, signalant le début d'un cycle nouveau de l'histoire du monde. Un tel événement ne peut être que la naissance de Muḥammad. Si la première révélation se situe 40 ans après l'« année de l'Éléphant » et l'hégire 10 ans plus tard, on obtient la chronologie généralement acceptée :

– 572 : « année de l'Éléphant » et naissance de Muḥammad ;
– 612 : début de la mission prophétique de Muḥammad ;
– 622 : hégire ;
– 632 : mort de Muḥammad.

On peut se demander dans quelle mesure ces systèmes chronologiques, qui se fondent sur la conviction que l'histoire répond à un plan divin, peuvent être utilisés par les historiens. Les avis divergent. Pour certains, il vaut mieux les rejeter en bloc, puisque leurs fondements sont irrationnels.

41. On peut ajouter que, dans les sources arabes, le nombre 40 est fréquemment utilisé pour signifier un grand nombre (Conrad 1987, p. 230 suiv.).

42. Rubin 1995, p. 196.

Pour d'autres, ces systèmes chronologiques, qui utilisent des matériaux historiques, ne remodèlent que les éléments nécessaires à leur démonstration : on peut donc supposer qu'ils conservent des données originales, notamment l'ordre de succession des événements et, dans une certaine mesure, les intervalles qui les séparent.

Toujours pour dater « l'année de l'Éléphant », nous disposons d'un second faisceau d'indices, toujours transmis par la Tradition arabo-musulmane. Diverses sources présentent la mort d'Abraha comme un châtiment divin, qui suivrait immédiatement l'expédition contre Makka. Ibn Isḥāq rapporte qu'Abraha, sur le chemin du retour, perd ses doigts l'un après l'autre ; quand il arrive à Ṣanʿāʾ, son cœur éclate et il meurt[43]. Pour al-Bakrī, il n'atteint pas le Yémen, mais meurt sur le chemin du retour, non loin de Makka, en un lieu appelé dhāt ʿUshsh[44].

Le motif du châtiment divin pourrait inciter à rejeter ces traditions comme apologétiques. Il comporte cependant une donnée chronologique plausible : la mort d'Abraha interviendrait très peu de temps après l'expédition. L'échec devant Makka se situerait donc vers la fin du règne.

Les sources externes, exceptionnellement riches et précises, complètent le portrait du roi Abraha. Nous devons à l'historien byzantin Procope, très proche du pouvoir byzantin et d'ordinaire bien informé, quelques détails sur sa biographie[45]. Abraha est un chrétien de naissance servile, originaire du port aksūmite d'Adoulis. Alors qu'il commande l'armée aksūmite qui occupe le Yémen, il renverse le roi que le négus a placé sur le trône. La réaction ne tarde pas : deux expéditions punitives sont envoyées pour le déloger, mais elles échouent lamentablement. C'est seulement après la mort du négus que le différend est réglé, avec son successeur, et que le pouvoir d'Abraha est définitivement consolidé. Tous ces événements se placent entre 531 et le début des années 550 (date de la publication des *Guerres* de Procope).

Toujours selon Procope, Abraha n'est pas un allié très fiable. Alors que Justinien, empereur de 527 à 565, compte sur lui pour attaquer la Perse par le sud et soulager les troupes byzantines de Syrie, il promet beaucoup, mais ne tient guère : il ne part en campagne qu'une seule fois pour faire demi-tour aussitôt.

43. Ibn Hishām, *Sīra*, texte, p. 54 ; traduction Guillaume, p. 27.

44. Bakrī, *Muʿjam*, texte p. 944, entrée « dhū ʾl-ʿUshsh ». al-Hamdānī, *Ṣifa*, p. 115 / 23, situe dhāt ʿUshsh nettement plus au sud, dans le pays de Janb, dans le ʿAsīr actuel ; il y signale des tombes de date inconnue (*Ṣifa* 115 / 23-24 ; 253 / 22).

45. Procope, *Guerres*, I.20.

Le même Abraha est également connu grâce à sept inscriptions dont les dates s'échelonnent entre 548 et 560[46]. La plus remarquable (Sadd Ma'rib 5 = *CIH* 541) célèbre la consolidation du pouvoir d'Abraha. Datée de mars 548, elle rapporte la réduction d'une révolte au Ḥaḍramawt ; elle commémore également une importante réfection de la Digue de Marib ; elle mentionne incidemment la consécration d'une église à Marib et la tenue d'une conférence diplomatique dans cette même ville, à l'automne 547, avec les représentants de Rome, d'Aksūm, de la Perse et de trois princes arabes.

Un autre document fort important (Murayghān 1 = Ry 506) commémore une « quatrième » expédition d'Abraha dans l'Arabie déserte. Le roi l'a fait graver en septembre 552 aux puits de Murayghān, à 230 km au nord de Najrān, pour célébrer une première victoire en Arabie centrale.

On s'est naturellement demandé si la campagne mentionnée dans ce texte pouvait être identifiée avec celle qui aurait échoué devant Makka. Pendant un temps, la réponse a été positive. L'argument considéré comme décisif a été proposé en 1965 par le savant israélien M. J. Kister[47]. L'inscription Murayghān 1 = Ry 506 est datée de 552 de l'ère chrétienne. Or, c'est l'une des dates que la Tradition arabo-musulmane attribue à « l'année de l'Éléphant ». Selon le fameux traditionniste Hishām ibn al-Kalbī (mort en 204 h / 819 ou en 206 h / 821) :

> « Quraysh comptait, avant la chronologie du Prophète, à partir de l'époque de l'Éléphant. Entre l'Éléphant et (la bataille de) Fijār, ils comptaient quarante ans. Entre Fijār et la mort de Hishām b. al-Mughīra, ils comptaient six ans. Entre la mort de Hishām et la construction de la Kaʿba, ils comptaient neuf ans. Entre la construction de la Kaʿba et le départ du prophète pour al-Madīna, ils comptaient quinze ans »
>
> (Zubayr b. Bakkār, *Jamhara*, p. 668)[48].

Entre l'Éléphant et l'hégire, il s'écoulerait donc 40 + 6 + 9 + 15 = 70 ans. Comme l'hégire est en 622, l'Éléphant daterait de 552.

Un argument subsidiaire, avancé par Jacques Ryckmans[49], semblait s'accorder avec l'identification de la campagne de 552 avec l'expédition de l'Éléphant : les banū *ʿmr*[m] contre lesquels Abraha faisait campagne

46. Ce sont tout d'abord quatre inscriptions d'Abraha : Sadd Maʾrib 4 = DAI GDN 2002/20 ; Sadd Maʾrib 5 = *CIH* 541 ; Murayghān 1 = Ry 506 et Murayghān 3. Il s'agit ensuite de deux inscriptions dans lesquelles le roi est mentionné : Sadd Maʾrib 6 = Ja 547 + 546 + 544 + 545 ; Murayghān 2. On peut leur ajouter enfin *CIH* 325, daté de 559-560, où le nom du roi n'apparaît pas.

47. Kister 1965.

48. Kister 1965, p. 427.

49. Ryckmans 1953, p. 341.

seraient une grande formation tribale d'Arabie occidentale, les banū ʿĀmir b. Ṣaʿṣaʿa.

Aujourd'hui, la pertinence de ces deux arguments paraît douteuse. Comme je l'ai déjà indiqué, la date de l'Éléphant tirée d'Ibn al-Kalbī n'a aucune valeur historique: c'est une reconstruction fondée sur des événements et des durées symboliques. On peut ajouter que jamais une inscription, qui est un instrument de propagande, ne commémore un échec. Pour ces deux raisons, il est fort peu plausible que l'inscription Ry 506 = Murayghān 1 commémore l'expédition de l'Éléphant.

Quant à l'identification des banū *ʿmr^{m}* avec les banū ʿĀmir b. Ṣaʿṣaʿa, elle ne s'accorde pas avec le récit des opérations militaires qui indique clairement que les banū *ʿmr^{m}* (vocaliser ʿAmr^{um}) sont les chefs de Maʿadd^{um} en Arabie centrale, ou, si l'on préfère, la « dynastie kindite » des traditionnistes arabes, dont les rois sont successivement Ḥujr Ākil al-Murār b. ʿAmr, ʿAmr al-Maqṣūr b. Ḥujr et al-Ḥārith le Roi b. ʿAmr. Contrairement à l'opinion de Jacques Ryckmans, l'inscription Ry 506 = Murayghān 1 ne mentionne pas d'opérations militaires ḥimyarites contre une tribu de l'Arabie occidentale[50], mais seulement une expédition en Arabie centrale.

La réinterprétation de Murayghān 1 = Ry 506 ne se fonde pas uniquement sur ces arguments: elle est confirmée par une inscription découverte en avril 2009, Murayghān 3, toujours à proximité des mêmes puits[51]. Gravée par le roi, elle célèbre le rétablissement de l'autorité ḥimyarite en Arabie centrale, rapporte l'expulsion du prince ʿAmr^{um}[52] qui la gouvernait et énumère six régions et tribus qui font leur soumission. Ces dernières se trouvent en Arabie centrale et au-delà, formant un arc entre le golfe Arabo-persique et la mer Rouge.

Dans cette liste, le nom le plus significatif est celui de Yathrib (aujourd'hui al-Madīna), où Muḥammad crée 70 ans plus tard sa principauté théocratique[53]. L'inscription n'est pas datée, mais il n'est guère douteux qu'elle complète la précédente ; il est assuré par ailleurs qu'elle est antérieure à l'été 554, date à laquelle le prince ʿAmr succède à son père sur le trône d'al-Ḥīra.

50. Robin 2012 a.

51. Robin & Ṭayrān 2012.

52. *ʿmr^{m} bn Mḏr^{n}*, en arabe ʿAmr b. al-Mundhir, appelé aussi ʿAmr b. Hind d'après sa mère. Il est roi d'al-Ḥīra de l'été 554 à 569.

53. Outre Yathrib, les régions et tribus qui font leur soumission sont Hagar^{um} et Khaṭṭ (*[H]gr^{m} w-Ḫṭ*, arabe Hajar et al-Khaṭṭ) dans la région du golfe Arabo-persique, Ṭayy^{um} (*Ṭy^{m}*, arabe Ṭayyiʾ) en Arabie centrale et Guzām (*Gzm*, probablement arabe Judhām) en Arabie du nord-ouest.

Le dernier repère chronologique du règne d'Abraha est le fragment d'une superbe inscription en trois registres, qui commémore la construction d'un édifice avec des matériaux coûteux (qui proviennent apparemment du nord-ouest du Yémen, à moins que le texte ne fasse allusion à l'origine de la main d'œuvre)[54]. Cette inscription mentionne incidemment la date 559-560. L'auteur de ce texte – dont le nom est perdu – est probablement le roi Abraha lui-même : la qualité du texte et la nature des travaux le suggèrent ; par ailleurs, à cette époque, presque toutes les inscriptions sont royales. L'édifice dont la construction est commémorée pourrait être la fameuse église d'Abraha à Ṣanʿāʾ. Appelée al-Qalīs par la Tradition arabo-musulmane (nom dérivé du grec *ékklésia*), sa splendeur est célébrée par al- Azraqī[55] qui détaille notamment la richesse des matériaux utilisés. Mais on ne saurait exclure que le texte commémore une reconstruction du palais royal de Ghumdān.

Les sources apportent la preuve incontestable qu'Abraha est un personnage historique. Parmi elles, les inscriptions Murayghān 1 (= Ry 506) et 3 indiquent que, à partir de 552, Abraha contrôle la totalité de la péninsule Arabique. Ce contexte politique rend parfaitement plausible une expédition d'Abraha en Arabie occidentale contre Makka. Le fait que seule la Tradition arabo-musulmane en ait conservé le souvenir ne fait pas difficulté : seuls les succès sont enregistrés dans les inscriptions ; quant aux *Guerres* de Procope, qui s'arrêtent aux premières des années 550, elles ne traitent pas de la fin du règne d'Abraha.

Il reste à examiner si la sourate 105 fait bien allusion à une expédition d'Abraha contre Makka. D'autres interprétations ont été tentées. Comme les savants modernes l'ont remarqué de longue date, le texte coranique, qui ne cite ni Abraha ni la Kaʿba de Makka, ne comporte aucune indication de lieu ou de date. Il évoque seulement une intervention divine miraculeuse pour punir les « Compagnons de l'Éléphant », avec « Compagnons »[56] au pluriel, ce qui vise un grand nombre de personnes et non le seul Abraha.

Alfred-Louis de Prémare a d'abord supposé que les « Compagnons de l'Éléphant » pouvaient faire référence aux combattants d'al-Qādisiyya[57]. Puis, peu après, il a suggéré que la sourate 105 s'inspirait plutôt du Troisième livre des Macchabées : il y est rapporté que le roi d'Égypte

54. *CIH* 325. L'interprétation de ce document, donnée ici, est nouvelle (comparer avec Müller 1991).

55. Al-Azraqī, *Akhbār Makka*, p. 146 suiv.

56. Arabe *aṣḥāb*, pluriel de *ṣāḥib* : voir ci-dessus, p. 37, et ci-dessous, p. 55.

57. Prémare 1998. al-Qādisiyya, sur la rive droite de l'Euphrate à une cinquantaine de kilomètres au sud-sud-ouest d'al-Ḥīra, a donné son nom à la fameuse bataille qui a ouvert aux Arabes musulmans les portes de la Perse Sāsānide en 636.

Ptolémée IV avait condamné les juifs d'Alexandrie à être piétinés par ses éléphants dans l'hippodrome parce qu'ils avaient refusé de sacrifier aux idoles ; mais les juifs avaient été sauvés par les prières d'un saint homme tandis que les méchants périssaient, écrasés par les éléphants[58]. Les « Compagnons de l'Éléphant » seraient donc Ptolémée IV et ses gens.

Il semble bien improbable que la sourate 105 fasse allusion à cette histoire. Le nombre d'éléphants (plusieurs dans III Macchabées, et un dans le Coran) et surtout le châtiment des méchants diffèrent. Par ailleurs, rien ne suggère que les récits légendaires de III Macchabées aient été familiers en Arabie, notamment pour les auditeurs de Muḥammad.

On peut ajouter que quelques détails montrent que l'Expédition d'Abraha telle que la Tradition la rapporte n'est pas une construction fabuleuse dérivée du seul texte coranique. Tout d'abord, l'expédition de l'Éléphant est mentionnée dans la poésie préislamique, avec des données non coraniques dont une est vérifiable.

Depuis les travaux de Theodor Nöldeke et de Gunnar Olinder, on s'accorde sur le constat que, pour reconstruire l'histoire à partir des données de la Tradition arabo-musulmane, la poésie préislamique offre les données les plus sûres. Le mètre et la rime, qui favorisent la mémorisation, sont un obstacle à la manipulation, même s'il est aisé de remplacer un nom propre par un autre de même structure.

Uri Rubin a précisément mis en évidence que l'expédition de l'Éléphant est mentionnée dans des poésies (*qaṣīda*) qui peuvent raisonnablement être considérées comme préislamiques. Une pièce composée par Abū Qays Ṣayfī b. al-Aslat al-Anṣarī al-Khaṭmī loue Dieu pour avoir accordé son aide « le jour de l'Éléphant des Abyssins »[59]. Malgré le crochet, le fouet ou le couteau, l'éléphant refuse d'avancer et se tourne vers le chemin d'où il vient. C'est alors que Dieu envoie un vent provoquant une averse de pierres. Le roi est appelé Abū Yaksūm, « le père de Yaksūm ». Ce nom, qui n'est pas coranique, prouve que les traditionnistes disposaient de sources indépendantes : une inscription antique indique qu'Abraha avait un fils qui s'appellait effectivement Aksūm[60]. Un autre poète, Ṭufayl al- Ghanawī[61], évoque un lieu proche de Makka « où l'Éléphant a désobéi à ses maîtres ».

Uri Rubin observe que la langue de ces poètes se distingue de celle du Coran par le vocabulaire et le style. Il suppose qu'un mythe préislamique

58. Prémare 2000, p. 355-358.

59. *Yawm fīl ʾl-Ḥubūsh*. La *qaṣīda* d'Abū Qays Ṣayfī b. al-Aslat est citée par Ibn Hishām, *Sīra*, texte, p. 58-59 ; traduction Guillaume, p. 28-29.

60. Sadd Maʾrib 5 = *CIH* 541 / 82-83, « Aksūm dhu-Maʿāhi(83)r, le fils du roi », *ʾks¹m ḏ-Mʿh(83)r bn mlkⁿ*.

61. Ṭufayl al-Ghanawī, cité par al-Jāḥiẓ.

racontait l'histoire d'un roi nommé Abū Yaksūm, qui avait voulu attaquer Makka avec un éléphant ; mais l'animal, parvenu près du but, avait refusé d'avancer et le roi avait été vaincu et repoussé grâce à un prodige. Le Coran, faisant allusion à ce mythe, l'aurait reformulé selon le schéma du « récit de châtiments divins ». La sourate 105, malgré ses formulations énigmatiques, évoquerait bien une expédition d'Abraha contre la Kaʿba de Makka.

Parmi les détails significatifs, on peut retenir également l'attitude ambiguë de ʿAbd al-Muṭallib. Si la Tradition arabo-musulmane avait inventé de toutes pièces l'expédition d'Abraha contre Makka, que ce soit pour éclairer un passage obscur du Coran ou pour prouver le rayonnement du temple mecquois, elle aurait certainement magnifié le rôle de ʿAbd al-Muṭallib, le grand-père de Muḥammad. Un ascendant de Muḥammad ne pouvait être qu'irréprochable dans sa volonté de défendre le temple. Or, ce n'est pas le cas. ʿAbd al-Muṭallib se soucie avant tout de ses intérêts. À nouveau, on peut déceler dans ce détail une source indépendante du Coran.

En conclusion, l'expédition de l'Éléphant est probablement un événement historique, dont la Tradition arabo-musulmane – avec ses remaniements, ses manipulations, ses partis pris et ses contradictions – semble avoir conservé un souvenir assez précis. Si divers épisodes de cette expédition sont de simples amplifications du texte coranique, plusieurs détails viennent certainement d'autres sources. On peut ajouter que l'échec de l'expédition de l'Éléphant offre une explication plausible à la suprématie mecquoise de la fin du VIe siècle de l'ère chrétienne.

Ce n'est pas tout. En novembre 2014, la Mission archéologique franco-séoudienne de Najrān a découvert trois gravures rupestres représentant un éléphant avec son cornac à une dizaine de kilomètres des puits de Ḥimà (eux-mêmes à 90 km au nord-nord-est de Najrān) (fig. 2-4). Dans ce pays désertique, l'éléphant a disparu depuis très longtemps. Il n'est guère douteux que les gravures représentent un éléphant qui est passé dans la région et a suscité une intense curiosité[62]. Sans qu'il soit absolument sûr qu'il s'agisse de l'éléphant d'Abraha[63], une telle hypothèse apparaît très vraisemblable. Les seules armées susceptibles de parader avec un éléphant dans la région

62. La même explication vaut sans doute pour la gravure d'éléphant relevée à al-ʿUlā (en Arabie du nord-ouest) (Dayton 1968). Dans ce cas, on peut supposer que l'éléphant accompagnait une armée venue de l'Égypte ptolémaïque, même si aucune source ne rapporte explicitement une telle expédition.

63. Ni la patine ni les textes et gravures voisins ne permettent de proposer une datation précise. Il n'est pas davantage possible d'établir un lien assuré entre les éléphants et les gravures voisines.

FIG. 2. – Gravures rupestres de la région de Najrān (Arabie séoudite méridionale). Deux d'entre elles représentent un éléphant avec son cornac. La patine, qui assure qu'elles sont anciennes, ne permet pas de les dater précisément. © Mission archéologique franco-séoudienne de Najrān.

FIG. 3. – Troisième gravure rupestre de la région de Najrān représentant un éléphant avec son cornac. © Mission archéologique franco-séoudienne de Najrān.

FIG. 4. – Les deux rochers aux éléphants. © Mission archéologique franco-séoudienne de Najrān.

de Najrān ont été celles des Perses sāsānides[64] et des Aksūmites[65], à la fin du VIe siècle de l'ère chrétienne pour les premiers et au IIIe et VIe siècles de l'ère chrétienne pour les seconds. On peut certainement exclure les Sāsānides parce que la Tradition, relativement bien informée pour l'Antiquité tardive, n'a pas retenu qu'ils aient utilisé l'éléphant en Arabie. L'éléphant rupestre de Najrān est donc aksūmite. Sans doute peut-il dater de l'occupation de Najrān par les Aksūmites au IIIe siècle[66], mais le règne d'Abraha au VIe paraît préférable puisque la Tradition a conservé le souvenir du passage d'un éléphant à Najrân à cette époque.

Au final, bien que le texte coranique ne comporte aucune donnée factuelle précise, la vraisemblance est grande que la sourate 105 se réfère à l'expédition d'Abraha, restée mémorable grâce à son éléphant : les « Compagnons de l'Éléphant » seraient donc bien Abraha et son armée.

*Tubba*ʿ[67]

Parmi les impies qui refusent la Résurrection, le Coran mentionne deux fois le « peuple de Tubbaʿ ». Selon la Tradition arabo-musulmane, à nouveau unanime, le terme *Tubba*ʿ serait l'appellation générique des rois de Ḥimyar, comme on dit « César » pour les empereurs romains (en arabe *Qayṣar*, pluriel *qayāṣira*) ou « Pharaon » (*Firʿawn*, pl. *farāʿina*) pour les souverains d'Égypte. Sur le même modèle, les sources arabes utilisent les appellations *Kisrà* (Chosroès) pour les souverains sāsānides et *Najāshī* (négus) pour ceux d'Abyssinie. Dans deux cas, *Qayṣar* et *Kisrà*, ces appellations viennent du nom porté par un souverain emblématique ; dans les deux autres, elles dérivent d'un titre[68]. L'épigraphie préislamique ne comporte aucun indice permettant de supposer que, dans le royaume de Ḥimyar, les souverains aient

64. Prémare 2000, p. 353.

65. En dehors de l'expédition d'Abraha, aucune source ne mentionne l'utilisation d'éléphants de guerre par les Aksūmites. On sait, cependant, que le négus trônait sur des éléphants quand il reçut un ambassadeur de Justinien en 531 : « He stood on top of four elephants which had a yoke and four discs, and upon them something like a tall carriage covered with gold leaf, just as the chariots of the provincial governors are covered in silver » (Jean Malalas, *Chronique*, XVIII.56, traduction de Jeffreys *et al.* 1986, p. 268). L'éléphant était donc utilisé dans les réceptions officielles comme symbole de la majesté royale. Il est possible que l'éléphant d'Abraha ait eu la même fonction.

66. Robin 2010 b, p. 48.

67. Voir déjà Robin 2003, n. 167, p. 130-131.

68. Voir les entrées « Ḳayṣar » (Rudi Paret et Irfân Shahîd), « Kisrā » (M. Morony) et « al-Nadjāshī » (E. Van Donzel), dans l'*Encyclopédie de l'Islam*, nouvelle édition.

été désignés par le titre ou le sobriquet de Tubbaʿ. Ce terme, cependant, est antérieur à l'Islam et au Coran puisqu'il se trouve dans certaines pièces poétiques très anciennes, mais son origine demeure obscure. Il pourrait dériver du nom d'un être mythique de l'Arabie déserte.

Le « peuple de *Tubbaʿ* » (*qawm Tubbaʿ*)[69] apparaît à deux reprises, dans deux sourates d'époque mecquoise qui traitent de la Résurrection. Dans la première (Q 44, *al-Dukhān*, « La Fumée », [36] 37), il est, avec Pharaon, l'archétype des impies qui ont refusé de croire en la Résurrection et que Dieu a fait périr. Dans la seconde (Q 50, *Qāf*, [13] 14), la liste des impies qui contestent la Résurrection s'allonge, avec, en plus de Pharaon et du peuple de *Tubbaʿ*, cinq noms supplémentaires : le peuple de Noé, les Gens du Puits, les Thamūd, les ʿĀd, les contribules de Loth et les Gens du Fourré.

Pour certains théologiens, si le « peuple de *Tubbaʿ* » est un impie, cela n'implique pas nécessairement que *Tubbaʿ* en soit un, lui aussi. Ils tendent même à donner à ce personnage un caractère positif. Cette orientation est manifestement à la source de la tradition qui prétend que *Tubbaʿ*, identifié avec le roi ḥimyarite Abū Karib Asʿad le Parfait (*al-Kāmil*), l'introducteur du judaïsme au Yémen, a été assassiné par son peuple[70].

Les traditionnistes arabo-musulmans appellent *Tubbaʿ*, toujours sans article (pl. *tabābiʿa* ou *tubbaʿūn*[71]), les souverains tardifs de Ḥimyar[72]. Mais l'origine précise de cette appellation est manifestement oubliée, comme le montre la diversité des définitions :

– Le *tubbaʿ* serait un souverain caractérisé par « le grand nombre de ceux qui le suivent » (*kathrat atbāʿi-hi*), ou du fait que « l'un suit l'autre sur le trône » (*al-ākhir yatbaʿu 'l-awwal min-hum fī 'l-mulk*)[73].

– Pour Ibn Ḥabīb, *tubbaʿ* équivaut à « roi des rois » (*malik al-amlāk*)[74].

– al-Masʿūdī suppose que le titre de *tubbaʿ* « appartenait seulement à ceux qui régnaient sur les populations d'al-Shiḥr et du Ḥaḍramawt »[75].

69. Sur les emplois de *qawm* dans le Coran, voir Kropp 2009, p. 240-241.

70. Voir ʿUbayd b. Sharya al-Jurhumí, *Akhbār ʿUbayd*, p. 493-494. Pour les savants yéménites al-Hamdānī et Nashwān, qui ont le souci de donner le maximum d'éclat aux grandes gloires du passé ḥimyarite, ce n'est pas Abū Karib qui a été assassiné, mais son petit-fils Tubbaʿ le Jeune ʿAmr b. Ḥassān b. Asʿad (al-Hamdānī, *Iklīl* 8, texte, p.72 et p. 220-221 ; traduction, p. 51-52 ; Nashwān, *Mulūk Ḥimyar*, p. 138). Voir déjà Robin 2003, p. 133-134.

71. Par exemple dans al-Hamdānī, *Iklīl* 10, p. 21-22, dans un vers du persan (*abnāwī*) Fayrūzī.

72. Beeston 2000.

73. Nashwān, *Shams al-ʿulūm*, éd. Aḥmad, 1916, p. 12.

74. Ibn Ḥabīb, *Muḥabbar*, p. 364.

75. al-Masʿūdī, *Murūj al-dhahab*, II, p. 112 ; *Les prairies d'or*, 1087, vol. II, p. 414.

Si divers souverains sont appelés *tubba*ʿ, le Tubbaʿ par excellence est incontestablement Tibān Abū Karib Asʿad le Parfait, fils de Malkī Karib, qui introduisit le judaïsme au Yémen. C'est le roi que les inscriptions appellent Abīkarib Asʿad fils de Malkīkarib (*ʾbkrb ʾs¹ʿd bn Mlkkrb*), qui régna sur Ḥimyar de 377 environ aux années 440[76].

Jacques Ryckmans (1964 a, p. 426) a proposé de comprendre *tubba*ʿ comme « sectateur (du Dieu unique) », d'après l'un des sens du verbe *tabiʿa* ; mais cette explication ne convient pas pour Shammar Yuharʿish, qui était polythéiste. Plus récemment, Manfred Kropp (2009) a mené une enquête approfondie sur le sens de *tubba*ʿ dans le Coran, supposant qu'il s'agissait en fait d'un nom commun signifiant « people of their kind, following them ». Cette dernière hypothèse, qui se fonde sur les significations de la racine TBʿ, paraît peu convaincante puisque *tubba*ʿ au singulier, qui ne reçoit jamais l'article, est manifestement un nom propre.

Les traditionnistes ne s'accordent ni sur la liste des *tubba*ʿ ni sur les noms du premier et du dernier[77]. Il est notable cependant qu'aucun ne donne le titre de *tubba*ʿ au roi Yūsuf Zurʿa dhū Nuwās, l'Homme d'al-Ukhdūd, sans doute parce que le personnage était controversé[78].

En arabe, il ne semble pas que *Tubba*ʿ soit attesté comme anthroponyme. Mais, on trouve un nom de même graphie, Tibaʿ : voir, dans les généalogies d'Ibn al-Kalbī, Tibaʿ b. Zayd b. Awsala, oncle d'un autre Awsala qui est Hamdān[79]. Al-Ḥasan al-Hamdānī, pour sa part, orthographie le nom de ce même personnage Tibāʿ[80] ; il mentionne également deux homonymes, Tibāʿ b. Zayd b. ʿAmr[81] et Tibāʿ (qui est Tibāʿa) b.

76. Robin 2012 b, p. 265-268.

77. Wahb, *Tījān*, p. 232 suiv. ; Ibn Ḥabīb, *Muḥabbar*, p. 364-368 ; al-Hamdānī, *Iklīl* 2, p. 46 suiv. Pour Ibn Hishām, il n'y aurait eu que deux véritables *tubba*ʿ, le premier Zayd et le dernier Tibān Asʿad Abū Karib ; Tibān Asʿad Abū Karib est le père de Ḥassān qui régna sur le Yémen après Rabīʿa b. Naṣr (*Sīra*, traduction Guillaume, p. 6).

78. Une bonne illustration se trouve dans Nashwān, *Mulūk Ḥimyar*, qui traite successivement de « ʿAmr Tubbaʿ l'ultime (*al-akhīr*) b. Ḥassān b. Asʿad Tubbaʿ, qui est le dernier (*ākhir*) des *tubba*ʿ » (p. 145-146), puis de « dhū Nuwās le jeune dont le nom est Zurʿa b. ʿAmr b. Zurʿa le moyen b. Ḥassān le jeune b. ʿAmr b. Zurʿa l'aîné b. ʿAmr b. Tubbaʿ le jeune b. Ḥassān b. Asʿad Tubbaʿ, qui est l'Homme d'al-Ukhdūd, appelé Yūsuf quand il est devenu juif (*tahawwada*) » (p. 147-148).

79. Caskel 1966, I, tableau 176.

80. *Iklīl* 10, p. 6 et p. 29. À la page 6, le nom est donné sans points.

81. *Iklīl* 10, p. 29 : Tibāʿ b. Zayd b. ʿAmr b. Yarīm b. Jusham b. Ḥāshid qui serait identique à Tibāʿ b. Zayd b. Awsala. Les descendants de ce deuxième Tibāʿ sont les Tibāʿiyyūn qui résident à ʿAlqān et dans le wādī ʾl-Nuhà (al-Saḥūl dans le pays d'al-Kalāʿ, à une cinquantaine de kilomètres au sud-ouest de Ẓafār). Ils comptent parmi eux une famille dirigeante (*firqa mutaraʾʾisa*) de Ḥāshid al-Waḥsh et leurs chefs sont, au xe siècle de l'ère

Dawmān b. Bakīl[82].

L'appellation *Tubba*ʿ pour désigner les souverains tardifs de Ḥimyar est sans doute antérieure au Coran puisqu'on la relève chez quelques poètes préislamiques. Si cette appellation n'est pas très fréquente, comme l'observe justement Manfred Kropp[83], ce n'est guère significatif puisqu'on peut faire la même observation à propos de *Kisrà* (« Chosroès »), le sobriquet que les Arabes donnent au souverain sāsānide[84].

Le titre ou le sobriquet de *tubba*ʿ n'est attesté ni dans les inscriptions préislamiques ni dans les sources étrangères. Aucun des rois connus de Ḥimyar ne porte un nom formé avec le radical TBʿ.

Dans les langues sudarabiques, cependant, la racine TBʿ est attestée dans quelques mots, notamment le substantif *tb*ʿ relevé dans un seul texte avec (apparemment) le sens de « descendance » :

> « et parce que la Mère des dieux a accordé des enfants et une descendance (*tb*ʿ) vivante et en bonne santé à son serviteur Yazʾan dans les palais des banū *Ẓrb*^{m}, *S*^{1}*wr*^{m} et *Zwḥt*^{n}[85].

On connaît aussi une poignée d'anthroponymes formés sur cette racine : *Tb*ʿ, *Tb*ʿ^{m}, *Tb*ʿ^{n}, *Tb*ʿ*t*, *Tb*ʿʾ*l* et *Tb*ʿ*krb*[86], plus peut-être *ʾlhtb*ʿ et *Tb*ʿʾ*lm*.

Au total, il paraît bien malaisé d'offrir une interprétation plausible de l'expression le « peuple de *Tubba*ʿ » dans le Coran. On peut penser à deux explications. Selon la première, *Tubba*ʿ serait un sobriquet antique que l'on donnait (ou que certains donnaient) aux rois de Ḥimyar ; ce sobriquet, toujours sans l'article quand il est au singulier, pourrait dériver d'un nom

chrétienne, les Āl al-Musaylī.

82. *Iklīl* 10, p. 120. Au xe siècle de l'ère chrétienne, ces Tibāʿiyyūn sont peu nombreux ; ce sont des nomades installés à al-Ṣayad (*ḥilāl li-l-Ṣayad*). De ce Tibāʿ b. Dawmān descend le roi, maître du palais Sinḥār à Ukāniṭ (aujourd'hui Kāniṭ, à une soixantaine de kilomètres au nord de Ṣanʿāʾ).

83. Kropp 2009, p. 239, qui renvoie à Horowitz 1926, p. 102-103 (une dizaine de références en plus de celles des *Mufaḍḍaliyyāt* mentionnées ci-après).

84. Je me fonde sur un examen du principal recueil de poésies préislamiques, *Mufaḍḍaliyyāt*. Le vol. III fait cinq renvois à *Tubba*ʿ : 173 / 2 (al-Muzarrid, XVII, 38, *tubbaʿiyya* [271]) ; 370 / 16 (al-Mukhabbal [259], dans le commentaire de Rabīʿa b. Maqrūm, XXXVIII) ; 534 / 12 (Mutammim b. Nuwayra, LXVII, 19 [258-259]) ; 816 / 7 (Isḥāq b. Ibrāhīm, dans le commentaire de ʿAlqama b. ʿAbada, CXX, 45) ; 881 / 9 (Abū Dhuʾayb, CXXVI, 9 [281-282]). Il en fait quatre à Kisrà : 209 / 14 ; 355 / 5 ; 534 / 12 ; 708 / 9 et 15 (et voir 731 / 16). Un inventaire plus large, avec un examen des textes, reste à entreprendre.

85. *w-b-ḏt ts*^{2}*ymn ʾm* (10) *ʾlt*^{m} *ʾwld*^{m} *w-tb*ʿ^{m}/ (11) *(ḥy)w*^{m} *w-hn*ʾ^{m} *l-mʾdb-*(12)*hw Yzʾn b-ʾbyt bny Ẓ*(13)*rb*^{m} *w-S*^{1}*wr*^{m} *w- Zwḥt*^{n} (Yule 2007, p. 90, fig. 58).

86. Dans cette série, *Tbʿkrb* est de loin le plus fréquent. On le trouve même dans une inscription sabéenne d'Éthiopie : voir Nebes 2011 (*Tbʿkrb ḏ-Ys*^{1}*rn*).

propre, comme *Qayṣar* ou *Kisrà*. Le Coran aurait bien utilisé *Tubbaʿ* pour évoquer le Yémen, faisant allusion à un événement tragique connu de tous, mais que nous ne savons pas identifier. L'absence d'attestation de *Tubbaʿ* dans les inscriptions ḥimyarites n'est pas nécessairement une objection : on peut supposer, par exemple, que ce sobriquet était un usage populaire dans le royaume de Ḥimyar ou encore qu'il a été créé par les Arabes du désert. La difficulté réside plutôt dans le fait que, selon le texte coranique, « le peuple de *Tubbaʿ* » a été annihilé à cause de son impiété, ce qui cadre mal avec Ḥimyar qui, à partir de 380, a été juive, puis chrétienne. Il ne semble pas que cette disparition du peuple de Tubbaʿ puisse être une réminiscence de la destruction du judaïsme politique dans le royaume ḥimyarite lors de la conquête aksūmite des années 525-530 qui se signala par des massacres de grande ampleur : jamais les traditions relatives à cet événement ne font le rapprochement avec le « peuple de *Tubbaʿ* ».

En faveur de l'hypothèse d'un sobriquet antique adopté par le Coran, on peut signaler que les traditionnistes mentionnent un autre sobriquet royal, inconnu aussi bien des inscriptions que du Coran, qui n'est donc pas nécessairement la source: le même Abū Karib Asʿad est également surnommé *Tubān* ou *Tibān*[87]. Ce sobriquet, dont la signification n'est pas connue, présente une autre singularité : les savants yéménites al-Ḥasan al-Hamdānī et Nashwān al-Ḥimyarī ne le mentionnent pas.

La seconde explication inverse le sens de l'emprunt entre le Coran et Ḥimyar. L'expression « le peuple de *Tubbaʿ* » serait d'abord coranique, comme de nombreuses autres appellations énigmatiques, «les Gens du Fourré » ou « les Gens du Puits ». Les Yéménites se seraient emparés du terme *tubbaʿ* après l'Islam et en auraient fait le titre de leurs anciens rois, afin de conférer à ces derniers le prestige d'une mention coranique (comme pour Pharaon). Ils ont procédé de même avec al-Ukhdūd, comme nous allons le voir. Un autre exemple est tout aussi parlant. Il s'agit de la sourate 22 (Le Pèlerinage, *al-Ḥajj*) / [44] 45 :

> « Que de cités Nous avons fait périr parce qu'injustes, sont [aujourd'hui] désertes bien que debout (?) ! Que de puits maçonnés ; que de palais puissants [sont abandonnés] ! »[88].

87. Voir Wahb b. Munabbih, *Tījān*, p. 305 ; Ibn Hishām, *Sīra*, vol. I, p. 19 ; Ṭabarī, *Taʾrīkh al-rusul wa-l-mulūk*, texte, I, p. 892 et p. 901 ; traduction, *History of al-Ṭabarī*, V, p. 146 et p. 164.

88. *fa-ka-ayyin min qaryat*^{in} *ahlaknā-hā wa-hiya ẓālimat*^{un} *fa-hiya ẖāwiyatun ʿalà ʿurūshi-hā wa-biʾr*^{in} *muʿaṭṭalat*^{in} *wa-qaṣr*^{in} *mashīd*^{in}.

FIG. 5. – Dalle préislamique représentant un personnage au système pileux envahissant, avec des mèches de cheveux formant deux cornes (hypothétiquement dhū ʾl-Qarnayn, « L'Homme aux deux cornes »), apparue sur le marché des antiquités en 2014.

Pour les savants yéménites, on aurait là une allusion au bourg de Rayda, à une cinquantaine de kilomètres au nord de Ṣanʿāʾ, alors que rien dans le texte coranique ne suggère particulièrement le Yémen[89].

Pour trancher entre les deux explications, on ne dispose guère que de la poésie préislamique qui donne assurément à *Tubbaʿ* le sens de roi de Ḥimyar. Mais pourquoi un tel nom ? Et ce nom avait-il cette seule signification ? De manière très spéculative, je suggérerais que *Tubbaʿ* devait désigner un héros mythique de l'Arabie déserte. Dans le Coran, l'expression « le peuple de *Tubbaʿ* » renverrait à ce héros fameux plutôt qu'aux rois de Ḥimyar qui auraient été identifiés avec lui.

Cette hypothèse se fonde sur un possible parallèle offert par « l'Homme aux deux cornes », *dhū ʾl-Qarnayn*, sobriquet appliqué à Alexandre. Une dalle préislamique représentant un personnage au système pileux envahissant, avec des mèches de cheveux formant deux cornes, est apparue en 2014 sur le marché des antiquités (fig. 5). Elle paraît être d'origine sudarabique ; quant à sa date, on ne peut se fonder que sur le style pour suggérer le IVe siècle de l'ère chrétienne environ. Au premier coup d'œil, le personnage représenté fait penser à un être mythique, merveilleusement fort et puissant grâce à des cheveux et à une barbe jamais touchés par le rasoir. Si on voulait le nommer, on penserait immédiatement à « l'Homme aux

89. al-Hamdānī, *Iklīl* 8, texte, p. 96 ; trad., p. 61-62 ; *Ṣifa*, 66 / 3 et 200 / 25.

deux cornes ». C'est sans doute en référence à ce héros que le roi d'al-Ḥīra al-Mundhir III (mort en 554) et le macédonien Alexandre ont été l'un et l'autre surnommés *dhū 'l-Qarnayn*[90].

Les « Gens de la Fosse » (*Aṣḥāb al-Ukhdūd*)

L'interprétation de la sourate 85 repose avant tout sur celle du terme al-Ukhdūd, qui peut être aussi bien un nom propre qu'un nom commun. Aujourd'hui, al-Ukhdūd désigne un important site antique dans l'oasis de Najrān. L'archéologie permet désormais d'affirmer qu'al-Ukhdūd n'était pas le nom préislamique de la ville qui se trouvait là : il en résulte que ce nom a certainement été introduit dans la toponymie quand on a commencé à identifier les « Gens de la Fosse » (*Aṣḥāb al-Ukhdūd*) du Coran[91] avec les chrétiens massacrés à Najrān par le roi Joseph en novembre 523.

La sourate 85 (*al-Burūj* « Les Constellations ») se compose de trois parties, que Régis Blachère considère comme des « textes anciens juxtaposés »[92]. Elle commence avec une série de serments, comme souvent dans les sourates les plus anciennes (versets 1-3). Elle évoque ensuite de manière elliptique la mort tragique des « Gens de la Fosse » (4-7), victimes de leur foi en Dieu (8-9) ; elle promet l'enfer aux bourreaux et le paradis aux victimes (10-11 ; Nöldeke et Blachère considèrent ces deux versets comme une interpolation, c'est-à-dire un ajout ultérieur[93]) ; et elle rappelle que Dieu, certes redoutable, est le créateur et celui qui ressuscite (12-16). Elle demande enfin si l'histoire des négateurs (« les Armées, Pharaon et Thamūd ») est bien connue (17-22).

Selon Régis Blachère[94], qui distingue quatre périodes dans les révélations, cette sourate appartient à la plus ancienne, caractérisée par des versets courts et rimés, un style elliptique et des serments[95]. Elle s'inscrit dans le thème omniprésent de la fin du monde et du Jugement dernier.

90. Sur dhū 'l-Qanayn dans les sources arabes, voir Horovitz 1926, p. 111-113.

91. La littérature consacrée à cette expression est immense. On trouvera les principaux titres dans Moberg 1924, p. xliii-xlvii ; Horowitz 1926, p. 92-93 ; Paret 1960 ; Philonenko 1967. La traduction de *Ukhdūd* par « Fosse » (ou par « Four » comme le fait Blachère 1966, p. 644) est une interprétation : le terme signifie « sillon », « trace d'un coup de fouet » (Blachère 1966, p. 644, n. 4).

92. Blachère 1966, p. 644.

93. Nöldeke 2013, p. 80 ; Blachère 1966, p. 645.

94. Blachère 1966, p. 11-13.

95. Theodor Nöldeke classe la sourate dans la première période mecquoise (2013, p. 80).

L'expression « Gens de la Fosse », *Aṣḥāb al-Ukhdūd*, appartient à la longue série des locutions introduites par *aṣḥāb* (singulier *ṣāḥib*) – voir déjà *Aṣḥāb al-Fīl* ci-dessus – qui désignent des groupes de personnes de toutes natures, caractérisés par un trait commun. On nomme ainsi les hôtes du Paradis (*aṣḥāb al-Janna*) ou de l'enfer (*aṣḥāb al-Nār*, *aṣḥāb al-Jaḥīm*, *aṣḥāb al-Sa'īr*)[96], les élus (*aṣḥāb al-yamīn*, *aṣḥāb al-maymana*) et les damnés (*aṣḥāb al-mash'ama*, *aṣḥāb al-shimāl*), les justes (*aṣḥāb al-Sirāṭ al-sawī*), les fameux dormants « Gens de la Grotte » (*aṣḥāb al-Kahf*), les morts dans les sépultures (*aṣḥāb al-qubūr*), les compagnons de Noë sur l'Arche (*aṣḥāb al-Safīna*), ceux de Moïse dans le désert, à savoir les Fils d'Israël (*aṣḥāb Mūsà*) ou encore les personnes qui observent le Sabbat (*aṣḥāb al-Sabt*).

L'expression désigne aussi certains de ceux qui ont rejeté les envoyés de Dieu dans le passé :

– les Gens d'al-Ḥijr (*Aṣḥāb al-Ḥijr*), Q 15 / 80 ;

– les Gens de Madyan (*Aṣḥāb Madyan*), Q 9 / [71] 70 ; Q 22 / [43] 44 ;

– les Gens du Fourré (*Aṣḥāb al-Ayka*), Q 15 / 78 ; 26 / 176 ; 38 / [12] 13 ; 50 / [13] ;

– les Gens du Puits (*Aṣḥāb al-Rass*), Q 25 / [40] 38 ; 50 / 12 ;

– les Gens de la ville (*Aṣḥāb al-qarya*), Q 36 / 13.

On peut leur ajouter les Compagnons de l'Éléphant » (*Aṣḥāb al-Fīl*), Q 105 / 1, déjà évoqués ci-dessus, qui voulaient profaner le sanctuaire mecquois.

Le terme *aṣḥāb* peut être défini par un nom de lieu, par un nom de personne, par une pratique, par une qualité, par un animal emblématique etc. Il ne peut donc guère aider à éclairer la signification du terme *al-ukhdūd*.

Pour cerner l'identité des « Gens de la Fosse », le Coran ne livre que de maigres indices :

– Les « Gens de la Fosse » ont été tués ;

– La cause de leur mort est apparemment le feu (*al-nār*), évoqué immédiatement après eux ; c'est la raison pour laquelle Blachère traduit *ukhdūd* par « four » et non par « fosse » ;

– Les « Gens de la Fosse » sont des croyants (v. 7), tués à cause de leur foi (v. 8) ;

– Des témoins anonymes assistent à la scène ;

– Rien ne précise l'identité des persécuteurs (v. 8).

96. Voir aussi les mystérieux *aṣḥāb al-A'rāf* (les Gens des *A'rāf*, zone intermédiaire entre Paradis et Enfer), Q 7 / [46] 48.

Pour la Tradition arabo-musulmane presque unanime, les « Gens de la Fosse » seraient à identifier avec les acteurs de la crise de Najrān, dans les années 522-523[97].

Selon la *Sīra* d'Ibn Hishām, le roi de Ḥimyar (qui s'appelle Yūsuf, Joseph, mais qu'on désigne d'ordinaire par son sobriquet, dhū Nuwās) se rend à Najrān avec son armée pour inviter les habitants – qui sont chrétiens – à se convertir au judaïsme, leur laissant le choix entre la conversion et la mort. Ils choisissent de mourir. Dhū Nuwās fait donc creuser une fosse, y fait périr un certain nombre d'entre eux par le feu et les autres par l'épée, jusqu'à atteindre le chiffre de 20 000 tués. Un homme de Saba' qui se nomme Daws dhū Thuʿlubān (ou Thaʿlabān) parvient à s'échapper de Najrān. Pour obtenir du secours, il se rend auprès de l'empereur byzantin qui le renvoie au négus[98]. Toujours selon Ibn Hishām, *ukhdūd*, qui est un nom commun dont le pluriel est *akhādīd*, signifierait « un trou allongé dans le sol, comme un fossé, une rigole ou quelque chose de semblable »[99]. Ce n'est pas le nom de l'oasis de Najrān ou d'un lieu-dit de cette dernière.

On retrouve le même récit chez de nombreux auteurs, comme al-Ṭabarī[100] ou Nashwān al-Ḥimyarī[101], qui ne divergent que sur les causes de la crise.

On peut noter d'emblée que la Tradition n'est pas une simple amplification du texte coranique. Elle comporte des données originales comme le nom juif du roi dhū Nuwās, Joseph, ou l'histoire de Daws dhū Thuʿlubān.

Pour la plupart des savants et des théologiens arabo-musulmans, l'expression « Gens de la Fosse », *Aṣḥāb al-Ukhdūd*, désigne les victimes du massacre de Najrān. Quelques-uns, cependant, ont envisagé d'autres identifications, notamment Daniel et ses compagnons (Ṭabarī dans son commentaire du Coran[102]).

Dans le Coran, l'expression « Gens de la Fosse » désigne bien les suppliciés et non les bourreaux, comme le souligne Régis Blachère[103]. Mais, chez les traditionnistes arabo-musulmans, le singulier *ṣāḥib al-Ukhdūd* est

97. Robin 2008 ; Beaucamp *et alii* 2010.

98. Ibn Hishām, *Sīra*, texte, p. 31 et 35-41 ; traduction Guillaume, p. 14 et p. 17-20.

99. Ibn Hishām, *Sīra*, texte, p. 36 : *al-ukhdūd : al-ḥafr al-mustaṭīl fī 'l-arḍ, ka-'l-khandaq wa-'l-jadwal wa- naḥwa-hu*. Pour les attestations dans les parlers yéménites, voir Serjeant 1959, qui retient le sens de « champ irrigué en creux, dont les bordures forment un talus » ; il suppose que « the Najrān martyrs were assembled in such a banked field with soldiers standing on the bank itself » (p. 573).

100. Ṭabarī, *Ta'rīkh al-rusul wa-l-mulūk*, texte, I, p. 919 et 925 ; traduction, *History of al-Ṭabarī*, V, p. 191 et p. 202-203.

101. Nashwān, *Shams al-ʿulūm*, sous la racine ḪDD.

102. Analysé dans Moberg 1924, p. xlvii.

103. Blachère 1966, p. 644-645, n. 4.

fréquemment appliqué à l'auteur des tourments infligés aux chrétiens de Najrān, à savoir le roi Joseph. On relève déjà cette appellation chez Wahb b. Munabbih (mort en 728 ou 732)[104], Ibn Ḥabīb (mort en 860)[105] ou Nashwān al-Ḥimyarī (mort vers 1178)[106].

Une autre amplification du texte coranique est l'usage d'*al-Ukhdūd* pour nommer le principal site antique de l'oasis de Najrān et même l'oasis tout entière. On la trouve déjà chez al-Ḥasan al-Hamdānī (mort après 970)[107] et al-Bakrī (mort en 1094)[108]. Cette identification a eu des conséquences sur la toponymie locale : le principal site archéologique de l'oasis de Najrān est appelé aujourd'hui al-Ukhdūd.

Les sources externes permettent d'avoir une idée assez précise de la crise de Najrān grâce à un abondant dossier de sources de diverses natures : inscriptions sudarabiques et guèzes, chroniques byzantines, lettres en syriaque, textes hagiographiques célébrant les martyrs de Najrān en grec et en syriaque etc.[109]

En combinant ces sources, on peut reconstruire la trame des événements de manière relativement assurée. Au début du VIe siècle de l'ère chrétienne, le roi de Ḥimyar (au Yémen) est devenu tributaire du roi d'Aksūm (en Éthiopie). Vers l'automne 522, un roi de Ḥimyar qui vient tout juste d'être intronisé par les Aksūmites se révolte. Il reprend le contrôle de sa capitale en massacrant la garnison aksūmite, puis il se lance dans une campagne meurtrière contre les alliés d'Aksūm. Les habitants de Najrān, sollicités par ce roi de fournir des troupes, envoient un détachement, puis se ravisent quand ils apprennent ce qui vient de se passer. L'oasis entre alors en dissidence.

Le roi de Ḥimyar dépêche une armée pour reprendre le contrôle de Najrān. L'oasis résiste. Il faut que le roi vienne en personne et donne des garanties assurant la sécurité des révoltés pour que Najrān se rende. Mais le roi ne tient pas sa promesse. Il fait massacrer les révoltés (je reviendrai sur les modalités du massacre). Ce dénouement dramatique se produit en novembre 523.

104. Wahb, *Tījān*, p. 312.

105. Ibn Ḥabīb, *Muḥabbar*, p. 368.

106. Nashwān, *Mulūk Ḥimyar*, p. 148.

107. al-Hamdānī, *Ṣifa*, p. 169 / 11-12, qui précise que « al-Hajar qui est la ville nouvelle et al-Hajar la vieille qui est le site d'al-Ukhdūd » (*al-Hajar wa-hiya al-qarya al-ḥadītha wa-'l-Hajar al-qadīma mawḍi' al-Ukhdūd*).

108. al-Bakrī, *Mu'jam*, entrée « al-Ukhdūd ».

109. Robin 2008 ; Beaucamp *et al.* 2010.

Ce roi de Ḥimyar s'appelle Yūsuf (Joseph) Asʾar Yathʾar[110]. C'est le Zurʿa dhū Nuwās, appelé aussi Yūsuf, de la Tradition arabe. Il est à la tête du parti juif et juif lui-même. On peut supposer que ses adversaires sont liés à Aksūm ou à Byzance et majoritairement de sympathie chrétienne. À Najrān, cependant, il semblerait que les victimes de Joseph ne soient pas tous les chrétiens, mais seulement ceux de tendance anti-chalcédonienne, qui entretiennent des relations étroites avec le nord de la Syrie byzantine.

En résumé, un roi juif de Ḥimyar (en révolte contre les Aksūmites chrétiens qui l'ont placé sur le trône) reprend par la ruse le contrôle d'un territoire entré en dissidence et fait massacrer les responsables qui sont chrétiens.

On peut observer plusieurs recoupements intéressants entre la Tradition arabo-musulmane et les sources externes :

– Le nom du roi Yūsuf, qui convient bien pour un juif.

– Le nom de dhū Thuʿlubān, qui est porté par l'homme qui s'enfuit de Najrān pour alerter l'empereur. Ce nom, dont les généalogistes arabo-musulmans ne savent rien[111], est effectivement celui de l'une des familles nobles de Najrān avant l'Islam[112].

– Le nom de Khiyār (autres lectures : Jabbār et Ḥayyān) b. Fayḍ qui, selon l'une des deux traditions rapportées par al-Ṭabarī, serait l'homme qui s'échappa de Najrān[113]. Or le nom de Khiyār b. Fayḍ se trouve dans une version arabe du Martyrion grec[114]. Plus remarquable encore, Ḥayyān (dont Khiyār, très proche graphiquement, peut dériver) est le personnage qui a introduit le christianisme à Najrān selon les sources de tradition syriaque[115].

– Le nom du négus Kālēb qui devient, chez Nashwān al-Ḥimyarī, un général abyssin appelé Kālib[116].

110. Il porte le titre inhabituel de « roi de toutes les communes » (*Yws^{1}f ʾs^{1}ʾr Yṯʾr mlk kl ʾs^{2}ʿb^n*) (Robin 2008, p. 11-13).

111. Ibn al-Kalbī (Caskel 1966, I, tableau 274), connaît ce nom qu'il range dans la descendance de Ḥimyar, mais il n'en sait rien puisqu'il ne lui donne aucun fils. Si al-Hamdānī lui en attribue bien quelques-uns, il n'a pu rassembler que des données passablement incohérentes (Robin 2013, p. 204).

112. Robin 2013, p. 203-204.

113. Ṭabarī, *Taʾrīkh al-rusul wa-l-mulūk*, texte, I, p. 925 ; traduction, *History of al-Ṭabarī*, V, p. 203.

114. Dans le *Martyrion* arabe, le roi Kālēb est alerté par deux hommes de Najrān, le fils d'al-Ḥārith et l'un de ses parents nommé Khiyār b. Fayḍ (Bausi & Gori 2006, p. 72 et p. 73 ; voir aussi Shahîd, *The Martyrs of Najrān*, p. 185 et n. 1). Dans le *Livre des Ḥimyarites* (p. 6a et civ), la persécution des chrétiens est dénoncée à l'évêque (d'Aksūm) et au négus par un Ḥimyarite nommé Umayya.

115. Robin 2010 b, p. 66-67. Ḥayyān / Ḥyōnā est également le nom d'un général de Kālēb faisant une expédition au Yémen avant le massacre de novembre 523 (*ibid.* p. 70-72).

116. Nashwān est le seul auteur arabo-musulman à donner ce nom (*Mulūk Ḥimyar*,

Il est manifeste que certains auteurs arabo-musulmans, désireux d'éclairer le texte coranique, ont confronté leurs connaissances avec celles de savants chrétiens. Quand Ibn Hishām indique que les habitants de Najrān sont chrétiens, alors que l'oasis compte des juifs et des païens, on peut également suspecter une source chrétienne.

Les sources épigraphiques permettent d'affirmer qu'aucun site antique de l'oasis de Najrān ne s'est appelé al-Ukhdūd. Avant l'Islam, le nom de la ville principale de l'oasis, relevé dans deux inscriptions trouvées en fouille sur le site d'al-Ukhdūd par l'équipe de ʿAwāḍ al-Zahrānī[117] et dans deux textes sabéens du Yémen[118], était Ẓirbān, sauf à très haute époque, où c'était Ragmat^{um}, *Rgmt*^{m}.

La Tradition arabo-musulmane conserve le souvenir de cette Ẓirbān de manière très indirecte, dans la généalogie de Hamdān. Selon al-Ḥasan al-Hamdānī, Ẓirbān serait un fils d'Amīr (rameau de Bakīl qui est elle-même l'une des deux principales branches de Hamdān).

Or, Amīr est le nom de la tribu qui a dominé Najrān entre le IIIe siècle avant l'ère chrétienne et le Ier après. La Tradition a donc conservé le souvenir que Amīr avait une certaine antériorité sur Ẓirbān, et donc autorité sur l'entité que Ẓirbān représente, tout en perdant le souvenir du lien avec Najrān[119].

p. 148 : « le négus envoya avec dhū Thuʿlubān un général appelé Kālib qui est dit Barbakī »).

117. Voir Sālim Ṭayrān dans *Atlal* 18, 2005, p. 28 (arabe) et pl. 1.9 C et 1.10, *S*^{1}*lm*^{n} *(bn) [… …]zhr*^{m} *ḏ-ʾhl mlk*^{n} $^{(2)}$ *s*^{1}*lʾ[ḏ-S*^{1}*mwy ʿdy] Kʾbt*^{n} *b-hgr*^{n} *Ẓ*$^{(3)}$*rb[*^{n} … (d'après la graphie, IIe ou Ier siècle avant l'ère chrétienne) ; et l'inscription inédite invoquant « Hawtarʿathat Dharḥān fils de *Ms*^{1}*k*^{m} roi d'Amīr^{um} » présentée par Saʿīd al-Saʿīd aux Rencontres sabéennes de Berlin en 2010, *ldy Kʾbt*$^{(4)n}$ *b-Ẓrb*^{n} (d'après la graphie, IIe siècle avant l'ère chrétienne).

118. YM 28805 (d'après la graphie, IIe siècle de l'ère chrétienne) ; Ja 577 / 8 et 13 (3 fois) (années 230 ou 240 de l'ère chrétienne).

119. « Rabīʿa fils de Mālik b. Muʿāwiya b. Ṣaʿb b. Dawmān b. Bakīl engendra Shākir (groupe tribal), Nihm (groupe tribal) et Shāʿir (groupe tribal).

Shākir engendra Amīr fils de Shākir, Duhma fils de Shākir, Wāʾila fils de Sākir, al-Ḥārith fils de Shākir et Yashkur (à ce qu'on dit).

Al-Ḥārith engendra *Ṣarm [dont il est dit qu'il est] un fils de Shākir et qu'il engendra Amīr et Duhma, comme le dit al-Raʾīs al-Kubārī [savant issu des Āl dhī Kubār, issu de Ḥāshid à Athāfit, à une centaine de kilomètres au nord de Ṣanʿāʾ ; al-Hamdānī, *Iklīl* 10, p. 50-51]… Amīr b. Shākir engendra Munabbih, al-Ḥārith, Mālik, ʿAbd Allāh, Naṣī, Qaʿṭ et Ẓirbān (groupes tribaux)… Amīr, dont Shākir s'est approprié aujourd'hui la meilleure part, a disparu ; l'ont supplanté Wāʾila et Duhma par le renom et le courage »,

Wa-awlada Rabīʿa b. Mālik b. Muʿāwiya b. Ṣaʿb b. Dawmān b. Bakīl Shākir^{an}*, baṭn, wa-Nihm*^{an}*, baṭn, wa-Shāʿir*^{an}*, baṭn.*

Fa-awlada Shākir Amīr^{an} *b. Shākir wa-Duhma b. Shākir wa-Wāʾila b. Shākir wa-ʾl-Ḥārith b. Shākir wa-Yashkur fī-mā yuqālu.*

Fa-awlada ʾl-Ḥārith Ṣarm^{an} *qīla inna-hu ʾbnu Shākir wa-ʾinna-hu awlada Amīr*^{an} *wa-Duhma ka-dhā qāla ʾl-Raʾīs al-Kubārī… Wa-awlada Amīr b. Shākir Munabbih*^{an} *wa-ʾl-Ḥārith*

À l'époque d'al-Hamdānī, le territoire d'Amīr se limitait à quelques vallées et montagnes arides entre Najrān et le Jawf[120].

Cette mention de Ẓirbān est propre à al-Hamdānī ; elle ne se trouve pas dans la généalogie de Hamdān que donne Ibn al-Kalbī. C'est seulement pour l'ascendance d'Amīr, que les deux auteurs sont en accord[121]. Cette mention de Ẓirbān confirme que les traditions collectées par al-Hamdānī auprès de nombreux savants de son époque retiennent parfois des données très anciennes, sans doute transmises par les traditions familiales.

Dans les sources arabo-musulmanes, comme nous l'avons vu, les ruines de Ẓirbān sont appelées al-Ukhdūd depuis une date très haute, soit directement comme chez al-Bakrī ou al-Hamdānī, soit indirectement dans le surnom de *ṣāḥib al-Ukhdūd* donné à dhū Nuwās, qu'on relève chez Wahb ou Ibn Ḥabīb. Il apparaît désormais assuré que cette appellation est postérieure à l'Islam : elle dérive très certainement de l'identification des « Gens de la Fosse » (*Aṣḥāb al-Ukhdūd*) mentionnés dans Q 85 avec les chrétiens de Najrān massacrés par dhū Nuwās. On peut supposer qu'une telle identification a été mise en avant par les chrétiens de l'oasis lors de leurs confrontations avec les autorités musulmanes, soit à Najrān même soit dans les villes de l'Empire vers lesquelles ils avaient été expulsés[122].

On peut enfin s'interroger sur les procédés utilisés par le roi Yūsuf pour faire périr les chrétiens de Najrān. Les quatre récits que nous avons, en langues syriaque (*Lettre* Guidi, *Lettre* Shahîd et *Livre des Ḥimyarites*) et grecque (*Martyrion*) en donnent une image assez précise (Ryckmans 1987 et 1989).

La *Lettre* Guidi est sans doute le témoignage le moins remanié. Elle cite d'abord un document qui est présenté comme une lettre du roi persécuteur (non nommé) au roi naṣride al-Mundhir, qui distingue six épisodes :

1. Remise par les chrétiens de leur or et de leur argent.

2. Destruction par le feu des ossements de l'évêque Paul (II) et de l'église dans laquelle sont rassemblés les prêtres et religieux.

wa-Mālik wa-ʿAbd Allāh wa-Naṣiy^{an} wa- Qaʿṭ^{an} wa-Ẓirbān (buṭūn). Fa-walada ʾl-Ḥārith banī ʿAbd fa-min banī ʿAbd banū ʿUthmān wa-banū Sayf wa- banū Mālik wa-banū Namira wa-banū ʾl-Dhawwāb. Wa-walada Munabbih b. Amīr ʿĀmir^{an}, fa-walada ʿĀmir Akhnas wa-Naṣr^{an} wa-Muḥammad^{an} wa-ʿAliy^{an} banī ʿĀmir b. Munabbih. Inqaḍat Amīr, wa-hiya ʾl-yawm uthrà Shākir wa-dhahabat ʿalay-hā Wāʾila wa-Duhma bi-ʾl-ṣawt wa-ʾl-najda (*Iklīl* 10, p. 237 et p. 242-243).

120. al-Hamdānī, *Ṣifa*, p. 83 / 11-13.

121. Caskel 1966, I, tableau 230 : Amīr b. *Shākir* b. Rabīʿa b. Mālik b. Muʿāwiya b. Ṣaʿb b. Dawmān b. *Bakīl*.

122. Lammens 1921, XXII ; Lecker 2010.

3. Demande adressée aux notables de « renier le Christ et la croix et de devenir juifs ». Refus et punition du chef (anonyme) ; mise à mort ou fuite des autres.

4. Même demande adressée aux femmes et aux moniales qui refusent et rivalisent pour être mises à mort en premier.

5. Nouvelle convocation d'une femme (non nommée), épouse d'un homme déjà exécuté, épargnée précédemment à cause de sa noblesse, de sa famille et de sa beauté. Elle vient avec ses filles. Du fait de son inflexibilité, le roi ordonne d'égorger les filles, d'obliger la mère à boire leur sang et de décapiter cette dernière.

6. Décision des grands-prêtres et du roi de répartir les fils et les filles des chrétiens entre les Grands.

De nouveaux détails sont rapportés par un homme de Ḥîrtâ qui avait été envoyé à Najrān pour se renseigner :

– Les notables, au nombre de 340, avaient pour chef Ḥārith (*Ḥʾryt / Ḥrt*) fils de Kaʿb (*Kʿb / Kʿbr / Klb*) (compléments à l'épisode 2). L'envoyé fait un rapport détaillé de la comparution de Ḥārith devant le roi. Ḥārith et tous les notables sont décapités dans un torrent appelé « Wadyâ » (*Wdyʾ*), calque manifeste de l'arabe *wādī*.

– Un enfant de 3 ans veut accompagner sa mère dans la mort. Sa mère est décapitée et l'enfant est confié à l'un des Grands.

– La plus jeune des filles de la bienheureuse Dōmā (*Dwmʾ / Dwmy / Rwmy*) fille d'Azmenī (*ʾzmny / ʾrmny*) (la femme de l'épisode 5, qui est désormais identifiée) crache à la figure du roi et le maudit, avant d'être égorgée.

Dès ce stade, la réélaboration des événements a commencé. Elle consiste à nommer les martyrs, à établir leur nombre, à décrire leur posture héroïque face au persécuteur, à détailler les tourments qu'ils endurent, etc. La plupart de ces ajouts suivent des modèles stéréotypés et n'apprennent rien de plus sur les événements.

La réélaboration se poursuit en milieu « monophysite » avec la *Lettre* Shahîd et le *Livre des Ḥimyarites*, d'une part, en milieu pro-chalcédonien avec le *Martyrion* grec, d'autre part. Selon la *Lettre* Shahîd, ceux qui sont brûlés dans l'église (épisode 2) sont au nombre de 2000. Tous les martyrs qui font l'objet d'un récit circonstancié reçoivent un nom. Plusieurs scènes de torture sont décrites en détail. Le chef, « Ḥārit fils de Kanb »[123], n'est pas simplement décapité, mais subit des mesures vexatoires, comme d'être complètement dénudé ; on le présente comme un guerrier valeureux qui a

123. En syriaque, la lettre *ʿayn* (un segment incliné) peut facilement être confondue avec le *nūn* (un segment semblable, mais vertical).

tué « le frère de celui qui est assis à [l]a droite [de Joseph], qui est [s]on cousin »[124]. Celle que la *Lettre* Guidi nommait Dōmā fille d'Azmenī s'appelle ici Rahōm fille d'Azma' (*Rhwm brt 'zm'*)[125] ; elle est désormais « une parente de l'illustre Ḥārit fils de Kanb »[126]. Dans les recensions plus tardives des *Lettres*, elle est même présentée comme l'épouse de Ḥārith[127].

Le *Martyrion* grec, quant à lui, emprunte des voies parallèles. Ceux qui sont brûlés dans l'église sont au nombre de 427 [par. 6], auxquels s'ajoutent trois groupes de martyrs (4252 [par. 8], 227 [par. 9] et 340 [par. 15]). « Aréthas fils de Kaneph »[128] devient le personnage central du récit ; il est naturellement le « chef de toute la population, celle de la ville comme de tout le pays environnant » [par. 7, version courte].

Les sources chrétiennes donnent une image de la persécution qu'il est difficile de reconnaître dans la sourate 85. Le Coran évoque uniquement le feu, alors que les sources externes mentionnent surtout des martyrs égorgés ou décapités. Dès la *Sīra* d'Ibn Hishām, cette contradiction a été perçue : l'ouvrage souligne que certains périrent par le feu, mais que d'autres furent exécutés par l'épée. C'est à nouveau un détail suggérant que des sources chrétiennes ont été utilisées.

Une seconde différence est l'absence de fosse dans les sources externes. Si les prêtres et religieux périssent par le feu, c'est enfermés dans leur église.

La majorité des savants occidentaux (notamment Abraham Geiger, Joseph Horovitz, Axel Moberg, Hubert Grimme, Rudi Paret, Régis Blachère *et alii*) doutent de l'identification des *Aṣḥāb al-Ukhdūd* avec un événement du passé, que ce soit les victimes du massacre de Najrān ou Daniel et ses compagnons. Ils pensent qu'il faut rechercher une interprétation eschatologique : les *Aṣḥāb al-Ukhdūd* seraient les impies précipités en enfer au moment du Jugement dernier, à cause de leurs crimes contre les croyants. De fait, le texte coranique ne donne aucune indication chronologique ou spatiale ; il ne suggère pas même que les « croyants » sont des chrétiens.

En faveur de cette interprétation, on a remarqué depuis longtemps que le verset 5 du texte coranique, *al-nār dhāt al-waqūd*, décalque l'expression araméenne pour « fournaise ardente » qu'on trouve dans le *Livre de Daniel* (Dn III, 6, 11, 15, 17, 20, 21, 23 et 26, *attûn nûrâ' yâqidtâ'*).

124. *Lettre* Shahîd, p. IV B et 50.
125. *Lettre* Shahîd, p. VI A et 54.
126. Il en va de même dans le *Livre des Ḥimyarites*, p. 36b et cxxvii.
127. *Chronique de Zuqnin*, éd. Witakowski, 1996, p. 58.
128. Dans Ka'b, le *'ayn* et le *beth* du syriaque ont été lus erronément *nūn* et *pe*.

Depuis la découverte des textes de Qumrān, on peut ajouter un nouvel argument. À Qumrān, le Shéol est constamment désigné par l'hébreu *shaḥat*, « fosse ». Marc Philonenko, qui souligne ce point, relève également les expressions *bny h-šḥt*, « fils de la Fosse », et *ʾnšy h-šḥt*, « hommes de la Fosse » pour désigner les impies, les damnés ou, mieux encore, ceux sur qui s'exercent les châtiments au Jour du Jugement. L'expression coranique *Aṣḥāb al-Ukhdūd* pourrait être le décalque de ces expressions qumrāniennes.

L'interprétation eschatologique se heurte cependant à deux difficultés. La première est que le Coran, pourtant riche en termes désignant les Enfers, ne se réfère jamais à une fosse (si on exclut *Aṣḥāb al-Ukhdūd*). La seconde se trouve dans le verset 4 : « [*Ils*] ont été tués, les Gens de la Fosse ». Or l'emploi du verbe « tuer » ne fait pas sens pour des damnés.

En conclusion, l'embarras est grand. Nous avons deux interprétations contradictoires, mais aucune ne convient. La première suppose que les « Gens de la Fosse » sont les victimes chrétiennes du massacre de Najrān. Or ces chrétiens ne sont pas tués dans une fosse et ceux qui sont portés sur les autels (égorgés ou décapités) ne périssent pas par le feu. L'interprétation eschatologique fait également difficulté : les damnés sont châtiés, mais non « tués ». Quoi qu'il en soit, il est bien douteux qu'il y ait dans Q 85 une référence historique, comme le supposent les théologiens musulmans.

Sur un point, cependant, on dispose désormais d'une réponse assurée grâce à l'archéologie : al-Ukhdūd n'était pas le nom de la ville principale de l'oasis Najrān avant l'Islam, comme le suppose la Tradition arabo-musulmane. Cette ville s'appelait Ẓirbān. L'appellation al-Ukhdūd dérive manifestement de l'identification (sans fondement) des « Gens de la Fosse » avec les chrétiens massacrés en novembre 523.

*

* *

D'autres « récits de châtiments divins » sont éclairés par l'épigraphie ou l'archéologie, mais de façon moins décisive. On peut mentionner notamment al-Ḥijr, ʿĀd ou al-Ayka.

À al-Ḥijr (aujourd'hui Madāʾin Ṣāliḥ), les fouilles françaises n'ont pas trouvé de traces d'occupation pour l'époque de Muḥammad b. ʿAbd Allāh (fin VIe et début VIIe siècle), ni dans la ville ni dans la nécropole voisine : le site était bien désert à l'aube de l'Islam. Il n'est donc pas étonnant qu'il ait servi d'exemple pour illustrer la punition divine qui frappe les incrédules (Q 15). Concernant ʿĀd, l'épigraphie du wādī Ramm dans le sud de la

Jordanie mentionne un groupe tribal dont le nom s'écrit *ʿd*[129], ce qui peut se prononcer ʿĀd, mais aussi ʿŌd ou même ʿŌda (= arabe classique ʿAwdh et ʿAwda[130]). L'identification avec ʿĀd, même si elle est tentante, paraît difficile : le groupe tribal de Jordanie semble de taille modeste ; par ailleurs, dans le Coran, le nom de ʿĀd est associé avec le prophète Hūd[131] et (pour autant qu'on puisse en juger) avec le sud de la péninsule[132] et non avec le nord. Sur Ayka, terme pour lequel diverses identifications, toutes spéculatives, ont été proposées[133], on peut signaler qu'une inscription sabéenne du Yémen mentionne une région nommée *ʾyk*^{m} dans le Jawf (*RES* 3945 / 15). Bien évidemment, il n'est pas question de suggérer une identification, mais seulement de signaler qu'il existe un toponyme apparemment formé sur la même racine.

Même en poussant plus loin les recherches, la conclusion qui se dégage ne risque guère de se modifier substantiellement. Le Coran se réfère incontestablement à des faits observables à son époque, comme les anciennes cités en ruines ou les installations hydrauliques abandonnées. Mais les populations qui sont associées à ces vestiges, victimes d'un châtiment divin, sont tirées de la mémoire collective, sans grand souci des époques et des lieux.

Au total, sauf rares exceptions, comme la victoire des Romains, la ruine de la Digue de Marib et celle de la ville d'al-Ḥijr, ou encore l'expédition d'Abraha, l'histoire réelle est absente du Coran. Même quand un fait réel est à l'origine de l'évocation coranique, il est remodelé pour servir à l'édification des auditeurs de la Révélation et pour les mettre en garde contre la colère divine. Sans doute est-il toujours tentant pour les commentateurs de proposer une interprétation historique ou géographique aux nombreux termes ou expressions énigmatiques du Coran, mais cette quête paraît illusoire : le Coran puise avant tout sa matière dans un fonds religieux

129. Farès-Drappeau 1996. Le texte se lit *l-Ḡṯ bn ʾslh bn Ṯk* ⁽²⁾ *m w-bny bt Lt* ⁽³⁾ *ḏ-ʾl ʿd*.

130. Caskel 1966, II, p. 206.

131. Q 7 / [63] 65 ; 26 / [123] 124 ; 52 / 50 ; 63 / 10.

132. Les « toponymes » mentionnés en relation avec ʿĀd sont al-Aḥqāf (Q 46 / 20-21) et Iram dhāt al-ʿImād (Q 89 / [6-7] 5-6) (autre lecture : Aram). La localisation et la signification de ces deux toponymes (si ce sont des toponymes) est discutée ; la littérature est particulièrement abondante sur le second (voir en dernier lieu Neuenkirchen 2013). On notera la proximité phonétique entre Ramm (toponyme qui est écrit *ʾrm* dans les inscriptions en nabatéen et en nabatéo-arabe) et Iram ; al-Ḥasan al-Hamdānī mentionne effectivement un « puits Iram » (*biʾr Iram*, *Ṣifa*, p. 129 / 20) dans la Ḥismà, c'est-à-dire dans le sud de la Jordanie, localisation qui autorise une identification avec Ramm. Al-Hamdānī situe cependant Iram dhāt al-ʿImād au Yémen, à l'est de ʿAdan, même si certains préfèrent Damas (*Ṣifa*, p. 3/13 et p. 80/5-6 ; ailleurs, p. 53/13, c'est un « désert d'Iram », *falāt Iram*, qu'il cite près de ʿAdan). On peut ajouter que les Thamūd, que le Coran localise implicitement à al-Ḥijr dans le Ḥijāz, sont considérés comme les successeurs de ʿĀd (Q 7 / [71-72] 73-74).

133. Voir récemment Puin 2005 et al-Anṣārī 2012.

et mythique auquel les inscriptions (des documents servant avant tout à la propagande de leurs auteurs) et les ouvrages savants ne s'intéressaient pas.

Christian Julien Robin

*

* *

APPENDICE

Les manuscrits coraniques en écriture ḥijāzite de Ṣanʿāʾ : quelques datations

Cinq échantillons prélevés à Ṣanʿāʾ sur des feuillets coraniques (dans le cadre du projet ANR « De l'Antiquité tardive à l'Islam », DATI) ont fait l'objet d'une datation par l'analyse du radiocarbone 14 au Centre de Datation par le Radiocarbone de Lyon. La marge statistique indiquée est la déviation standard (1 sigma), c'est-à-dire qu'elle définit un intervalle dans lequel l'âge radiocarbone exact a deux chances sur trois de se trouver. Pour avoir une quasi-certitude (environ 95 %), il faut doubler cette marge statistique. Les résultats obtenus sont les suivants :

Feuillet	*Code laboratoire*	*Âge caliber*
01-25-1 fol. 22 (S. 41 / 2)	Lyon-6044 (SacA 15618)	de 543 à 643 è. chr.
01-27-1 fol. 2 (S. 6 / 159)	Lyon-6042 (SacA 15616)	de 543 à 643 è. chr.
01-27-1 fol. 11 (S. 20 / 74)	Lyon-6043 (SacA 15617)	de 433 à 599 è. chr.
01-27-1 fol. 13 (S. 21 / 72)	Lyon-6045 (SacA 15619)	de 388 à 535 è. chr. [133]
01-29-1 fol. 8 (S. 5 / 45)	Lyon-6041 (SacA 15615)	de 439 à 606 è. chr.
	(maximum de probabilité : de 530 à 605)	
01-29-1 fol. 13 (S. 14 / 24)	Lyon-6040 (SacA 15614)	de 603 à 662 è. chr.

134. Cet échantillon a fait l'objet de trois analyses supplémentaires. Au Research Laboratory for Archaeology and the History of Art de l'Université d'Oxford (OxA-29409), la date obtenue est 1423 ± 23 BP. Au Swiss Federal Institute of Technology Zurich (ETH 52910), la date calibrée obtenue est 595-650 (avec 68,2 % de probabilité) ou 565-660 (avec 95,4 % de probabilité) (1437 ± 33 BP). Au Leibniz Labor für Altersbestimmung und Isotopenforschung Christian-Albrecht-Universität Kiel (KIA50087), la date calibrée obtenue est 430-495 (18,5 %) et 530-610 (76,9 %) (avec 95,4 % de probabilité) (1515 ± 25 BP). Les résultats de Kiel et de Zurich ont été obtenus au second essai, ce qui suggère une possible contamination de l'échantillon et expliquerait le résultat aberrant obtenu à Lyon.

BIBLIOGRAPHIE

al-Anṣārī (ʿAbd al-Raḥmān al-Ṭayyib), 2012, « Aṣḥāb al-Ayka wa-tijārat al-baḥr al-Aḥmar », dans *Arabia, Greece and Byzantium. Cultural Contacts in Ancient and Medieval Times*, eds. by Abdulaziz Al-Helabi, Demetrios G. Letsios, Moshalleh Al-Moraekhi & Abdullah Al-Abduljabbar, Riyadh (King Saud University, Department of History), 2012 (1433 h.), p. 145-150.

Mounir Arbach et Rémy Audouin, 2007, *Ṣanʿâʾ National Museum. Collection of Epigraphic and Archaeological Artifacts from al-Jawf Sites*, Part II, Ṣanʿâʾ (United Nations Educational, Scientific ans Cultural Organization-Social Fund for Development, Republic of Yemen).

al-Azraqī (Abū ʾl-Walīd Muḥammad b. ʿAbd Allāh b. Aḥmad), *Akhbār Makka*, texte : *Akhbār Makka wa-mā jāʾa fī-hā min al-āthār*, éd. Rushdī al-Ṣāliḥ Malḥas, vol. 1 (4e impression), Makka al-Mukarrama (Dār al-Thaqāfa), 1983 (1403 h.).

al-Bakrī (Abū ʿUbayd ʿAbd Allāh b. ʿAbd al-ʿAzīz... al-Andalusī), *Muʿjam*, texte : *Muʿjam mā ʾstaʿjam min asmāʾ al-bilād wa-ʾl-mawāḍiʿ* (al-Maʿhad al-khalīfī li-l-abḥāth al-maghribiyya, Bayt al-Maghrib), 4 vol., éd. Muṣṭafà ʻl- Saqqā, Le Caire (Maṭbaʿat Lajnat al-Taʾlīf wa-ʾl-Tarjama wa-ʾl-Nashr), 1945 (1364 h.).

Alessandro Bausi & Alessandro Gori, 2006, *Tradizioni orientali del « Martirio di Areta ». La prima recenzione araba e la versione etiopica, edizione critica e traduzione*, Presentazione di Paolo Marrassini, Firenze, Università di Firenze, Dipartimento di Linguistica (Quaderni di Semitistica, 27).

Joëlle Beaucamp, Françoise Briquel-Chatonnet & Christian Robin, 2010, *Juifs et chrétiens en Arabie aux ve et vie siècles : regards croisés sur les sources* (Collège de France-CNRS, Centre de recherche d'histoire et civilisation de Byzance, Monographies 32), Paris, Association des amis du Centre d'histoire et civilisation de Byzance.

A.F.L. Beeston, 2000, « Tubbaʿ », dans *Encyclopédie de l'Islam*, nouvelle édition, X, p. 618.

Régis Blachère, 1966, *Le Coran* (al-Qorʾân), traduit de l'arabe par Régis Blachère, Paris, Maisonneuve & Larose.

Werner Caskel, 1966, *Ǧamharat an-nasab. Das genealogische Werk des Hišām ibn Muḥammad al-Kalbī*, 2 vol., Leiden, Brill.

Chronique de Zuqnin : voir Witakowski 1996.

Lawrence I. Conrad, 1987, « Abraha and Muḥammad: some observations apropos of chronology and literary topoi in the early Arabic historical tradition », *Bulletin of the School of Oriental and African Studies* 50 (1987), p. 225-240. Repris dans *The Life of Muḥammad*, edited by Uri Rubin

(The Formation of the Classical Islamic World, 4), Aldershot (Ashgate, Variorum) 1998, p. 41-56.

Radhi DAGHFOUS, 1995, *Le Yaman islāmique des origines jusqu'à l'avènement des dynasties autonomes (Ier- IIIème S./VIIème-IXème S.)* (Publications de la Faculté des Sciences humaines et sociales), Série 4 : Histoire, vol. XXV), Tunis, 2 tomes.

Christian DARLES, Christian Julien ROBIN & Jérémie SCHIETTECATTE, avec une contribution de Ghassan EL MASRI, 2014, « Contribution à une meilleure compréhension de l'histoire de la Digue de Maʾrib au Yémen », dans François Baratte, Christian Julien Robin et Elsa Rocca éd., *Regards croisés d'Orient et d'Occident. Les barrages dans l'Antiquité tardive*, Actes du colloque tenu à Paris, Fondation Simone et Cino del Duca, 7-8 janvier 2011, organisé dans le cadre du programme ANR EauMaghreb (Orient & Méditerranée 14), Paris, De Boccard, p. 9-70.

John DAYTON, 1968, « The lost elephants of Arabia », *Antiquity* 42 (1968), p. 42-45.

Marina DETORAKI & Joëlle BEAUCAMP, 2007, *Le martyre de Saint Aréthas et de ses compagnons (BHG 166)*, Marina Detoraki éd., trad. par Joëlle Beaucamp, Appendice sur les versions orientales par André Binggeli (Collège de France, Centre de Recherche d'histoire et civilisation de Byzance : Monographies 27 ; Le massacre de Najrān 1), Paris, Association des amis du Centre d'histoire et civilisation de Byzance.

H. B. DEWING, Procopius, *History of the wars*, texte et traduction : Books I-II, with an english translation by H. B. D., Cambridge (Mass.), Harvard University Press, 1914 (dernière réimpression 2006).

Saba FARÈS-DRAPPEAU, 1996, « Wādī Iram : un lieu de culte et de rassemblement des tribus arabes dans l'Antiquité. Les premiers résultats de la mission épigraphique 1997 », *Aram* 8, p. 269-283.

Ignazio GUIDI, 1881, « La lettera di Simeone vescovo di Bêth-Arśâm sopra i martiri omeriti », dans *Atti della Reale Accademia dei Lincei*, anno 278, 1880-1881, Serie III, *Memorie della Classe di Scienze morale, storiche e filologiche*, vol. 7, 1881, p. 471-515 (texte : 501-515) ; reproduit dans *Raccolta di scritti*, vol. I, *Oriente cristiano* (Pubblicazioni dell'Istituto per l'Oriente). Roma, Istituto per l'Oriente, 1945, p. 1-60.

Guillaume : voir Ibn Hishām, *Sīra*, traduction.

al-Hamdānī (Abū Muḥammadal-Ḥasan b. Aḥmad b. Yaʿqūb), *Iklīl* 2, texte : *Kitāb al-Iklīl*, al-juzʾ al-thānī, li-Lisān al-Yaman Abī Muḥammad al-Ḥasan b. Aḥmad b. Yaʿqūb al-Hamdānī, éd. Muḥammad b. ʿAlī ʾl-Akwaʿ al-Ḥiwālī (al-Maktaba al-yamaniyya, 3). al-Qāhira (al-Sunna al-muḥammadiyya), 1967 (1386 h.).

—, *Iklīl* 8, texte : *al-Iklīl* (*al-juzʾ al-thāmin*), by al-Ḥasan ibn Aḥmad al-Hamdānī, edited with linguistic, geographic and historic notes by Nabīh Amīn Fāris (Princeton Oriental Texts, vol. VII), Princeton, 1940.

—, *Iklīl* 8, trad. : *The Antiquities of South Arabia*, Being a Translation from the Arabic with linguistic, geographic and historical notes of the Eighth Book of al- Hamdāni's *al-Iklīl* by Nabih Amin Faris (Princeton Oriental Texts, III), Princeton, 1938.

—, *Iklīl* 10, texte : *al-Iklīl min akhbār al-Yaman wa-ansāb Ḥimyar*, taṣnīf Lisān al-Yaman Abī Muḥammad al-Ḥasan b. Aḥmad al-Hamdānī, al-Kitāb al-ʿāshir, ḥaqqaha-hu wa-ʿallaqa ḥawāshī-hi... Muḥibb al-Dīn al-Khaṭīb, Le Caire (al-Salafiyya), 1368 h. (1948-1949 è. chr.).

—, *Ṣifa*, texte : David Heinrich Müller, *al-Hamdânî's Geographie der arabischen Halbinsel*, 2 vol., Leiden (Brill), 1884-1891 (reprise par le même éditeur, 1968).

Josef Horovitz, 1925, *Jewish Proper Names and Derivatives in the Koran*, Hildesheim, Georg Olms, 1964. Reproduction de l'édition de 1925 (Hebrew Union College Annual, 1925, vol. II, p. 145 et suivantes).

—, 1926, *Koranische Untersuchungen* (Studien zur Geschichte und Kultur des islamischen Orients, Zwanglose Beihefte zu der Zeitschrift « Der Islam », Heft 4), Berlin & Leipzig, De Gryuter.

Ibn Ḥabīb (Abū Jaʿfar Muḥammad), *Muḥabbar*, texte : *Kitāb al-Muḥabbar* li-Abī Jaʿfar Muḥammad b. Ḥabīb b. Umayya b. ʿAmr al-Hāshimī 'l-Baghdādī ..., riwāyat Abī Saʿīd al-Ḥasan b. al-Ḥusayn al-Sukkarī. Ilse Lichtenstädter, éd. (Dhakhāʾir al-turāth al-ʿarabī). Bayrūt (Manshūrāt Dār al-ufuq al-jadīda), s.d.

Ibn Hishām, *Sīra*, texte : *al-Sīra al-nabawiyya li-Ibn Hishām*, éd. Muṣṭafà ʾl-Saqqā, Ibrāhīm al-Abyārī, ʿAbd al-Ḥāfiẓ Shalabī (Turāth al-Islām), 2 vol., Bayrūt (Dār al-Maʿrifa), s.d.

Sīra, traduction : *The Life of Muhammad*. A Translation of Ibn Isḥāq's *Sīrat Rasūl Allāh*, with Introduction and Notes by A. Guillaume, Oxford University Press, 1955.

Albert Jamme, 1962, *Sabaean Inscriptions from Maḥram Bilqîs (Mârib)* (Publications of the American Foundation for the Study of Man, III), Baltimore, The Johns Hopkins Press.

Jean Malalas, *Chronique* : voir Jeffreys *et alii* 1986.

Elizabeth Jeffreys, Michael Jeffreys & Roger Scott, 1986, *The Chronicle of John Malalas. A Translation*, Melbourne (Australian Association for Byzantine Studies, Byzantina Australienia, 4), 1986.

A. de Biberstein Kazimirski, 1860, *Dictionnaire arabe-français*, deux tomes, Paris, Maisonneuve.

M. J. Kister, 1965, « The Campaign of Ḥulubān. A New Light on the Expedition of Abraha », *Le Muséon* 78, p. 425-436.

—, 1986, « Mecca and the tribes of Arabia: some notes on their relations », in *Studies in Islamic History and Civilization in honour of David Ayalon*, M. Sharon éd., Jerusalem (Cana)-Leiden, Brill, 1986, p. 33-57 ; repris in *Society and Religion from Jāhiliyya to Islam*, Aldershot, Variorum, 1990, II.

Manfred Kropp, 2009, « "People of powerful South Arabian kings" or just "people of their kind we annihilated before" ? Proper noun or common noun in Qur'ān 44:37 and 50:14 », dans *Proceedings of the Seminar for Arabian Studies* 39, p. 237-244.

Henri Lammens, 1921, *Le califat de Yazid 1er* (Extrait des *Mélanges de la Faculté orientale de Beyrouth*), Beyrouth (Syrie), Imprimerie catholique (XXII, Yazîd et les Nağrânites », p. 327-369 ou p. 646-688).

Michael Lecker, 1989, *The banū Sulaym. A Contribution to the Study of Early Islam* (The Max Schloessinger Memorial Series, Monographs IV), Jérusalem (Institute of Asian and African Studies, The Hebrew University of Jerusalem).

—, 2005, « Zuhayr b. Djanāb », dans *Encyclopédie de l'Islam*, nouvelle édition, XI, p. 603.

—, 2005-XI « Tribes in Pre- and Early Islamic Arabia », dans Michael Lecker *People, Tribes and Society in Arabia Around the Time of Muḥammad*, Aldershot, Hampshire, Ashgate, Variorum, 2005, XI, p. 1-106.

—, 2010, « Najrān Inc. : the Najrānī exiles in Iraq, Syria and Baḥrayn from ʿUmar ibn al-Khaṭṭāb to Hārūn al-Rashīd », dans Beaucamp *et alii* 2010, p. 293-302.

Lettre Guidi : voir Guidi 1881.

Lettre Shahîd : voir Shahîd 1971.

Livre des Ḥimyarites : voir Moberg 1924.

Charles James Lyall, 1918, *The Mufaḍḍalīyāt*, an Anthology of Ancient Arabian Odes compiled by al- Mufaḍḍal son of Muḥammad according to the Recension and with the Commentary of Abū Muḥammad al-Qāsim ibn Muḥammad al-Anbārī, edited for the first time by Ch. J. L., Volume II, *Translation and Notes*, Oxford, Clarendon Press.

—, 1921, *The Mufaḍḍalīyāt*, an Anthology of Ancient Arabian Odes compiled by al-Mufaḍḍal son of Muḥammad according to the Recension and with the Commentary of Abū Muḥammad al-Qāsim ibn Muḥammad al-Anbārī, edited for the first time by Ch. J. L., Volume I, *Arabic Text*, Oxford, Clarendon Press.

—, 1924, *The Mufaḍḍalīyāt*, compiled by al-Mufaḍḍal son of Muḥammad according to the Recension and with the Commentary of Abū Muḥammad al-Qāsim ibn Muḥammad al-Anbārī, edited for the first time by Ch. J. L., Vol. III, *Indexes to the Arabic Text*, compiled by A. A. Bevan ("E. J. W. Gibb Memorial" Series, New Series III), London (printed by E. J. Brill, Leiden, Holland, for the trustees of the « E. J. W. Gibb Memorial » and published by Messrs. Luzac and Co.).

Ibrāhīm Aḥmad al-Maqḥafī, *Muʿjam al-buldān wa-ʾl-qabāʾil al-yamaniyya*, Ṣanʿāʾ (Dār al-Kalima)-Bayrūt (al-Muʾassasa al-jāmiʿiyya li-l-Dirāsāt), 2002 (1422 h.), 2 vol.

Martyrion arabe : voir Bausi & Gori 2006.

Martyrion grec : voir Detoraki & Beaucamp 2007.

al-Masʿūdī (Abū l-Ḥasan ʿAlī b. al-Ḥusayn), *Murūj al-dhahab*, texte : *Murūj al-dhahab wa-maʿādin al-jawhar*, Barbier de Meynard et Pavet de Courteille éd., éd. révisée par Charles Pellat (Manshūrāt al-Jāmiʿa al-lubnāniyya, Qism al-Dirāsāt al-taʾrīkhiyya, 11), 7 vol. Bayrūt, 1965-1979.

—, *Murūj al-dhahab*, traduction : *Les prairies d'or*, traduction française de Barbier de Meynard et Pavet de Courteille, revue et corrigée par Charles Pellat (Société asiatique, collection d'ouvrages orientaux), tomes I-IV, Paris, Geuthner, 1962, 1965, 1971 et 1989.

Axel Moberg, 1924, *The Book of the Himyarites. Fragments of a hitherto unknown Syriac work*, edited, with introduction and translation, by A. M. (Acta Reg. Societatis Humaniorum Litterarum Lundensis, VII), Lund (C.W.K. Gleerup).

Mufaḍḍaliyyāt : voir Lyall 1918-1924.

Walter W. Müller, 1991 « CIH 325: die jüngste datierte sabäische Inschrift », dans *Études sud-arabes*. Recueil offert à Jacques Ryckmans (Publications de l'Institut orientaliste de Louvain, 39), Louvain-la-Neuve (Université catholique de Louvain, Institut orientaliste), p. 117-131.

—, 2010, *Sabäische Inschriften nach Ären datiert. Bibliographie, Texte und Glossar* (Akademie der Wissenschaften und der Literatur–Mainz, Veröffentlichungen der Orientalischen Kommission, 53), Wiesbaden (Harrassowitz).

Nashwān (Nashwān b. Saʿīd al-Ḥimyarī), *Mulūk Ḥimyar*, texte : *Mulūk Ḥimyar wa-aqyāl al-Yaman*, qaṣīdat Nashwān b. Saʿīd al- Ḥimyarī wa-sharḥu-hā l-musammà *Khulāṣat al-sīra al-jāmiʿa li-ʿajāʾib akhbār al-mulūk al-tabābiʿa*, ḥaqqaqa-hā wa-ʿallaq ʿalay-hā ʿAlī b. Ismāʿīl al-Muʾayyad wa-Ismāʿīl b. Aḥmad al-Jirāfī, al-Qāhira (al-Maṭbaʿa al- Salafiyya), 1378 h. (1958-1959 è. ch.).

—, *Shams al-ʿulūm*, texte : *Shams al-ʿulūm : Die auf Südarabien bezüglichen Angaben Našwān's im Šams al-ʿulūm*, gesammelt, alphabetisch geordnet und herausgegeben von ʿAẓīmuddīn Aḥmad ("E. J. W. Gibb Memorial" series, XXIV), Leyden (E.J. Brill)-London (Luzac), 1916.

Norbert NEBES, 2011, « An Inscription in Ancient Sabaic on a Bronze Kettle from Färäs May, Tigray », dans *ITIOPIS*, 1, p. 159-166.

Paul NEUKIRCHEN, 2013, « Biblical Elements in Koran 89, 6-8 and its Exegeses: a New Interpretation of "Iram of the pillars" », dans *Arabica* 60, p. 651-700.

Theodor NÖLDEKE, Friedrich SCHWALLY, Gotthelf BERGSTRÄSSER & Otto PRETZL, 2013, *The History of the Qurʾān*, edited and translated by Wolfgang H. Behn (Texts and Studies on the Qurʾān, 8), Leiden-Boston, Brill, 2013 (traduction anglaise de la seconde édition de *Geschichte des Qorâns*, 1909).

R. PARET, 1960, « Aṣḥāb al-Ukhdūd », dans *Encyclopédie de l'Islam, Nouvelle édition*, I, p. 713.

Francis Edwards PETERS, 1991, « The Quest of the Historical Muḥammad », *International Journal of Middle East Studies* 23, p. 291-313.

Marc PHILONENKO, 1967, « Une expression qoumrânienne dans le Coran », dans *Atti del Terzo Congresso di Studi Arabi e Islamici* (Ravello, 1-6 settembre1966), Napoli (Istituto Universitario Orientale), p. 553-556.

Photios : René, Henry, Photius, Bibliothèque, Tome I (« codices » 1-84) (Collection byzantine), Paris, Les Belles Lettres, 1959.

Alfred-Louis DE PRÉMARE, 1998, « Les éléphants de Qādisiyya », dans *Arabica* 45, p. 261-269.

—, 2000, « "Il voulut détruire le Temple". L'attaque de la Kaʿba par les rois yéménites avant l'Islam. *Aḫbār* et Histoire », dans *Journal asiatique* 288, p. 261-367.

PROCOPE, *Guerres* : voir Dewing 1914.

Gerd-R. PUIN, 2005, « Leuke Kome/ Layka, die Arser/ Aṣḥāb al-Rass und andere vorislamische Namen im Koran: Ein Weg aus dem "Dickicht"? », dans Karl-Heinz Ohlig u. Gerd-R. Puin (Hg.), *Die dunklen Anfänge*. Neue Forschungen zur Entstehung und frühen Geschichte des Islam, s. l., Verlag Hans Schiler, p. 317-340.

Christian Julien ROBIN, 2003, « Le judaïsme de Ḥimyar », dans *Arabia* 1, p. 97-172.

—, 2008, « Joseph, dernier roi de Ḥimyar (de 522 à 525, ou une des années suivantes) », *Jerusalem Studies on Arabic and Islam* 34, p. 1-124.

—, 2010 a, « L'Arabie à la veille de l'Islam. La campagne d'Abraha contre La Mecque ou la guerre des pèlerinages », in Juliette de La Genière, André Vauchez et Jean Leclant éd., *Les sanctuaires et leur rayonnement dans le monde méditerranéen de l'Antiquité à l'époque moderne, Actes* (« Cahiers de la Villa Kérylos », n° 21), Beaulieu-sur-Mer (Alpes maritimes), Paris, De Boccard, p. 213-242.

—, 2010 b, « Nagrān vers l'époque du massacre : notes sur l'histoire politique, économique et institutionnelle et sur l'introduction du christianisme (avec un réexamen du *Martyre d'Azqīr*) », in Beaucamp *et alii* 2010, p. 39-106.

—, 2012 a, « Abraha et la reconquête de l'Arabie déserte : un réexamen de l'inscription Ryckmans 506 = Murayghān 1 », *Jerusalem Studies on Arabic and Islam* 39, p. 1-93.

—, 2012 b, « Arabia and Ethiopia », in Scott Fitzgerald Johnson éd., *The Oxford Handbook of Late Antiquity*, Oxford, Oxford University Press, p. 247-332.

—, 2012 c, « Matériaux pour une typologie des divinités arabiques et de leurs représentations », dans *Dieux et déesses d'Arabie, images et représentations*, Actes de la table ronde tenue au Collège de France (Paris) les 1er et 2 octobre 2007, édités par Isabelle Sachet avec la collaboration de Christian Julien Robin (Orient et Méditerranée, n° 7), Paris, De Boccard, p. 7-118.

—, 2012 d, « Nouvelles observations sur le calendrier de Ḥimyar », in *Rassegna di Studi Etiopici*, IV (Nuova Serie), p. 119-151.

—, 2013, « Matériaux pour une prosopographie de l'Arabie antique : les noblesses sabéenne et ḥimyarite avant et après l'Islam », dans Christian Julien Robin et Jérémie Schiettecatte, *Les préludes de l'Islam. Ruptures et continuités dans les civilisations du Proche-Orient, de l'Afrique orientale, de l'Arabie et de l'Inde à la veille de l'Islam* (Orient et Méditerranée, 11), Paris, De Boccard, p. 127-270.

Christian Julien Robin & Sālim Ṭayrān, 2012, « Soixante-dix ans avant l'Islam, l'Arabie toute entière dominée par un roi chrétien », *Comptes rendus des séances de l'Académie des Inscriptions et Belles-Lettres*, 2012, Fascicule I, p. 525-553.

Uri Rubin, 1995, *The Eye of the Beholder. The Life of Muḥammad as Viewed by Early Muslims. A Textual Analysis*, Princeton (New Jersey), The Darwin Press (Studies in Late Antiquity and Early Islam, 5).

—, 2003, « The life of Muḥammad and the Qur'ān: The case of Muḥammad hijra », *Jerusalem Studies in Arabic and Islam* 28, p. 40-64.

—, 2009, « Abraha », dans *Encyclopaedia of Islam*, Third Edition, Leiden, Brill, vol. 1, p. 27-32.

Jacques RYCKMANS, 1953, « Inscriptions historiques sabéennes de l'Arabie centrale », *Le Muséon* 66, p. 319-342.

—, 1987, « Les rapports de dépendance entre les récits hagiographiques relatifs à la persécution des Himyarites », *Le Muséon* 100, p. 297-305.

—, 1989, « A Confrontation of the Main Hagiographic Accounts of the Najrān Persecution », in Moawiyah M. Ibrahim, *Arabian Studies in honour of Mahmoud Ghul*, Symposium at Yarmouk University, December 8-11 1984, Wiesbaden, Otto Harrassowitz, p. 113-133.

Mohammed Ali al-SALAMI, *Sabäische Inschriften aus dem Ḫawlān* (Jenaer Beiträge zum Vorderen Orient, 7), Wiesbaden, Harrassowitz, 2011.

R. B. SERJEANT, 1959, « Ukhdūd », *Bulletin of the School of Oriental and African Studies* XXII, p. 572-573.

Irfan SHAHÎD, 1971, *The Martyrs of Najrân. New Documents* (Subsidia Hagiographica, n° 49), Bruxelles, Société des Bollandistes.

Emmanuelle STEFANIDIS, 2008, «The Qur'an Made Linear: A Study of the *Geschichte des Qorâns'* Chronological Reordering », *Journal of Qur'anic Studies* 10/2, p. 1-22.

Al-Ṭabarī, Abū Jaʿfar Muḥammad b. Jarīr, *Taʾrīkh*, texte : *Taʾrīkh al-rusul wa-ʾl-mulūk*, I : *Annales quos scripsit Abu Djafar Mohammed Ibn Djarir at-Tabari*, M. J. De Goeje éd., Prima series. Leiden, Brill, 1879-1981 (reproduction photomécanique, 1964).

—, *Taʾrīkh*, traduction : *The History of al-Ṭabarī*, vol. V, *The Sāsānids, the Byzantines, the Lak(h)mids, and Yemen*, translated by C. E. Bosworth (Bibliotheca Persica), State University of New York Press, 1999.

ʿUbayd b. Sharya al-Jurhumī : voir Wahb b. Munabbih, *Tījān.*

Wahb b. Munabbih, *Tījān*, texte : *Kitāb al-tījān fī mulūk Ḥimyar*, 1e éd. 1347 h., réédité par Markaz al-Dirāsāt wa-ʾl-Abḥāth al-yamaniyya, Ṣanʿāʾ, s.d. ; *Akhbār ʿUbayd*, p. 323-501.

Witold WITAKOWSKI, 1996, *Pseudo-Dionysius of Tel-Mahre, Chronicle (known also as the Chronicle of Zuqnin), Part III*, translated with notes and introduction by W. W. (Translated Texts for Historians, Volume 22), Liverpool University Press.

Paul YULE, 2007, *Ḥimyar, Spätantike im Jemen – Late Antique Yemen*, Aichwald, Linden Soft Verlag.

Zubayr b. Bakkār, *Jamhara*, texte : J*amharat nasab Quraysh wa-akhbāri-hā*. Maḥmūd Muḥammad Shākir, éd. al-Riyāḍ (Dār al-Yamāma), 1999 (1419 h.) 2 volumes (2e impression).

Sigles épigraphiques

CIH (*Corpus Inscriptionum Himyariticarum / Corpus Inscriptionum Semiticarum, Pars Quarta. Inscriptiones himyariticas et sabaeras continens*) 325 : Müller 1991 ; Müller 2010, p. 122-123.

Ja 577, 651, 653, 671 + 788, 735 : Jamme 1962.

MS-Shujaʿ 1 : al-Salami 2011.

Murayghān 1 = Ryckmans 506 : Müller 2010, p. 118-119 ; voir en dernier lieu Robin 2012 a.

Murayghān 2 : Müller 2010, p. 119.

Murayghān 3 : Robin & Ṭayrān 2012.

RES 3945 : *Répertoire d'épigraphie sémitique*, publié par la Commission du *Corpus Inscriptionum Semiticarum* (Académie des Inscriptions et Belles-Lettres), Paris, Imprimerie nationale, tomes I-VIII, 1900-1967, tome VI, sous le numéro.

Sadd Maʾrib 3 = *CIH* 540 : Müller 2010, p. 68-73.

Sadd Maʾrib 4 = DAI GDN 2002/20 : Müller 2010, p. 107-109 ; Darles *et al.* 2013, notamment p. 16-17.

Sadd Maʾrib 5 = *CIH* 541 : Müller 2010, pp. 110-117 ; Darles *et al.* 2013, notamment p. 18-20.

Sadd Maʾrib 6 = Ja 547 + 546 + 544 + 545 : Müller 2010 ; voir en dernier lieu Darles *et al.* 2013, p. 30-39.

YM 28805 : Arbach & Audouin 2007, p. 36-37 (n° 19).

QUR'ĀN AND SĪRA: THE RELATIONSHIP BETWEEN *SŪRAT AL-ANFĀL* AND MUSLIM TRADITIONAL ACCOUNTS OF THE BATTLE OF BADR

Introduction

Theodor Nöldeke, whose scholarship this conference honours, shared the view that the Qur᾽ān reveals the development of Muḥammad's thought and contains allusions to events and incidents in which he was involved. That view of the Qur᾽ān has been questioned by some, among them John Wansbrough and Andrew Rippin[1]. This paper discusses the relationship between the Qur᾽ān and the life of the Prophet with reference to verses of *Sūrat al-Anfāl* (Qur᾽ān sura 8) that have been traditionally understood as allusions to the battle of Badr.

That battle, usually dated to Ramaḍān of year 2 (March 624)[2], is presented in Muslim tradition as the first major victory of the Prophet and his supporters in Medina (both *Muhājirūn* and *Anṣār*, the latter the majority) over their Meccan opponents. Beyond that, however, the traditional accounts portray it as an example of divine intervention in history, with reports about God's involvement on the side of the Muslims. He caused rain to fall in a way that favoured the Muslims, and He also sent angels who took part in the

1. J. Wansbrough, *Quranic Studies*, London, Oxford University Press, 1977, especially p. 57-58 and p. 127-129; An. Rippin, "Muhammad in the Qur'an: Reading Scripture in the 21st Century", in *The Biography of the Prophet Muhammad: the Issue of the Sources*, H. Motzki ed., Leiden, E.J. Brill, 2000, p. 298-309.

2. Note, however, the disparity between that date and the evidence of the papyrus published by Grohmann that seems to be the earliest surviving reference to the battle (A. Grohmann, *Arabic Papyri from Ḫirbet el-Mird*, Louvain, Publications universalises [Institut orientaliste], 1963, n° 71). For a discussion of the implications of that papyrus, apparently dating from the late 2nd/8th century, for the chronology of the battle, see P. Crone, *Meccan Trade and the Rise of Islam*, Princeton University Press, 1987, p. 226-230. The issue is not immediately relevant for this paper, but it seems to illustrate the fluidity of the material about Badr in the 2nd/8th century.

battle on the Muslim side. Thus a relatively small Muslim force of around 300 could defeat that of the Meccans, often referred to as the *mushrikīn* (idolaters), and said to have been about 1,000 in number. Above all, it is the reading of certain Quranic passages as allusions to the battle and to events associated with it, and the view that it was the battle of Badr that occasioned the revelation of Sūra 8 (*Sūrat al-Anfāl*), which serve to portray the battle as a key part of the divine plan.

It is not only in Sūra 8 that traditional scholars saw allusions to Badr, but it is that chapter above all that is associated with it. Some of the traditional reports say that the whole of the sūra was revealed after the battle, although in general only some of its verses are read as allusions to it[3]. Nöldeke accepted that much of the sūra was revealed in the month or so following Badr and that it contained references to incidents in the battle and to questions that arose as a result of it. He saw different chronological layers in the sūra, but thought that most of it reflects the atmosphere that reigned around the time of the great victory. Unlike the traditional commentators, however, Nöldeke did not attempt to link specific verses with incidents reported in the narrative accounts of the battle[4].

Not only Nöldeke but many other academic scholars have accepted the traditional association of *Sūrat al-Anfāl* with Badr[5]. Wansbrough, on the other hand, expressed the view that the relationship that the traditional scholars saw between the Quranic material and incidents or issues concerned with the battle of Badr is "to some extent arbitrary". By that, he meant that the generally accepted view that the sūra contains a number of allusions to the battle is, fundamentally, a product of the activity of the scholars, and that it does not reflect whatever might have been the original significance of the Quranic passages. Wansbrough's argument is that the traditional scholars elevated an originally profane historical narrative about Badr to the level of salvation history by imbuing it with religious colouring, and by interpreting certain Quranic passages as references to incidents associated with the battle. According to his analysis, the role of the scriptural citations is "ornamental" and their function "exegetical", in the sense that they interpret profane or neutral historical reports[6].

3. Ibn Hishām, *Sīra*, 1:666: *fa-lammā nqaḍā amr Badr anzala llāh ʿazza wa-jalla fīhi min al-Qurʾān al-anfāl bi-asrihā.*

4. *Geschichte des Qorans*, 2nd edition revised by F. Schwally, Teil 1, Leipzig, 1909, p. 187-189.

5. See, for example, the article by John Nawas, s.v. Badr in *Encyclopaedia of the Qurʾān*, Jane Dammen McAuliffe ed., Georgetown University, Washington DC. Brill, 2015.

6. J. Wansbrough, *The Sectarian Milieu*, Oxford-New York, Oxford University Press, 1978, p. 25 ff.

Wansbrough's analysis focused on the account of Badr in the *Sīra* of Ibn Isḥāq as known from its recension by Ibn Hishām. That work contains a long narrative section about the battle (1:606-666), followed by a shorter section headed "The Revelation of *Sūrat al-Anfāl*" (1:666-677). The latter, which here is referred to as the *tafsīr* section, consists of a terse running commentary, relating verses and phrases from *Sūrat al-Anfāl* to events or problems connected with Badr. Some of the events and questions in the *tafsīr* section allude to something reported in the preceding narrative section, but some not. The *tafsīr* section does not treat all of the material contained in the sūra as we know it, only a substantial part of it, and the parts that are treated are not always contiguous[7].

The Explication of *Sūrat al-Anfāl* in Ibn Isḥāq's Sīra

In the following the way in which the passages of the Qur᾽ān mentioned in Ibn Isḥāq's *tafsīr* section are made to relate to parts of his narrative section are discussed in some detail.x

First it is to be noted – as Wansbrough pointed out – that Ibn Isḥāq's narrative section contains only one explicit citation from *Sūrat al-Anfāl*, and two from other places in the Qur᾽ān[8]. Although there are a number of other implicit allusions to the scripture – instances where words and phrases are used that echo those of the Qur᾽ān, the narrative section contains only two instances of claimed *sabab al-nuzūl* (regarding Q 8:48 and 4:97). Furthermore, the narrative also includes a number of episodes that do not seem to be connected in any way with Quranic material. For example, the episode known as the dream of ʿĀtika, the subject of an analysis by Marsden Jones, has no obvious Quranic referent[9].

7. Thus, for example, the commentary on Q 8:1 is followed by that on 8:5-7, then 8:9, etc.

8. The verse cited from *Sūrat al-Anfāl* (ibn Isḥāq, *Sīra*, 1:663) is 8:48, referring to Satan's leading certain people into sin and promising them support, but then fleeing "when the two forces saw each other (*lammā tarā᾽at al-fi᾽atān*)". That is cited in connection with the story that the Devil was present at Badr in the form of Surāqa b. Mālik but vanished when he saw the angels fighting on the Muslim side. It is explicitly stated that God revealed the verse when Surāqa disappeared.

The other two verses that are cited verbatim are: 5:24, quoted by al-Miqdād b. ʿAmr to assure the Prophet that they would not desert him as the Israelites had deserted Moses (*ibid.*, 615); and 4:97, about the angels' interrogation of sinners who have died, said to have been revealed regarding certain people who had accepted Islam while the Prophet was in Mecca but then abandoned their faith and fought against the Muslims at Badr (*ibid.*, 641).

9. Marsden Jones, "Ibn Isḥāq and al-Wāqidī: the Dream of ʿĀtika and the Raid to Nakhla in Relation to the Charge of Plagiarism", *Bulletin of the School of Oriental and*

The lack of explicit citations of scripture in Ibn Isḥāq's narrative section was compared by Wansbrough with the slightly later *Kitāb al-Maghāzī* of al-Wāqidī (which also has a narrative section followed by a section headed *Dhikr Sūrat al-Anfāl*)[10]. He concluded that, "there can be little doubt that the use of scripture [in the latter]… is of an order altogether different from that of Ibn Isḥāq". In other words, according to Wansbrough the integration of the story and the Quranic text, still underdeveloped in Ibn Isḥāq, is significantly carried forward by the time of al-Wāqidī. Although he does not say so, presumably Wansbrough would have regarded later texts, in which there tends to be no separate section devoted to *Sūrat al-Anfāl*, and the *tafsīr* is included in the narrative, as a further development.

It may be, though, that Wansbrough underestimated the extent to which Ibn Isḥāq's narrative already reflects the Quranic text. It is true that there are only three explicit citations from the Qurʾān in the narrative, but there are a number of other places where words and phrases in the narrative echo those of the scripture.

One example, pointed out by Wansbrough, are allusions to Q 8:7 ("Behold, God promised you one of the two parties")[11]. On one occasion Muḥammad urges his men on with the words, "God has promised me one of the two parties", and twice subsequently there is reference to the promise God has given him[12].

A rather more subtle allusion to a verse of *Sūrat al-Anfāl* occurs in the narrative's report that Abū Jahl called on God (*Allāhumma*) to destroy Muḥammad (*aḥinhu*), since he had ruptured kinship ties and introduced innovations. The report ends by telling us that Abū Jahl was *al-mustaftiḥ*. From other sources it is clear that this story and its last sentence is an attempt to explain the opening of Q 8:19 (addressed to the opponents): If you asked for *al-fatḥ*, then *al-fatḥ* has come to you[13]. Abd al-Razzāq cites the story from al-Zuhrī, who is also the source of the report in Ibn Isḥāq's narrative, in a slightly different form that makes it obvious that it is intended as exegesis of the verse. Abū Jahl asked for *al-fatḥ* (here apparently under-

African Studies 22, 1959, p. 41-51.

10. Wāqidī, *Maghāzī*, narrative pp. 19-131, "*tafsīr*" pp. 131-138, followed by sections 138-172 on those killed (Muslim and non-Muslim) and captured.

11. *Wa-idh yaʿidukumu llāhu iḥdā l-ṭaʾifatayn.*

12. Ibn Isḥāq, *Sīra*, 1:615, 621 and 627.

13. *In tastaftiḥū fa-qad jāʾakumu l-fatḥ.*

stood as victory) in his appeal to God against Muḥammad, but God killed him on the day of Badr as an unbeliever destined for the Fire[14].

Perhaps the most obvious allusion to *Sūrat al-Anfāl* in Ibn Isḥāq's narrative, however, comes at the very beginning. We are told that, after he heard that the Qurashī caravan had left Syria, the Prophet urged his followers to go out to attack it, saying, "Perhaps God will deliver it to you as spoils (*yunfilukumūhā*)". That cannot but seem to be a conscious echo of the opening of *Sūrat al-Anfāl*: "They ask you about the spoils (*anfāl*), Say: the spoils are for God and the Apostle…".

It is presumably because of its initial reference to the spoils that *Sūrat al-Anfāl* is an obvious sūra to associate with the battle of Badr. As the first important victory of the Muslims, it would appear an appropriate occasion for the first discussions about how booty was to be shared out[15]. At its outset, with its choice of the verb *anfala*, the narrative already seems to reflect the Quranic text. That, along with the other examples mentioned above, suggests that if the narrative and the Quranic material were originally unrelated, some assimilation of the latter to the narrative had already been achieved by the time of Ibn Isḥāq. His general presentation (the narrative and then the *tafsīr* section), however, is relatively unsophisticated compared with later texts that mix narrative and references to the verses of the Qur'ān together.

If the initial allusion to the issue of the spoils might suggest that *Sūrat al-Anfāl* was particularly appropriate to be associated with Badr, it is notable that the rest of it contains little about war booty. Furthermore, what little it does have to say on the topic prefers to use *ghanīma* and related words rather than *anfāl*. The initial reference to the *anfāl* says no more than that they are for God and the Apostle, while a few later verses are concerned with issues around the taking of booty and prisoners[16].

14. ʿAbd al-Razzāq, *Muṣannaf*, 5:347-348; cf. al-Ṭabarī, *Tafsīr*, ad Q 8:19.

15. Note, however, that according to some reports booty had been taken and prisoners ransomed on an earlier expedition, the one led by ʿAbd Allāh b. Jaḥsh to Nakhla. At that time Quraysh are said to have complained that "Muḥammad and his companions have violated the sacred month, shed blood in it, seized property (*amwāl*), and taken men prisoner" (e.g., Ibn Isḥāq, *Sīra*, 1:604, 605). Indeed the reports about the raid led by ʿAbd Allāh b. Jaḥsh refer to God establishing the rules for the division of the booty (*al-fayʾ* in the report, but glossed by Ibn Hishām as *ghanīma*). That seems inconsistent, not only with the idea that Badr was the occasion on which the issue of the division of the spoils first arose, but also with the interpretation (see further below) of verses 67-69 of *Sūrat al-Anfāl* as containing criticism of Muḥammad for taking prisoners for ransom at Badr and of his followers for taking *ghanīma*.

16. Q 8:41 uses the verb *ghanima*, and says that a fifth of what is taken as *ghanīma* is for God, the Apostle, relatives, orphans, the needy, and the "son of the path". 8:67 apparently criticises the Prophet for taking prisoners and for seeking the insubstantial things of this

In spite of its title and opening verse, therefore, *Sūrat al-Anfāl* is only intermittently and partly concerned with the question of the taking and division of spoils or booty, and in that respect is not more suitable to be associated with Badr than are some other chapters or Quranic passages[17].

It is also notable that *Sūrat al-Anfāl* does not ever use the name Badr. That name appears only once in the Qur᾿ān – in 3:123 ("God had helped you/given you victory at Badr when you were in a state of humiliation)[18]. In *Sūrat al-Anfāl* itself the commentators find two different appellations for the battle in 8:41: "the day of the *furqān*" and "the day of the meeting of the two hosts"[19].

If we consider in more detail the ways in which Ibn Isḥāq (as do others) relates passages of *Sūrat al-Anfāl* to incidents said to have occurred at Badr, the lack of obvious verbal correspondences between the Qur᾿ān and his narrative account becomes clear. The following examples appear to offer support for Wansbrough's argument that the Quranic verses do not relate in any obvious way to the narrative account of Badr and that the attempt to interpret the Quranic material as alluding to the events of the battle involves a certain arbitrariness[20].

Thus, in the *tafsīr* section Ibn Isḥāq cites Q 8:9-11, not in its entirety but in part. The final phrase of 8:9 and the first of 8:11, are run together[21]: "(8:9) I will send to your aid a thousand angels, one after another; (8:11) [and remember] when He covered you with drowsiness as a security from Him". A gloss is then inserted to amplify and clarify the sense of the latter part:

world rather than the hereafter. 8:69 tells the Prophet and his followers to consume (*kulū*) what they had taken as *ghanīma*, although the previous verse refers to a severe punishment that would have befallen them for what they had taken, were it not for a somewhat obscure earlier divine ordinance (*kitāb*).

17. It is also notable that the first verse of *Sūrat al-Anfāl* presents the issue of the spoils in a formula that appears at other places in the Qur᾿ān: "They ask you about…. Say:…". That may suggest a setting of public disputation between the Qur᾿ān's prophet and opponents seeking to expose his ignorance of legal matters, reminiscent of the Gospel accounts of confrontations between Jesus and the Scribes and Pharisees.

18. *Wa-laqad naṣarakumu llāhu bi-badrin wa-antum adhillatun.* It is not obvious from the verse alone that *badr* is a toponym.

19. Q 3:13 has also been understood to contain a reference to Badr: "There had been for you a sign in the two troops that met (*fī fi᾿atayni ltaqatā*), one fighting in the path of God, and the other unbelieving. [The latter] saw with their own eyes twice their own number (*yarawnahum mithlayhim ra᾿ya l-ʿayni*)."

20. In the following, the English version of the Quranic text is in roman, the interpretative comments (and the Arabic transcription) in italic.

21. (8:9) *Annī mumiddukum bi-alfin mina l-malā᾿ikati murdifīna*; (8:11) *idh yughashshīkumu l-nuʿāsa amanatan minhu wa-yunazzilu ʿalaykum mina ᾿l-samā᾿i mā᾿an.*

"I have sent down upon you security (*al-amana*) when you slept unafraid (*ḥīna nimtum lā takhāfūna*)". Then the next part of 8:11, "[And remember] when He caused to descend upon you water from the sky"[22], elicits the comment: "the rain (*al-maṭar*) that befell them that night held back the *mushrikūn* from going forward to the water, but opened the way of the Muslims to it"[23].

Here no explicit link is made with any part of the narrative section, but in the course of the narrative we have been told (without reference to any Quranic text), first, that God had sent *al-samāʾ*, as a result of which the *wādī* had become beaten down (*wa-kāna l-wādī dahsan*) in a way helpful to the Muslims[24]; and, secondly, that the Prophet had dozed off (*khafaqa khafqatan*) while he was in the booth (*ʿarīsh*) that had been built for him, and that when he awoke he told Abū Bakr to rejoice for he could see Gabriel leading a horse[25].

The relationship between the narrative and the Quranic text here is not obvious, but the occurrence in the former of the expression *wa-baʿatha Allāhu al-samāʾ*, apparently to express the idea that God sent (rain) clouds, is notable. *Al-samāʾ* seems unusual vocabulary in this context – it is not an obvious way of expressing the idea of clouds or rain – and it could indicate awareness of the Quranic *wa-yunazzilu ʿalaykum min al-samāʾi māʾ*, which is more readily comprehensible. Apart from that, however, there seems to be no vocabulary or phraseology shared by the narrative and the Qurʾān, and little, if anything, to suggest that the composer of the narrative already knew the Quranic text, or that the Qurʾānic material originated with reference to the events retailed in the narrative.

Sometimes, as in the following second example, when the *tafsīr* section attempts to relate Quranic material to Badr there is nothing in the narrative section to attach the material to. Q 8:67ff. is a passage which became important in debates about the impeccability or infallibility (*ʿiṣma*) of prophets and imāms. The passage seems to reproach the Prophet and his followers for the taking or ransoming of prisoners.

Ibn Isḥāq tells us that in this part of the Qurʾān God reproached (*ʿātaba*) the Prophet regarding the prisoners (*al-asārā*) and for taking booty (*maghānim*). No prophet previously had taken booty (*maghnam*) from his

22. According to the continuation of Q 8:11 the water had been sent down "to purify you, to remove from you the filth of Satan, to strengthen your hearts, and to make firm your feet".

23. Ibn Isḥāq, *Sīra*, 1: 667.

24. *Ibid.*, 1: 620 top.

25. *Ibid.*, 1:627.

enemy. He then cites a *ḥadīth* transmitted from the Prophet by Muḥammad al-Bāqir.

> "Five things were given to me that no prophet before me had: I was helped by fear [*al-ru'b*; presumably on the part of his enemies]; the [whole] earth was made for me as a place for prayer and purity [*masjid wa-ṭuhr*]; I was given the totality of speech [*jawāmi' al-kalam*]; booty [*al-maghānim*] was made lawful for me, and it had not been lawful for any prophet before me; and I was given [authority to make] intercession [*al-shafā'a*]."

Then the Quranic passage (8:67-70) is cited,[26] interspersed with brief comments. [God] said:

> (8:67) "It was not for any prophet [i.e., before you] that he should have prisoners (*from his enemy*) until he had made slaughter in the earth (*i.e., slaughtered his enemy until he had driven them out of the land*). You desire the insubstantial things of this world (*i.e., material things, ransom for the taking of men*), but God desires the hereafter (*i.e., killing them for the manifestation of the religion, the manifestation of which He desires and through which the hereafter is to be attained*). (8:68) Were it not for a previous writing (*kitāb*) from God, there would have befallen you for what you took (*i.e., prisoners and booty*) a severe punishment" (*i.e., were it not that there had previously been from me [a declaration] that I do not punish except after a prohibition – and He had not prohibited them – then I would have punished you for what you have done. Then He made it lawful for him and for them, as a mercy from Him and a gift from the All-Merciful, All-Compassionate*). He said: (8:69) "So consume what you have taken as booty, lawful and good. But fear God, for God is forgiving and compassionate". Then He said: (8:70) "Say to those captives who are in your hands, 'If God knows of any good in your hearts, He will give you something better than what has been taken from you, and He will forgive you, for God is forgiving and Compassionate'."[27]

The meaning of some of this is elusive, especially the part regarding the *kitāb* that had previously come from God, and generally it seems that the commentary has to work hard to make sense of the passage by relating it to Badr. The notable point here, however, is that in the narrative section,

26. (8:67) *Mā kāna li-nabiyyin an yakūna lahu asrā ḥattā yuthkhina fil-arḍ turīdūna 'araḍa l-dunyā wallāhu yurīdu l-akhirata wallāhu 'azīzun ḥakīmun.* (8:68) *lawlā kitābun mina llāhi sabaqa la-massakum fīmā akhadhtum 'adhābun 'aẓīmun.* (8:69) *fa-kulū mimmā ghanimtum ḥalālan ṭayyiban wa-ttaqū llāha inna llāha ghafūrun raḥīmun.* (8:70) *yā-ayyuhā al-nabiyyu qul li-man fī aydīkum min al-asrā in ya'lam Allāh* [*in ya'lami llāhu*] *fī qulūbikum khayran yu'tikum khayran mimmā ukhidha minkum wa-yaghfir lakum wa-llāhu ghafūrun raḥimun.*

27. Ibn Isḥāq, *Sīra*, 1:676-677.

although there are plentiful references to the taking of captives, their ransoming, and the taking of booty, there is nothing to suggest that there were problems about the legitimacy of such practices or about the taking of booty generally. In the narrative the taking of prisoners and booty, and the ransoming of the captives, are simply reported as a quite normal occurrence. It may be that in this instance the desire to interpret Q 8:67-70 in connection with the battle of Badr has led to the creation of problems that the narrative was not concerned with, issues that became theologically significant when the notion of prophetic infallibility developed.

A third example might be Q 8:42. The verse begins by recalling a situation where "you" were on the near side or bank and "they" on the further one, with the "riders" down below[28].

In Ibn Isḥāq's narrative, those rather limited topographical details are filled out considerably. We read: "Quraysh went on and camped on the further side (*ʿudwa*) of the valley behind al-ʿAqanqal. The bed (*baṭn*) of the valley – Yalyal – was between Badr and al-ʿAqanqal, the sand hill (*kathīb*) behind which were Quraysh, while the wells at Badr were on the nearer side (*al-ʿudwa*) of the bed of Yalyal towards al-Madīna"[29]. One notices that the word *ʿudwa* is common to the Quranic verse and the narrative. In the *tafsīr* section it is then explained that *al-ʿudwa* refers to the side of the valley (*al-ʿudwa min al-wādī*) and that *al-ʿudwa al-quṣwā* in Q 8:42 indicates the side of the valley in the direction of Mecca[30].

The topographical information in the narrative is complex and quite difficult to understand. It is hard to see just what it means to say that Quraysh were encamped "on the further side of the valley behind (the hill of) al-ʿAqanqal". The Qurʾān does not refer to any hill here, but simply talks of the two sides or banks, and it is possible that the complexity of the information in the narrative results from interpolating the reference to the two *ʿudwa*s (and also perhaps the phrase "towards al-Madīna") into a sentence that would have been clearer and more comprehensible without it.

In the *tafsīr* section, it is explained that when Q 8:42 refers to the "riders (*rakb*) below you" it means the caravan (*ʿīr*) of Abū Sufyān. Now in the narrative there is no suggestion that this caravan was close by when the Meccan force met the Prophet and his men at Badr. On the contrary, Abū Sufyān and the caravan had successfully escaped when he learned – by examining

28. *Idh antum bil-ʿudwati l-dunyā wa-hum bil-ʿudwati l-quṣwā wal-rakbu asfala minkum.*

29. Ibn Isḥāq, *Sīra*, 1:619-620.

30. Ibn Isḥāq, *Sīra*, 1:672.

camel droppings – that people from al-Madīna were in the vicinity. We are told, "When Abū Sufyān saw that he had saved his caravan (*wa-lammā rāʾa Abū Sufyān anhu qad aḥraza ʿīrahu*), he sent [a message] to Quraysh [in Mecca]." Furthermore, the Qurʾān is familiar with the more common word *ʿīr* for caravan, which it uses three times in the context of the story of Joseph. One wonders, therefore, why, if it was intended to refer to the caravan in Q 8:42, the less precise word *al-rakb*, the riders, was used.

The verse Q 8:42 then continues in a manner that provides further puzzlement. An unidentified person or group is told that even if they had arranged a meeting, they would have missed it, but God decides what is to be done so that he who perished might do so with a clear proof, and he who lives might do so with a clear proof[31].

The *tafsīr* section links this with Badr as follows. "And if you had arranged an appointment (*mīʿād*), you would not have kept it". *I.e., if the meeting [scil. at Badr] had been arranged between you and them [scil. the Meccans], you [scil. the Muslims] would have failed to meet them when you heard of the multitude of their number and the paucity of yours.* "But that God may decide something that has been done." *I.e., He fulfils what He decides according to His power, concerning the exaltation of Islam and its people and the abasement of disbelief and its people without putting you to the test, for He did what He wished of that out of His graciousness.* "That he who perished might do so with a clear proof, and he who lived might do so with a clear proof. God is all-hearing, all-knowing." *I.e., he who disbelieves should do so after the proof of what he has seen as a sign and a lesson, and he who believes should do so in the same way (ay li-yakfira man kafara baʿda l-ḥujja limā rāʾa min al-āya wa-l- ʿibra wa-yuʾmina man āmana ʿalā mithli dhālik*)[32].

Again the explanations are quite difficult to understand, and one has to ask whether linking the Qurʾanic phrases to Badr is the best way of making sense of them. The word *mīʿād* (promise, appointment) occurs five other times in the Qurʾān, and on four of those occasions it is accompanied, as in Q 8:42, by forms of the verb *khalafa*[33]. It seems that in all of those other cases it refers to the inevitability of God's fulfilment of His promises on

31. *Wa-law tawāʿadtum la-khtalaftum fī l-mīʿādi wa-lākin li-yaqḍiya llāhu amran kāna mafʿūlan li-yahlika man halaka ʿan bayyinatin wa-yaḥyā man ḥayya ʿan bayyinatin wa-inna llāha la-samīʿun ʿalīmun.*

32. *Ibid.*

33. Q 3:9 (*inna llāha lā yukhlifu l-mīʿād*); 3:194 (*rabbanā...innaka lā yukhlifu l-mīʿād*); 13:31 (*inna llāha lā yukhlifu l-mīʿād*); 24:30 (*qul: lakum mīʿādu yawmin lā tastaʾkhirūna ʿanhu sāʿatan wa-lā tastaqdimūna*); 39:20 (*waʿda llāhi lā yukhlifu llāhu l-mīʿād*).

the Day of Judgment: He does not fail to keep His promises, and there is nothing that human beings can do to divert or postpone them. The remainder of Q 8:42 also seems to be concerned with that theme ("But that God may decide something that has been done") and with the justification of His ways: both those who have perished and those who have lived have had the same clear proof. The same formula, *li-yaqḍiya llāhu amran kāna maf'ūlan*, is used again in the next verse but one (Q 8:44), reinforced with the phrase "And unto God all things return".

That insistence on the inevitability of something that God has decided is certainly linked in the Quranic passage 8:42-44 with the reminiscence of an event that seems to involve the meeting of two opposing forces. All three of the verses, which are typically allusive and elliptical, suggest that the one addressed in the verses, and his followers, would have been overawed if they had seen the real strength of their opponents, so God made the enemy appear to be fewer in number than they really were while at the same time He made the enemy think that their opponents were fewer than they were in reality. There is reference (in Q 8:43) to God's causing His addressee to dream that the enemy were few in number. All of that was to cause the meeting of the two sides to occur so that God's designs could be fulfilled.

Again there appears to be a disjunction between the Quranic material and Ibn Isḥāq's narrative. In the latter, the Prophet knew the size of the enemy force. He was able to estimate that it was between 900 and 1,000 strong by finding out, from a slave he had captured before the battle, how many animals were slaughtered each day to feed the men[34]. Equally, the Meccans knew that the Prophet's force consisted of around 300 men since they had sent a spy to estimate its size[35]. That the relatively small Muslim force was able to defeat the larger Mecca one is ascribed in part to the fact that angels fought at Badr on the side of the Muslims, not to God's making the Meccans seem to the Muslims fewer than they were, or the Muslims appear fewer to the Meccans. The implication in Q 8:42 and 8:43 that the Muslims would have been unwilling to fight if they had known the true number of their enemy is not in accordance with the report in the narrative that both the Muhājirūn and the Anṣār willingly pledged that they would follow the Prophet wherever he led, and that they were eager to fight[36].

34. Ibn Isḥāq, *Sīra*, 1:616-617.

35. Ibn Isḥāq, *Sīra*, 1:622.

36. Ibn Isḥāq, *Sīra*, 1:614-615. Al-Miqdād b. ʿAmr told the Prophet that they would follow him even to Bark al-Ghimād (said to be a place in Yemen and associated with Abyssinians), and that they would not be like the people of Moses who said, according to Q 5:24, "You and your Lord go and fight, and we will stay here".

On the basis of this discussion of Q 8:42, therefore, assent to the traditional view that *Sūrat al-Anfāl* contains a series of allusions to events and problems associated with the battle of Badr requires, first, that we disregard a number of disagreements or disjunctions between the Quranic material and the narrative provided by Ibn Isḥāq; and, secondly, that we accept what might be called extended interpretations, such as that Quranic *al-rakb* means *al-ʿīr*, that Quranic *al-ʿudwa* is short for *al-ʿudwa min al-wādī*, and that Quranic *dunyā* and *quṣwā* have to be defined by reference to Mecca and Medina.

The examples discussed above suggest that Wansbrough may have underestimated the extent to which the narrative already has verbal and thematic similarities to the Quranic verses. Nevertheless, in general they support his argument that the common view that *Sūrat al-Anfāl* contains many allusions to incidents associated with the battle of Badr is the result of exegetical efforts. Further, they justify his statement that the interpretation offered of many of the Quranic verses was arbitrary. It seems impossible to deny, however, that the Quranic verses contain allusions to some event involving confrontation and fighting between two forces, and that raises the fairly obvious question: what was the referent of the Quranic verses, if not the battle of Badr?

The Quranic verses and the Exodus

Fred Donner has suggested that Q 8:41 (*yawma l-furqāni yawma ltaqā l-jamʿāni*), traditionally understood as an allusion to Badr, is more likely to be a reference to the passage of the Israelites through the Red Sea when escaping from Pharaoh. *Purqān* in Aramaic has the sense of "salvation", and is used in the Syriac translation of Exodus 14:13 where Moses refers to the salvation which the Lord will accomplish for the Israelites (Heb. *yeshūʿat YHWH*; Syriac *purqāneh d-māryā*). Given the other sense of the root *p(f)-r-q* in Arabic ("to separate", "to part"), one can see how appropriate it would be to refer in Arabic to the parting of the sea, by which the Israelites were saved from Pharaoh, as *yawm al-furqān*. It was both an act of salvation and of parting (the sea). Furthermore, Donner notes that in Q 26:61 the expression "the two hosts" (*al-jamʿāni*) explicitly refers to the people of Moses and those of Pharaoh at the time of the Israelites' escape from Egypt[37].

Uri Rubin also agrees that the imagery of the word *furqān* is Mosaic and

37. F. Donner, "Quranic *Furqān*", *Journal of Semitic Studies* 52, 2007, p. 279-300, see p. 289.

alludes to the parting of the sea, and he emphasises too the connotation of *furqān* as "distinction" or "separation" between the Israelites and the people of Pharaoh. He notes that some of the Targums use *purqān* to render Hebrew *pedut* ("distinction"?) in Exodus 8:19, where God, through Moses, tells Pharaoh that he will make a *pedut* between the people of Pharaoh and the children of Israel. Already in the Bible, as Rubin points out with reference to Psalm 111:9, *pedut* has come to take on connotations of "redemption", "deliverance" or "salvation"[38].

Unlike Donner, though, Rubin appears willing to accept that in Q 8:41 "the day of the *furqān*" alludes to the victory of the Muslims at Badr. It seems that he, as previously Richard Bell had done, sees there a conscious application of a term with complex resonances and associations to a key event in the life of the Prophet, in order to imbue it with a greater significance[39]. Donner, on the other hand, seems more sceptical about the possibility that the Qur᾿ān itself alludes to Badr at 8:41. He states that "Q. 8:41 and surrounding verses do not in fact mention the name of Badr, nor do they offer anything specific that can be traced to the context of that battle as it is described in the *Sīra* literature, except for generic injunctions on how to behave in war". For Donner, as for Wansbrough, it may be inferred, the application of the passage to Badr must be the result of an act of exegesis.

In addition to its use in Q 8:41 (where it is generally understood to refer to Badr), and in Q 26:61, where it explicitly refers to the escape of the Israelites from Pharaoh, the expression "the two hosts (*al-jam ʿāni*)" occurs twice elsewhere in the Qur᾿ān, both in *Surat Āl ʿImrān*. There it is widely interpreted as referring to the battle of Uḥud. In Q 3:155 and 3:166 exactly the same phrase that we find in Q 8:41, *yawma ltaqā al-jam ʿāni*, "the day when the two hosts met", occurs. In both instances the Qur᾿ān seems to be referring to events involving a military confrontation between believers and unbelievers. Q 3:155 refers to "those of you who turned back (*tawallaw*) on the day the two hosts met, it was only Satan who caused them to slip with some of what they had attained (*istazallahum bi-ba ʿḍi mā kasabū*), but God forgave them…". Q 3:166 says, "That which befell you on the day the two hosts met was with God's permission and that He might know the believers

38. U. Rubin, "On the Arabian Origins of the Qur᾿ān: the Case of *Al-Furqān*", *Journal of Semitic Studies* 54, 2009, p. 421-443, see p. 427. The Psalm reads: "He sent *pedut* to His people/ He ordained His covenant for all time."

39. R. Bell, *The Origin of Islam in its Christian Environment*, Edinburgh, 1926, p. 119, mentions Q 8:42 [8:41] as "a passage referring evidently to the battle of Badr", and subsequently argues that with his victory at Badr Muḥammad came to see it as "his *Furqān*", just as the *furqān* of Moses had been the coming down of the Torah (p. 123-124).

(*fa-bi-idhni llāhi wa-li-ya῾lama l-mu᾽minīna*, i.e., distinguish between them and the unbelievers)".

Both passages in *Sūrat Āl ῾Imrān* apparently refer to setbacks or backsliding on the part of the believers, and presumably it is that which suggested to the commentators that it would be appropriate to see them as allusions to Uḥud, when, according to the *Sīra* accounts, some of the Muslims lost hope, thinking that Muḥammad had been killed, rather than to Badr[40]. It does seem strange, though, that the same appellation should be given to both Badr and Uḥud. The phrase "the day when the two hosts met" sounds as if it should apply to a single event.

Some other Quranic verses in *Sūrat Āl ῾Imrān* that are read as allusions to events at Uḥud are reminiscent of some of those we find in *Sūrat al-Anfāl*, where they are understood to refer to incidents at Badr. Thus Q 3:154 refers to God's sending down "upon you after the affliction (*ghamm*) security in slumber (*amanatan nu῾āsan*) which covered a *ṭā᾽ifa* of you…". With that we may compare Q 8:11: "when He covered you with drowsiness as a security from Him (*idh yughashshīkumu l-nu῾āsa amanatan minhu*)", said to refer to Badr[41].

Again, one of the themes in the verses of *Sūrat Āl ῾Imrān* that are understood as allusions to Uḥud is the inevitability of things that God has decided. Q 3:154 appears to contain references to complaints made by some of the believers after they had experienced the afflictions mentioned in the previous verse. They said that, if they had had any say in the matter, "We would not have been killed here". To that, the reply is: "Say: 'Even if you had remained in your houses, those for whom killing had been prescribed would have gone out to the place where they would fall (*la-baraza …ilā maḍāji῾ihim*)' "[42]. That calls to mind the passage in Q 8:42: "And if you had arranged an appointment (*mī῾ād*), you would not have kept it, but that God may decide something that has been done."

One can at least say, then, that there are similarities between some verses

40. Shortly before, at Q 3:144, we have been told: "Muḥammad is no more than an apostle. Apostles before him died, and if he died or was killed, would you then turn on your heels…".

41. The nature of the affliction (*ghamm*) mentioned in Q 3:154 is not specified, but the previous verse recalls an occasion when "you were ascending and not turning around for anyone, and the Apostle was calling you in your rear, and [God] requited you with one affliction after another (*athābakum ghamman bi-ghammin*) so that you would not grieve over what you had lost nor for what had befallen you…".

42. Cf. Q 8:42: "And if you had arranged an appointment (*mī῾ād*), you would not have kept it, but that God may decide something that has been done."

in *Surat al-Anfāl*, when "the day when the two hosts met" is usually understood to allude to Badr, and some in *Sūrat Āl ʿImrān*, when "the day that the two hosts met" is read as a reference to Uḥud. There must be the possibility that in both cases the commentators and the writers of the *Sīra* accounts have applied similar scriptural materials to two distinct important events in the biography of Muḥammad.

It is not merely the resonances of the expressions *yawm al-furqān* and *yawm iltaqā al-jamʿān* that suggest that the Exodus of the Israelites from Egypt might have been the original referent of some of the allusions in *Sūrat al-Anfāl* (and in *Sūrat Āl ʿImrān* too). That central event in the narrative of God's dealings with the children of Israel is described, alluded to, and further developed in many other Biblical and non-Biblical texts. The Qurʾān is one that makes a number of clear allusions to the story. *Sūrat al-Anfāl* itself has explicit references to the destruction and drowning of the people of Pharaoh in verses 52 and 54.

One of the features of the story of the Israelites' passage through the sea and the drowning of their Egyptian pursuers was that the event could be seen as a battle between, on the one side God and His hosts, and on the other the people of Pharaoh[43]. That would have made it an especially suitable template for ideas and themes that the early Muslim scholars could use in elevating accounts of some of the key battles of Muslim salvation history, such as Badr and Uḥud, to the level of salvation history. The story was not only one of triumph: it refers prominently also to the lack of faith of the Israelites (and the uncertainties of Moses himself) and their ingratitude. In allusions to the story, the narrative tends to be compressed and the various elements are run together so that, for example, the lack of gratitude of the Israelites appears alongside references to God's saving mercy[44].

There are certainly ideas and themes in Quranic passages traditionally associated with Badr and Uḥud, and in the *Sīra* accounts of those engagements, that could be read as echoes of accounts of the Exodus story. For example, the Qurʾān's allusion to God's sending down of rain on the believers, and the development of that in the narrative of Badr into the idea that the rain facilitated the movement of the believers while hindering that of their opponents, could echo those accounts of the Exodus that tell how the

43. Exodus 14:14: The Lord will fight (*yilḥem*) for you. For a summary of the elaborations in midrash, see L. Ginzberg, *Legends of the Jews*, New York, 1911, vol. 3.

44. See for example Psalm 78 where the passage through the sea and God's blessings for the children of Israel in the desert are prefaced by an obscure reference to the backsliding of the bowmen of Ephraim "on the day of the battle" and interspersed with references to the ingratitude and lack of faith of the people.

chariots of Pharaoh became stuck fast in the mud while the Israelites were able to escape on dry land. Similarly the Quranic references to the security and sleep enjoyed by the Believers as a gift from God on the night before Badr (and Uḥud) could reflect the reports in the Exodus narratives of the way in which God protected the Israelites from Pharaoh's men on the night before the crossing of the sea. There are other possible echoes and reflections that could be mentioned, but in general these remain at the level of possibilities.

One such point, however, seems stronger. We have seen that in Q. 8:42 there is a mention of the "riders" (*al-rakb*) below you, and that the commentary interprets this as a reference to the caravan led by Abū Sufyān. We have also noted difficulties with that interpretation: it is inconsistent with the narrative of Badr, and it is not obvious why the normal word for a caravan, *ʿīr*, is not used, if that is what is meant. The account of the escape of the Israelites in Exodus 14, and the song of Miriam in Exodus 15, contain a number of references to the horses, chariots and the riders in Pharaoh's army, in connection with which formations from the root *r-k-b* occur. Thus at 14:6-9:

> "[Pharaoh] ordered his chariot (*rīkhbô*) and took his men with him; he took six hundred of his best chariots and the rest of the chariots of Egypt...; the Egyptians gave chase to [the Israelites], all the chariot horses of Pharaoh, his horsemen and his army... (*kōl-sûs rekhev parʿōh ûfārāshâv veḥēylô*)".

The song of Miriam begins with praises to God who has thrown horse and rider (*sûs ve-rōkhbô*) into the sea. It seems possible that the *rakb* of Q 8:42 is an echo of this vocabulary in Exodus, and supports the argument that there is a substrate of references to the Exodus in passages in *Sūrat al-Anfāl* now read as allusions to Badr.

Conclusion

The analysis presented here suggests, first, that the idea that there are several passages in *Sūrat al-Anfāl* referring or alluding to events associated with the battle of Badr depends on accepting the interpretations offered by the early Muslim scholars like Ibn Isḥaq and those on whom he drew. Those interpretations are rarely, if ever, self evident, and sometimes seem forced and to require the addition of much detail and changes of vocabulary. Sometimes they appear to have no support in, or even to go against, narrative accounts of the battle. This was illustrated here by reference to Ibn Isḥāq's work, and in general reinforces Wansbrough's analysis, although it was suggested that he underestimated the extent that Ibn Isḥāq's "profane" narrative has features reflecting the Qur'ān.

Secondly, at least some of the Quranic material which traditional commentators and scholars of *Sīra* explain as references to Badr (and also to Uḥud) appears to reflect the story of the Exodus and the passage of the Israelites through the sea.

The conclusions suggest that the early Muslim scholars consciously sought to portray the battle of Badr in a way that made it comparable to the victory over Pharaoh in the history of Moses and the Israelites, and as an instance of divine assistance to Muḥammad and his followers. The traditional scholars were certainly aware of the possible parallels to be drawn between the Exodus and Badr, and between Moses and Muhammad. We have noted Ibn Isḥāq's report that the followers of Muḥammad assured him that they would not say to him, as those of Moses had, "You and your Lord go and fight – we will stay at home"[45]. Furthermore, the hut or booth (*ʿarīsh*) in which Muḥammad is reported to have rested before Badr seems to reflect the booth (*sukkah*) in which Moses was commanded to tell the Israelites to live during the feast of Sukkoth "so that your descendants may know that I caused them to live in booths when I brought them out of the land of Egypt"[46].

A more complicated theory would be to accept that the Quranic passages understood as references to Badr by the traditional scholars really are connected with that event, but to envisage that in the Qur'ān itself the imagery and vocabulary associated with the Exodus has been applied to this battle. In other words, the elevation of an incident in Muḥammad's life to an instance of divine intervention in history had already been begun in the Qur'an. Bell suggested that that had happened, and it seems that Rubin's view is the same. Against that theory, is the fact that the commentators seem to need considerable effort to establish links between the Quranic text and the battle. Even allowing for the typically allusive and elliptical Quranic style, reading much of *Sūrat al-Anfāl* as a series of references to the battle of Badr involves an interpretation that hardly seems to arise from the text itself.

Gerald HAWTING

45. Ibn Isḥāq, *Sīra*, 615, citing Q 5:24; cf. Exodus 14:11-13, Numbers 14:1-4.

46. Cf. M.J. Kister, " 'A Booth like the Booth of Moses...' A Study of an Early *Ḥadīth*", *Bulletin of the School of Oriental and African Studies* 25, 1962, p. 150-155.

TEXTUAL TRANSMISSION AND TEXTUAL VARIANTS: A SURVEY OF TEXTUAL VARIANTS IN EARLY QUR'ĀNS[1]

Introduction

This conference is celebrating 150 years of Qur'ānic studies in the West since the publication of Nöldeke's *Geschichte des Qorans*. Nöldeke's era was a time when dramatic discoveries of ancient manuscripts were raising important questions about the reliability of traditional views of the Hebrew and Greek scriptures. The textual variants observed in the Greek biblical manuscripts of Codex Sinaiticus[2] and the palimpsest Codex Ephraemi Rescriptus[3] were challenging traditional histories of the transmission of the text of the Bible. Early Qur'ān manuscripts purchased in Cairo and Damascus that were entering European collections were holding out the prospect of similar discoveries in the Qur'ān's textual tradition. Nöldeke's entry and the other entries by Michele Amari and Aloys Sprenger were groundbreaking forays to apply the methods and insights being developed in biblical studies to the Qur'ān's textual tradition. They were expressions of a conviction with its roots in the Enlightenment that all religious traditions should be open to rational scrutiny by those inside as well as outside of those traditions.

1. The main part of this presentation is a summary of the book: K. E. Small, *Textual Criticism and Qur'ān Manuscripts*, Lanham (MD), Lexington Books, 2011. This book is a study of the development of the text of the Qur'ān based on the analysis of representative Qur'ān manuscripts from Islam's first four centuries, comparing them to more modern texts. It is based on the collation and examination of a small portion of text (Surah 14:35-41) as it is contained in 21 manuscripts. This article also uses material from: K. E. Small, "Textual Variants in the New Testament and Qur'anic Manuscript Traditions", in *Schlaglichter*, M.Groß and K.-H. Ohlig eds., Berlin, Hans Schiler, 2008, p. 572-593, and K. E. Small, *Mapping a New Country: Textual Criticism and Qur'an Manuscripts*, PhD thesis, Brunel University, London School of Theology, 2008.
2. See http://codexsinaiticus.org
3. See http://www.bible-researcher.com/codex-c.html

Nöldeke even wrote on the cover of his entry a Bible verse in Greek amenable to this conviction: "But examine everything carefully; hold fast to that which is good" (1 Thessalonians 5:21). This is still good advice.

Nöldeke and others sought to examine the Qur'ān carefully, and with the same methodologies that were being used with the Bible. In their studies, as they looked for textual variants that were crucial for tracing issues of transmission history, a problem arose. When the Qur'ān manuscripts were examined, the variants found were less significant and much less numerous than those listed in the Islamic secondary literature. An opinion had been expressed as early as 1694 by Hinkelmann that the early Qur'ān manuscript variants were so minor, involving mainly *alifs*, that it was worthless to record them exhaustively. This opinion was largely confirmed later after the combined efforts of Bergsträsser, Pretzl and Jeffery in the 1920's/1930's to collect primary and secondary source materials that documented textual variants. The same disparity was observed between the plethora of variants listed in the literature, and the relative dearth of variants found in manuscripts. Indeed, after the second World War, this situation led to a commonly held view voiced by Fischer that the variants in the secondary literature were probably invented rather than observations of what had actually once existed[4].

The projects for searching out and evaluating textual variants in Qur'ān manuscripts stalled, and other areas of Qur'ānic studies were pursued while this foundational disparity between the manuscripts and the secondary sources remained. Only occasional variants were observed worth-mentioning, like a missing word or alternative consonantal diacritical pointing[5]. Variants involving multiple words, phrases, sentences, verses, and portions were still not found, and it is mainly upon observing and evaluating these more major kinds of variants that a thorough, rigorous, and scientific view of textual history can be built.

Renewed efforts toward collecting variants and collating early manuscripts are now in process since the first discovery of manuscripts in San'ā' in the 1970's, the "rediscovery" of the Bergsträsser photo-archive, and the foundation of the Corpus Coranicum project. Also, a particular kind of manuscript among the San'ā' finds has opened the possibility of finding

4. A. Fischer, "Grammatisch schweirige Schwu- und Beschwörungsformeln des Klassichen Arabisch", *Der Islam* 28, 1948, p.1-105, p. 5.

5. G. Levi Della Vida, *Frammenti Coranici in Carattere Cufico*, Vatican City, Biblioteca Apostolica Vaticana, 1948, p. 56.

larger variants – the few palimpsest pages that have passed through London Auction houses and also folios in Yemen of Manuscript 01-27.1[6].

To survey the kinds of variants found in the Qur'ān manuscript tradition, I'd like to divide them into two groups, those found in the majority of manuscripts in the early manuscript tradition, and those found in Qur'ānic palimpsests. After surveying them, I will make some comments concerning their significance for the transmission of the text of the Qur'ān. Images of manuscripts from Islam's first four centuries, many of them in the collection of the Bibliothèque Nationale in Paris, were used for this survey, and also ones from important manuscripts in London, Istanbul, Tashkent, Cairo, and pages from the San'ā' finds[7]. Also, manuscripts of all representative formats, script styles, and degrees of use of diacritics and voweling systems from Islam's first four centuries were used. This will be a representative survey of kinds of textual variants but not an exhaustive one.

The single largest category of variants observed in the main part of the Qur'ān manuscript tradition before a complete vocalization was applied to the consonantal text was orthographic variants that involved long vowels, and especially concerning *alif.* This confirms Hinkelmann's observation concerning *alifs* made in 1694, but also extends it to the other long vowels. A good way to observe the kinds of variation is to look at the spelling of proper names.

So far, I've observed variations in the spelling of seven names: *Ibrāhīm* (2 spellings), *Isma'īl* (3 spellings)[8], *Ishāq* (2 spellings)[9], *Shaītān*

6. Some of the catalogues that have featured palimpsest pages are: Sotheby's, *Oriental Manuscripts and Miniatures*, London, Sotheby's, 1993, p. 18-23; Bonhams Knightsbridge, *Islamic and Indian Works of Art*, catalogue for 11 October 2000 sale, p. 11-14; S. Fogg, *Islamic Calligraphy*, London, Sam Fogg, 2003, p. 6-11; Markus Fraser and Will Kwiatkowski, *Ink and Gold: Islamic Calligraphy*, catalogue of the exhibition "Ink and Gold: Islamic Calligraphy", Museum für Islamische Kunst, Berlin (15.07.2006-31.08.2006), London, Sam Fogg, 2006, p. 14-21; Christie's, *Art of the Islamic and Indian Worlds*, London, Christie's, 2008, p. 24-27.

7. The manuscripts mentioned in this article are as follows: the Istanbul Ḥijāzi manuscript (IST TIEM SE 540) and the Istanbul Topkapi *Muṣḥaf* (IRCICA facsimile 2008); the Cairo *Muṣḥaf* (IRCICA facsimile, 2010); British Library Or. 2165 and Or. 12884; Paris BnF Arabe 333c and 370a; the Samarkand Ḥijāzi manuscript, St. Petersburg E 20; Chester Beaty Library 1401; The Mingana Palimpsest, Cambridge University Library Or. 1287.13; images of San'ā' 01-15.9, 01-27.1, and 01-32.1 on the UNESCO CD; images of San'ā' 01-29.1 from a private collector; and Biblioteca Apostolica Vaticana Qur'ān Fragment 12.

8. اسمعيل, Ismaᶜīl with yā' is the main form found in the early manuscripts. The Istanbul Ḥijāzi manuscript had اسمعل, Ismaᶜil- without the *yā'*. The St. Petersburg manuscript, E 20, has alifs added in red which make the spelling اسماعيل, Ismā'īl at Surah 2:136 and 2:140.

9. اسحق, Isḥaq, without the alif found in most early manuscripts. The manuscript BNF 333c had اسحاق, Isḥāq- with a full *alif.* The St. Petersburg manuscript, E 20, has alifs

(3 spellings)[10], *Tawrāt* (3 spellings)[11], *Isrā'īl* (2 spellings)[12], and *Dā'ūd* (4 spellings)[13]. Examining them and other words with these kinds of variants one can observe a move from a limited flexibility toward the regularization of precise phonetic values for these vowels. Originally there were apparently accepted zones of variable spelling involving a limited flexibility and inter-changeability in their use. One can even find two spellings on the same page and even the same line of text. This variability becomes more strictly defined and restricted in later manuscripts. For instance, here are examples of the two spellings of *Ibrahīm*: *Ibrahim* and *Ibrahīm*,

Ibrahim, S. 14:35, Paris BN 328a, f. 53r, l. 10:

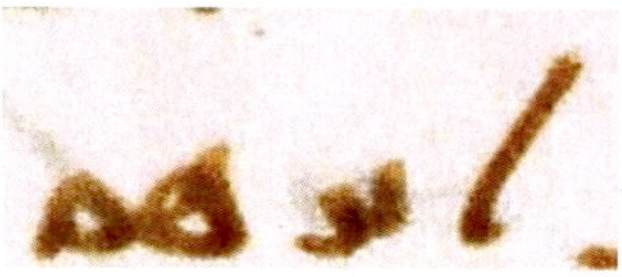

Ibrahīm, S. 14:35, San'ā' 01-29.1:

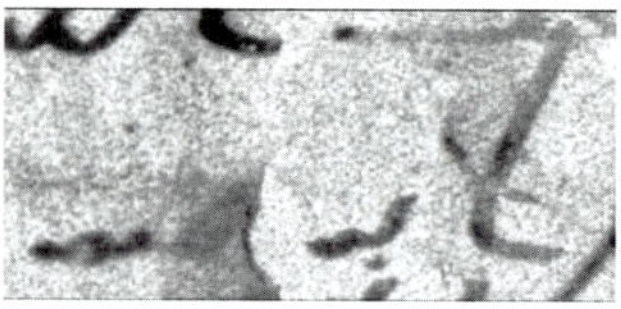

(Used with permission of GRP)

added in red as well at Surah 2:136 and 2:140.

10. These forms are: شيطن (normal form), شيطين (San'ā' 01-32.1, line 13 at S. 2:36); and شيطان (Chester Beaty Library 1401, S. 16:63 at f. 5v, l. 8, and S. 17:53 at f. 10r, l. 5). Note that in CBL 1401 at 17:53, where Shaīṭān occurs twice, the first occurrence on l. 4 has no *alif* but the second one on l. 5 of the same page does have the *alif*. The other two occurrences in CBL 1401 at 17:64 (f. 12v, l. 8) and 18:63 (f. 18r, l. 2-3) do not have the alif.

11. These forms are: توريه , توره , and تورا. The first form is found in the majority of early manuscripts. The second is found in the *scriptio inferior* of the Mingana palimpsest at Surah 7:157, in *Leaves From Three Ancient Qur'âns, Possibly Pre-'Uthmânic*, A. Mingana and A. Smith Lewis eds., Cambridge, Cambridge University Press, 1914, 4. The third form is found in the San'ā' manuscript 01-15.9 at Surah 48:29, UNESCO CD image 142213B line 13.

12. These forms are: اسريل and اسرايل . The first is the form found in the majority of early manuscripts. The second is found in the *scriptio inferior* of the Mingana palimpsest at Surah 45:16, Mingana and Lewis, Leaves, 74.

13. These forms are: داود (D.ā.ū.d), دواد (D.ū.ā.d), دود (D.ū.d), and داد (D.ā.d). They occurred in the following manuscripts: D.ā.ū.d (BL Or. 2165, CBL 1401, San'ā' 01-15.9), D.ū.ā.d (E 20/Samarkand Ḥijāzi, BL Or. 2165, San'ā' 01-32.1) D.ū.d (E 20/Samarkand Ḥijāzi), and D.ā.d (E 20/Samarkand Ḥijāzi). W. A Wright, *Grammar of the Arabic Language*, Cambridge, Cambridge University Press, 1986, p. 18, mentions three spellings of Dā'ūd, but none of them are D.ū.ā.d.

In early manuscripts, these two forms occur interchangeably throughout the text of the Qur'ān. In current printed versions of the Ḥafs text, the form observed in BNF 328a occurs only in Surah 2, and the form observed in San'ā' 01-29.1 occurs in all other surahs except surah 2.

Examples of *Dā'ūd* are also instructive. In the Cairo *Muṣḥaf*, one can find it spelled without the alif[14]:

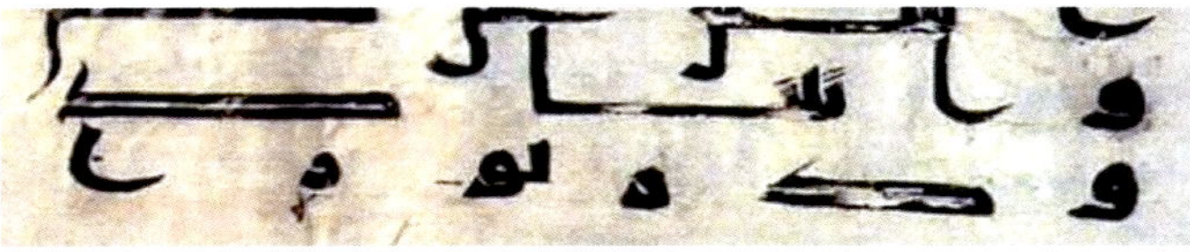

In the Samarkand Ḥijāzi codex, E-20, one can find two spellings of *Dā'ūd* on the same page, one corrected by erasing an *alif* (S. 34:13, line 12), and both corrected by the addition of an *alif* in red (S. 34:10, 13; lines 1 and 9 in this image, lines 4 and 13 in the manuscript):

Some have suggested that these kinds of spelling variation are copyist mistakes[15]. A more accurate description is that these words contain what James Barr termed "zones of variable spelling"[16]. These are words for which

14. Dr. Tayyar Altikulac ed., *Al-Muṣḥaf al-Sharif, Attributed to 'Uthmān bin 'Affān*, Istanbul, IRCICA, 2009, Surah 17:54, 2:499.

15. M. M. Al-Azami, *The History of the Qur'anic Text*. Leicester, United Kingdom Islamic Academy, 2003, p. 151 and p. 158.

16. James Barr, *The Variable Spellings of the Hebrew Bible*, Oxford University Press, 1989, p. 204.

there appears to have been an accepted degree of variability in spelling at the time they were inscribed in the manuscript. In this situation, they would reflect small areas where spelling conventions had not yet been fully standardized.

Copyist Mistakes

One does also find copyist mistakes – a good number, yet not as many as intentional variants. The mistakes consisted mainly of missing or extra letters, misplaced diacritics, and even a missing word. For example, in the Ḥijāzi manuscript from Istanbul at Surah 14:40 there was a word, *dhurītī*, with an additional letter:

One occasionally finds a missing word like *dhaī* in BNF 340c at 14:37:2, the extreme left on the top line in the following image[17]:

Here we find the reading عير ررع, instead of the usual reading, عير ذى ررع. This word has little semantic value and could have easily been missed out by the scribe.

Intentional Variants

A surprise to me, though, was that there were more variants that appeared to have been intentional than unintentional. From the example of other manuscript traditions, there can be many reasons for a scribe to make a conscious, planned, intentional change. These reasons can range from correcting obvious mistakes to adjusting a reading to reflect new conventions of spelling, to correcting a text in comparison to one that is thought

17. Another manuscript with a missing word is in Levi Della Vida, *Frammenti*, Fragment 12, Surah 12:100, the word *al-hakīm*, p. 10, 56. This was probably a copyist mistake.

to be more accurate, to correcting grammar, to clarifying what the text is already thought to mean, and to introduce an actual change of meaning that strengthens a particular interpretation of the text. The manuscripts examined for this study had examples of corrections of errors, grammatical changes, and improvements to the orthography to reflect new conventions of spelling. They also had an additional category of correction: to bring the form of the text more in line with what has come to be perceived as a standard version of the text. This is more than just correcting one manuscript using another that is thought to be better. It is adjusting the text so that it reads a particular way over an extended portion of text in line with multiple manuscripts. This involves an active effort to conform the text to a precise idealized standard.

An example of an improvement of the orthography was the intentional addition of *alif* with it having the phonetic value of the long vowel ā. This was perhaps in response to a decree recorded in Islamic tradition recorded of 'Ubaydallāh ibn Ziyād (d. 686/67) that he ordered scribes to add up to two thousand *alifs* to enable the written version to more accurately reflect the oral version of the recitation of the text[18]. Perhaps the St. Petersburg manuscript E20 was corrected by introducing *alifs* in red in response to this order:

I observed grammatical variants of a variety of types – particularly changes of person and number. These involved the alternative placement of

18. Efim A. Rezvan, *The Qur'ān of 'Uthmān*, St. Petersburg Centre for Oriental Studies, 2004, p. 68. This is the facsimile of the Samarkand Ḥijāzi manuscript.

diacritical marks and sometimes an additional letter. For example, one finds the diacritics designating a *Tā'* instead of a *yā'* at 14:41:2 in the San'ā' manuscript 01-29.1 – تقوم instead of يقوم (here in Paris BNF 334c): "When *you* reckon the account" rather than "when *it* is reckoned":

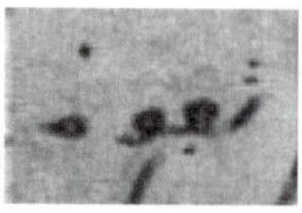

Similarly, in the Topkapi manuscript at 14:38 one finds *yā'* instead of *nūn* in *na'alna* (here compared to the Meknes manuscript), which creates the reading, "what he conceals" rather than "what we conceal":

One grammatical variant involved the substitution of one conjunction for another. In the manuscript BNF 328a, at 14:37, one finds a *wa* in place of *fa* (compared to BL Or. 2165), producing the reading "And fill their hearts" rather than "So fill their hearts":

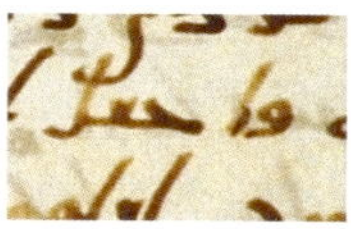
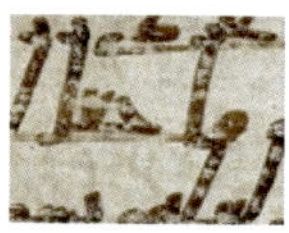

This is in line with the occasional observations of such variants in other manuscripts[19].

Verse Markers

One area of variation involves the placement of verse markers, whether after single verses, five verses, or ten verses. Every manuscript examined has a system of some type in place. Also, each manuscript surveyed had a system unique to it and none of the systems exactly matched the systems mentioned in Islamic literature. As a result, there were many more verse marker systems in use than are reported in Islamic literature. Sometimes

19. See for instance, A. Fedeli, "Early Evidences of Variant Readings in Qur'ânic Manuscripts", *Die dunklen Anfänge*, K.-H. Ohlig and G.-R. Puin eds., Berlin, Hans Schiler, 2005, p. 293-316.

manuscripts have one or more systems, either containing a system correcting the original one, or even manuscripts written with two systems from the outset, as with the 11th century British Library manuscript, Or. 12884:

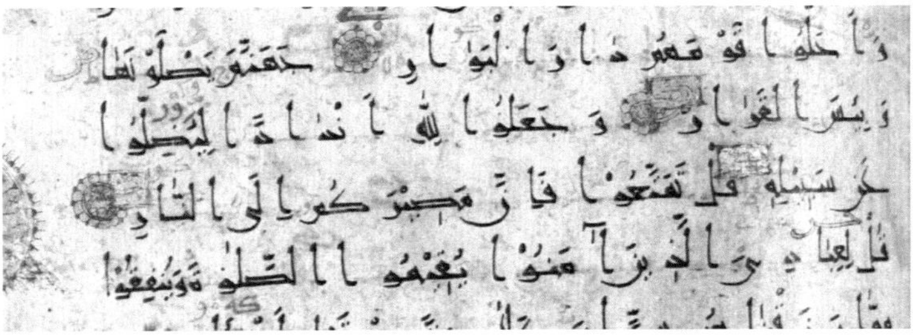

In this manuscript, the rosettes present one system which is very similar to the verse numbering system in use in many Qur'āns today, which divides surah 14 into 51 verses. The rectangles represent a different system which divides surah 14 into 66 verses.

Variants in Manuscripts Compared to Islamic Records

When one compares the variants in most manuscripts to Islamic records of variants contained in the grammars, the commentaries, and in Qur'ān sciences literature one might find an occasional minor match. What one does not find in manuscripts are larger portions mentioned in Islamic literature[20]. I observed variants that match ones reported to have been in a collection of Ibn Mas'ūd, a companion of Muhammad, a minor one involving a missing or added *alif* at Surah 14:41. The variant involves the forms of the word, ولوالدى. Should it be ولولدى without the alif meaning "children" (or possibly "parents" if the *alif* is implicit), or ولوالدى which means "parents". Both forms are attributed to Ibn Masʿūd, which highlights one problem in assessing the veracity of these secondary sources. Also, the early Arabic orthography is flexible enough to allow either interpretation. The form which can be interpreted "children" came to be regarded in some Shi'ite circles as the original reading which supports an argument of the impeccability of Abraham's family line including the physical descendents of 'Alī[21]. Here is what the variant looks like in early manuscripts.

20. C. Gilliot, "Un verset manquant du Coran ou réputé tel", in *En hommage au Père Jacques Jomier, o.p.*, M.-T. Urvoy ed., Paris, Le Cerf, 2002, p. 73-100, and H. Modarressi, "Early Debates on the Integrity of the Qur'an", *Studia Islamica* 77, 1993, p. 5-39.

21. http://www.alburhan.com/book_articles.aspx?num=1328, page 12 of 19, 450-457, last visited in April 2011; no longer available in January 2015.

Without *alif* (BL Or. 2165, fol. 31v, l. 12):

With *alif* (San'ā' 01-29.1, lines 26, 27):

In this second image, the relevant *alif* (the first letter on the extreme right on the second line) was possibly also added in after the original inscription of the manuscript.

Physical Corrections

In the mainstream of the manuscript tradition, the only variants that involve multiple words that I have observed so far are where one finds a physical correction to a portion of text. For example, in the manuscript BNF 370a at Surah 14:39 a phrase was erased and replaced on lines 4 and 5 with what is now considered to be the normal reading, "*Who has given me in my old age*, Ismail and Ishaq". The original words cannot be recovered, but by measuring the letters used to cover the erased space, one can discern that the original reading in this manuscript was a shorter phrase.

Multiple Erasures and Rewrites, BNF 370a:

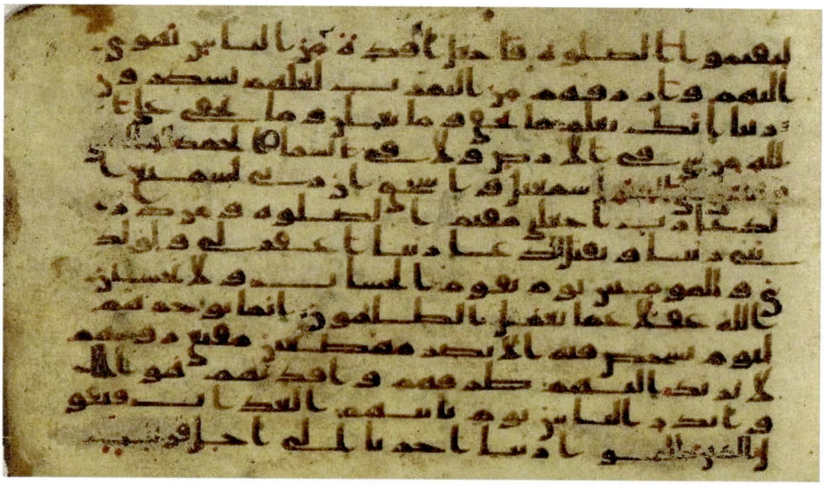

Conversely, on the bottom line (line 13), a word each at the beginning and end of the line is written over spaces that originally contained longer text. Together with these three major textual adjustments, there are nine other smaller ones on this manuscript page and all twelve have the net effect of establishing the form of text that is now regarded as the standard form of text.

Similar corrections can be seen in other manuscripts. Here is one involving two lines of text that is pictured on the UNESCO CD-ROM. The original portion of text was shorter than what it was replaced with, and it was replaced with what is now considered to be the standard form of text[22]:

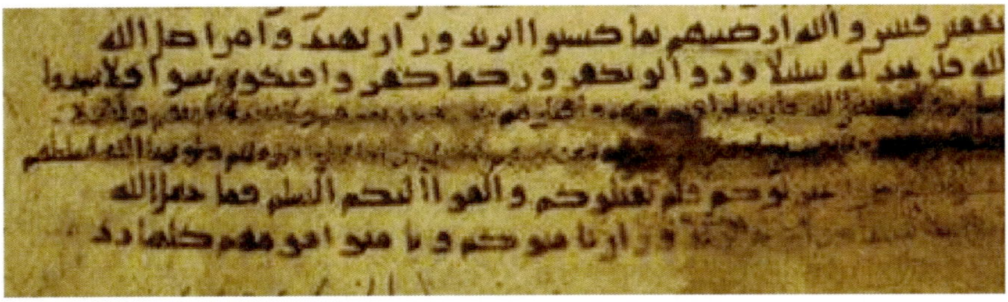

Variants in these Qur'ān manuscripts were introduced intentionally to improve orthography, to correct copyist mistakes, and to standardize the reading of the text toward what has become the standard consonantal text. In this study, these intentional variants greatly outnumbered copyist mistakes. The intentional variants also have a greater effect than copyist mistakes for shaping textual history in that they introduce new readings that then become the standard for future copyists to work from.

Qur'ānic Palimpsests

Palimpsests are manuscripts where the initial text was erased and the parchment re-written with another text. Often over time the original text becomes visible again because of the chemical interaction of the original ink with the parchment before it was erased. This underlying text is called the *scriptio inferior*. The text written over it is the *scriptio superior*. Here is an image from a Qur'an palimpsest page which displays both the *scriptio*

22. UNESCO CD-ROM, *San'ā' Manuscripts. Memory of the World*, UNESCO, Cairo, Ritsec Cultureware, no date, image 133175B, manuscript 15-14.10.

superior and *scriptio inferior*[23]: the *scriptio inferior* is the light brown "ghost" writing seen between the lines of the darker script.

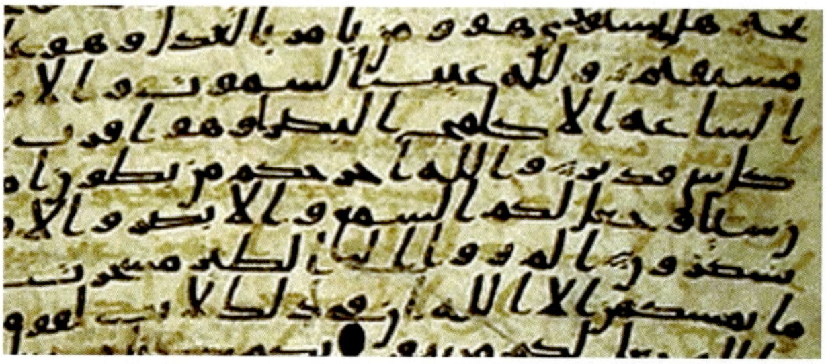

The study of Qur'ānic palimpsests is in its early stages but from pages that have been examined so far, certain conclusions can be drawn[24].

In the *scriptio inferior* of the Qur'ānic palimpsests one finds all of the kinds of variants described above for the mainstream of the manuscript tradition, but in much greater numbers. Also, the palimpsests contain variants of a significantly different quality – ones that reflect a different basic form of text from what has come to be viewed as the standard form of text. This greater number and greater kinds of variants also have a correspondingly greater effect on the meaning of the text. This is seen in that there are textual variants involving multiple words, phrases, and even verses. Studies by Alba Fedeli, Behnam Sadeghi and Uwe Bergmann, and Elisabeth Puin[25], as well as from notes given to me by Michael Marx[26], have catalogued a wide variety of variants involving different grammatical word-forms, different words, multiple words, phrases, up to and including sentences and verses. Elisabeth Puin's work is the most comprehensive to date. In her articles, she lists textual variants of the following types:

23. This portion is taken from UNESCO CD-ROM, image 027002B.

24. A project is in process which will produce photographic facsimiles of early Hijāzi script manuscripts including the known Qur'ānic palimpsests. This multi-volume work will be published by E.J. Brill and will be called *Documenta Coranica*.

25. A. Fedeli, "Early Evidences"; B. Sadeghi and U. Bergmann, "The Codex of a Companion of the Prophet and the Qur'an of the Prophet", *Arabica* 57, 2010, p. 343-436. E. Puin, "Ein früher Koranpalimpsest aus San'a (DAM 01-27.1)", in *Schlaglichter*, M. Groß and K.-H. Ohlig eds., Berlin, Schiler, 2008, p. 461-493; E. Puin, "Ein früher Koranpalimpsest aus San'ā' II (DAM 01-27.1)", in *Die Entstehung einer Weltreligion I*, M. Groß and K.-H. Ohlig ed., Berlin, Schiler, 2010, 5, p. 233-305.

26. M. Marx, Director, Corpus Coranicum, Am Neuen Markt 8, 14667 Potsdam, Germany: http://koran.bbaw.de/

– Transpositions of words in lists and narratives, and of phrases;
– Synonymous substitutions of words for other words;
– Different words and phrases than what is found in the same places in the standard text;
– Added and omitted sentences;
– An omitted verse in Surah 9:85.

All of these have some effect on the meaning of the text, some very little and some with more significance. So far, all of these variants seem to stay within the semantic realm of ideas and emphases found in the current Qur'ān. They do not point to a different book, but rather to a variant version of the current book. Though the meaning contained in the text is quite similar to that found in the current text of the Qur'ān, the precise form of the text in its consonantal line present in the *scriptio inferior* is more different than any observed form of consonantal text observed in any other Qur'ān manuscripts.

There are many significant things that can be said about these palimpsest variants, especially when they are considered against the backdrop of the rest of the Qur'ānic manuscript tradition.

There is a much greater number and variety of variants for such relatively few pages of text. There are many more variants both in quantity and quality than one normally encounters in Qur'ān manuscripts.

This greater number and variety of variants in these palimpsest pages are more in line with the numbers and varieties of variants found in Biblical and Classical manuscript traditions.

When one examines the various layers of text in the palimpsests one can trace developments in early Arabic orthography over the first century and a half of Islam, especially in the standardization of the phonetic values of long vowels.

When one examines the various layers of text, including the corrections to the inferior and superior texts, one can trace significant development toward the standardization of the consonantal text to its current state. Also, the palimpsests, viewed against the extremely high level of textual stability evident in the earliest non-palimpsest manuscripts provide significant evidence that even in the earliest non-palimpsest manuscripts what comes down to us is a strongly edited version of the text.

If the dates usually attributed to these manuscripts are correct, then these manuscripts provide evidence that the substantial work of editing the consonantal line of text of the Qur'ān to make a composite/hybrid edition was occurring in the later half of Islam's first century, between the eras of ʿUthmān and al-Ḥajjāj. They also provide evidence that minor correction and editing was continuing into the first half of the eighth century.

These variants indicate in line with the wider tradition about the Qur'ān that there was a time very early on in the history of the Qur'ān's textual development when there was a marked degree of flexibility of the text which was later edited and standardized. This flexibility involved orthography, word choice, grammatical construction, precise content, and surah order.

The palimpsests provide the first substantial manuscript evidence that bridges the gap between the variety and number of textual variants that are reported in the literature, and the significantly lower variety and number which are found in the bulk of the manuscript tradition, demonstrating that the majority of variants reported in the literature are probably not inventions, but also that the number of variants that once existed in the manuscript tradition was probably much larger than the number recorded in the literature.

Though the variants in the palimpsests are often of a similar quality and effect to those recorded, the great majority of them are not recorded in the secondary literature as having been in any of the companion's collections. There are some minor alignments with variants asserted to have been in the versions of Ibn Mas'ūd and Ubayy b. Ka'b, and these other variants indicate either an unknown companion's collection, or a much more fluid state of text in the earliest period than is usually recognised.

What is still missing from manuscripts are the larger portions of text reported in the literature involving multiple verses and entire surahs[27]. Though these are not found, the variants found in these palimpsests provide an improved basis of evidence for asserting that they too once existed.

And perhaps most important, these palimpsests provide the first manuscript evidence of other text-types of the Qur'ān. They are not just texts with a more than normal number of variants. Each level represents an alternative form of the text which was carefully recorded as scripture, carefully corrected, then carefully replaced and corrected again. As such, each layer is a form of text worthy of study in its own right as an alternative version of the Qur'ān existing at a particular place and time in Islam's formative years.

27. G.-R. Puin observed variant surah orders in the Sanʿā' manuscripts that would allow for variable content in early Qur'ān manuscripts: G.-R. Puin, "Observations on Early Qur'ān Manuscripts in San'ā", *The Qur'an as Text*, St. Wild ed., Leiden, Brill, 1996, p. 107-111, p. 110-111.

Concluding Reflections

Enough manuscript resources are available to trace a much more precise history of the text of the Qur'ān than can be found in Islamic tradition. Also, the features in these manuscripts can be used to correct inaccuracies and anachronisms that are found in the tradition. The orthographic development observed in Qur'ān manuscripts made the script both a script that could be precisely pronounced for a unified recitation and a script that could be precisely interpreted for instruction, dogma, and law.

Also, the careful analysis of variants and alternative text-forms are necessary for formulating any hypothesis of a stemma or stemmas of the text of the Qur'ān. The view that best explains all of the available evidence is that in the last half of the first century a composite text of the Qur'ān was produced from various collections of text. This text established a basic consonantal line of text that contained some small acceptable areas of orthographic flexibility, and also possibly some variation in the order and content of surahs[28]. The earliest available manuscripts, including the palimpsests, testify to a project of consonantal standardization and stabilization that appears to have occurred in the mid-to-late 600's, with some aspects not reaching their final expression until the early 700's. Manuscripts of a quality to construct a stemmatic system of development from the original forms of the text to this early edited form are not presently available, and stemmas built on the testimony of later tradition cannot adequately explain the variations that occur in the palimpsests and in the earliest representatives of the mainstream of the textual tradition. Rezvan's observation is only confirmed and strengthened that,

> Since we know that from the beginning there were several versions of the text related to difference traditions of transmission, we should not reduce all of them to one: strictly speaking, from the time of the Prophet there was no one stemma of the Qur'ān text.[29]

28. The view taken in this presentation is that the early edited text produced in Islam's first century was a hybrid/composite text, made from a variety of readings available after the death of Muhammad. This is a view mentioned as equally valid by B. Sadeghi in his recent article (B. Sadeghi and U. Bergmann, "The Codex of a Companion of the Prophet and the Qur'an of the Prophet", *Arabica* 57, 2010, p. 343-436) but it is a view that he does not develop and instead minimizes in favour of one text being maintained from within the lifetime of Muhammad. This writer believes a hybrid/composite text was much more likely and provides a more comprehensive explanation of all available manuscript and secondary evidence.

29. E. A. Rezvan, "The Qur'ân: between *Textus Receptus* and Critical Edition", in E. A. Rezvan, *Les Problèmes posés par l'édition critique des textes anciens et médiévaux :*

Bart Ehrman, a NT scholar, provides a significant observation concerning the New Testament manuscript tradition that can be said to describe what the scribes did during the Qur'ān's transmission:[30]

> [...] they were textual interpreters. At the same time, by physically altering the words, they did something quite different from other exegetes, and this difference is by no means to be minimized. Whereas all readers change a text when they construe it in their minds, the scribes actually changed the text on the page. As a result, they created a new text, a new concatenation of words over which future interpreters would dispute, no longer having access to the words of the original text, the words produced by the author.

With the Qur'ān, this was especially true once the precise form of the consonantal text had been decided and had become the standard form text transmitted in the Qur'ān's manuscript transmission.

This early standardization of the consonantal text, though, is a feature not shared with other scriptural texts or ancient literatures. The scribes who penned the Qur'ānic intentional variants, while exhibiting an attitude of staying true to the basic storyline while making the text more internally consistent, had the added overriding conviction that the text ought to conform to a precise text-form. This attitude is seen in the corrections made in the manuscripts surveyed and when the entire shape of the text is compared to the kind of texts observed in the extant Qur'ānic palimpsests. In the Qur'ān's first century, there was a degree of accepted flexibility in the spelling and wording of the consonantal text. For almost three additional centuries one can discern an attitude of limited freedom in the placing of diacritical marks while the consonantal *rasm* remained relatively unchanged. This period of flexibility, however, disappeared with the appearance of the fully vocalised texts in the tenth and eleventh centuries.

In view of the two main purposes of textual criticism, recovering the original text-form and tracing textual history, there is a great need for collating the materials that are available. The available materials are greater and richer than they have been since at least the eleventh century. Though an exhaustive critical text of the Qur'ān documenting the very earliest forms of the text is not yet possible, a start toward one can be made by constructing one from the manuscripts and inscriptions that are extant. Such a record would be invaluable for Islamic studies for a number of reasons. First, it would

volume en collaboration internationale, Paris, Institut d'Études médiévales, 1992, p. 291-310, citing p. 297.

30. B. D. Ehrman, *The Orthodox Corruption of Scripture*, Oxford University Press, 1993, p. 280.

provide an empirical basis for establishing as accurate a text of the Qur'ān as possible[31]. Second, it would provide a basis for evaluating the Islamic records of variants of the early versions of the Qur'ān and also provide a basis for evaluating theories of the Qur'ān's development. Third, it would provide a benchmark for comparing the preservation and transmission of the Qur'ān text to other ancient texts. Fourth, this would provide a needed tool to serve as a basis for studying many other vital areas in Islamics studies. Only a rigorous examination of the textual variants in the Qur'ān's manuscript tradition compared with the literary tradition can provide the basis for a truly historical and scientific view of the Qur'ān's transmission history.

A great task is before us. With the greater and richer resources of manuscripts and methodologies at our disposal than for our forbears, we can continue to pursue the direction set out by Nöldeke and others with greater breadth, depth, and accuracy, and hopefully with greater wisdom as we try to avoid their mistakes.

Keith E. SMALL

31. The view of many Muslims that the present text is accurate is based on Islamic tradition apart from the study of actual manuscripts. The suggested study would provide empirical evidence for evaluating that tradition.

LES CONTRE-DISCOURS ESCHATOLOGIQUES DANS LE CORAN ET LE TRAITÉ DU SANHÉDRIN*

UNE RÉFLEXION SUR LES FORMES DE LA POLÉMIQUE CORANIQUE

Introduction

Dans un ouvrage intitulé *The Islamic Understanding of Death and Resurrection*, Jane Idleman Smith et Yvonne Yazbeck Haddad écrivaient au sujet de l'eschatologie dans le Coran : « *Disbelief, rejection, and ridicule – thus the Qur'an portrays the response of the meccan community to the message delivered by the Prophet Muḥammad concerning the day of resurrection and the universal judgment* »[1]. Il est vrai que ce refus d'accréditer une vie après la mort est très clairement mis en scène – mis en voix – par le Coran lui-même[2]. Sous la forme d'un discours rapporté de l'opposant, le Coran utilise ainsi une forme littéraire précise et facilement identifiable, que nous désignons par l'expression « contre-discours eschatologique »[3]. On entend par cette expression la présence d'un discours rapporté de l'adversaire, ou « contre-discours », qui objecte contre, ou réfute, toute possibilité d'une vie post-mortem. Deux exemples illustreront notre propos. Le premier contre-discours coranique, selon l'ordre du codex, est situé à la sourate *al Baqara* (II), au verset huit : « Ils disent : "Nous croyons en Dieu et au

* Je tiens à remercier mon collègue Guillaume Dye pour ses corrections et suggestions. Il va sans dire que les éventuelles erreurs n'engagent que ma responsabilité.

1. J. Idleman Smith et Y. Yazbeck Haddad, *The Islamic Understanding of Death and Resurrection*, Oxford, Oxford University Press, 2002, p. 1.

2. À ce propos, le linguiste Pierre Larcher écrit : « le discours coranique étant fréquemment polémique, *on y "entend" la "voix" de l'autre*, qu'il s'agisse d'un adversaire historique ou d'un adversaire construit pour les besoins de la cause » (P. Larcher, « Coran et théorie linguistique de l'énonciation », *Arabica* XLVII, 2000, p. 454 ; c'est nous qui soulignons).

3. Cf. M. Azaiez, « Le contre-discours, premières approches d'un corpus », in *Le Coran. Nouvelles approches*, M. Azaiez éd. (avec la collaboration de S. Mervin), Paris, CNRS Éditions, 2013, p. 257-290.

jour Dernier" mais en réalité ils ne croient pas ». Outre qu'il s'agit bien d'un discours rapporté, ou contre-discours, c'est aussi un discours eschatologique puisqu'il fait mention du jour de la résurrection (*yawm al qiyām*). Le deuxième exemple que nous évoquerons est situé dans la sourate *al nāzi'āt* (LXXIX), au verset quarante-deux : « Ils t'interrogent au sujet de l'Heure : "à quand sa survenue ?" (*ayyān^a mursāhā*) ». Ce verset est bien un contre-discours dont le thème est eschatologique car il fait référence à l'instant (*sā'a*) considéré comme le signal des fins dernières. Il est par ailleurs le dernier contre-discours eschatologique du Coran.

Or, cette forme littéraire n'est en rien inédite. On en constate, en effet, l'usage dans un traité talmudique : le Sanhédrin. Cette concomitance entre les contre-discours eschatologiques coranique et talmudique sera l'objet du présent article. Ainsi, je me propose dans un premier temps de cerner l'entièreté du corpus contre-eschatologique dans le Coran afin de le catégoriser. À partir de ce corpus, je proposerai deux approches complémentaires. La première sera une analyse interne au Coran et au Talmud, sensible aux formes, structures et thèmes de ces contre-discours ; la seconde approche sera une analyse externe ou comparative et systématique. Ce travail comparatif s'achèvera par la mise en lumière des singularités des contre-discours eschatologiques dans le Coran et de la probable identité des opposants impliquée par ces contre-discours.

Le corpus du contre-discours eschatologique dans le Coran[4]

On définira le « discours contre l'eschatologie » comme un ensemble de versets où s'inscrit un discours rapporté direct présent tenu par des adversaires (réels ou fictifs) et dont l'objet est l'eschatologie. On désignera ces énoncés par la formule similaire suivante : « Contre Discours Rapporté Direct Présent relatif à l'Eschatologie (CDRDPE) ». Répondant à cette définition, il est possible d'identifier le corpus suivant : II, 8, 80, 111 ; III, 24 ; VI, 29 ; VII, 187 ; X, 48, 53 ; XI, 7, 8 ; XIII, 5 ; XVI, 38 ; XVII, 49, 51, 98 ; XIX, 66 ; XXI, 38 ; XXIII, 82 , 83 ; XXVII, 67, 68, 71 ; XXXII, 10, 28 ; XXXIV, 3, 7, 8, 29 ; XXXVI, 48, 78 ; XXXVII, 15, 16, 17 ; XLI, 50 ; XLIV, 34, 35, 36 ; XLV, 24, 25, 32 ; XLVI, 17 ; L, 2, 3 ; LI, 12 ; LVI, 47, 48 ; LXVII, 25 ; LXXV, 6 ; LXXIX, 10, 11, 12, 42. Si l'on adopte la lecture chronologique proposée par Nöldeke et Schwally, le contre-discours eschatologique est distribué de la manière suivante : la première période

4. La liste intégrale et translittérée des contre-discours eschatologiques dans le Coran est présentée à la fin de cet article.

mecquoise reçoit sept versets parmi quatre sourates (LXXIX, 10, 11, 12, 42 ; LXXV, 6 ; LI, 12 ; LVI, 48) ; la deuxième période mecquoise rassemble vingt et un versets situés dans dix sourates (XXXVII, 15, 16, 17 ; XLIV, 34, 35, 36 ; L, 2, 3 ; XIX, 66 ; XXXVI, 48, 78, LXVII, 25 ; XXIII, 82, 83 ; XXI, 38 ; XVII, 49, 51, 98 ; XXVII, 67, 68, 71) ; la troisième période mecquoise réunit dix-neuf versets parmi onze sourates (XXXII, 10, 28 ; XLI, 50 ; XLV, 24, 25, 32 ; XVI, 38 ; XI, 7, 8 ; X, 48, 53 ; XXXIV, 3, 7, 8, 29 ; VII, 187 ; XLVI, 17 ; VI, 29 ; XIII, 5) ; enfin la période médinoise accueille quatre versets parmi deux sourates (II, 8, 80, 111 ; III, 24). Présent parmi vingt-six sourates, le corpus du « discours contre l'eschatologie » rassemble cinquante-deux versets, soit 0, 83 % de la totalité du corpus coranique. Il représente 19, 25 % de la totalité des contre-discours dans une proportion presque identique aux « discours contre le Coran »[5]. Il se présente ainsi comme le quatrième thème le plus fréquent et le plus important de tous les discours rapportés des opposants[6].

Les thèmes du contre-discours eschatologique dans le Coran

Rassemblant cinquante-deux versets, les contre-discours présentent trois thématiques distinctes : la Résurrection des corps, l'Heure eschatologique et la Rétribution des actes.

La résurrection des corps regroupe trente-deux versets[7]. Ils se répartissent en seize prédicats qui sont autant d'indices qui permettent de saisir comment les opposants comprennent et agissent face à l'idée d'une résurrection des corps. Pour l'adversaire qui s'exprime à travers le contre-discours, il s'agit d'abord d'une croyance qui prend la forme d'une promesse : « Certes, nous avons reçu promesse de cela (*la-qad wu ʿidnā hāḏā*) » (XXVII, 68 ; XLVI, 17). Cette promesse n'est autre qu'une « vieille histoire » (au sens péjoratif de fable) : « *ʾin hāḏā ʾillā ʾasāṭīr*[u] *l-ʾawwalīn*[a] (ce ne sont que

5. Le Coran met en scène des discours rapportés de ses adversaires dans plus de 270 versets. Ces contre-discours ont pour thèmes : 1. Dieu (29 %) ; 2. Le Prophète (27 %) ; 3. Le Coran (20 %) ; 4. L'Eschatologie (19 %) ; et 5. Les croyants (6 %). Ces pourcentages sont établis en fonction du nombre total des contre-discours (270 versets).

6. M. Azaiez, *La polémique dans le Coran, Essai d'analyse du contre-discours et de la riposte coranique*, Aix-en-Provence, Thèse de doctorat, 2012, 448 p. Cf. Chapitre V, Graphique n° 1, p. 85. Cf. également, Mehdi Azaiez, *Le contre-discours coranique*, Berlin, De Gruyter, 2015, 360 p.

7. VI, 29 ; XI, 7 ; XIII, 5 ; XVI, 38 ; XVII 49, 51, 98 ; XIX, 66 ; XXIII, 82, 83 ; XXVII, 67, 68 ; XXXII, 10 ; XXXIV, 7, 8 ; XXXVI, 78 ; XXXVII 15, 16, 17 ; XLIV, 34, 35, 36 ; XLV, 24, 25 ; XLVI, 17 ; L, 2, 3 ; LVI, 47, 48 ; LXXIX, 10, 11, 12.

des histoires d'anciens) » (XXVII, 68). Cette croyance consiste à accréditer d'autres prédicats (beaucoup plus nombreux) qui forment une séquence de trois motifs successifs. Les corps morts sont condamnés à la poussière et aux os pourris : « Quand nous mourrons et serons poussière et ossements (*ʾaʾiḏā mitnā wa kunnā turāb^an^ wa- ʿiẓām^an^*) » (LXXIX, 10 ; LVI, 47 ; XXXVII, 16 ; XXXVI, 78 ; XXIII, 82 ; XVII, 49, 98). Ces derniers sortis de leurs tombes : « *ʾa-ʾinnā la-muḫraǧūn^a^* (serons-nous sortis [de nos tombes] ? ; XXVII, 67) sont relevés d'une vie première pour une nouvelle création : « *ḫalq^an^ ǧadīd^an^* » (XVII, 49, 98 ; XXXII, 10 ; XXXIV, 7 ; XIII, 5 ; XXXVI, 78). Cette nouvelle création concerne non seulement les opposants, mais également leurs ascendants : « *ʾa-wa ʾābāʾunā l-ʾawwalūn^a^* » (XXIII, 83 ; XXVII, 68 ; XXXVII, 17 ; XLIV, 17 ; XLVI, 17 ; LVI, 48). Des éléments qui précèdent, il faut déduire la pleine compréhension par l'opposant des implications d'une telle croyance.

Moins nombreuse quant à ses occurrences, l'Heure eschatologique regroupe quinze versets[8]. À travers les contre-discours qui par effet de reprise reprennent les dénominations coraniques pour mieux les réfuter, ce « moment » est posé comme le « Jour » qualifié de « Jour de la Résurrection » (LXXV, 6), de « Jour de la Rétribution » (LI, 12), et de « Jour de la victoire » (XXXII, 28). La thématique centrale se confond à un leitmotiv qui se résume à une simple interrogation : « À quand l'heure ? », autrement dit, quand se déroulera la résurrection des corps et la rétribution annoncées ? L'interrogation la plus usitée et de manière quasi identique est la suivante : « À quand cette promesse si vous êtes véridiques (*matā hāḏā l-waʿd^u^ ʾin kuntum ṣādiqīn^a^*) ? » (X, 48 ; XXI, 38 ; XXVII, 71 ; XXXIV, 29 ; XXXVI, 48 ; LXVII, 25). On notera également deux énoncés qui délaissant la forme interrogative réfutent de manière catégorique l'éventuel événement du moment eschatologique. Ainsi, peut-on lire : « Nous ne savons pas ce qu'est l'Heure. Nous ne faisons que des conjectures et ne sommes pas convaincus « *mā nadrī mā l-sāʿat^u^ ʾin naẓunn^u^ ʾillā ẓann^an^ wa-mā naḥn^u^ bi-mustayqinīn^a^* », ou encore l'expression lapidaire suivante : « L'Heure ne viendra pas » (*lā taʾtīnā l-sāʿat^u^*).

Troisième thématique, la rétribution eschatologique ne regroupe que cinq versets[9]. Le débat est d'abord centré sur la durée du châtiment attendu par les damnés : « Le Feu ne nous touchera qu'un nombre de jours limités (*lan tamassanā al-nār^u^ ʾillā ʾayyām^an^ maʿdūdat^an^*) » (II, 80, III, 24). D'autre

8. VII, 187 ; X, 48 ; XVII, 51 ; XXI, 38 ; XXVII, 71 ; XXXII, 28 ; XXXIV, 3, 29 ; XXXVI, 48 ; XLI, 50 ; XLV, 32 ; LI, 12 ; LXVII, 25 ; LXXV, 6 ; LXXIX, 42.

9. II, 80, 111 ; III, 24 ; X, 53 ; XI, 8.

part, il est question de l'identité des personnes qui entreront aux paradis : « N'entreront au Paradis que ceux qui sont juifs ou chrétiens (*lan yadḫul[a] al-ğannat[a] 'illā man kān[a] hūd[an] 'aw naṣārā*) » (II, 111). La rétribution est aussi l'expression d'une hostilité à l'endroit de l'allocutaire coranique (destinataire premier du Coran) à la fois défié et insulté. Défié, l'opposant demande que soit hâtée la venue de l'Heure : « Qu'est-ce donc qui le retient ? (*mā yaḥbisuhū*) » (XI, 8). Insulté, l'allocutaire coranique est traité de possédé : « Invente-t-il un mensonge contre Allah ? Ou est-il possédé ? *'ā-ftarā 'alā Allāh[i] kaḏib[an] 'am bihī ğinnat[un]* » (XXXIV, 8).

Les formes et les structures du contre-discours eschatologique

À l'échelle des versets, les contre-discours eschatologiques se structurent selon trois types d'énoncé. Le premier est la partie introductive plus ou moins développée qui précède le verbe introducteur : il s'agit du « Contre-Discours Citant Introductif Eschatologique » (CDCIE). Le deuxième énoncé est le discours rapporté proprement dit ou le « Contre-Discours Rapporté Direct Présent Eschatologique » (CDRDPE). Enfin, le troisième énoncé est celui qui succède au contre-discours rapporté le commentant pour le réfuter. On le désignera par l'expression « Contre-Discours Citant de la Riposte Eschatologique » (CDCRE)[10]. Afin d'illustrer cette présentation, reprenons l'exemple du premier contre-discours eschatologique dans le Coran situé à la sourate *al Baqara* (II) au verset huit : « Parmi certains ils disent : "Nous croyons en Dieu et au jour Dernier" mais en réalité ils ne croient pas ». Ce verset se décompose ici en un CDCIE : [« Parmi certains ils disent »] suivi d'un CDRDPE : [« Nous croyons en Dieu et au jour Dernier »] et enfin un CDCRE [« mais en réalité ils ne croient pas »].

Voyons maintenant ces trois types d'énoncés et leurs déclinaisons formelles en nous intéressant exclusivement aux trente-trois versets concernant la résurrection des corps. Les Contre-Discours Citant Introductif Eschatologique (CDCIE) sont par définition la partie « introductive » plus ou moins développée qui précède le verbe introducteur. Ces énoncés introductifs se partagent en trois catégories : les formes simples, les formes intermédiaires (ou semi-complexes) et les formes complexes. Les formes simples se caractérisent par la présence unique du verbe introducteur accompagné de pronoms personnels affixes. Dans le cadre des seuls contre-discours sur la

10. Ce dernier point fera l'objet de la partie suivante.

résurrection des corps, on en dénombre cinq versets[11]. Pour exemple, le verset VI, 29 utilise pour introduire le Contre Discours Rapporté Direct Eschatologique la seule présence du verbe introductif « *wa-qālū* ». Leurs formes identiques sont remarquables par l'absence systématique de désignations claires de l'opposant. La deuxième forme, dite « intermédiaire », est la plus nombreuse quantitativement[12]. Elle se construit autour de propositions qui dépassent la simple mention du verbe introductif *qala*. On peut y trouver la présence de noms (*nās*[13]), ou de désignations péjoratives (*al kāfirūna*[14]) qui pour ces dernières qualifient les adversaires responsables du discours rapporté. Enfin, la troisième forme, dite « complexe », concerne deux versets[15]. Ces derniers se singularisent par leur longueur ou par le fait qu'il existe au sein d'un même verset deux propositions introductives[16].

Les parties introductives sont suivies des énoncés rapportés ou Contre-Discours Rapportés Direct Présents (CDRDP). Considérés sous l'angle de l'argumentation, ils répondent à trois formes distinctes : la réfutation questionnante, la réfutation assertion ou propositionnelle, la réfutation contre-argumentative.

La réfutation questionnante, la plus fréquemment utilisée[17], est, comme son nom l'indique, un énoncé interrogatif qui s'apparente à une objection[18] que l'on peut définir « comme l'expression d'une opposition argumentative du type de la réfutation, mais plus locale, moins radicale, par le biais d'un argument faible : objecter, c'est faire obstacle[19] ». On lit en XVII, 49 un bel exemple de ce qui relève à l'évidence d'une réfutation questionnante. En effet, le contre-discours « *ʾaʾiḏā kunnā ʿiẓāmᵃⁿ wa-rufātᵃⁿ ʾaʾinnā la-mabʿūṯūnᵃ ḫalqᵃⁿ ǧadīdᵃⁿ* », s'il est une réfutation, invite du fait de sa forme

11. VI, 29 ; XVII, 49 ; XXIII, 82 ; XXXVII, 15 ; LXXIX, 12.

12. XIII, 5 ; XVI, 38 ; XVII, 51, 98 ; XIX, 66 ; XXIII, 83 ; XXVII, 67, 68 ; XXXII, 10 ; XXXIV, 7, 8 ; XXXVI, 78 ; XXXVII, 16, 17 ; XLIV, 34, 35, 36 ; XLV, 24, 25 ; L, 2, 3 ; LVI, 47, 48 ; LXXIX, 10, 11.

13. Pour exemple, la partie introductive du verset XIX, 66 *wa-yaqūlu l-ʾinsānu*.

14. Pour exemple, la partie introductive du verset XXXIV, 7 *wa-qāla llaḏīna kafarū*.

15. XI, 7 ; XLVI, 17.

16. Pour exemple, les deux parties introductives présentes dans le verset XLVI, 17 : « *wa-llaḏī qāla li-wālidayhi* » (première proposition introductive) et « *fa-yaqūlu* » (deuxième proposition introductive).

17. On dénombre dix-huit réfutations questionnantes sur l'ensemble des trente-trois occurrences : XIII, 5 ; XVII 49, 51, 98 ; XIX, 66 ; XXIII, 82 ; XXVII, 67 ; XXXII, 10 ; XXXIV, 7, 8 ; XXXVI, 78 ; XXXVII 16, 17 ; L, 3 ; LVI, 47, 48 ; LXXIX, 10, 11.

18. II, 26, 118 ; IV, 77 ; X, 20 ; XIII, 27 ; XX, 133 ; XXV, 41, 60 ; XXVIII, 47 ; LVIII, 8 ; LXXIV, 31.

19. Ch. Plantin, *L'argumentation, histoire, théories et perspectives*, Paris, PUF (« Que sais-je » n° 2087 »), 2005, p. 71.

interrogative à une réponse qui préserve un semblant de communication avec l'adversaire. Tel n'est pas le cas avec la réfutation-assertion.

La réfutation-assertion ou réfutation propositionnelle affirme en effet une position, une croyance, tout en rejetant celle défendue par le Coran. Il ne s'agit plus d'objecter ou d'interroger mais de critiquer l'objet réfuté. Il peut s'agir d'un argument *ad hominem* qui déprécie le porteur du message eschatologique : « *ʾam bihī ğinnatun ?* » (XXXIV, 8) ou encore qui qualifie, et identifie l'annonce eschatologique à de la magie : « *ʾin hādhā ʾillā siḥrun mubīnun* » (XXXVII, 15)[20].

Enfin, la Réfutation ou contre-argumentation ne vise pas seulement à critiquer l'objet réfuté mais aussi à lui opposer un argument pour l'affaiblir. Pour exemple, le contre-discours suivant : *ʾtū bi-ʾābāʾinā ʾin kuntum ṣādiqīna* (45, 24)[21].

Les formes et thèmes de la riposte au contre-discours eschatologique

Située immédiatement après le contre-discours rapporté direct présent eschatologique, la riposte ou CDCR (Contre-Discours Citant de la Riposte coranique) est un énoncé où le locuteur intervient ou modalise le discours de l'adversaire afin de le réfuter. Si la riposte est systématique, il est fréquent qu'elle ne se situe pas dans le verset où le contre-discours se loge[22]. Mais dans le cas contraire, et toujours dans une perspective qui s'attache à la dimension argumentative de ces énoncés, cette riposte peut prendre cinq formes distinctes : l'assertion, l'interrogation rhétorique, l'injonction, la louange ou encore le métatexte.

L'assertion. Elle est une proposition vraie (dans la perspective coranique) dont la première fonction est de contredire et neutraliser le contre-discours. Sorte de « contre contre-discours », elle porte une vision du monde défendue par le locuteur coranique qui tend principalement à magnifier la figure divine. On peut affirmer en l'occurrence que toute présence d'une riposte, et quelle que soit sa forme expressive (affirmation, interrogation, injonction), constitue en soi une assertion.

20. XI, 7 ; XVI 38 ; XXXVII, 15 ; XLIV, 35 ; XLVI, 17 ; L, 2.

21. VI, 29 ; XXIII, 83 ; XXVII, 68 ; XXXII, 10 ; XLIV, 35 ; XLV, 24 ; XLVI, 17 ; L, 3 ; LXXIX, 12.

22. Toujours dans le cadre des discours contre la résurrection des corps, on dénombre cinq énoncés de la riposte qui sont présents à l'intérieur des versets : XIII, 5 ; XVI, 38 ; XXXII, 10 ; XXXIV, 8 ; XLV, 24.

La question rhétorique. Elle est une figure bien connue des livres bibliques qui consiste à poser une (fausse) question en sachant pertinemment qu'elle ne requiert pas de réponse. En cela, elle est une assertion déguisée. Pour exemple, lorsque la riposte coranique pose la question suivante : « *'a-laysa hādhā bi-l-ḥaqqi* » (VI, 30). On conçoit aisément que la question rhétorique n'appelle aucune réponse et qu'elle exprime en réalité une affirmation de la véracité du châtiment divin selon le Coran.

L'injonction. Elle est la forme la plus significative et la plus marquante des ripostes coraniques. Il s'agit de l'emploi du verbe « dire » à l'impératif (*qul*). Dans le cadre de l'énonciation coranique, elle établit une distinction entre un locuteur auteur (l'auteur de l'injonction), un allocutaire (le patient de l'injonction), qui n'est autre que le destinataire premier, et un destinataire second (l'auditeur ou lecteur, lui-même patient de la relation locuteur/allocutaire). Toujours dans le cadre du discours contre la résurrection des corps, on dénombre neuf occurrences[23] où le locuteur coranique enjoint l'allocutaire de répondre aux réfutations de ces adversaires. La riposte introduite par cette injonction mobilise par ailleurs deux formes, celle de l'interrogation[24] et celle de la louange[25].

La louange. Il s'agit de formules liturgiques de glorification ou de la mention de Noms divins[26]. Si l'usage du discours rapporté vise à renforcer l'identité omnipotente de Dieu, les formules liturgiques, en tant que formes particulières du discours coranique, répondent à l'évidence à ce même objectif, avec néanmoins une particularité déterminante : la performativité. On entend par ce terme, dans le cas présent, le fait que l'acte de louer « ne peut être analysé en termes d'information […] » mais bien plutôt en tant qu'acte constituant une action qui « n'est pas simplement un commentaire verbal d'une action qui lui serait extérieure, il est en et par lui-même une action[27] ». Ainsi, la louange joue un rôle stratégique dans l'argumentation coranique car elle « rend la vérité discursive et la discursivité véridique[28] ».

23. La riposte avec comme injonction « dis » (*qul*) concerne les versets suivants : XVII, 50, 100 ; XXIII, 84 ; XXVII, 69 ; XXXII, 11 ; XXXVI, 79 ; XXXVII, 18 ; XLV, 26 ; LVI, 49.

24. XXIII, 85, 87, 89 ; X, 18 ; VII, 28 ; III, 183 ; IV, 78 ; V, 17, 18.

25. XXXI, 25.

26. Cette forme du discours est significativement représentée par les versets suivants : XLV, 26-27.

27. D. Dubuisson, « Ontogenèse divine et structures énonciatives », *Revue de l'Histoire des Religions*, CCXI, fascicule 2 (avril-juin 1994), Paris, PUF, 1994, p. 225-245 (p. 229 pour la présente citation).

28. J. Starobinski, *La relation critique*, Paris, Gallimard (« Le Chemin »), 1970, p. 91.

Le métatexte. Il s'agit d'un discours sur le discours. Appelé aussi méta-discours[29], il est « destiné à construire son image (celle du Dieu coranique), à la fois en tant qu'auteur narrateur du message révélé, et en tant que source et créateur de l'univers[30] ». Le locuteur a ainsi toute liberté d' « intervenir, franchir les frontières, décontextualiser le débat et réorienter le combat »[31]. Pour exemple, on citera la mention du Coran sous une forme métatextuelle dans l'extrait suivant : « *wa-ʾidhā tutlā ʿalayhim ʾāyātunā bayyinātin* » (XLV, 25).

Enfin, dans le cadre du thème de la résurrection des corps, les ripostes coraniques rencontrées à la suite des contre-discours présentent les thèmes suivants : une opposition radicale à l'égard des opposants : « *wa-mā hum bi-mu'minīn*ᵃ » (II, 8) ; voir également II, 80 ; III, 24 ; XIII, 5 ; XXXII, 10 ; XLV, 24 ; XVI, 38) ; le rappel des châtiments post-mortem : « *'a-lā yawm*ᵃ *ya'tīhim lays*ᵃ *maṣrūf*ᵃⁿ *ʿanhum wa-ḥāq*ᵃ *bihim mā kānū bihī yastahzi'ūn*ᵃ » (XI, 8 ; voir également XIII, 5 ; XXXIV, 8 ; XLI, 50) ; l'omnipotence de Dieu et de son savoir : « *'a-ttaḫaḏtum ʿinda Allāh*ⁱ *ʿahd*ᵃⁿ *fa-lan yuḫlifa Allāh*ᵘ *ʿahdahū 'am taqūlūn*ᵃ *ʿalā Allāh*ⁱ *mā lā taʿlamūn*ᵃ (II, 80 ; VII, 187 ; X, 53) ; le rappel du Dieu créateur : « *allaḏī faṭarakum 'awwal*ᵃ *marrat*ⁱⁿ » (XVII, 51) ; l'eschatologie comme promesse réaffirmée : « *waʿd*ᵃⁿ *ʿalayh*ⁱ *ḥaqq*ᵃⁿ *wa-lākinn*ᵃ *'akṯar*ᵃ *n-nās*ⁱ *lā yaʿlamūn*ᵃ » (XVI, 38) ; le défi n'est pas ignoré : « *hātū burhānakum 'in kuntum ṣādiqīn*ᵃ » (II, 111).

L'analyse précédente, conduite dans le cadre d'une approche dite « interne », souligne les spécificités des contre-discours eschatologiques dans le Coran. Mais cette dernière forme littéraire se retrouve également dans le traité du Sanhédrin. Que peut-on alors apprendre d'une confrontation entre deux usages d'une même forme littéraire et polémique ? Nous nous contenterons ici de mettre en lumière les points saillants qui définissent l'originalité de ces contre-discours eschatologiques.

Les contre-discours eschatologiques dans le traité talmudique du Sanhédrin

Le Sanhédrin est un traité talmudique dont l'une des particularités est de faire l'usage, a l'instar du Coran, de contre-discours eschatologiques. Intégré au Talmud de Babylone, ces contre-discours se situent au dernier cha-

29. M. Ben Taïbi, *Le Coran comme texte adressé essai de lecture*, Paris V, 1999, p. 42.

30. *Ibid*., p. 62.

31. L. Gasmi, *Narrativité et production de sens dans le texte coranique* : le récit de Joseph, Paris, EHESS, 1977, p. 156.

pitre de ce traité intitulé « חֵלֶק (une part) ». Comme le rappelle Adin Steinsaltz, ce texte présente entre autres « l'espérance messianique, [...] avec une description des signes précurseurs de la Rédemption, qui doit s'ouvrir sur une ère de paix, de bonheur et de plein épanouissement pour l'humanité tout entière[32] ». C'est dans cette partie textuelle que se situent une suite de questions-réponses ayant trait à la résurrection des corps. On y relève sept contre-discours talmudiques qui se situent en Sanhedrin 90b, et 91a (numérotés ici de 1 à 7) :

90b 1. Les *minim* (מינים) disent : « Pas de résurrection (תחיית) dans la Thora (התורה) ».

2. Les *minim* (מינין) demandèrent au Rabbin Gamaliel (גמליאל) : « Où (מניין) savons-nous que Dieu, béni soit-il (שהקדוש ברוך הוא), ressuscitera les morts (מחיה מתים) ? ».

3. Le Romain (רומיים) demanda au Rabbin Josué b. Hananiah (יהושע בן חנניה) : « Où (מניין) savons-nous que Dieu (שהקב"ה) ressuscitera les morts (מחיה מתים) et que le futur (שעתיד) sera connu (...) ? ».

4. La Reine Cléopâtre demanda (שאלה קליאופטרא מלכתא) au Rabbin Meir (את מ"ר): « Je sais (ידענא דחיי שכבי) [que les morts reviendront à la vie] (...) ».

5. César (קיסר) demanda au Rabbin Gamaliel (גמליאל) : « Tu affirmes que les morts (דשכבי) reviennent à la vie (חיי) ; mais comment ce qui devient poussière (ועפרא) peut revenir à la vie (חיי) ? ».

91a 6. Un *min* (מינא) demanda à R. Ammi (לר' אמי) : « Tu affirmes que les morts (דשכבי) reviennent à la vie (חיי) ; mais comment ce qui devient poussière (ועפרא) peut-il revenir à la vie (חיי) ? ».

7. Un *min* (מינא) dit à Gebiha b. Pesisa (לגביהא בן פסיסא) : « Malheur à toi, homme faible (ווי לכון חייביא), qui affirme que les morts reviendront à la vie (דאמריתון מיתי לא חיין) (...) ! ».

Ces sept extraits talmudiques se définissent tous comme des contre-discours eschatologiques. Ils présentent, sous la forme d'un discours rap-

32. *Le Talmud*, édition Steinsaltz, Guide et lexiques par le rabbin Adin Steinsaltz, Jérusalem, FSJU, Tome I, 1994, p. 4.

porté direct, les propos d'adversaires qui interrogent, doutent ou réfutent radicalement la possibilité d'une résurrection des corps. Intéressons-nous ici aux deux parties qui constituent ces contre-discours. En premier lieu, considérons donc les contre-discours citant introductif dans le traité du Sanhédrin. Réduits à un sujet énonçant désigné, on dénombre quatre protagonistes distincts, collectifs ou individuels : le(s) *min(im)* (quatre occurrences), le Romain (une occurrence), la reine Cléopâtre (une occurrence) et César (une occurrence). À une exception près, ils sont les interlocuteurs de hautes figures du judaïsme rabbinique présents dans l'ensemble du Talmud : Gamaliel (deux occurrences), Josué b. Hananiah, Meir, Ammi, Gebiha b. Pesisa (une seule occurrence pour chacun de ces derniers). À la suite de ces contre-discours citant introductifs, on distingue quatre types de contre-discours rapportés directs talmudiques. Le premier est une réfutation cinglante qui prend aussi la forme à deux reprises d'une interrogation (90b 1, 5. & 91a 6, 7), le second est une concession (90b. 4), le troisième est une interrogation (90b 2, 3). Le thème des trois premiers contre-discours (90b. 1, 2, 3) s'inscrit dans un débat autour de la possible justification et attestation scripturaire d'une résurrection des corps. Les quatre autres occurrences traitent plus spécifiquement de la possibilité d'une résurrection des corps et entraînent une mise en scène d'attitudes d'opposants qui oscille entre concession bienveillante (90b. 4) et rejet affirmé et sans concession (91b. 7).

Les contre-discours coranique et talmudique : convergences et divergences

À l'appui de ces contre-discours introductifs et des contre-discours (rapportés citant), il est possible de relever un fait notoire et intrinsèque à la nature même des contre-discours coraniques et talmudiques. Du point de vue formel, c'est bien leur caractère dialogique qui les réunit, avec la mise en situation d'un échange de paroles entre deux interlocuteurs. Du point de vue thématique, les deux textes partagent également un sujet commun : la résurrection des corps. Mais, au-delà de ces convergences formelles et thématiques, c'est sans nul doute leurs différences qui sont remarquables. Ce sont, en l'occurrence, les protagonistes, les contre-discours eux-mêmes et les ripostes qu'ils entraînent qui divergent significativement. Voyons ces trois derniers points successivement.

Premièrement, les protagonistes. Comme on l'a vu, ils sont dans le Talmud explicitement désignés, bien que leurs indications demeurent dénuées de toute valeur historique. Un « Romain », la « Reine Cléopâtre » ou encore « César » sont des désignations qui renvoient probablement à un contexte de querelles contre le paganisme gréco-latin. Ici, les figures convoquées montrent que « dans leur relation à autrui, les Sages du Talmud projettent très utopiquement sur l'Autre leurs propres préoccupations, car pour eux il n'y a qu'un sujet d'étude digne d'intérêt : la Loi et ses implications (…le monde à venir)… »[33]. Par ailleurs, le terme *min* (pl. *minim*) dont l'identité reste sujette à caution peut désigner éventuellement des chrétiens, des païens, des zoroastriens ou des manichéens[34].

Deuxièmement, qu'en est-il des questions ou affirmations logées dans les contre-discours du Talmud et du Coran ? Deux observations majeures sont à relever. La première tient à la convergence de deux formulations quasi identiques : « Tu affirmes : les morts (דשכבי) reviennent à la vie (חיי) ; mais comment ce qui devient poussière (ועפרא) peut-il revenir à la vie (חיי) ? » et « ils disent : “Quoi ! Lorsque nous serons morts (أإذا متنا) et que nous deviendrons poussière (ترابا) et ossements, serons-nous ressuscités (أإنا لمبعوثون) ?” » (XXXVII, 16). La seconde observation repose sur les thèmes et les formulations relatives à la résurrection. Dans le cas du Talmud, ce qui est recherché est la légitimation de l'événement eschatologique par son enracinement scripturaire. L'entreprise du Talmud est bien de faire croire à l'évènement de la résurrection du fait même qu'elle est énoncée dans la Thora. Pour le Coran, la riposte eschatologique, elle, insiste plus sur les châtiments encourus par ceux qui se moquent de la résurrection.

Troisièmement, consécutives aux affirmations du contre-discours, les ripostes coraniques et talmudiques partagent peu de points communs. Quand le premier insiste sur la condamnation des opposants et sur leur châtiment pour seule rétribution, le texte du Sanhédrin, lui, s'emploie principalement à légitimer l'enseignement de la résurrection des corps en indiquant les passages bibliques qui, selon les sages du Talmud, le justifient.

Les contre-discours eschatologiques et l'identité des opposants coraniques

Ce relevé systématique des convergences et divergences recèle ici un intérêt inattendu. Là où le Coran reste silencieux quant à l'identité de ces adversaires, le Talmud, lui, nous indique les protagonistes des contre-

33. M. Bohrmann, « La Loi dans la société juive », *Dialogues d'Histoire Ancienne* 23/1, 1997, p. 9-53, ici p. 18-19.

34. S. C. Mimouni, *Les Chrétiens d'origine juive dans l'Antiquité*, Paris, Albin Michel, (« Présence du Judaïsme »), 2004, p. 60-71. Comme l'auteur l'écrit : « l'étiquette assez vague de *min* recouvre selon le temps et le lieu, des réalités assez diverses ».

discours. Le verset coranique XXXVII, 16 et l'affirmation talmudique 90b. 5, comme on l'a vu, en sont des exemples éloquents. À partir de ce constat, l'emploi de formulations concomitantes rend tout à fait possible l'identification des opposants coraniques à des figures logées dans un hors-texte, en l'occurrence ici le Talmud. Ainsi, lorsque le Coran rapporte l'opposition à l'idée de résurrection, l'opposant non désigné peut appartenir aux groupes d'opposants explicitement désignés dans le Coran (*Yahūd*, *Naṣārā*, *al-ʿAʾrāb*, *Qurayš*), mais il peut, également, du fait des concomitances formelles et thématiques entre les contre-discours coranique et talmudique, faire référence aux quatre protagonistes distincts, collectifs ou individuels, cités par le Talmud. C'est pourquoi il est possible d'affirmer que le contre-discours eschatologique ouvre le texte coranique à ce qui lui est externe et crée ainsi un « lieu » stratégique de relation avec un hors-texte. Dans cette perspective, l'opposant est une figure fictive, mouvante et transhistorique, somme de toutes les figures convoquées dans le texte et hors de lui. Le phénomène est d'autant plus vrai qu'il s'appuie également sur le caractère décontextualisé de la polémique dans le Coran.

Conclusion

Le travail de comparaison proposé ici entraîne deux observations d'ordre méthodologique. Premièrement, la confrontation des contre-discours entre le Coran et le Talmud s'appuie sur des éléments comparatifs objectivement déterminés. C'est non seulement à partir d'un thème mais aussi à partir d'une forme littéraire équivalente que la relation intertextuelle est envisagée. La comparaison en devient alors plus légitime et la relation entre les deux textes moins sujette à l'approximation d'une vague influence du Talmud sur le Coran. Deuxièmement, la démarche comparative privilégie encore aujourd'hui l'analyse des thématiques communes, de termes similaires ou encore de genres littéraires principalement narratifs et hymniques. On prendra comme exemple l'ouvrage fondamental et classique d'Abraham Geiger[35]. Ce dernier, interrogeant ce que l'Islam doit au judaïsme, proposa d'interroger les idées (*Dem Judenthume angehörige und in den Koran übergegagne Gedanken*) puis les récits (*Aus dem Judenthume aufgenommene Geschichten*) que pouvaient partager le Coran avec la vaste littérature religieuse de la tradition juive (les midrash en particulier). Ce travail fondamen-

35. A. Geiger, *Was hat Mohammed aus dem Judenthume aufgenommen ?* Eine von der Königl. Preussischen Rheinuniversität gekrönte Preisschrift, Bonn, F. Baaden, 1833, V-215 p.

tal a été poursuivi à sa manière par Arthur Jeffery, qui répertorie pas moins de trois cent seize mots étrangers dans le Coran[36]. Ainsi, ce sont les mots, les idées, les récits partagés qui sont ici analysés et comparés. N'y aurait-il pas alors à poursuivre cette voie en proposant une nouvelle confrontation, cette fois sensible aux dimensions polémiques du discours ? Ainsi, et pour notre part, l'enquête consisterait à rechercher dans les textes de la vaste littérature religieuse et polémique de l'Antiquité tardive ce qui s'apparenterait à un contre-discours et à sa riposte. Plus précisément, il s'agirait de s'interroger sur la possible présence d'une forme caractéristique employée par le Coran : la formule *yaqūlūna... fa qul* (littéralement : « *Ils disent : "...". Dis-leur : "..."* »). La relation intertextuelle serait alors envisagée non seulement à l'aune du thème commun de la polémique mais aussi et surtout à l'aune d'une forme énonciative explicite et partagée, c'est-à-dire la présence d'un contre-discours. Leur détermination permettrait, on le suppose, de mieux comprendre les processus d'emprunts qui président à la construction d'une figure de l'opposant dans le Coran, comme le laisse entrevoir la comparaison entre les contre-discours coranique et talmudique.

Mehdi Azaiez

Liste complète des contre-discours eschatologiques dans le Coran

āmannā bi-Allāh^{i} *wa bi-l yawm*^{i} *l-ʾāẖir*^{i}	II, 8
lan tamassanā l-nār^{u} *ʾillā ʾayyām*^{an} *maʿdūdat*^{an}	II, 80
lan yadẖul^{a} *l-ǧannat*^{a} *ʾillā man kāna hūdan ʾaw naṣārā*	II, 111
lan tamassanā l-nār^{u} *ʾillā ʾayyām*^{an} *maʿdūdāt*^{in}	III, 24
in hiy^{a} *ʾillā ḥayātunā l-dunyā wa mā naḥn*^{u} *bi-mabʿūṯīn*^{a}	VI, 29
ayyāna mursāhā	VII, 187
matā hāḏā l-waʿd^{u} *ʾin kuntum ṣādiqīn*^{a}	X, 48
a-ḥaqq^{un} *huwa*	X, 53
in hāḏā ʾillā siḥr^{un} *mubīn*^{un}	XI, 7
mā yaḥbisuh^{u}	XI, 8

36. A. Jeffery, *The foreign vocabulary of the Qurʾān*, with a foreword by G. Böwering and J. Dammen Mc Auliffe, Leiden, Brill (« Texts and Studies on the Qurʾān », 3), 2007, XX-311 p. Bibliogr ; index. Réédition de Jeffery (Arthur), *The foreign vocabulary of the Quʾrân*, Baroda, Oriental Institute (« Gaekwad's Oriental Series », 79), 1938, 311 p.

aʾiḏā kunnā turāb^{an} *ʾaʾinnā la-fī ḫalq*^{in} *ğadīd*^{in}	XIII, 5
lā yabʿaṯ^{u} *Allāh*^{u} *man yamūt*^{u}	XVI, 38
aʾiḏā kunnā ʿiẓām^{an} *wa-rufāt*^{an} *ʾaʾinnā la-mabʿūṯūn*^{a} *ḫalq*^{an} *ğadīd*^{an}	XVII, 49
man yuʿīdunā / matā huw^{a}	XVII, 51
aʾiḏā kunnā ʿiẓām^{an} *wa-rufāt*^{an} *ʾaʾinnā la-mabʿūṯūn*^{a} *ḫalq*^{an} *ğadīd*^{an}	XVII, 98
a-ʾiḏā mā mitt^{u} *la-sawf*^{a} *ʾuḫrağ*^{u} *ḥayy*^{an}	XIX, 66
matā hāḏā l-waʿd^{u} *ʾin kuntum ṣādiqīn*^{a}	XXI, 38
aʾiḏā mitnā wa-kunnā turāb^{an} *wa ʿiẓām*^{an} *ʾa-ʾinnā la-mabʿūṯūn*^{a}	XXIII, 82
la-qad wuʿidnā naḥn^{u} *wa-ʾābāʾunā hāḏā min qabl*^{u} *ʾin hāḏā ʾillā ʾasāṭīr*^{u} *l-ʾawwalīn*^{a}	XXIII, 83
aʾiḏā kunnā turāb^{an} *wa- ʾābāʾunā ʾa-ʾinnā la-muḫrağūn*^{a}	XXVII, 67
la-qad wuʿidnā hāḏā naḥn^{u} *wa- ʾābāʾunā min qabl*^{u} *ʾin hāḏā ʾillā ʾasāṭīr*^{u} *l-ʾawwalīn*^{a}	XXVII, 68
matā hāḏā l-waʿd^{u} *ʾin kuntum ṣādiqīn*^{a}	XXVII, 71
aʾiḏā ḍalalnā fī l-ʾarḍ^{i} *ʾaʾinnā la-fī ḫalq*^{in} *ğadīd*^{in}	XXXII, 10
matā hāḏā l-fatḥ^{u} *ʾin kuntum ṣādiqīn*^{a}	XXXII, 28
lā taʾtīnā l-sāʿat^{u}	XXXIV, 3
hal nadullukum ʿalā rağul^{in} *yunabbiʾukum ʾiḏā muzziqtum kull*^{a} *mumazzaq*^{in} *ʾinnakum la-fī ḫalq*^{in} *ğadīd*^{in}	XXXIV, 7
matā hāḏā l-waʿd^{u} *ʾin kuntum ṣādiqīn*^{a}	XXXIV, 29
matā hāḏā l-waʿd^{u} *ʾin kuntum ṣādiqīn*^{a}	XXXVI, 48
man yuḥyī l-ʿiẓām^{a} *wa- hiy*^{a} *ramīm*^{un}	XXXVI, 78
in hāḏā ʾillā siḥr^{un} *mubīn*^{un}	XXXVII, 15
aʾiḏā mitnā wa-kunnā turāb^{an} *wa-ʿiẓām*^{an} *ʾa-ʾinnā la-mabʿūṯūn*^{a}	XXXVII, 16
a-waʾābāʾunā l-ʾawwalūn^{a}	XXXVII, 17
hāḏā lī wa-mā ʾaẓunn^{u} *l-sāʿat*^{a} *qāʾimat*^{an} *wa-la-ʾin ruğiʿt*^{u} *ʾilā rabbī ʾinn*^{a} *lī ʿindah*^{u} *la-l-ḥusnā*	XLI, 50
inna hāʾulaʾi la-yaqūlūn^{a}	XLIV, 34
in hiy^{a} *ʾillā mawtatunā l-ʾūlā wa-mā naḥn*^{u} *bi-munšarīn*^{a}	XLIV, 35
faʾtū bi-ʾābāʾinā ʾin kuntum ṣādiqīn^{a}	XLIV, 36

mā hiy^{a} *ʾillā ḥayātunā l-dunyā namūt*^{u} *wa- naḥyā wa-mā yuhlikunā ʾillā l-dahr*^{u}	XLV, 24
tū bi-ʾābāʾinā ʾin kuntum ṣādiqīn^{a}	XLV, 25
mā nadrī mā l-sāʿat^{u} *ʾin naẓunn*^{u} *ʾillā ẓann*^{an} *wa-mā naḥn*^{u} *bi-mustayqinīn*^{a}	XLV, 32
uff^{in} *lakumā ʾa-taʿidāninī ʾan ʾuḫraǧ*^{a} *wa-qad ḫalat*^{i} *l-qurūn*^{u} *min qablī / mā hāḏā ʾillā ʾasāṭīr*^{u} *l-ʾawwalīn*^{a}	XLVI, 17
hāḏā šayʾ^{un} *ʿaǧīb*^{un}	L, 2
aʾiḏā mitnā wa-kunnā turāb^{an} *ḏālik*^{a} *raǧʿ*^{un} *baʿīd*^{un}	L, 3
ayyān^{a} *yawm*^{u} *l-dīn*^{i}	LI, 12
aʾiḏā mitnā wa kunnā turāb^{an} *wa- ʿiẓām*^{an} *ʾa-ʾinnā la-mabʿūṯūn*^{a}	LVI, 47
a-wa ʾābāʾunā l-ʾawwalūn^{a}	LVI, 48
matā hāḏā l-waʿd^{u} *ʾin kuntum ṣādiqīn*^{a}	LXVII, 25
ayyān^{a} *yawm*^{u} *l-qiyāmat*^{i}	LXXV, 6
aʾinnā la-mardūdūn^{a} *fī l-ḥāfirat*^{i}	LXXV, 10
aʾiḏā kunnā ʿiẓām^{an} *naḫirat*^{an}	LXXIX, 11
tilk^{a} *ʾiḏ*^{an} *karrat*^{un} *ḫāsirat*^{un}	LXXIX, 12
ayyān^{a} *mursāhā*	LXXIX, 42

BIBLIOGRAPHIE

Mehdi Azaiez, 2012, *La polémique dans le Coran, Essai d'analyse du contre-discours et de la riposte coranique*, Aix-en-Provence, Thèse de doctorat, 448 p.

Mustapha Ben Taïbi, 1999, *Le Coran comme texte adressé. Un essai de lecture*, Paris V, Thèse de doctorat.

Monette Bohrmann, 1997, « La Loi dans la société juive », *Dialogues d'Histoire Ancienne* 23/1, p. 9-53.

Daniel Dubuisson, 1994, « Ontogenèse divine et structures énonciatives », *Revue de l'Histoire des Religions*, Paris, PUF, p. 225-245.

Laroussi Gasmi, 1977, *Narrativité et production de sens dans le texte coranique* : le récit de Joseph, Paris, EHESS.

Abraham Geiger, *Was hat Mohammed aus dem Judenthume aufgenommen ?* Eine von der Königl. Preussischen Rheinuniversität gekrönte Preisschrift, Bonn, F. Baaden, 1833, V-215 p.

Jane Idleman Smith & Yvonne Yazbeck Haddad, 2002, *The Islamic Understanding of death and resurrection*, Oxford, Oxford University Press, 262 p.

Arthur Jeffery, 2007, *The Foreign Vocabulary of the Qur'ān*, with a foreword by Gerhard Böwering and Jane Dammen Mc Auliffe, Leiden, Brill (« Texts and studies on the Qur'ān, 3 »), XX-311 p., Bibliography et index (1ère éd. : Baroda, Oriental Institute, « Gaekwad's Oriental Series », n° 79), 1938, 311 p.).

Simon Claude Mimouni, 2004, *Les Chrétiens d'origine juive dans l'Antiquité*, Paris, Albin Michel (« Présence du Judaïsme »), 261 p.

Christian Plantin, 2005, *L'argumentation, histoire, théories et perspectives*, Paris, Presses Universitaires de France (« Que sais-je », n° 2087), 127 p.

Jean Starobinski, 1970, *La relation critique*, Paris, Gallimard (« Le Chemin »), 408 p.

Talmud (Le), L'édition Steinsaltz, Guide et lexiques par le rabbin Adin Steinsaltz, Jérusalem, FSJU, Tome I, 1994, 290 p.

Talmud (Sanhedrin) online (http://www.mechon-mamre.org/b/l/l4411.htm).

MIN AL-BAʿAD ILÁ AL- ĀḪIRA: POETIC TIME AND QURʾANIC ESCHATOLOGY

The notions of *ad-dunyā* and *al-āḫira* are perhaps the two most fundamental concepts of the Qurʾān's eschatology. The pair is commonly understood as a literal reference to the *here and now* and *the hereafter* respectively. According to the general and commonly held view regarding the relationship of these concepts to their precedent Biblical homologues the prophet Muhammad[1]

> "was impressed with eschatological ideas about the descriptions of the occurrences which were to take place on the last day. Contending that the 'insured children of Abraham [the Jews]' did not feel the crushing terror of God's last judgment, J. Wellhausen[2] concluded that Muhammad must have been greatly influenced by Christian eschatological ideas, especially the descriptions of the punishment of the sinners as they were spread in Arabia by monks and hermits who lived in the deserts of the Arabian peninsula. However after a thorough examination of Koranic material, T. Andrae[3] concluded that Wellhausen's assumption has no foundation in the Koran. No decisive judgment can be made as to which religion – Judaism or Christianity – was more influential in Muhammad's formulation of an eschatology. In any event, it may be added that the same ideas are to be found in the poems of Jews in Arabia, and the works of the *ḥanīfs [sic] and contemporary pagan poets. The texts found among the Dead Sea Scrolls show that these ideas were familiar to Jewish circles in pre-Christian times. Thus, it is probable that the beliefs about resurrection, the last judgment, paradise, and hell were current in Arabia among Jews, Christians, and Arabs alike. It is therefore not astonishing that Koranic eschatological descriptions and beliefs have parallels in the Apocrypha, the aggadah, and the apocalypses."

1. Louis F. Hartman *et al.*, "Eschatology", *Encyclopaedia Judaica*, Michael Berenbaum and Fred Skolnik eds., 2nd ed., Vol. 6, Detroit, Macmillan Reference USA, 2007, pp. 489-504. Gale Virtual Reference Library. Web. 14 May 2014.
2. J. Wellhausen, *Reste arabischen Heidentums*, 1897, p. 240.
3. Andrae Tor, *Der Ursprung des Islams und das Christentum*, 1926, pp. 83 ff.

In this paper[4] special emphasis is laid on terms and expressions with a known Biblical pedigree but which do not appear frequently in the Qurʾān, namely those pertaining to the expression *olam ha-ba*. The larger survey I conducted showed that there is much evidence in pre-Islamic poetry of the presence of eschatological notions, thus supporting the claim that such related beliefs were current among the people of Arabia before Islam[5]. If the observations presented here are valid, then Arabs before the prophet Mohammed most likely knew – though were not necessarily impressed by- the ideas of resurrection and life after death and even incorporated them in poetry. What the prophetic mission did was to change their attitude – from nihilism to optimism – towards what they already knew, rather than teach them something new, something they knew nothing about before.

Qurʾanic Concepts and the Poetic Past

The notion of *d-dahr* is well recognized to refer to the totality of passing time[6], as a single, undivided, uninterrupted entity that stretches in an indefinite span. However, how did the Arabs refer to the beginning of a given time span or to its end, and how did they refer to the bygone forgotten past or the unknown distant future? From the survey of poetry sources[7] it

4. This paper is part of a PhD thesis in which I conduct a literary investigation of the pair *ad-dunyā* and *al-āẖira* as well as other time and destiny related notions in pre-Islamic poetry and the Qurʾān: cf. "*Ad-dunyā* and *al-āẖirah* in the *Qurʾān* and Pre-Islamic Poetry", Freie Universität-Berlin, 2011.

5. Cognates of expression like *be-ʾaẖarit ha-yamim* or *be-ʾaẖarit*, where commonly used in pre-Islamic; *āẖir al-ayyām*, *ʾāẖir d-dahrī, ʾāẖir al-aḥqāb, ʾāẖir al-abad.* Cf. the above mentioned PhD dissertation.

6. Watt, W. Montgomery, "*Dahr*" *Encyclopaedia of Islam*, Second edition, edited by P. Bearman, Th. Bianquis, C.E. Bosworth, E. van Donzel and W. P. Heinrichs, Brill Online, 2014. Reference. Universitätsbibliothek der Freien (Univ Berlin). 18 May 2014; "Dahr ist die ganze Zeit, sei es eines einzelnen, einer Gemeinschaft von Zeitgenossen oder gar der Welt", Georges Tamer, *Zeit und Gott*: *Hellenistische Zeitvorstellungen in der altarabischen Dichtung und im Koran*, Walter de Gruyter, Berlin, 2008, p. 54.

7. Al-Khalīl b. Aḥmad al Farāhīdī, Kitāb *al-ʿAyn*, Mahdī al-Maẖzūmī and Ibrāhīm as-Sāmirrāʾī eds., Beirut, Aʿlamī Publishers, 1988; Abū Manṣūr al-Azharī, *Tahḏīb al-Luġah*, Abd al-Salām Hārūn ed., Cairo, al-Dār al-Maṣriyyah, n.d.; Lyall, Sir Charles James, *al-Mufaḍḍaliyyāt*: An Anthology of Ancient Arabian Odes, Oxford, Clarendon Press, 1918; Abū Saʿīd al-Aṣmaʿī, *Dīwān al-Aṣmaʿiyyāt*, Muḥammad Nabīl Ṭurayfī ed., Beirut, Dār ṣādir, 2005; al-Khaṭīb at-Tibrīzī, *Šarḥ al-Muʿallaqāt al-ʿAšr al-Muḏahabbāt*, Omar Fārūq aṭ-Ṭabāʿ ed., Beirut, Dār al-Arqam, n.d.; Abū Tammām aṭ-Ṭāʾī, *Dīwān al-Ḥamāsah*, Kebīr ed-Dīn Aḥmed ed., Calcutta, Lisī, 1856; Ibn aš-Šaǧarī, *Mukhtārāt Šuʿarāʾ al-ʿArab*, ʿAli Muḥammad al-Biǧǧāwī ed., Beirut, Dār aǧ-ǧīl, 1994.

appears that two correlation pairs, namely *'awwal'* and *'āḫir'*, and *'dunyā'* and *'ba'ad'* served just this function. Moreover, *'al-ba'ad'*, which, as I will try to show, probably signified something like 'the distant', 'the after', 'the further', ergo: 'beyond' was not only set in contradistinction to *'ad-dunyā'* the 'here and now' but was also contrasted with *'al-bu'd'*, which literally signifies 'the distant', but here in the sense of 'the bygone' *distant past.*

The first and perhaps more interesting pair in the pre-Islamic division of the temporal landscape is that of *'ad-dunyā'* and *'al-ba'ad'*[8] ; this pair has already been noticed by Bravmann[9] albeit without the detailed discussion that it deserves. Perhaps Bravmann's article was more of a quick note on a potentially fruitful idea. Here I will try to paint a fuller and more detailed picture of the uses of this pair in older poetry. One should note from the outset that there is a limited number of examples for the pair *'ad-dunyā'* and *'al-ba'ad'*, unlike examples of the uses of *'bu'd'* and examples of the pair *awwal-āḫir* that abound in pre-Islamic poetry. Indeed with the exception of the use of *'dunyā'* in opposition to *'ba'ad'*, the term *'dunyā'* is itself almost absent from pre-Islamic poetry and seems to have been introduced into ordinary parlance by the Qur'ān or around the time of its revelation.[10]

Perhaps the verse that best exemplifies the use of the pair is the one by the poet Ṭarafa[11], part of a nine verse fragment eulogizing an unspecified past people (most probably the poet's supposed ancestors):

Nubalā'u s-sa'yi min ǧurṯūmatin // tatruku d-dunyā wa-tanmī li-l-ba'adī

Of noble endeavor, from a seedling // that leaves the here and now, and subscribes to the 'beyond' (lit. hereafter).

In the verses preceding this verse in the poem, the poet described these people as resilient *'ġayr ankās'*, supportive of the wise among them *'anṣār ḏī l-ḥilm'*, generous/forgiving *'sumaḥā''*, etc. In the verse cited above, they are described as being the kind that are not attached to the 'here and now' but subscribe, belong, or aspire to *'tanmī'* the distant future, the 'hereafter', the 'yet to come'. Although I opted for 'beyond' in my english rendering

8. See the entry b-'-d in *Al-'Ayn*, vol. 2, p. 53.

9. M. M. Bravmann, *The Spiritual Background of Early Islam: Studies in Ancient Arab Concepts*, Leiden, E. J. Brill, 1972, pp. 32-39.

10. A detailed account of this is provided in a chapter titled *'dunyā'* in the aforementioned thesis.

11. *Ibid.* p. 34, see also Ahlwardt, *Dīwāns*, p. 54 3:6

of the verse, an exact literal translation for *'al-baʿd'/'baʿad'* proves rather elusive. The term is grammatically either: a nominalization of the adverbial article *'baʿd'* in the sense of 'yet', or of the prepositional 'after', so what we have is 'the yet [to come]' or 'the after'; alternatively it is a substantive from the plural of adjective *'bāʿid'* (spatio-temporally distant), namely *'baʿad'*, this last analysis is suggested by ağ-al-Ǧawarī in his *Ṣiḥāḥ*[12] in interpreting the following verse from an-Nābiġa aḏ-Ḏubyānī praising an-Nuʿmān[13]:

> *Fa-tilka tubliġunī n-Nuʿmāna inna lahū // faḍlan ʿalá n-nāsi fī l-adná wa-fī l-baʿadī*

> And this [mount] will take me to an-Nuʿmān, // for he has grace over people, both in the 'here and now' [lit. closer] and the 'beyond'.

The near and the distant *'al-adnā'* and *'al-baʿadi'* are to be understood in their wider senses here, for they designate the 'near and the far', in the temporal or the spatial senses. Ağ-Al-Ǧawharī recognized the above reading but himself reads the second hemistich as: *'fī l-adnīn wa-fī l-baʿadī'*, i.e. 'among the near *people* and the distant [people!] alike'; he adds that *adnīna* in this case is the plural form of *'adnā'* and *'baʿadi'* is the plural for *'bāʾid'*. Even if we accept ağ-al-Ǧawharī's reading of the term as being a reference to people, it does not radically change the meaning of the verse, for *'bāʿid'* designates the distant person both spatially and temporally and more so the latter than the former; and therein lies its difference with *'baʿīd'*, which also refers to both but is more commonly used to refer to the spatial distance. I am not sure, however that we are obliged to follow ağ-al-Ǧawharī's position, for the term need not be a plural form at all, and I am more inclined to agree with what is stated in *al-ʿAyn* under b-ʿ-d about the adverbial *'baʿd'*, 'yet' or the preposition 'after' being the basic senses that underlie other uses; this being the simplest explanation. This reading is supported by this later verse by Ibrāhīm al-Mahdī[14] (d. 839 AD):

> *A-lam tarā anna š-šayʾa li-š-šayʾi ʿillatun // takūnu lahū ka-n-nāri tuqdaḥu bi-z-zanadī*
> *Kaḏālika ğarrabtu l-umūra wa-innamā // yadulluka mā qad kāna qablu ʿalá l-baʿadī*

> Have you not seen that one thing is a cause for another: // one is to the other as the lighter is to the fire.

12. *Aṣ-Ṣiḥāḥ*, vol. 2, p. 448, entry for b-ʿ-d.
13. *Ahlwardt*, *Dīwāns*, p. 7. 5:20.
14. *Al-Aġānī*, vol. 20, p. 47.

That is how I have experienced things to be // for what was before indicates to you what is yet [to come].

Moreover, and contra aǧ-al-Ǧawharī's analysis, it is *'abāʿid'* that seems to be the more common plural form for *'bāʿid'* and the plural for *'baʿīd'* is rather *'buʿudu'*, as the following verse from al-Ḥāriṯ b. Kilda shows:

Wa-mina n-nāsi man yaġšā l-abāʿida nafʿuhū // wa-yašqā bihī ḥattā l-mamāta aqāribuh
Wa-in yakun ḫayran fa-l-baʿīdu yanāluhū // wa-in yaku šarran fa-bnu ʿammika ṣāḥibuh

And some people's favors reach (*lit.* cover) even the distant ones // while his close of kin toil with him till the day he dies.
And if it be a good, then the distant takes it // and if it be an evil, then I (*lit.* your cousin) receive it.

Then this verse by Zuhayr[15]:

Fa-stamṭiru l-ḫayra min kaffayhi innahumā // bi-saybihī yatarawwa minhuma l-buʿudū

Seek the good fortune from the palms of his hands; for // from what flows from them drinks the distant.

Although the scarcity of literary and grammatical data on the terms in question might not enable us to identify the exact relations between the plural and the singular forms, or obtain a satisfactory analysis of the exact morphological development of the term, it is safe to say, for our purposes at least, that the variety of senses, plurals and forms show that the notion of *'baʿad'* was used, and qualified a specific portion of the pre-Islamic cosmological-cum-moral terrain. The last verse by Zuhayr for example, is part of a panegyric to a tribe from the people of Ġatfān called Banū Sinān, and the fact that even the distant benefit from their generosity is not to be separated from the virtue of being concerned with 'the beyond' rather than that which is 'close at hand'. And the same can be said about aǧ-al-Ǧawharī's alternative reading of an-Nābiġa's verse construing the term to be a reference to people rather than to a spatio-temporal position, 'the beyond' as a moral aim, although temporal in its logical bases, extends to cover the spatial and social elements as well: if attachment to the 'here and now' is the thing to avoid, then subscribing to 'the beyond' takes on several meanings: first, venturing

15. *Šarḥ Dīwān Zuhayr* by Abū ʿAbbās Ṯaʿlab, Ḥanna Nasr al-Ḥittī ed., Beirut, Dār al-kitāb al-ʿArabī, 2004, poem n. 22, verse 20, p. 203.

into the 'distant regions'[16], a surely fruitful virtue for a nomadic Arab on the constant look-out of new pasture lands; second, having a far-reaching effect on his social environment are both qualities that the ancient Arab appreciated for sure. Looking at the rest of the poem by Zuhayr, we are informed that the people eulogized were moved to a far residence *'mubāʿadah'* and themselves gone and bygone *'baʿudu'*, yet this does not inhibit their continued presence in the poet's heart:

In tumsī dāruhum ʿannā mubāʿadatan // fa-mā l-aḥibbatu ilā humu wa-in baʿudū

Even if their residence became far from us // they remain our loved ones, even if they perished (*lit.* became far, are bygone)

Note here that the poet is not referring to the *'ẓaʿn'* (nomadic departure or transhumance) of the people in question[17], for he mentions these same people that 'became far' again in verses 27 and 28 towards the end of the poem, where we learn that they perished and are not merely departed:

Law kāna yaḫludu aqwāmun bi-mağdihimu // aw mā taqaddama min ayyāmihim ḫaladū
Aw kāna yaqʿudu fawqa š-šamsi min karamin // qawmun biʾawwalihim aw mağdihim qaʿadū

If people were eternalized by their glory // or by their preceding days, then these [people] would have [been eternalized]
Or if people were to be seated above the sun by the honor // of their first [ancestors], then these would have been seated

Apart from the limited uses of the term that put it in contradistinction to derivatives of d-n-w, *'al-baʿad'* as a purpose of virtuous conduct appears in some verses alone without the presence of its logical counterpart *'ad-dunyā/ al-adnā'* as can be seen in this verse by aš-Šanfara[18]:

Wa-ʾaʿdamu aḥyānan wa-aġnā wa-innamā // yanālu l-ġinā ḏū l-buʿdati[19] *l-mutabaḏḏilū*

16. M. M. Bravmann, *Spiritual Background*, p. 36.

17. The two however are not be entirely separated, as the key term in many of the *'raḥīl'* scenes is the adjectival *'baʿda'*, and what happens 'after' they are gone.

18. *Ḫazānat al-Adab*. n. 226. vol. 3, p. 340.

19. Also *'biʿdati'*, see az-Zamḫšarī's *Aʿğab al-ʿağab fī šarḥ lāmiyyat al-ʿarab*, Ḥamzāwī, Egypt, Muḥammad Muḥammad Maṭar al-Warrāq Prints, 1328 A.H, p. 48.

And at times I am destitute, and at others unneedful[20] // but true wealth is obtained by he who spares no expense and [is dedicated to] 'the beyond' (*alt.* the yet to come, or possibly 'he who ventures far').

The expression *'ḏu al-buʿdah'* is explained by az-Zamaḫšarī in his *Asās al-balāġa* under b-ʿ-d as: *'baʿīd al-himmah'* that is someone who is willing to go 'quite a ways' in dealing with matters. But from what we have seen, one might add that it is also a reference to one whose concern is for the future or what lies beyond immediate concerns in general, and not just the 'here and now' of the *'dunyā'* as we saw in an-Nābiġa's verse above. Although the distinction between the spatial and the temporal distance or between the virtue of subscribing to 'the beyond' and the need to 'reach further' or 'venture far' is not always clear, we do find cases were the poets distinguish between them in order to emphasize one aspect over another, as in this verse by ʿAbīd b. al-Abraṣ[21] praising Banū Asad in their battle against Banū Ġassān:

Aw la-atūka bi-ǧamʿin lā kafāʾa lahū // qawmin humu l-qawmu fī l-anʾá wa-fī l-buʿudī

Or they shall bring upon you folks of an unequal [force] // they are the folks in 'the remote' and in the 'distant'.

'Al-anʾá' in this case refers to geographical distance, and possibly to people that set themselves apart socially or are of distinguished lineage; *'buʿud'*, in this case, would refer to the spatio-temporally distant people. The verse praises Banū Asad, for continuing to have the upper hand over their enemies, no matter how distinguished these adversaries reckon themselves to be. The similarity of meaning between *'anʾá'* and *'buʿud'* prompted Lyall to claim that the original reading was probably *'fī l-adná'* thus bringing it back to the standard and more recurrent correlation pair d-n-w/b-ʿ-d. This is a reasonable supposition, but it need not be the case as it is quite possible that the poet took it for granted that the praised Banū Asad have the upper hand in the *adnā* and hence saw no point in stating it, but wanted to emphasize the 'distance' element in all its forms (*nāʾī, baʿīd*: remote, distant respectively). Moreover, *'nāʾī'* and *'baʿd'* are used elsewhere in conjunction with one another to refer to different kinds of distant, as in Ṭarafa's famous

20. 'Unneedful' is admittedly a rare form, which according to the *OED* means "not standing in need of something", but is a better translation of *'aġnā'* than the commonly used 'rich'; the different uses of the Arabic term shows that it rather refers to being *sufficient*, i.e. not being in a state of need or want, as opposed to *having plenty* that 'rich' implies.

21. *Dīwān ʿAbīd*, Sir Charles Lyall ed., Leiden, E. J. Brill, 1913, p. 46, XIV: 5.

plaint about the injustices of his cousin Mālik, who does not cease to commit one injury after another against the poet:

> *Fa-mālī arānī wa-bna ʿamī Mālikan // matā adnū minhu yanʾa ʿannī wa-yabʿudī*
>
> Then why is it that my cousin Mālik behaves that way // every time I approach him, he becomes aloof and keeps his distance!

Here we have *'adnū'*, *'yanʾā'* and *'yabʿudī'*, the first standing in opposition to the two following it, with the last two representing slightly different forms of distance, the personal distance of aloofness that the poet's cousin seems to maintain and the physical distance kept by avoiding the poet's company.

Before turning to *'al-buʿd'* in the sense of 'bygone' past, I will conclude[22] my observations of the notion of *'baʿd'* 'beyond' with an oft-cited poem of Arabic literature by al-Afwah al-Awdī as it appears in the *Amālī* of al-Qāli[23], where derivatives of the root b-ʿ-d appear in three different points of the poem, and together offer a full yet concise poetic context. In order to provide proper context, but keeping to brevity, I will quickly summarize the verses leading to the verses in question. The poem begins [v. 1] with a plaint against the poet's fellow tribesmen, who seem to ruin whatever those before them have built and [v. 2] never heed the call of the wise. Then the poet compares these unwholesome characters to Qīl b. ʿAmr [v. 3] an unjust ruler of the tribe of ʿĀd, or [v. 4] to Qudār the character reputed to have brought ruin upon his folks by his ill suggestion that they slaughter the camel of the well known incident from Arabic legend, both of which re-occur, albeit in less explicit terms, in the Qurʾān. Verses 5-10 contain a long retort on the value and necessity of the solid and sober leadership of wise men, for otherwise the impetuous, the ignorant and the wicked shall inevitably rule, which he reckons to have indeed become the case in his own tribe. Following these circumstances the poet decides to depart and leave them behind; the last three verses, which describe his decision, are the focus of our interest here:

22. Another, no less important sense of the poet's dedication to *'al-baʿad'* as a moral virtue, is his dedicated striving to obtain or maintain a 'far-reaching' lineage, blood line or pedigree, also with conjunction with *'nāʾin'* as in this verse by Zuhayr:

Wa-ḏī nasabin nāʾin baʿīdin waṣaltuhū // bi-mālin wa-mā yadrī bi-annaka waṣiluh

And many a man of far reaching, distinct lineage, you maintained // with property, [spent with such discretion] that he did not know that you had maintained it.

Ahlwardt, *Dīwāns*, n. 15, v. 36, p. 93, see Ibn Qutayba's *aš-Šiʿr wa-š-šuʿarāʾ*, Aḥmad Muḥammed Šākir ed., Cairo, Dār al-Maʿārif, 1958, n. 222, v. 5, vol. 1, p. 150.

23. *Amālī* of al-Qālī, vol. 2, p. 225; see also, *aš-Šiʿr wa-š- Šuʿarāʾ*, n. 365, vol. 2, p.223.

11- *Ḥāna r-raḥīlu li-qawmin wa-ʾin baʿudu // fīhim ṣalāḥun li-murtādin wa-iršādū*

12- *Fa-sawfa aǧʿalu buʿda l-arḍi dūnakumu // wa-in danat raḥimun minkum wa-mīlādū*

13- *Inna n-naǧāta iḏā mā kunta fī nafarin // min uǧǧati l-ġayyi ibʿādun fa-ʾibʿādū*

11- It is time to depart to a people-even if they are distant (perished; *alt.* are now bygone), // they are [possess] goodness and guidance for those who seek it.

12- I shall make the earth's distance between us // even if I be related to you by birth and close kin.

13- Redemption, when one belongs to a clan // that is immersed in injustice; is going beyond and then beyond [the beyond].

In the 11th verse the poet decided to depart, to a people that have become distant *'baʿudū'*, i.e. have perished and are bygone; he is set on leaving his compatriots behind [v. 12], for despite all that binds him to them, their vicious nature made him adamant on making the earth's distance[24] i.e. the distance from one end of the world to the other, between them and him, i.e. separating himself fully from his contemporaries and seeking these 'distant peoples'. But what kind of 'departure' does the poet have in mind? Perhaps it is a departure to some ancestral past or to greatness that lies beyond the 'here and now'; the kind of departure that is occasioned by death or a metaphorical departure to a better state of existence. The aim of his departure appears in the last verse, where the poet states that redemption (*'naǧāt'*) when one is surrounded by injustice lies in *'al-ibʿād'*, what he means here by *'ibʿād'* can not be relocation to the people he wishes to be with, for they already perished as the poem implies, unless he has his own death in mind, which might be the case. Yet the repetition *'ibʿādun fa-ibʿād'* suggests that he has more than a simple departure in mind, but rather an aim to reach beyond the beyond! It is likely that he has the global sense of 'beyond' in mind, which involves the temporal, spatial and moral aspects of striving to transcend his actual state, go further... beyond the 'here and now'. Another possibility is that each of the two instances of *'ibʿād'* are intended in different senses, one is distancing in the sense of aiming for the 'yet to come' or what is beyond the 'here and now', while the other is distancing in the sense of perishing, where a slightly fatalistic tone underlies the poet's beliefs after all: first it is greatness that shall come by aiming beyond (*'baʿad'*) and

24. The expression *'buʿd al-arḍ'* is a recurrent one in Arabic according to *Lisān al-ʿArab* under ġ-w-l, *'buʿd al arḍ'* is explained as *'ġawluhā'*, i.e. its wilder distant parts, which present difficulties for the translator. It is claimed in the *Lisān* that it is so called because it brings sojourners to loss, perdition and irrecoverably remote places.

then ruination to follow (*'bu'd'*). What he meant for sure remains far from determinable with any degree of certainty. Suffice it to say that *'al-ba'ad' qua* 'beyond' appears in correlation pair with the mention of *'dunyā'* in pre-Islamic poetry and that it has the sense of the moral-cum-temporal 'beyond'.

The Poetic *bu'd*

From the *'ba'ad'* of the distant future I will move to the diametrically opposed notion of *'bu'd'*. In the same way that *'al-ba'd'* signifies the 'beyond' or 'yet to come' *future*, one finds that *'al-bu'd'* refers to forgotten history and the oblivion of the distant *past*. Although examples of *'al-ba'ad'* in the sense of beyond are relatively few, cases of *'al-bu'd'* abound in pre-Islamic poetry; often found in sections where the poet is lamenting the gone and departed both living and dead, as in the following verses from Abū Qays b. Rufā'a[25]:

Iḏā ḏukirat Amāmatu farṭa ḥawlin // wa-law ba'udat maḥillatuhā ġarītū
Ukallafuhā wa-law ba'udat nawāhā // ka'innī min taḏakkurihā ḥumītū

If Amāma is mentioned, even after a year had passed // and even if her residence be distant, I am tempted.

She is my heart's burden, even if we are separated by distance: // for her memory still strikes me like a fever.

'Bu'd' as an adjective referring to the state of the 'gone and departed' appears in a number of functions. Often the poet comes *after 'ba'd'* the beloved is gone, or describes the number of years that passed or his own state or the state of things after them *'ba'dahum'*, *'ba'dī'* etc. These cases are very common; one good example is the following verses by Zuhayr[26]:

La'iba z-zamānu bihā wa-ġayyarahā // ba'dī sawāfī l-mawri wa-l-qaṭarī

Time has claimed it as its playground and changed it // after erosive winds and rain drops.

And from another poem[27]:

25. *Ṭabaqāt Fuḥūl aš- Šu'arā'* by aǧ-Ǧumaḥī, Maḥmūd Muḥammad Šākir ed., Jeddah, Dar al-madanī, 1980, poem n. 384, vol. 1, pp. 288-289.

26. Ahlwardt, *Dīwāns*, n. 4, v.2, p. 81.

27. *Ibid.*, n. 17, v. 2 & 11, p. 97.

Lā d-dāru ġayyarahā baʿdī l-anīsu // wa-lā bi-d-dāri law kallamta ḏā ḥāǧatin ṣamamū
Fa-stabdalat baʿdanā dāran yamāniyatan // tarʿa l-ḫarīfa fa-ʾadnā dārihā Ẓalimū

Not a dweller after me has changed this abode // nor, will this mute abode answer an inquisitor's request.
She moved to another dwelling after us: a Yemenite [abode] //herding her cattle in the autumnal days, the closest [you can see] from her house is [the mountain of] Ẓalim.

And finally this example from Imruʾ al-Qays[28]:

Atat ḥiǧaǧun baʿdī ʿalayhā fa-ʾaṣbaḥat // ka-ḫaṭṭi zabūrin fī maṣāḥifi ruhbānī

Years came upon it, after me; so it became // like the lines of a book in monks' scripture.

These more common and better-known instances of the use of *'buʿd'*, frequently associated with the idea of geographic relocation are often seen in the *nasīb* sections of longer poems or nostalgic instances of shorter fragments. The idea of geographic/territorial distance that we see here takes on a different, albeit comparable form when referring to departure through death, in which case the idea of *'buʿd'* is not merely spatial, but rather a kind of 'slipping into oblivion' as in becoming part of the 'distant memory', and perishing by the mere fact of having been forgotten. This is to be seen, above all, in the obituary formula: *'lā tabʿad'/'tubʿad,* which is said to the deceased upon his burial expressing the last wish that his presence continues despite physical death; consider this example from ʿAkraša Abū š-Šaġab[29]:

Lā yabʿadi Llāha aqwāman ruziʾtuhumu // bānū li-waqti manāyāhum wa-qad baʿudū

May God not cause to perish a people, with whom He afflicted me // they parted at the times of their deaths and are now bygone.

The dual use *'Lā yabʿadi Llāha'*, and *'wa-qad baʿadū'* offers an intelligible contrast of the function of *'baʿd'*: the first is the obituary formula habitually said[30]; the second is the solemn recognition that they will slip

28. *Ibid.*, n. 65, v.2, p. 160.
29. *Al-Ḥamāsa al-Baṣriyya*, n. 130, vol. 1, p. 257.
30. According to al-Baġdādī in his Ḫazānat al-Adab, the phrase *lā tabʿad* is in the jussive mood (*duʿāʾ*), meaning: *lā tahlak* do not perish. Al-Baġdādī states that *baʿad* is

into a distant world of oblivion despite the wish that they never depart. This tension between the two statements is recurrent, and can be seen in this verse by Hudba b. al-Ḫašram[31] speaking about his very self as he is laid to the ground:

> *yaqūlūna lā tab'ad wa-hum yadfinūnanī // wa-laysa makāna l-bu'di* [*alt. ba'di*] *illā ḍarā'iḥī*
>
> They say: "do not perish", while they bury me; // but 'the bygone' [*alt.* 'the beyond'] is nothing other than these tombs of mine!

Or by al-Ḫarnaq b. Haffān al-Qaysī:[32]

> *Lā yab'adanna qawmī l-laḏīna humu // sammu l-'idāti wa-'āfati ǧ-ǧazarī*
>
> May my folk not perish; they are // a venom to their enemies, and a plague to camels.[33]

The examples from poetry above show that the root b-'-d housed/contained the two notions that are contrasted to the 'here and now', i.e. those of 'beyond' and 'bygone'. Although other derivatives of the root were certainly used in the senses of 'after', 'distant', and 'yet', its significance as a literary item lies in uses relating it to time and the relationship to the dead and departed. This makes *bu'd* and *ba'ad* closest to the English 'beyond' particularly in the prepositional senses, be it the spatial 'further away than', or the temporal sense of 'later than; after', or the moral 'greater than'; and the substantive 'beyond', used to refer to the 'hereafter'[34]. In terms of its temporal uses, *'ba'ad'* or the future projecting 'beyond' has a foil in the past: *'al-bu'd'*, the anterior 'bygone' lying in the irretrievably lost past. Man strives for the beyond *'ba'ad'*, perchance it avoids him slipping into *'al-bu'd'*, the oblivion of the 'bygone' ancients; for not lasting beyond the 'here and now'

said of a deceased, while *bu'd* (distance) is the opposite of *qurb* (nearness). He adds that the Arabs used this expression for one of two functions: first, to express disbelief at the matter especially if the deceased was a grand character (*isti'ẓāmu mawti l-rajuli l-ǧalīl... lā yuṣaddiqūna mawtah*); second, they want that the memory of the deceased remains and that he is not forgotten, for the mention of a person after his departure is akin to staying alive (*dhikr al-insān ba'da mawtih bi-manzilati ḥayātih*).

31. *Ǧamharat Aš'ār al-'Arab li-Abī Zayd al-Qurašī*, 'Alī Muḥammad al-Biǧǧāwī ed., Cairo, Nahḍat Maṣr, N.D, n. 7, v. 41, p. 612.

32. *Al-Kāmil li-l-Mubarrad*, Wright ed., vol. 1, p. 452.

33. *'Āfat aǧ-ǧazar'*, "the plague of slaughter animals": an expression emphasizing the degree to which the host is willing to slaughter camels and other cattle for his guests.

34. See E. Homerin, "Echoes of a Thirsty Owl: Death and Afterlife in Pre-Islamic Arabic Poetry", *Journal of Near Eastern Studies*, vol. 44, No. 3, Jul. 1985, pp. 165-184.

of *'ad-dunyā'* in moral deed or mentioned memory was abominable to the Arab. The obituary *'lā tab'ad'*, so often found in poetry demonstrates just how intense was the Arab's sensitivity to this particular implication that death occasions[35].

Most ancient Arab poets who cared to moralize or touch upon existential-cum-moral issues in their poetry were vividly conscious of the relevance of 'time' for their ethical pronouncements, many of which ended up becoming popular Arabic *dicta*. Even poets that argued from premises based on considerations of manly commitments or tribal obligations, were vividly conscious of the temporal element, be it in the recurrent mention of *'ad-dahr'* or its equivalent and what it implies on the question 'how ought one live his/her life?' Yet sometimes the same vivid awareness of the relevance of *'ad-dahr'* and its ruinous qualities prompted the poet to commit himself to a forward future projection sensitized to the question of where things will lead beyond the 'here and now' and beyond time's effects. Thus conceived, the Arabian moral model, apart from having virtue-based ethical elements, involved a brute form of consequentialism[36] in its stance on morality and human value. Consequentialism, by its very nature necessarily involves the element of time, and if the investigation above is valid then it seems that some poets believed in a form of long-term consequentialism[37], where the value of the act is dependent on consequences and considerations that lie in the distant future beyond the 'here and now'. Granted, this particular strand of moral commitment was not the dominant one, as a virtue ethic of virility

35. Just think of the *Qur'ān's* repeated use of *'ḏikr'* (*lit.*, 'mention'; 'Memory', 'reminder'), which effectively constitutes the antithetical notion to the oblivion implied by *bu'd*.

36. The term consequentialism was coined by G.E.M. Anscombe, and as a philosophical doctrine it can be subsumed under the theoretical lines of utilitarianism. Utilitarianism was introduced by J. S. Mill, Bentham and Sidgwick; it is the view that normative properties depend only on consequences, as opposed to considerations of duty, obligation, virtue, etc. The view that the morally right action is the one that produces the good or desired outcome or consequence underlies the pre-Islamic Arab moral character, where the desirable consequences emphasize or can be reduced to elements like pleasure (hedonism), honor and other manly and tribal qualities. See, G. E. M. Anscombe, "Modern Moral Philosophy", *Philosophy*, Vol. 33, No. 124, Jan. 1958, pp. 1-19; John Stuart Mill, *Utilitarianism*, Oxford, Oxford University Press, 1863; Henry Sidgwick, *The Method of Ethics*, NY, Dover, 1981, and Bentham, J., *An Introduction to the Principles of Morals and Legislation*, Garden City, Doubleday, 1961.

37. See Fuyuki Kurasawa, "Cautionary Tales: The Global Culture of Prevention and the Work of Foresight", *Constellations*, Blackwell Publishing Ltd., Vol. 11, No. 4, 2004, pp. 453-475.

and a *carpe diem* mentality seem to have dominated the poet's moral landscape[38], and the strand we are discussing here is admittedly the rare one, far from being the definitive moral mainstream of the time, it is a significant precursor to the qurʾanic notion of *'āḫira'*.

The Qurʾanic *Buʿd*

Although the *Qurʾān* might have promulgated the use of the term *'dunyā'* as a [adjectival] substantive in the Arabic language[39], it seems to have led to another important term to be taken out of circulation, i.e. the obituary *'lā tabʿad'* that was often evoked in burial scenes or when speaking of the bygone ancestors or any other person or precious beloved that is lost or departed.

When one considers the way the *Qurʾān* employs, or perhaps misemploys, the obituary *'lā tabʿad'* against the 'revered' Arab ancestors, the reason for its disappearance from Arab parlance becomes somewhat clear. Below, I will survey the uses of the exclamative *'buʿdan'* and its relation to temporal notion in the *Qurʾān*, i.e. in Q23 al-Muʾminūn and Q11 Hūd and illustrate the differences in the manner this exclamative is used between Arabian poet and prophet. In Q23 towards the end of the first quarter after the mercy of God is mentioned and some of his benedictions in caring for and saving humanity are enumerated the narrative leads the audience to Noah's arch and how it counts as an example of God's mercy. In v. 23, Noah addresses his people, asking them to worship God for they have no other god but Him. However, his people are skeptical and in their discussions they arrive at the conclusion that Noah is merely a mortal like themselves trying to gain superiority over them and that if God wanted to send messengers he would have sent angels; for that is what their ancestral beliefs tell them, and they have not heard anything like Noah's claim from their 'first father', *'ābāʾinā l-awwalīn'* (v. 24). Bear in mind that when the unbelievers use the term *'awwalīn'*, it carries – to them – the positive connotations of being first or prior, of being ahead in time and worth, which is essential to note in relation to Noah's narrative that treats of the issue of the destruction of the 'first' peoples.

38. Izutsu, *Ethico-Religious Concepts*, p. 55.

39. See my dissertation *Ad-dunyā* and *al-āḫirah* in the *Qurʾān* and Pre-Islamic Poetry, pp. 219-238.

The story of Noah ends and the *sūra* continues with the narrative of the other epochs (*'qarn āḫarīn'*) that God raised after Noah (v.31). The *later* people get a messenger just like their precedents and his interlocutors are said to 'remain attached to the here and now' *'al-ḥayāt ad-dunyā'* (v.37), and as a result they are destroyed like the interlocutors of Noah were destroyed. And many epochs are raised after them *'qurūn āḫarīn'* (v.42).

At this juncture of the *sūra* the divine voice reiterates the dictum that no nation can advance or postpone its term *'mā tasbiqu min ummatin ağaluhā wa-mā yasta'ḫirūn'* (v.43). Let us take a close look at the *'iltifāt'* or grammatical shift in the phraseology of the dictum for it bears on our understanding of the nature of the implicit threat it contains. *'Mā tasbiq'* being in the singular feminine talks of the perished nation *'ummah'* (*'min ummatin'*), while *'mā yasta'ḫirūn'*, being in the plural masculine talks of the Meccans, yet both verbs – combined in a single phrase – give the impression of handling the same object. Strictly speaking these two objects are not identical, yet in a way they are. The grammatical shift in v.43 creates an implicit identification between the past and the present, this sets the mood for v.44 that contains the first use of the term *'bu'd'* in a reversal of the poet's *lā tab'ad*:

> *'ṯumma arsalnā rusulanā tatarā kulla mā ğā'a ummatin rasūluhā kaḏḏabūhu fa-atba'nā ba'ḍahum ba'ḍan wa-ğa'alnāhum aḥādīṯa fa-bu'dan li-qawmin lā yu'minūn'.*
>
> and then we sent Our messengers in succession, whenever a messenger came to a nation they denied the truth he bore, so we made the [nations] follow one another [to the same fatal destiny] and turned them into tales. So bygone... are the people that denigrate!

The verse has a number of elements that lead up to the definitive *bu'dan* used in the end of the narrative. First, the messengers came in succession *'tatarā'* like the nations followed one another in sequence *'atba'nā'*, further affirming the relationship between annihilation and refusal of divine reminder (*'ḏikr'*). Second, the act of turning nations into tales *'aḥādīṯ'*; these are the very tales that circulated among Arabs in the genres of poetry and *'amṯāl'*, which the *Qur'ān* is making use of in its various narratives and is negating-cum-negotiating in the narrative it is proposing. The idea of a nation being reduced to a tale appears in Q34:19 as well, and speaks of the people of Saba'. We know that Saba' were the paramount Arabic ancestors and indeed the stuff of legendary tales. In Q34:19 the divine voice uses the term *'mazaqqnāhum'* 'we ripped them' regarding Saba' in order to heighten the diminution of a once magnificent polis to narratives. Third, the use of the phrase *'fa-buʿdan li-qawmin lā yuʾminūn'* in verse Q23:44 seals the blow, and delivers a scathing and insulting curse against a pre-Islamic Arab proud of his ancestral past. It is difficult to exaggerate how insulting this phrase must have been to the unbelievers. For I doubt that the substitution of the obituary *lā tabʿad* with *buʿdan* is unlike wishing that God may have 'no mercy' on someone's soul today, when everyone else prays mercy for the dead or that they rest in peace. This hostile attitude on the part of the prophet to the contemporaneous and common perception of the ancestral Arab past reoccurs in even harsher and more elaborate form in *sūra* Q11 *Hūd.*

The *sūra* of *Hūd* mainly treats the encounter of the prophets with their peoples and the successive replacement of one people by another. Towards the middle of the *sūra* in Q11:50 the story of the people of ʿĀd begins, who resemble an archetype tyrant people, like Pharaoh is the archetype tyrannical individual or ruler; in vv. 59-61 we are told:

> *wa-tilka ʿĀdun ǧaḥadū bi-āyāti rabbihim wa-ʿaṣaw rusulahū wa-ttabaʿū amra kulli ǧabbārin ʿanīd // wa-utbiʿū fī hāḏihi d-dunyā laʿnatan wa-yawma l-qiyāmati, alā inna ʿĀdan kafarū rabbahum alā buʿdan li-ʿĀdin qawma Hūd*:
>
> This is ʿĀd, they denigrated their Lord's signs and disobeyed his prophet and obeyed the command of every obstinate tyrant // and in this life they were beset with a damnation and the day of rectification; yes, ʿĀd denigrated their Lord, bygone be ʿĀd, the people of Hūd.

Worth noting is that aṭ-Ṭabarī does not note the pun of the use of *buʿdan* in the last phrase, and simply interprets it as 'being put away' *'ubʿidū'* or kept away from what is good *'ubʿidū ʿan al-ḫayr'*. It is the literary minded exegete az-Zamaḫšarī who realizes the pun at play: *'buʿdan! duʿāʾ bi-l-halāk'* (a call/prayer to damnation) and cites a verse[40] similar to that of Hudba b. al-Ḫašram above to illustrate his point.

The same entreaty to damnation is uttered against the people of Ṯamūd in v.67-68: *fa-aḫaḏathumu ṣ-ṣayḥatu fa-aṣbaḥū fī diyārihim ǧaṯimīn // ka-an lam yaġnū fīhā alā inna Ṯamūda kafarū rabbahum alā buʿdan li-Ṯamūd*: "and they were taken by the shriek and now to their abodes they are confined[41], as if they never lived luxuriously in it [before]. Yes Ṯamūd denigrated

40. *'Iḫwatī lā tabʿudū abadan // balā wa-Llāhi qad baʿudū*
Brothers! [may thee] never perish // nay, by God! They have perished
See az-Zamaḫšarī's *tafsīr* in situ.

41. According to *al-ʿAyn* (entry ǧ-ṯ-m) the basic meaning of the verb is to remain in one

its lord, bygone be ʿĀd". In the sūra the expression *'alā buʿdan'* reverses the obituary *'lā tabʿad'* and the empty *'diyār'*, the abodes that lie deserted and the ruin of a once prosperous polis, are not to be lamented but damned.

The divine voice seeking to evoke a comparison between the Meccans and the damned and destroyed past peoples mentions next the destruction of the people of Lot, and uses the very root b-ʿ-d in order to highlight the proximity between the two peoples in v.83: *'wa-mā hiya mina ẓ-ẓālimīna bi-baʿīd'* and again in v.89: *'wa-mā qawmu Lūṭin minkum bi-baʿīd'*. Like Ṯamūd was confined to its abodes and damned with *'alā buʿdan!* 'so will Madyan be: *'alā buʿdan li-Madyana kamā baʿidat Ṯamūd'* (v.95). One after the other the *qurá* are destroyed as a consequence of their own acts, they follow one another in sequence to the same hellish abode, each damning the precedent yet each should only blame itself, Q7:38 reads:

> *'udḫulū fī umamin qad ḫalat min qablikum mina l-ğinni wa-l-insi fī n-nāri kullama daḫalat ummatun laʿanat uḫtahā ḥattā iḏā ddārakū fīhā ğamīʿan qālat uḫrāhum li-ūlāhum rabbanā hāʾulāʾi ḍallūnā fa-ātihim ʿaḏāban ḍiʿfan mina n-nāri qāla li-kullin ḍiʿfun wa-lākin lā taʿlamūn'*
>
> enter among nations of *'ğinn'* and *'ins'* that have perished before you into the fire, each time a nation enters it damns its fellow [nation], once in it the last speaks to/of the first: "Lord, it was they who misled us give them the equivalent[42] suffering for that" each will get his 'equivalent' suffering but you do not know.

Some of these towns are still there to be seen, some are gone: *'ḏālika min anbāʾi l- qurá [...] minhā qāʾimun wa-ḥaṣīd'* (v.100), God never treated them unjustly- like a poet might claim, but they were unjust towards themselves *'wa-mā ẓalamnāhum wa-lākin ẓalamū anfusahum'* (v.101) and therein lies an indicative sign to whoever fears the suffering of the far-term *'inna fī ḏālika la-āyatan li-man ḫāfa ʿaḏāba l-āḫira [...] wa-mā nuʾaḫiruhū illā li-ağalin maʿdūd'* (vv. 103-104).

The reversal of the obituary *'lā tubʿad'* into the bedamning *'alā buʿdan'* goes together with the prophetic response to the poetic mind that previously

place and not leave it: *'lazam al-makān lā yabraḥ'*. The lexicographer defines the different uses in terms of: *'ḥabas'*, *'labad'*, *'lazim'*: imprison, bide, stay, etc.

42. *'Ḍiʿf'*, understood as double, but that is hard to reconcile with the fact that double is designated as *'ḍiʿfayn'* (cf. Q2:265, Q33:30 Q33:68). See the elaborate discussion of the term in al-Azharī's *at-Tahḏīb* (entry ḍ-ʿ-f), *'aḍ-ḍiʿf'*: *'al-miṯl ilā mā zād'*: the equivalent or more, also, *'ḍiʿf hāḏā'*: *'miṯlah'*: the *'ḍiʿf'* of something: its equivalent.

acquitted the human being of any fault and blamed *'ad-dahr'*, the temporal manifestation of God. The destroyed peoples of the past, are not to be wept upon, no obituary wishing them fertile rain *'saqa Llāh'* either and no *'ġayṯ'*, *'ṣawb'*, *'qaṭr'* or *'sakb'* wished by the poet to quench the parched lands of his beloved. In the *Qur'ān* no sky will weep for them *'fa-mā bakat ʿalayhimu s-samāʾ'* Q44:29 but boulders and stones is their rain *'wa-amṭarnā ʿalayhā ḥiğaratan min siğğīl'* (Q11:82); the little pebbles that one sees covering the ruin indeed look as if it rained pebbles and stones upon the abodes of these departed. The all-good rain of the pre-Islamic poet falls suffering on the deserted *'qurá'* of the prophet; the term *'maṭar'* does not get a single positive use in the *Qur'ān* and water from the heavens makes nature flourish with food and sustenance to nourish humans and that revives the dead town to teach them what resurrection is like: *'wa nazzalnā mina s-samāʾi māʾan mubārakan fa-anbatnā bihī ğannātin wa-ḥabba l-ḥaṣīd [...] rizqan li-l-ʿibādi wa-aḥyaynā bihī baldatan maytan kaḏālika l-ḫurūğ'*. The reversal of poetic motifs in the *Qur'ān* is not restricted to a term, a pair or even to a pool of expressions. If the holy text is placed in the poetical logical space it becomes apparent that a whole world-view contained in poetry is turned on its head, deconstructed and re-used by the prophet to construct a new world or moral optimism under divine grace.

Concluding remarks

The case of the Arabic *al-baʿad*, which I think can be related to the Hebrew *olam ha-ba* seems to carry some of the connotation of its Hebrew precedent: the few uses I was able to find of *al-baʿad* clearly set it in contraposition to terms referring to the 'here and now', while the use of the obituary *lā tabʿad* is squarely in reference to the situation of the deceased after death. Costa[43], based on research he conducted for his work *L'au-delà et la résurrection dans la littérature rabbinique ancienne*, argues that the pairs *olam ha-ze* and *olam ha-ba* are the most likely precedents of the qurʾanic pair *ad-dunyā* and *al-āḫira*; this conclusion seems to be supported by the evidence from poetry. Moreover, the use of the curse *buʿdan* in the Qurʾān gives more indication that the Arab scripture was aware of the uses of derivatives of the root b-ʿ-d, and used an alteration of the obituary *lā tabʿad* in its rhetorical strategy. Apart from the cases of the Hebrew *olam ha-ba* and

43. José Costa, *L'au-delà et la résurrection dans la littérature rabbinique ancienne*, Paris and Louvain, Peeters (Revue des Études juives 33), 2004.

the Arabic *al-baʿad*, the wider survey I conducted for the dissertation shows that Biblical expressions such as *be-ʾaḥarit ha-yamim*, or *be-ʾaḫarit*, where commonly used in pre-Islamic poetry. Like some of the Biblical usages, the poetic expressions *āḫiru al-ayyām*, *ʾāḫiru d-dahrī, ʾāḫir al-aḥqāb, ʾāḫir al-abad*, refer to the end of a historical period, a future, without necessarily having an eschatological connotation (cf. Deut. 4:30; 31:29; cf. *aḫarit*, "a future" in Jer. 29:11). Similarly, expressions like *ʾāḫir al-abad* and *ʾāḫiru d-dahrī*, although they make no strict eschatological references in the poems in which they appear can hardly be separated from their broader Biblical origins. The same can be said of *āḫiru al-ayyām* which is a rather evident Arabization of the Hebrew *aḥarit ha-yamim*. This suggests that much – linguistic – Biblical lore was present in Arabia *in Arabic* by the arrival of the prophetic mission in the seventh century.

Ghassan EL MASRI

*
* *

BIBLIOGRAPHY

ʿAbdalqādir al-Baġdādī, 1997, *Ḫazānat al-Adab*, Hārūn, ʿAbdassalām ed., Cairo, Ḫaniğī Lib.

Abū ʿAbbās Ṯaʿlab, 2004, *Šarḥ Dīwān Zuhayr*, Ḥanna Nasr al-Ḥittī ed., Beirut, Dār al-Kitāb al-ʿArabī.

Abū ʿAlī al-Qālī, *Kitāb al-Amālī*, Beirut, Dār al-Kutub al-ʿIlmiyyah, n.d.

Abū l-Farağ al-Aṣbahānī, 1963, *Kitāb al-Aġānī*, Cairo, Dār al-Kutub.

Abū Manṣūr al-Azharī, *Tahḏīb al-Luġah*, Abd al-Salām Hārūn ed., Cairo, al-Dār al-Maṣriyyah, n.d.

Abū Saʿīd al-Aṣmaʿī, 2005, *Dīwān al-Aṣmaʿiyyāt*, Muḥammad Nabīl Ṭurayfī ed., Beirut, Dār Ṣādir.

Abū Tammām aṭ-Ṭāʾī, 1856, *Dīwān al-Ḥamāsah*, Kebīr ed-Dīn Aḥmed ed., Calcutta, Lisī.

Abū Zayd al-Qurašī, *Ğamharat Ašʿār al-ʿArab*, ʿAlī Muḥammad al-Bağāwī ed., Cairo, Nahḍat Maṣr, n.d.

ağ-al-Ğumaḥī, 1980, *Ṭabaqāt Fuḥūl aš- Šuʿarāʾ,* Maḥmūd Muḥammad Šākir ed., Jeddah, Dar al-madanī.

Ahlwardt, 1839, Wilhelm ed., *Kitāb al-ʿAqd a̱t-Ṯamīn fī Dawāwīn aš-Šuʿarāʾ ağ-Ğāhiliyyīn*, Greifswald.

Al-Khalīl b. Aḥmad al Farāhīdī, 1988, *Kitāb al-ʻAyn*, Mahdī al-Maḫzūmī and Ibrāhīm as-Sāmirrā'ī eds., Beirut, Aʿlamī Publishers.

al-Khaṭīb at-Tibrīzī, *Šarḥ al-Muʿallaqāt al-ʿAšr al-Mu̱dahabbāt*, Omar Fārūq aṭ-Ṭabāʿ ed., Beirut, Dār al-Arqam, n.d.

G. E. M. Anscombe, "Modern Moral Philosophy", *Philosophy*, Vol. 33, No. 124, Jan. 1958, pp. 1-19.

J. Bentham, 1961, *An Introduction to the Principles of Morals and Legislation*, Garden City, Doubleday.

M. M. Bravmann, 1972, *The Spiritual Background of Early Islam: Studies in Ancient Arab Concepts*, Leiden, E. J. Brill.

José Costa, 2004, *L'au-delà et la résurrection dans la littérature rabbinique ancienne*, Paris-Louvain, Peeters (Revue des Études juives 33).

Fuyuki Kurasawa, 2004, "Cautionary Tales: The Global Culture of Prevention and the Work of Foresight", *Constellations* (Blackwell Publishing Ltd.), Vol. 11, No. 4, pp. 453-475.

Emil Homerin, "Echoes of a Thirsty Owl: Death and Afterlife in Pre-Islamic Arabic Poetry", *Journal of Near Eastern Studies*, Vol. 44, No. 3, Jul. 1985, pp. 165-184.

Ibn aš-Šağarī, 1994, *Mukhtārāt Šuʿarāʾ al-ʿArab*, ʿAli Muḥammad al-Bağāwī ed., Beirut, Dār aĞ-ğīl.

Ibn Qutayba ad-Dīnawarī, 1958, *aš-Šiʿr wa-š-Šuʿarāʾ,* Aḥmad Muḥammed Šākir ed., Cairo, Dār al-Maʿārif.

Ismaʿīl b. Ḥammād Al-al-Ğawharī, 1984, *aṣ-Ṣiḥāḥ fī al-Luġah*, Aḥmad ʿAbd al-Ġafūr ʿAṭṭār ed., Beirut, Dār al-ʿIlm li al-Malāyīn.

Toshihiko Izutsu, 1966, *Ethico-Religious Concepts in the Qur'an*, Montreal, McGill University Press.

Charles Lyall ed., 1913, *Dīwān ʿAbīd*, Leyden, E. J. Brill.

Charles Lyall ed., 1918, *al-Mufaḍḍaliyyāt*: An Anthology of Ancient Arabian Odes, Oxford, Clarendon Press.

Maḥmūd b. ʿUmar az-Zamḫšarī, *Aʿğab al-ʿAğab fī Šarḥ Lāmiyyat al-ʿArab*, Egypt: Naẓārat al-Ashġāl, 1328 A.H.

John Stuart Mill, 1863, *Utilitarianism*, Oxford, Oxford University Press.

Ṣadraddīn b. Abū l-Farağ b. al-Ḥusayn al-Baṣrī, 1964, *al-Ḥamāsa al-Baṣriyya*, Muḫtāraddīn Aḥmad ed., Ḥaydar Ābād, Dāʾira al-Maʿārif al-ʿUṯmāniyya.

Henry SIDGWICK, 1981, *The Method of Ethics*, New York, Dover.

Georges TAMER, 2008, *Zeit und Gott: Hellenistische Zeitvorstellungen in der altarabischen Dichtung und im Koran*, Berlin, Walter de Gruyter.

Andrae TOR, 1926, *Der Ursprung des Islams und das Christentum*, Almqvist & Wiksells.

J. WELLHAUSEN, 1897, *Reste arabischen Heidentums*, Berlin, Reimer.

W. WRIGHT ed., 1874, *al-Kāmil li-l-Mubarrad*, Leipzig.

Encyclopaedia Judaica, 2007, Michael Berenbaum and Fred Skolnik ed., Second Edition, Detroit, Macmillan Reference USA.

Encyclopaedia of Islam, 2014, P. Bearman, Th. Bianquis, C.E. Bosworth, E. van Donzel & W.P. Heinrichs ed., Second Edition, Brill Online.

LA VOCALISATION DES MANUSCRITS CORANIQUES DANS LES PREMIERS SIÈCLES DE L'ISLAM

Il y a de cela 150 ans, Theodor Nöldeke estimait que la littérature traditionnelle traitant des *qirā'āt* – des lectures/variantes coraniques –, était bien plus utile à la reconstruction de l'histoire du Coran que les manuscrits, qu'il attribuait à des copistes irresponsables[1]. Aujourd'hui, les découvertes et les études des manuscrits nous permettent de reconsidérer et d'enrichir la contribution de ces documents à l'histoire du Coran dans les trois premiers siècles de l'islam. Durant cette période, et parallèlement à la naissance des sciences religieuses et grammaticales, les manuscrits coraniques témoignent d'un processus linguistique en cours d'élaboration.

Un des signes majeurs de cette évolution est, entre autres, l'introduction d'une vocalisation dans un système graphique principalement consonantique. Cet événement – qui a eu lieu, selon la Tradition islamique, à la fin du premier siècle de l'Hégire – incarne la confrontation de deux modes de transmission, écrit et oral, qui, jusque-là, étaient indépendants l'un de l'autre voire concurrents[2]. La vocalisation constitue un enregistrement de la lecture de l'époque et apporte, d'après nous, un témoignage que l'on peut analyser tant de façon philologique qu'historique. En effet, elle offre, d'une part, une représentation précise de la langue coranique et, plus généralement, de la langue arabe, à un stade prénormatif. Et, d'autre part, elle renvoie au processus de formation de la science des lectures – *'ilm al-qirā'āt* – en jouant un rôle essentiel dans la stabilisation des traditions orales de lecture ; elle nous invite ainsi à reconsidérer notre savoir, issu des sources traditionnelles plus tardives, à travers un document historique.

Nous observerons, dans le cadre de cette étude, les systèmes vocaliques d'un corpus de huit fragments coraniques. La constitution d'un corpus homogène, en l'absence d'information quant à la chronologie ou à la géographie du manuscrit, est une des difficultés principales de ce travail. Rien ne permet en effet d'affirmer que telle ou telle caractéristique récurrente renvoie bien

1. Th. Nöldeke, « The Koran », *Encyclopedia Britannica*, 9th ed., vol. 16, 1891.
2. Cf. G. Schoeler, *Écrire et transmettre dans les débuts de l'islam*, Paris, 2002.

à un moment précis de l'histoire, et non pas à un atelier géographiquement délimité. En outre, si la paléographie et l'étude de l'orthographe peuvent permettre de situer approximativement le corpus dans le temps, il est impossible d'établir un lien entre la copie du texte et sa vocalisation, ajoutée dans une encre de couleur différente de celle du squelette consonantique.

L'homogénéité de notre corpus, défini, en premier lieu, à partir de critères codicologiques et paléographiques, s'applique aussi, dans une certaine mesure, à l'orthographe et au système de vocalisation[3]. C'est à ce dernier point que nous allons consacrer notre présent propos. En précisant « dans une certaine mesure », nous voulons dire qu'il existe une structure commune à tous les systèmes vocaliques du manuscrit, une base fixe sur laquelle s'élabore toute vocalisation. Au-delà de ce système de référence, les variations que l'on observe vont mettre en évidence les hésitations d'un individu ou d'une communauté quant à la représentation de sa lecture, voire de sa langue. En conséquence, nous nous proposons ici de recenser ces différentes altérations vocaliques et de tenter de les interpréter à la lumière des sources traditionnelles et philologiques.

Les documents

Parmi les nombreux manuscrits du fonds Asselin de Cherville, collectés au Caire et conservés à la Bibliothèque Nationale de France, nous avons sélectionné un ensemble de fragments, d'ores et déjà rassemblés par Michele Amari[4], puis par le classement paléographique de François Déroche[5].

Dans son *Catalogue des manuscrits*, ce dernier isola une petite série de manuscrits – le groupe C – ayant certaines affinités avec la graphie *Ḥiǧāzī* IV. Quatorze fragments composent ce groupe, subdivisé en trois familles (C.I, C.II, C.III) ; la première famille – C.I – ne présentant pas de caractère typologique affirmé, réunit en conséquence deux variantes (C.Ia, C.Ib). Au cours de son étude des manuscrits de la collection Nasser D. Khalili, F. Déroche rencontra d'autres exemples appartenant à la même graphie. Il signala également l'existence de fragments similaires découverts au Caire, à Damas et

3. Nous avons proposé une étude basée sur l'orthographe et les systèmes de séparation de versets dans le cadre d'un mémoire de Master 2, Institut national des langues et civilisations orientales (INALCO), 2009-2010.

4. W. de Slane, *Catalogue des manuscrits arabes*, Paris, 1883-1895.

5. F. Déroche, *Les Manuscrits du Coran. Aux origines de la calligraphie coranique*, Bibliothèque Nationale, Département des manuscrits, Catalogue des manuscrits arabes, Deuxième partie, Manuscrits musulmans, t. I, 1, Paris, 1983, p. 75-83.

à Ṣan'ā'. Il proposa enfin de situer le développement de cette écriture entre le milieu du IIe/VIIIe siècle et la fin du IIIe/IXe siècle[6].

Les récentes recherches effectuées sur plusieurs manuscrits d'époque umayyade permettent aujourd'hui de reconsidérer la datation du groupe C. Parmi ces témoins, le manuscrit umayyade de Ṣan'ā' (MS Ṣan'ā' DAM 20-33.1) présente des caractéristiques paléographiques proches du groupe C.Ia[7], particulièrement dans la forme des lettres *alif*, *'ayn* initial et médian, et *nūn* isolé ou final. En revanche, d'autres lettres ne correspondent pas à la graphie des trois fragments parisiens classés dans cette famille (BNF Arabe 324c, BNF Arabe 334i et BNF Arabe 337b). Le *'ayn* final, dont la queue décrit un large cercle à gauche, le *mīm* et le *hā'*, aplatis sur la ligne d'écriture, sont davantage des reliquats d'une écriture umayyade plus ancienne, proche de celle d'un manuscrit conservé à la Bibliothèque Nationale de Russie à Saint-Pétersbourg, le Marcel 13. La datation au carbone 14 du manuscrit de Ṣan'ā' (entre 657 et 690), et un test chimique récemment effectué (entre 700 et 730)[8] confirment l'attribution à la période umayyade du début du VIIIe siècle.

Un second fragment, étudié par Yasin Dutton[9], révèle des caractéristiques paléographiques identiques au manuscrit de Ṣan'ā', à l'exception du *'ayn* final, qui correspond davantage au type C.Ia. Le fragment, composé de trois folios issus de collections différentes, est de format presque carré (environ 48x54 cm), avec probablement 25 lignes à la page. Une datation au carbone 14 situe le manuscrit entre 610 et 770 (95,4 % de probabilité) et plus précisément entre 647 et 685 (avec une probabilité de 68,2 %).

Un troisième fragment, également d'époque umayyade, emploie une écriture de type C.Ia. Les feuillets de ce manuscrit sont dispersés dans diverses collections[10]. Le format du codex est vertical (40x47cm) et son texte, comportant 20 lignes à la page, est inscrit dans un cadre de couleur. Récemment, une analyse au carbone 14 en a proposé une datation entre 648 et 691[11].

La similitude des écritures nous invite à envisager l'apparition d'une

6. F. Déroche, *The Abbasid Tradition. Qur'ans of the 8th to the 10th Centuries*, Londres, Azimuth Editions [The N.D. Khalili Collection of Islamic Art, I], 1992, p. 36.

7. Cf. le travail de A. George, *The Rise of Islamic Calligraphy*, Londres, Saqi, 2010.

8. A. George, *op. cit.* (n. 5), p. 79.

9. Y. Dutton, « An Umayyad Fragment of the Qur'an », *Journal of Qur'anic Studies* IX, 2007, p. 71-90.

10. Cf. fig. 5, TR : 491-2007, dans D. Roxburgh, *Writing the Word of God: Calligraphy and the Qur'an*, Houston, Museum of Fine Arts, 2007, p. 16. D'autres feuillets ont été présentés dans l'exposition de Lattes (du 15 décembre au 30 avril 2001) : Ch. Landes, *Tunisie, du christianisme à l'islam. IV-XIVe siècle*, Librairie Imago, 2001.

11. Je remercie F. Déroche de m'avoir fourni cette information.

tradition graphique de type C dès le début du VIIIe siècle. Cette écriture aurait ainsi été employée sous les Umayyades dans des *codices* d'apparat mais aussi pour des productions plus modestes, comme l'atteste la série de la Bibliothèque Nationale de France qui nous intéresse ici.

Parmi les fragments conservés, nous distinguons un premier ensemble de manuscrits non vocalisés, qui n'entrera pas dans notre présent propos. Ce dernier portera essentiellement sur huit fragments.

Tableau 1 : Sélection des manuscrits

Graphie	Cote BNF	Nombre de feuillets	Taille de la page (mm)	Nombre de lignes par page	Vocalisation
C I a	Ar.334 i (f°88)	1	230 x 305	16 lignes	Points rouges
	Ar.337b (ff°7 à 9)	3	241 x 300	16 lignes	Points rouges
C I b	Ar.334a (ff°1 à 12)	12	285 x 362	17 lignes	Losanges orangés
C III	Ar.334b (ff°12 à 24)	12	250 x 325	16 lignes	Points rouges
	Ar.337a (ff°1 à 6)	6	245 x 318	16 lignes	Points rouges et points verts
	Ar.326c (ff°9 à 16)	8	181 x 271	15 lignes	Points rouges
	Ar.333c (ff°33 à 60)	28	202 x 268	15 lignes	Points rouges
	Ar.333d (ff°61 à 78)	18	200 x 266	17 lignes	Points rouges et points verts

Une étude préliminaire, intégrant une analyse de l'orthographe et des systèmes de décompte de versets[12] nous a permis de situer, approximativement, notre corpus entre la première moitié du IIe/VIIIe siècle pour le fragment BNF Arabe 334 a[13] et la première moitié du IIIe/IXe siècle pour le fragment

12. Travail effectué dans le cadre du mémoire de Master évoqué *supra*.

13. Plusieurs particularités orthographiques attestent de l'ancienneté du fragment BNF Arabe 334a : maintien de la *scriptio defectiva* pour ʿ*aḏāban*, noté ʿ*aḏaban* (corrigé par la suite) ; correction et ajout de l'*alif* médian dans *qala* (f° 12r) ; graphie avec *alif* médian pour

BNF Arabe 333 d. Quant à la situation géographique, la division des versets des manuscrits ne correspond pleinement à aucune tradition connue. De nombreux séparateurs de versets sont absents ou ne sont pas connus des sources. Tout au plus pouvons-nous dire qu'il existe une tendance à suivre le système de décompte de versets du Ḥiǧāz.

Quand bien même nous aurions reconstitué l'identité du manuscrit, cela ne serait que d'une maigre utilité pour l'étude de la vocalisation. Ajoutée après la copie du *rasm*, la vocalisation entretient malgré tout un lien avec ce dernier. Elle le précise, le corrige et l'éclaire parfois. Le manuscrit suppose, en définitive, deux lectures superposées. La première est celle du *ponctuateur* face au squelette consonantique. Quel que soit l'écart chronologique les séparant, le *ponctuateur* côtoie un système archaïque qu'il se doit d'interpréter, avant de l'adapter à sa propre lecture. La seconde lecture nous est contemporaine : celle du lecteur actuel du Coran, se référant à la version imprimée au Caire, devant le manuscrit vocalisé. Là encore, face au système vocalique archaïque, la nécessité d'interpréter ces signes s'impose.

La vocalisation des manuscrits

Une grande majorité de corans en écriture abbasside ancienne – ou coufique –, possède un système de vocalisation particulier, exclusivement réservé à l'écriture coranique. Le principe de ce système, également connu des traditions syriaque et hébraïque, consiste à reconnaître un terme par le positionnement de points par rapport au squelette consonantique.

Au-delà du respect de ce principe de base, la vocalisation coranique est cependant hétérogène. L'observation des manuscrits révèle la présence de variations, dont la répétition suppose l'existence de pratiques divergentes parmi les *ponctuateurs*.

Ces différentes pratiques trouvent un écho dans les textes arabes. L'attestation de traités intitulés *Kitāb al-Naqṭ*, dès le IXe siècle, témoigne du souci de codifier, d'expliquer puis de recenser les règles de ponctuation vocalique du Coran. Le premier texte en notre possession est partiellement conservé dans le *Kitāb al-Maṣāḥif* d'Ibn Abī Dāwūd al-Siǧistānī (230/844 ou 845-316/928)[14]. Il s'agit d'un traité sur le point et ses positions (*'ilm*

la'in, noté *lā'in* (f° 6v). Le système de séparateurs de versets ne s'accorde pleinement avec aucune tradition connue. Un certain nombre de séparateurs n'apparaissent pas ou ont disparu, et d'autres introduisent des séparations inconnues de la tradition.

14. Ibn Abī Dāwūd al-Siǧistānī, *Kitāb al-Maṣāḥif*, éd. Arthur Jeffery ; Dār al-takwīn li-l-našr wa-l-tawzī', Damas, 2004, p. 144-150.

al-naqṭ wa mawāḍi'ihi), attribué au grammairien et lecteur de Basra, Abū Ḥātim al-Siğistānī (mort vers 250/864). La représentation de l'attaque vocalique (*hamza*) y est longuement discutée. Deux autres ouvrages, plus tardifs, concernent la vocalisation des Corans : le *Kitāb al-Naqṭ*[15] et le *Kitāb al-Muḥkam fī Naqṭ al-Maṣāḥif*[16], du traditionniste andalou Abū 'Amr ad-Dānī (m. en 444/1053).

Nous proposons donc, dans cette communication, de relever les principales variations observées dans le corpus choisi et de les interpréter à la lumière des textes présentés ci-dessus. Trois de ces variations tiennent à la position du point dans la notation de particularités linguistiques : la *hamza*, *l'imāla* et l'harmonisation du pronom *-hu/-hum* au contact d'une voyelle /i/ ou d'un *yā'*. La dernière variation que nous présenterons s'attache davantage à la représentation de la vocalisation par l'emploi de diverses couleurs.

La notation de la *hamza*

La *hamza*, occlusive glottale héritée du sémitique ancien[17], est notée dans l'orthographe moderne par un signe spécifique (ء), que l'on peut trouver seul, ayant valeur de consonne, ou, suscrit ou souscrit à une semi-consonne – *alif, wāw, yā'* –, appelée support de la *hamza*.

Dans les manuscrits coraniques, par contre, aucun signe spécifique pour la *hamza* n'apparaît avant le milieu du IXe siècle. C'est alors que l'on associe le point-voyelle vert à la notation de l'attaque vocalique[18]. Avant cela, peut-on savoir si elle est représentée ou sous-entendue dans la vocalisation des manuscrits ?

Le système de points-voyelles que l'on observe dans notre corpus ne permet pas de distinguer formellement la *hamza* de la voyelle qu'elle accompagne. Pourtant, nous relevons des variations quant à la notation du point-voyelle, à l'emplacement de la *hamza*. À quoi correspondent ces variations ? Peuvent-elles attester de l'existence de l'attaque vocalique ?

En réalité, parmi les manuscrits sélectionnés, on distingue une pratique majoritaire (présentant toutefois quelques variations), attestée dans la quasi-totalité du corpus, et une pratique « exceptionnelle » dans le BNF

15. À la suite du *Kitāb al-Muqni' fī Rasm Maṣāḥif al-Amṣār*, éd. Otto Pretzl, Istanbul, 1932.

16. Abu 'Amr 'Uṯmān ibn Sa'īd al-Dānī, *Kitāb al-Muḥkam fī Naqṭ al-Maṣāḥif*, éd. Ḥassan 'Izzat, Dār al-Fikr, Damas, 1986.

17. J. Cantineau, *Études de linguistique arabe*, Paris, 1960, p. 76.

18. Cf. F. Déroche, *op. cit.* (n. 3), p. 21-22.

Arabe 334a. Il semble que ce dernier ait adopté des règles différentes selon la nature du support de la *hamza*. Cette observation nous a amenée à traiter séparément la *hamza* avec support *yā'* ou *wāw* et celle avec l'*alif* comme support.

Traitement de la *hamza* avec support *yā'* ou *wāw*

Dans le BNF Arabe 334a, d'abord, le traitement de la *hamza* connaît des variations, en fonction de sa position dans le mot, de son support et de sa vocalisation.

En position médiane, et précédée d'un /ā/, une *hamza* vocalisée en /i/ sera représentée par un *yā'* sans points diacritiques, portant un point-voyelle au-dessus. L'*alif* qui précède aura tendance à disparaître (p. ex. fig. 1 : *'ulā'ika* ; *qalā'ida* : Cor.5:2, f° 2r ; *malā'ika* : Cor.34:39, f°5v° ; *ṭā'ir* : Cor.36:19, f° 10r)[19].

Fig. 1. – Vocalisation du terme *'ūlā'ika*. BNF Arabe 334a (f° 5v).

Lorsque la *hamza* est vocalisée en /u/, par contre, trois graphies différentes sont adoptées :

– L'*alif* est conservé, un point est placé à gauche, sur la ligne d'écriture (fig. 2 : *ǧazā'uhu*). Cette graphie est souvent employée avec la *hamza* en position finale (*yašā'u*, Cor.5:17, f° 3v ; *'abnā'u*, Cor.5:18, f° 3v ; *al-fuqarā'u*, Cor.35:15, f° 7v).

Fig. 2. – *ǧazā'uhu* (Cor.4:93). BNF Arabe 334a (f° 1v).

19. Cette disparition de l'*alif* a pu également toucher la préposition *la'in*, qui adopte, dans notre manuscrit, deux orthographes : l'une avec *alif* (Cor.35:42, f° 9r), l'autre sans (Cor.5 :12, f° 3r ; 35:41, f° 9r ; 36:18, f° 10r).

– L'*alif* disparaît au profit d'un *wāw*, avec un point-voyelle au-dessus (*'ābā'una*, Cor.37:17, f° 12v ; *al-'ulamā'u*, Cor.35:28, f° 8r) ou sans vocalisation (*'aḥibbā'uhu*, Cor.5:18, f° 3v).

L'*alif* et le *wāw* sont tous deux conservés, le dernier portant un point-voyelle au-dessus (*'ābā'ukum*, Cor.34:43, f° 6r ; *'ābā'uhum*, Cor.36:6, f° 9v).

Ces irrégularités orthographiques sont maintenues dans la Vulgate du Caire, mais celle-ci distribue les trois graphies différemment : la première sans *wāw*, avec *alif* final pour *yašā'u*, Cor.5:17, la seconde avec *wāw* précédé d'un *alif* suscrit dans *'abnā'u*, Cor.5:18, *'aḥibbā'uhu*, Cor.5:18 et *al-'ulamā'u*, Cor.35:28. La dernière maintenant l'*alif* et le *wāw* dans *ǧazā'uhu*, Cor.4:93 et *'ābā'una*, Cor.37:17.

En position finale, précédée d'une voyelle longue /ī/ ou /ū/, la *hamza* n'est pas isolée mais placée au-dessus du *yā'* ou du *wāw* (fig. 3, *šay'in* : un point est placé au-dessus du *yā'*, deux points sont placés en-dessous, indiquant la désinence casuelle /in/. Fig. 4, *sū'u* : la désinence casuelle /u/ est indiquée à gauche du *wāw*).

FIG. 3. – Vocalisation du terme *šay'in* (34:39). BNF Arabe 334a (f° 5v).

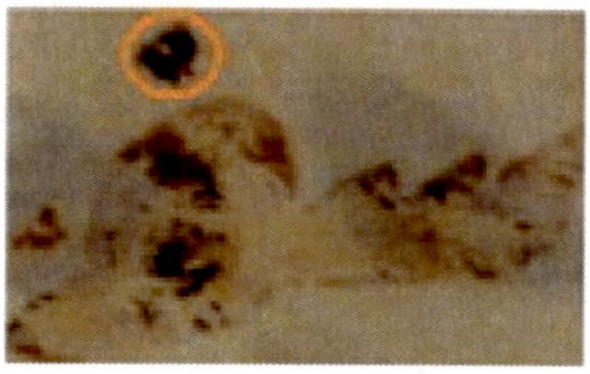

FIG. 4. – Vocalisation du terme *sū'u* (35:8). BNF Arabe 334a (f° 7r)

Contrairement au BNF Arabe 334a, l'ensemble des autres fragments adopte généralement une même attitude devant la notation de la *hamza* avec support *yā'* ou *wāw*. Cette pratique commune veut, en effet, que le point indiquant une *hamza* médiane vocalisée occupe la place de la voyelle *hamzée*. D'après Abū Ḥātim al-Siǧistānī, il en est de même à Baṣra, au IIIe/IXe siècle[20]. En suivant cette règle, on ne peut distinguer la *hamza* médiane de la voyelle (voir le terme *'ūlā'ika*, fig. 5 à la page suivante).

20. Ibn Abī Dāwūd, *ibid.* Abū Ḥātim précise la ponctuation de « *yu'aḫḫirakum* » (14:10) : « lorsqu'elle [la *hamza*] est vocalisée /a/ (*naṣb*), le point est alors au-dessus du *wāw* », p. 145. Il est intéressant de noter l'emploi du terme *naṣb* pour désigner une voyelle non casuelle. La terminologie employée pour la vocalisation de la *hamza* (*marfū'a* ; *muntaṣiba* ; *maǧrūra*) ne distingue pas les voyelles non casuelles de celles déclinables.

FIG. 5. – Vocalisation du terme *'ūlā'ika*. BNF Arabe 337a (f° 2r).

Dans le cas d'une *hamza* finale, précédée d'une voyelle longue, Abū Ḥātim procède par analogie et remplace la *hamza* par la consonne *'ayn*. Il explique : « Quand elle [la *hamza*] est allongée, comme dans le terme *as-sū'*, sa valeur équivaut à *as-su'* [avec *'ayn*], il [le point-voyelle] est alors après le *wāw* » (*fa-l-mamdūd miṯla qawlihi « as-sū' » taqdīruhu as-su' fa-hiya ba'd al-wāw*[21]). Cette même règle est également appliquée lorsque la *hamza* est précédée d'un /ā/.

La description que nous propose Abū Ḥātim s'accorde avec l'ensemble du corpus, à l'exception du BNF Arabe 334a. Dans ce dernier, la *hamza* supportée par un *yā'* ou un *wāw* est représentée par un point fixe au-dessus de la consonne. À travers les différents exemples observés, il apparaît que le *ponctuateur* de ce manuscrit ne distingue pas le support de *hamza* de la voyelle longue.

Traitement de la *hamza* avec support *alif*

Associée à l'*alif*, la vocalisation de la *hamza* respecte les trois positions de points correspondant aux trois voyelles. Pour les voyelles /u/ et /i/, on ne peut dissocier la valeur de la *hamza* de celle de la voyelle qui l'accompagne. Une *hamza* vocalisée /u/ sera toujours indiquée par un point placé sur la ligne d'écriture, à gauche de l'*alif* ; et la *hamza* vocalisée /i/ par un point en-dessous de l'*alif*. Par contre, les manuscrits divergent dans la représentation de la *hamza* vocalisée /a/. Dans notre corpus, on distingue trois pratiques différentes, probablement réductibles à deux (la deuxième et la troisième pratiques n'ont pu être réunies par manque d'éléments de comparaison). Nous traiterons de la plus originale, celle du fragment BNF Arabe 334a, la plus courante dans le corpus.

21. *Ibid.*, p. 145.

La particularité du BNF Arabe 334a

Dans ce fragment, la *hamza* vocalisée /a/ et accompagnée d'un *alif* est systématiquement représentée par un point-voyelle placé en haut, à droite de l'*alif* (fig. 6).

Fig. 6. – Position du point initial dans *'āmana*. BNF Arabe 334a (f° 5v).

Cet agencement est employé cependant pour représenter quatre valeurs différentes de la *hamza* :

– La *hamza* vocalisée /a/ avec support *alif* : *'akala ; ra'ā ; li-saba'a* (34:15, f° 4v) ; *'anšā'a (*36:79, f° 12r).

– La *hamza* non vocalisée avec support *alif* : *ta'kulūna* (35:12, f° 7v) ; *yašā'* (35:16, f° 7v).

– La *madda* (fusion d'une *hamza* avec support *alif* et d'un */ā/* ou fusion de deux *hamza*) : *'āmantu* (36:25, f° 10r) ; *'āya* (36:33, f° 10v) ; *qur'ān* (34:31, f° 5v).

– La *hamza* vocalisée /a/ en position finale, après */ā/* : *šurakā'a* (34:27, f° 5r) ; *du'ā'a (*35:14, f° 7v) ; *ǧā'a* (fig. 7) ; *šā'a.*

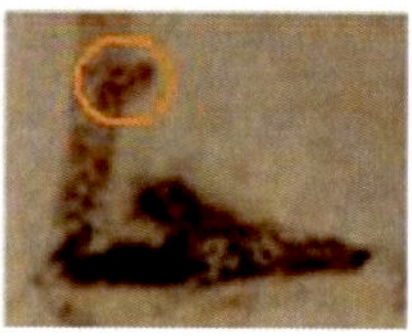

Fig. 7. – *Hamza* finale dans *ǧā'a* (5:6). BNF Arabe 334a, f° 2v.

Ces observations nous permettent d'avancer, d'une part, que le point-voyelle, également employé pour une *hamza* non vocalisée, correspond bien à l'attaque vocalique et non à une simple voyelle /a/. Et, d'autre part, que l'*alif* en tant que voyelle longue /ā/ n'est pas distingué du support de *hamza*.

Le BNF Arabe 334b

La seconde pratique que l'on observe dans le fragment BNF Arabe 334b a été considérée séparément par manque d'éléments comparatifs, mais partage de nombreux points communs avec la troisième pratique.

En début de mot, elle distingue la *hamza* de la *madda* par la position du point-voyelle par rapport à l'*alif*. D'une part, tous les termes présentant une *hamza* initiale placent un point à droite de l'*alif* (fig. 8). Et d'autre part, les termes avec *madda* ont un point placé à gauche (fig. 9). En fin de mot, la *hamza* est placée à droite de l'*alif* quand celui-ci est support, et à gauche quand l'*alif* a pour valeur /ā/.

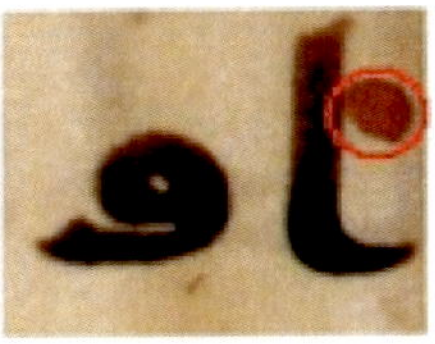

Fig. 8. – La *hamza* dans *'aw* (42:52). BNF Arabe 334b, f° 18r.

Fig. 9. – La *madda* dans *'āyātina* (34:38). BNF Arabe 334b f° 14v.

Cependant, cette distinction n'est effective qu'en position initiale ou finale. En position médiane, on ne rencontre, dans les douze folios du fragment, qu'un seul terme comportant une *madda*. Il s'agit du terme *qur'ān* (Cor.34:31, f° 14r ; 43:3, f° 18r ; 43:31, f° 19r), dans lequel l'*alif* porte un point à droite, à l'instar du BNF Arabe 334a. Cet emploi n'est peut-être pas destiné à indiquer l'allongement vocalique mais simplement la *hamza* du radical *q r'*. Le terme serait donc lu *qur'an*, sans *madda*, révélant la persistance de la *scriptio defectiva* dans un schème tel que *fu'lān*. En conséquence, le terme *qur'ān* ne peut constituer un exemple fiable de *madda* en position médiane ; cette dernière a pu être indiquée par deux points, pratique courante observée dans le reste du corpus.

La pratique courante

Cette dernière pratique distingue, en toutes positions, *hamza* et *madda*. En position initiale, le traitement est identique à celui observé plus haut : le point placé en haut, à droite de l'*alif*, indique la *hamza*, et le point à gauche la *madda*. Quant à la *madda* en position médiane, elle est représentée par une double ponctuation de part et d'autre de l'*alif* (fig. 10).

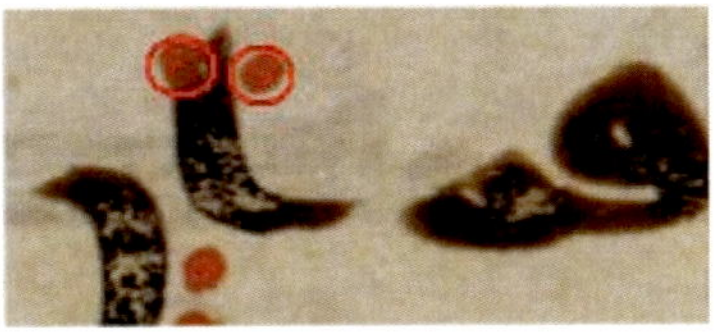

Fig. 10. – La *madda* dans *qur'ān* (15:1). BNF Arabe 333c, f° 43r.

En position finale, la distinction entre *alif* support de *hamza* et /a/ est indiquée, comme pour le manuscrit précédent, par la position du point à droite ou à gauche de l'*alif*.

FIG. 11. – *Hamza* finale dans *ǧā'a* (4:153). BNF Arabe 337a, f° 2r.

Au cours de la première moitié du IXe siècle, c'est la pratique traditionnelle à Baṣra. Abū Ḥātim al-Siǧistānī en rappelle la règle :

> « Quand elle [la *hamza*] est vocalisée en /a/, sans être allongée, on place un point à droite de l'*alif* (*fī qafā-l-'alif*), et lorsqu'elle est allongée (*mamdūda*), le point est placé à gauche de l'*alif* (*bayna yadayi-l-alif*). [...] Il en va de même pour la *hamza* brève ou longue en fin de mot, comme pour « *kullamā 'aḍā'**a** lahum* » (2:20), « *ǧā'**a*** » et « *law šā'**a** rabbuka* » (6:112). [...] Et si la *hamza* est vocalisée en /a/, dans *qur'ān* par exemple, [...] on place deux points, l'un avant et l'autre après l'*alif*. »[22]

LES EXCEPTIONS

Concernant le traitement de la *madda* initiale, signalons deux approches particulières observées dans les fragments BNF Arabe 337b et Arabe 326c. Le BNF Arabe 337b place le point en haut à droite (à la place de la *hamza*) pour les termes *bi'āyāt* (Cor.3:4, f° 7v), *bi'āya* (Cor.3:49, f° 9r ; 3:50, f° 9v), *'āl* (3:33, f° 8r), *'āmannā* (Cor.3:52, f° 9v ; 3:53, f°9v°), *'āmanū* (Cor.3:56, f° 9v). D'autres termes n'ont pas été vocalisés : *'ādam* (Cor.3:33, f° 8r), *'āyatan* (Cor.3:41, f° 8v) ou ont reçu le point-voyelle sur l'*alif* : *'āyatuka* (Cor. 3:41, f° 8v). Le BNF Arabe 326c atteste d'une situation analogue : sont vocalisés par un point en haut, à droite, les termes *'āmanū* (Cor.61:14, f° 12v), *bi'āyātinā* (Cor.64:10, f° 15v). On rencontre également cette occurrence avec un point à gauche (Cor.62:5, f° 13r).

Les observations qui viennent d'être présentées quant à la notation de la *hamza* nous permettent de reconnaître l'existence de plusieurs pratiques de vocalisation dans les manuscrits. La quasi-totalité de notre corpus respecte des règles de vocalisation identiques à celles que l'on appliquait à Baṣra,

22. Ibn Abī Dāwūd, *ibid.*, p. 144-146.

dans la première moitié du IXe siècle. L'opération de vocalisation de ces manuscrits s'est peut-être déroulée durant cette période. Ce système était-il seulement employé par des *ponctuateurs* de tradition iraquienne ou représentait-il plus largement, la pratique courante à cette époque ? L'existence de variations d'origine dialectale, que nous verrons plus tard, au sein du même ensemble, nous oriente vers cette dernière hypothèse.

Particulièrement distincte de la pratique commune, la vocalisation du fragment BNF Arabe 334a peut être envisagée, par son système moins élaboré, comme le reliquat d'une période plus ancienne. Les différentes remarques évoquées, quant aux règles de notation de la *hamza*, mettent en évidence les relations que cette dernière entretient avec son support consonantique, en particulier l'*alif*. Les diverses règles adoptées pour noter la *hamza* nous éclairent en réalité sur la valeur de cet *alif*, à l'époque de la vocalisation du texte. Aux yeux du *ponctuateur* du BNF Arabe 334a, l'*alif* est encore manifestement associé au support de la *hamza* et non à la voyelle longue ā. La notation de la *hamza* pourrait ainsi représenter la valeur initiale de l'*alif* – c'est, du moins, ce que laissent entendre les manuscrits *ḥiğāzī*[23]. Les fragments manuscrits présentés ici témoignent de l'impact grandissant des réformes orthographiques, attribuant à l'*alif* une valeur de voyelle longue /ā/.

La notation de l'*imāla*

On repère l'expression de l'*imāla* – prononciation de la voyelle /ā/ longue tendant vers le /i/[24] – dans les manuscrits par la présence d'un point-voyelle en-dessous (position de la *kasra*) d'une consonne vocalisée en /a/, bref ou long[25]. Au sein de notre corpus, sur les huit fragments coraniques, six attestent de la présence de l'*imāla* (BNF Arabe 334a, b et i, Arabe 337a, Arabe 333c et d). Cette dernière est cependant traitée de plusieurs façons que nous présentons indépendamment.

23. Voir, par exemple, F. Déroche, *La Transmission écrite du Coran dans les débuts de l'islam, le Codex Parisino-pétropolitanus*, Leyde, Brill, 2009, p. 69.

24. « *fa-l-alif qad tušbihu-l-yā', fa-'arādū 'an yuqarribu-hā minhā* », Sibawayhi, *al-Kitāb*, éd. 'Abd As-Salēm Muhammad Hārūn, Dār al-ğīl, Beyrouth, vol. 4 (5 vol.), p. 117.

25. Th. Nöldeke, *Geschichte des Qorâns*, Göttingen, 1860, p. 328 : « Sehr oft wird auch die *Imāla* durch den Vokale i ausgedrückt, mit oder ohne Hinzufügung eines ا oder ى ».

L'*imāla* dans les manuscrits

Le BNF Arabe 334b indique l'*imāla* à trois reprises, dans les substantifs *an-nāri* (Cor.34:42) et *an-nahāri* (Cor.34:33 ; 45:5 : fig. 12). Le terme *an-nāsi* (Cor.34:28) a été vocalisé par un point en haut à droite de l'*alif*, probablement pour éviter une prononciation avec *imāla*.

Fig. 12. – *Imāla* du terme *nahār* (34:33). BNF Arabe 334b, f° 14r.

Le BNF Arabe 334i n'est constitué que d'un feuillet et nous ne sommes donc pas en mesure de proposer une liste exhaustive des termes comportant l'*imāla*. Nous rencontrons toutefois le verbe *ǧā'a* (Cor.3:61, f° 88r), dont le *ǧim* est muni de deux points rouges, respectivement au-dessus et en-dessous.

Dans le fragment Arabe 334a, seul le verbe *ǧā'a* connaît ce phénomène. À la différence du traitement précédent, le *ǧim* ne reçoit qu'un seul point-losange, placé en-dessous de la lettre.

Le BNF Arabe 333c n'indique l'*imāla* que pour le terme *kāfirīna*, le point rouge étant placé en-dessous du *kāf*. Dans la quasi-totalité des occurrences, l'*alif* médian n'est pas indiqué (*kafirīna*). Au Cor.14:2, f° 38v, alors que l'*alif* médian est inclus dans le *rasm*, l'*imāla* n'est pas indiquée. Le terme au cas sujet, *kāfirūna* (Cor.21:36, f° 47r), porte un point au-dessus du *kāf*.

On observe la même vocalisation du *kāf* de *kāfir-ūna/īna* dans le BNF Arabe 337a. Un point vert a été ajouté au-dessus de la lettre, sous-entendant probablement une lecture sans *imāla* (fig. 13). Les points ont visiblement été grattés (nous reviendrons sur cette remarque dans la dernière partie traitant des couleurs de points). Dans le verbe *ǧā'a*, par contre, c'est le point vert qui est employé pour signifier l'*imāla* (fig. 11 : un point rouge est placé au-dessus du *ǧim*).

Fig. 13. – Vocalisation du terme *lil-kāfirīna* (4:151). BNF Arabe 337a, f° 2r.

Dans le BNF Arabe 333d, l'*imāla* est signalée par le point vert dans les substantifs *kāfirīna* (Cor.35:39, f° 61r : le point vert est en-dessous du *kāf*) et *kāfirūna* (Cor. 46:6, f° 69v : le point vert est en-dessous du *kāf*, l'*alif* médian est noté), ainsi que dans les verbes *ǧā'a*, *šā'a*, *ḥāqa* (Cor.46:26, f° 71r), *zāda* (Cor.47:17, f° 72v), *ḫāfa* (Cor.55:46, f° 75v).

L'*imāla* : entre orthographe et *qirā'a*

Ces observations témoignent de la diversité des applications de l'*imāla*. On distingue deux emplois principaux de l'*imāla*.

Premièrement, l'*imāla* est appliquée, en rouge (sauf pour le BNF Arabe 333d), dans des substantifs où la voyelle longue ā est toujours suivie d'une *kasra (nahāri*, *nāri*), emploi que connaît le grammairien de Baṣra, Sībawayhi (m. en 177/793) : « l'*alif* s'incline (*tumīlu*) lorsqu'il est suivi d'une consonne vocalisée en /i/ (*ḥarf maksūr*) »[26]. D'après lui, cette *imāla* n'existait pas chez les habitants du Hiǧāz[27]. Une autre information, issue des traditions de *qirā'āt*, l'attribue aux lecteurs iraquiens Abū 'Amr ibn al-'Alā' (m. en 154/770) et al-Kisā'ī (m. en 189/805)[28].

Conformément à leur lecture, le BNF Arabe 333c n'adopte l'*imāla* que pour *kāfirīna*, au cas direct et indirect. Ces deux lecteurs, d'après la Tradition, intégraient l'*imāla* « lorsque le *rā'* était suivi d'un *yā'* » (« *'iḏā kāna ba'da-l-rā' yā'* » [29]). Or un autre facteur a pu également intervenir. Nous observons, en effet, qu'une occurrence comportant l'*alif* médian (*kāfirīna*, 14:2, f° 38v) n'indique plus l'*imāla*. La présence de l'*alif*, désignant le son /ā/, a pu entraîner la disparition de l'*imāla*.

Toutefois, ces deux facteurs – désinence casuelle et présence de l'*alif* – ne sont valables que dans le cas du BNF Arabe 333c. Les deux autres manuscrits intègrent l'*imāla* pour les deux occurrences, même en présence de l'*alif* (BNF Arabe 333d).

Le second emploi de l'*imāla* ne concerne que certains verbes à racine concave, où elle est indiquée soit en rouge (BNF Arabe 334i), soit en vert (BNF Arabe 337a et Arabe 333d). Cette *imāla* est connue des grammairiens arabes, notamment Sībawayhi et al-Farrā' (m. en 207/822). Les informa-

26. Sībawayhi, *ibid.*, p. 117.

27. *Ibid.*, p. 118.

28. Ad-Dānī, *Al-Taysīr fī-l-qirā'āt al-sab'*, éd. Pretzl, Istanbul, Maṭba' al-Dawla, 1930, p.51-52. Ad-Dānī précise également qu'Abū 'Amr plaçait également une *imāla* sur l'*alif* de *nās* ; *imāla* qui a été évitée dans le fragment BNF Arabe 334b.

29. Ad-Dānī, *ibid.*, p. 52.

tions qu'ils transmettent sont pourtant contradictoires. En effet, le premier attribue l'*imāla* de certains verbes concaves (*hāba, ṭāba, ṣāra* et *māta*) au dialecte du Ḥiǧāz, alors que le second (cité par Ibn Yā'iš) y voit une pratique du Naǧd, appliquée uniquement pour les verbes ayant pour seconde radicale un *yā'* étymologique (exemples donnés : *šā'a, ḫāfa, ǧā'a* et *kāda*)[30].

La littérature des *qirā'āt* s'accorde davantage avec les propos d'al-Farrā', et attribue au lecteur de Kūfa, Ḥamza (de la tribu de Tamīm, m. en 156/772), une forte tendance à l'*imāla*, notamment pour dix verbes concaves[31]. Dans le BNF Arabe 333d, nous avons relevé cinq verbes concaves avec *imāla* notée en vert, qui correspondent à la liste de Ḥamza. Les deux autres fragments (BNF Arabe 334i et Arabe 337a) ne contiennent que peu d'exemples de verbes concaves[32], mis à part *ǧā'a*, marqué d'une *imāla*. Cette lecture peut correspondre à celle de Ḥamza, mais aussi à celle d'un lecteur de Damas, Ibn Ḏakwān (m. en 173/769)[33], transmetteur d'Ibn ʿĀmir (m. en 118/736).

Dans l'ensemble, la tendance à l'*imāla*, qui semble être une caractéristique des dialectes de l'Est de la péninsule arabique, est largement représentée dans notre corpus. Seuls les fragments BNF Arabe 337b et Arabe 326c – qui attestaient tous deux d'un traitement particulier de la *madda* en position initiale – n'intègrent pas l'*imāla* ; du moins telle que nous la rencontrons dans les autres fragments. Ces derniers témoignent de diverses pratiques dans la notation de l'*imāla* ; pratiques que la Tradition attribue aux lecteurs canoniques. Toutefois, cette concordance entre manuscrit et tradition n'est qu'apparente ; la lecture paraît tenir davantage d'une interprétation orthographique que du respect d'une tradition de lecture. Ces traditions sont d'ailleurs régulièrement confondues, notamment par l'emploi du vert pour noter l'*imāla*, que celle-ci ressorte de la lecture de Ḥamza ou de celle d'al-Kisā'ī (BNF Arabe 333d).

30. Ch. Rabin, *Ancient West-Arabian*, Londres, 1951, p. 111-112. Rabin explique cette contradiction par l'existence, au Ḥiǧāz, d'un phonème /ē/, distinct du /ā/. L'origine de ce phonème ne serait pas le résultat d'un développement interne à l'arabe, comme l'avance al-Farrā', mais entretiendrait plus volontiers un rapport avec les formes en -ē hébraïque et araméenne. C'est le cas de certaines formes, notamment celles dont la seconde radicale est un *wāw* étymologique (*māta, ḥāqa*).

31. La liste est donnée par ad-Dānī, *ibid.*, p. 50: *ǧā'a, šā'a, zāda, rāna, ḫāfa, ṭāba, ḫāba, ḥāqa, ḍāqa* et *zāġa*.

32. Dans le BNF Arabe 337a : *kāna, tābū* et *hādū* ne sont pas vocalisés. Le verbe *qāmū* porte un point-voyelle au-dessus du *qāf* (f° 1r).

33. Ad-Dānī : « Ibn Ḏakwān suivait Ḥamza dans l'*imāla* de *ǧā'a* et *šā'a* », *ibid.*, p. 50.

Vocalisation du pronom affixe de troisième personne (*-hu* et *-hum*)

En arabe classique, lorsque les pronoms affixes *-hu*/*-hum* sont précédés d'une voyelle /i/ ou d'un *yā'*, ils s'harmonisent avec la voyelle précédente. Cette règle n'est pas toujours appliquée dans notre corpus. Nous distinguons trois approches différentes de la vocalisation du pronom *-hu*/*-hum*[34].

Description des systèmes vocaliques

Une première attitude, rencontrée exclusivement dans le fragment BNF Arabe 334a, place le point-voyelle systématiquement à gauche du *hā'*. Ainsi, le pronom *-hu*, qu'il soit affixé à un substantif ou à une préposition (*bi* ; *fī* ; *'alā* ; *'ilā* ; *ladā*), est toujours vocalisé par un point à gauche du *hā'*. Quant au pronom *-hum*, il n'est vocalisé que sur la dernière consonne – le *mīm* –, notée avec un point sur sa gauche.

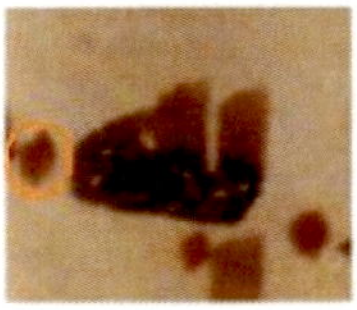

FIG. 14. – Vocalisation de la préposition *bihi* (34:34). BNF Arabe 334a (f° 5v).

Les fragments BNF Arabe 334b et Arabe 333c maintiennent une vocalisation similaire à celle du BNF Arabe 334a. Ils introduisent toutefois une variation pour la préposition *bihi*, dans laquelle le *hā'* porte un point-voyelle en-dessous et non plus à gauche (voir, par exemple : BNF Arabe 334b, f° 18r ; BNF Arabe 333c, f° 34r, fig. 15). Le pronom au pluriel, *-hum*, (sans vocalisation du *hā'*), marque toujours un point-voyelle à gauche du *mīm*.

FIG. 15. – Vocalisation de *bihi* (13:21). BNF Arabe 333c, f° 34r.

34. Le *hā'* du pronom affixe du pluriel *-hum* n'a pas pu être étudié dans le cas d'une vocalisation en rouge. En effet, il ne reçoit presque jamais de vocalisation, celle-ci marquant régulièrement la dernière consonne. La seule vocalisation du *-hum* apparaît dans les systèmes bicolores où le *hā'* sera vocalisé des deux couleurs.

Les autres manuscrits (BNF Arabe 337a et b, Arabe 334i, Arabe 333d et Arabe 326c) placent le point rouge exclusivement en-dessous du *hā'*, dans toutes les occurrences. Le pronom *-hum* n'est marqué d'un point à gauche du *mīm* qu'en présence d'une liaison (« *humu-l-fāsiqūna* », Cor. 59:19. BNF Arabe 326c, f° 9r)[35]. Quant aux deux manuscrits présentant une vocalisation bicolore, un point vert est ajouté à gauche du *hā'* (fig. 16).

FIG. 16. – Vocalisation de *'ilayhi*. BNF Arabe 333d, f° 66v.

Valeur du point-voyelle à gauche

LA ḌAMMA

En nous interrogeant sur la valeur du point positionné à gauche de la lettre, l'interprétation la plus évidente semble être celle d'une vocalisation en /u/ (*bihu*, *fīhu*, etc.), et ce pour deux raisons principales. D'abord, par sa position à gauche de la consonne, sur la ligne d'écriture, le point respecte la règle traditionnelle de vocalisation, attribuée par les sources au grammairien Abū-l-Aswād ad-Dū'alī[36]. Et ensuite, le BNF Arabe 334a dissipe toute ambiguïté sur la valeur de ce point, en l'employant dans un système de liaison entre les mots (*waṣla*). Ce système, développé uniquement pour une vocalisation avec *ḍamma*, introduit généralement deux points successifs, l'un à gauche de la consonne finale du premier terme, l'autre entre l'*alif* et le *lām* de l'article qui suit (fig. 17)[37].

35. Il arrive que le BNF Arabe 337a place, de temps en temps, un point à gauche du *mīm* du pronom sans qu'il y ait de liaison, mais ce phénomène est rare et concerne moins de 10 % des pronoms non liés au terme suivant.

36. Ad-Dānī, *al-Muḥkam fī naqṭ al-maṣāḥif*, éd. Hasan 'Izzat, Dār al-Fikr, Damas, 1960, p. 4. Sur l'ordre de Ziyād ibn Abīhi, Abû-l-Aswād aurait choisi un homme de la tribu voisine des 'Abd al-Qays et lui aurait expliqué : « Prends le *muṣḥaf* ainsi qu'une couleur différente de celle de l'encre [utilisée pour le *rasm*]. Lorsque j'ouvre les lèvres, place un point au-dessus de la lettre (*fawqa-l-ḥarf*) ; lorsque je les arrondis, mets le point à côté de la lettre (*'ilā ǧānibi-l-ḥarf*) ; et lorsque je les ferme, ponctue en-dessous (*fī 'asfalihi*). »

37. Dans le cas d'une voyelle longue /ū/ en position finale (terminaison *wāw* et *alif*), un seul point sera placé entre l'*alif* et le *lâm* de l'article du terme suivant. Aux f° 2r et 3r, la liaison encadre de deux points un *wāw* de coordination, donnant ainsi « *al-mutarradiyatu-wu-l-naṭiḥa* » (Cor. 5:3, f° 2r).

FIG. 17. – Notation de la *waṣla* : « *yabsuṭu-l-rizqa* », 34:39. BNF Arabe 334a, f° 5v.

Lors d'une liaison avec les pronoms affixes *-hu/-hum (« bihu-l-lāhi* », 5:16. « *baynahumu-l-'adāwa* », 5:14 ; f° 3r), on applique le même système, lisant ainsi *bihu*, *'alayhu*, etc. Quant au pluriel, vocalisé *hu(?)mu*, il porte le *ḍamm mīm al-ğam'*.

Estelle Whelan reconnaît cette absence d'harmonisation vocalique, indiquée en vert dans son corpus de manuscrits. Elle note « the inexplicable emendation of the *kasrah* correctly marking genitive endings to *dammah*, which occurs in a variety of words but especially frequently in words like *'alayhi* and *fīhi*, thus altering them to *'alayhu, fīhu*... »[38].

Cette prononciation, que l'arabe classique évite en harmonisant les voyelles, existe pourtant dans les dialectes arabes anciens. Chaim Rabin rapporte qu'au Ḥiǧāz, l'harmonisation vocalique était absente :

> « The Hijazi readers read in Koran, xxviii, 81, *bihū wabi-dārihu* "upon him and his house". The Kufan Ḥafs (pupil of 'Āṣim) seems to have read in this manner fairly consistently [...]. The Kufan Ḥamza (of Taim, a tribe of the 'Āliya) did not assimilate after prepositions, but always after nouns [...]. All these readings are found in Kufic codices, where sometimes both the Hijazi and the Eastern reading are indicated by dots in different colours. Kisā'ī (d.189/805) heard an old man of the Hawazin use the form without vowel harmony. The insistence on his age may imply that the younger generation of the tribe used the Eastern forms. »[39]

L'ALLONGEMENT VOCALIQUE

Dans son travail sur les couleurs de vocalisation des manuscrits, Yasin Dutton envisage une nouvelle interprétation, et attribue au point placé à gauche du pronom *-hu* une valeur d'allongement vocalique, le *ṣilāt al-hā'*. Son hypothèse se fonde sur une vocalisation en rouge et en vert dans

38. E. Whelan, « Writing the Word of God: Some Early Manuscripts and Their Milieux, Part I », *Ars Orientalis* 10, 1989, p. 121. Également cité dans Y. Dutton, « Red Dots, Green Dots, Yellow Dots and Blue: Some Reflections on the Vocalization of Early Qur'anic Manuscript, Part I and II », *Journal of Qur'anic Studies* 1, 1999, p. 115-140, et 2, 2000, p. 1-24. Part I, p. 139.

39. Ch. Rabin, *ibid.*, p. 99-100.

un terme tel que *fīhi*, le *hā'* étant vocalisé avec un point rouge en-dessous (à l'instar de notre troisième pratique) et un point vert à gauche. Selon Y. Dutton, « the red dot under the *hā'* indicates the short vowel option and a green dot after it, i.e. to its left, indicates the long vowel option. However, it is also possible, though to my mind unlikely, that the green dot is being used to indicate the *shādhdh* variant *fīhū*. »[40] Mais, d'après lui, contrairement à *fīhū*, l'allongement vocalique constitue une variante unanimement reconnue et fréquente, qui peut également être indiquée en rouge dans les manuscrits (le rouge sous-entendant la lecture principale).

Y. Dutton reconnaît cependant la présence d'une variante sans harmonisation pour le pluriel *-hum*. La lecture *'alayhum*, attribuée à Ḥamza et Ya'qūb (lecteur de Baṣra, m. 205/820), peut être indiquée en rouge, mais plus souvent en vert.

L'hypothèse de Y. Dutton nous suggère d'envisager les pronoms affixes *-hu* et *-hum* sous un angle différent. La présence d'un point, quelle que soit sa couleur, à gauche du *-hā'* du pronom singulier indique-t-elle un allongement vocalique plutôt qu'une absence d'harmonisation ?

Au vu des arguments avancés plus haut, nous ne remettrons pas en cause la prononciation avec voyelle /u/ du pronom singulier (*bihu* ou *'ilayhu*). Néanmoins, ces pronoms non-harmonisés ont pu également être sujets à un allongement vocalique. En effet, sur le traitement du point-voyelle des pronoms singulier et pluriel, notre corpus se divise (de façon simplifiée mais cohérente) en deux groupes. L'un place le point à gauche de la lettre (BNF Arabe 334a et b, Arabe 333c) et l'autre, en-dessous. Quant au pluriel *-hum*, le premier groupe emploie systématiquement le *ḍamm mīm al-ǧam'*, alors que le second ne l'intègre qu'occasionnellement. Dans le premier groupe, les pronoms singuliers ou pluriels reçoivent la même vocalisation : un point-voyelle à gauche de la consonne finale. Nous proposons d'y voir une même valeur ; celle d'un allongement de la voyelle finale /u/. Ainsi, le pronom affixe du singulier a pu être lu *bihū*, *'ilayhū*, à l'instar du pluriel *bihumū ou 'ilayhumū*.

40. Y. Dutton, *ibid.*, part I, p. 124.

Tableau 2 : Quatre étapes de l'harmonisation vocalique du pronom ***–hu/-hum,*** précédé de /i/ ou ***yā'***.

	Pratique A (BNF Arabe 334a)	**Pratique B** (BNF Arabe 334b et 333c)	**Pratique C** (BNF Arabe 337b, 334i, 326c)	**Pratique D** (BNF Arabe 337a et 333d)
Pronom affixe 3e personne singulier	*-hū*	*-hū* ou *-hi* uniquement pour *bihi.*	*-hi*	Point vert ajouté à gauche : *-hu* ou *-hī*
Pronom affixe 3e personne pluriel	*-humū*	*-humū*	*-him*	Point vert ajouté à gauche : *-hum*

Les différentes approches de la vocalisation du pronom affixe peuvent refléter une évolution chronologique. Nous rappelions précédemment les propos de Ch. Rabin : l'absence d'harmonisation vocalique est une particularité dialectale en voie de disparition à l'époque d'al-Kisā'ī. La vocalisation de notre corpus a pu représenter plusieurs étapes dans l'évolution linguistique (voir tableau 2). La pratique C peut exprimer l'influence de l'arabe classique, reconnu comme norme linguistique. Dès lors, l'absence d'harmonisation, conservée par la tradition, est distinguée par une autre couleur.

Systèmes vocaliques et couleurs

Parmi les différentes cultures livresques du Proche-Orient employant un système de points-voyelles, la vocalisation des manuscrits coraniques se distingue par l'emploi d'une couleur différente de celle du squelette consonantique. Dans notre corpus, les manuscrits adoptent deux systèmes de couleurs : un système unicolore, en rouge, et un autre bicolore, en rouge et vert.

Sur les huit fragments, six manuscrits possèdent un système unicolore, à l'encre rouge. Le BNF Arabe 334a diverge cependant par la couleur orangée des points, eux-mêmes représentés par des tirets ou des losanges. En outre, la parcimonie des points et les particularités originales du système employé nous laissent supposer que la vocalisation du BNF Arabe 334a constitue l'un des exemples les plus anciens de vocalisation. Dans ces systèmes unicolores, l'encre employée pour la vocalisation semble avoir été également utilisée pour séparer les groupes de cinq (par un *alif*), dix versets (par une rosette, fig. 18), et plus tard, pour noter un titre entre les sourates. L'opération de vocalisation et de découpage du texte a pu être concomitante.

FIG. 18. – Marque ajoutée séparant deux groupes de dix versets. BNF Arabe 334a (f° 8r).

Certains récits traditionnels s'accordent pour attribuer ces deux innovations – vocalisation et découpage du texte – à un même personnage : Naṣr ibn 'Āṣim, un lecteur de Baṣra (mort en 89/707), disciple de Abū-l-Aswād Ad-Dū'alī[41]. L'emploi exclusif de l'encre rouge pour la vocalisation correspond d'ailleurs, selon ad-Dānī, à la pratique iraquienne[42] et pourrait également incarner la pratique originelle de vocalisation. En effet, ad-Dānī toujours affirme avoir vu un coran de mosquée, probablement un lectionnaire, copié en 110/728 : « Il y était écrit :"Ceci a été écrit par Muġīra ibn Mīnā, en Raǧab de l'année 110". Les voyelles, *hamza*, *tanwīn* et *tašdīd*, étaient écrites à l'encre rouge, conformément à ce que nous avons dit de la pratique des anciens *ponctuateurs* d'Orient (*as-sālifīn min 'ahl al-mašriq*). »[43]

L'autre type de vocalisation emploie deux couleurs : le rouge et le vert. Deux manuscrits de notre corpus emploient ce type de vocalisation : le BNF Arabe 337a et le BNF Arabe 333d. La vocalisation en rouge est majoritaire, et suit les mêmes règles que pour le système unicolore. Quant à la vocalisation en vert, nous supposons qu'elle a été ajoutée par la suite. On rencontre, en effet, dans le BNF Arabe 333d (fig. 19), un cas où le point vert a été ajouté au-dessus du point rouge.

FIG. 19. – L'ajout du point vert. BNF Arabe 333d, f° 66v.

41. Ad-Dānī, *al-Muḥkam* : "*wa Naṣr 'awwalu man naqqaṭa al-maṣāḥif wa 'aššarahā wa ḫammasahā*", p. 6.

D'autres récits, toujours chez Ad-Dānī, lui associent un autre grammairien et lecteur, Yaḥyā ibn Ya'mur (m. en 746-747), également disciple d'Abû-l-Aswād. Ad-Dānī considère ce dernier comme l'inventeur de la vocalisation (invention qui aurait eu lieu sous le gouvernorat de Ziyād ibn Abīhi entre 660 et 673/675). Les traditions sur l'identité de l'inventeur sont contradictoires ; cependant elles renvoient systématiquement à ce même triangle de savants.

42. *Ibid.*, p. 21.

43. *Ibid.*, p. 87. Également cité dans Y. Dutton, *loc. cit.* (n. 38), Part I, p. 120.

Les points verts doivent-il être interprétés comme une addition et correction de la vocalisation initiale, exclusivement en rouge ? C'est, en tout cas, le point de vue d'Estelle Whelan, qui affirme : « the dots of other colors (usually green) found in some "Kūfic" Qur'āns do not seem to fit this pattern, however. They were applied according to the same principles as the red ones, which they appear to supplement and even, correct. »[44]

Un des fragments, le BNF Arabe 337a, montre clairement que le point vert complète ou corrige une consonne déjà vocalisée en rouge. On constate que toutes les occurrences répertoriées dans ce fragment se rapportent à des variantes de lectures. Les points verts concordent tous avec la lecture de Kūfa, en particulier celle de Ḥamza. Il existe probablement une certaine concurrence entre ces deux vocalisations. C'est le cas notamment pour la vocalisation du terme *kāfirīna* (fig. 13) qui a, semble t-il, gêné les lecteurs, et entraîné le grattage de l'une des deux vocalisations. Dans les trois premières occurrences (f° 1r, l. 10 ; l. 12 ; l. 15), le point rouge a été visiblement supprimé. Dans les deux autres exemples (f° 1v, l. 5 ; f° 2r, l. 4), par contre, les deux vocalisations ont été grattées. Notons qu'ici c'est le point rouge qui indique la variante coranique (même position dans le BNF Arabe 333c et dans le MS San'ā' DAM 20-33.1) : l'*imāla,* attribuée à trois lecteurs : l'égyptien Warš (m. en 197/812, transmetteur de Nāfi'), Abū 'Amr de Baṣra et son transmetteur Ad-Dūri (m. à Bagdad vers 250/864).

Dans le BNF Arabe 333d, les points verts renvoient également à des variantes coraniques. Sur 42 occurrences (f° 61r à 63v), 33 renvoient à une lecture canonique, sans distinction des systèmes des sept, dix ou quatorze lecteurs[45] ; six occurrences seulement renvoient à une lecture non-canonique et trois variantes sont inconnues des sources.

L'emploi d'une encre verte pour noter les variantes a été constaté par Yasin Dutton. Ce dernier attribue au point vert, sur la base d'un corpus de 21 fragments manuscrits en coufique, deux fonctions majeures : la notation de la *hamza al-qaṭ'* (cinq manuscrits) et, pour la majorité des manuscrits, l'indication de variantes de lecture, qu'elles soient reconnues comme canoniques (*al-qirā'a al-mašhūra al-ṣaḥīḥa*) ou non (*al-qirā'a al-šaḏḏa al-matrūka*)[46]. Ce dernier emploi, pour noter des variantes coraniques est, d'après ad-Dānī, pratiqué par certains groupes iraquiens (« *ṭawā'if min 'ahl*

44. E. Whelan, *ibid.*, p. 121.

45. Des tendances régionales ressortent toutefois de la vocalisation en vert. Les trois lecteurs les plus représentés sont tous iraquiens : Ḥamza (51 %), Ya'qūb (31 %) et al-Kisā'ī (20 %).

46. Y. Dutton, *loc. cit.* (n. 38), Part I, p. 12.

al-kūfa wa-l-baṣra »)[47] choisissant le vert, tantôt pour une lecture canonique, tantôt pour une lecture non-canonique. Au IXe siècle à Basra, la vocalisation en rouge et vert est, en effet, familière d'Abū Ḥātim al-Siǧistānī. Ce dernier affirme d'ailleurs qu'elle était recommandée par Abū ʿAmr ibn al-ʿAlā', « chaque fois qu'il y avait deux façons de lire (*kullamā kāna fīhi waǧhān*) »[48].

À l'époque d'Abū Ḥātim, cette pratique ne fait cependant pas l'unanimité. Aḥmad ibn Ǧubayr al-Anṭākī (m. en 258/871), un lecteur d'origine iranienne et installé à Antioche, met en garde contre ce type de vocalisation, « le vert constituant une erreur (*laḥn*), une interprétation déviante (*ḫilāf li-l-ta'wīl*), et des variantes inconnues (*ḥurūf lam yaqrā' bi-hā 'aḥad*). »[49]

Les couleurs de vocalisation ont, semble-t-il, connu diverses pratiques. Au XIe siècle, Ad-Dānī interprète ces variations comme autant de pratiques géographiques distinctes. Sa chronologie reste cependant évasive. Nous n'avons conservé aucun exemple de la pratique médinoise « ancienne » (« *fī qadīmi-d-dahr* »), en rouge et jaune. Les premiers fragments qui s'en rapprochent sont datables des IXe-Xe siècles et probablement d'origine maghrébine[50]. Les témoins de l'ancienne tradition médinoise ont-ils disparu ?

À ce jour, et à notre connaissance, les plus anciens fragments manuscrits vocalisés ne portent qu'une couleur : le rouge ; pratique iraquienne si l'on en croit Ad-Dānī. Le système bicolore, en rouge et vert, apparaît dans ces milieux iraquiens, peut-être dès la seconde moitié du VIIIe siècle, et reflète un intérêt grandissant pour les variantes de lectures. D'après notre hypothèse, cette vocalisation bicolore incarne la recherche d'une conformité à la Norme ; une norme linguistique, elle-même créée pour sélectionner les lectures coraniques qui prétendent à une autorité. À l'origine, les couleurs de voyelles ont pu incarner un degré d'appréciation linguistique. Ce qui appartient à la Norme est noté en rouge et ce qui s'en éloigne en vert. Par l'emploi de deux couleurs, on introduit une distinction, voire une concurrence entre deux niveaux de vocalisation, et entre deux lectures. Mais, à par-

47. Ad-Dānī, *al-Muḥkam*, p. 20.

48. Ibn Abī Dāwūd, *ibid.*, p. 147. Le passage concerné est consacré à la représentation de deux *hamza* successives.

49. *Ibid.*, p. 20. Tradition rapportée par Muḥammad ibn ʿAbd Allāh al- Iṣbahānī. Voir aussi Y. Dutton, *loc. cit.* (n. 38), Part I, p. 118.

50. Voir par exemple le fragment BNF 378, de graphie D II, dans F. Déroche, *L'art du livre arabe*, Bibliothèque Nationale de France, 2001. F. Déroche remarque que « dix-neuf autres feuillets sont conservés à Tunis ; ce qui ferait pencher pour une origine maghrébine de la copie ».

tir du milieu du IXe siècle, période où commence à se former le concept des Sept Lectures, ce système distinguant deux lectures cesse d'être employé. Dès lors, le point vert sera employé à d'autres fins, notamment pour noter l'attaque vocalique[51].

Conclusion

Les variations observées dans les systèmes vocaliques de notre corpus nous ont permis d'avancer certaines hypothèses. Selon nous, entre les VIIIe et IXe siècles, les divers emplois de la vocalisation témoignent d'une évolution linguistique en cours, aboutissant à l'introduction d'une Norme à laquelle se référeront les *ponctuateurs*.

En effet, les variations vocaliques attestent, d'après notre interprétation, une modification de la langue coranique, représentée dans les manuscrits. L'*alif*, dont la valeur initiale était probablement celle d'un support de *hamza*, acquiert progressivement une valeur de voyelle longue. À cette valeur de /ā/ long se superpose l'*imāla*, la quatrième voyelle /ē/. Le pronom personnel de troisième personne *-hu/-hum* perd progressivement sa forme initiale, *-hū/-humū*, héritée du sémitique commun. Cette évolution linguistique subit l'influence d'un *consensus doctorum*, représenté dans les systèmes vocaliques unicolores des manuscrits.

Jusqu'au milieu du IXe siècle, cette évolution linguistique tend vers l'adoption d'une Norme coranique, à la fois écrite et orale. Les manuscrits révèlent l'impact grandissant des réformes orthographiques et vocaliques. On comprend mieux, dès à présent, le rôle que joua le traité sur la ponctuation (*'ilm al-naqṭ)* du grammairien Abū Ḥātim al-Siǧistānī, qui n'aspirait pas à décrire mais plutôt à imposer un modèle de vocalisation. Adhérant à cet idéal linguistique, la *'arabiyya al-fuṣḥā*, les lecteurs coraniques eux-mêmes semblent se comporter en véritables philologues, en interprétant un *rasm* parfois obscur. L'introduction d'une Norme répond au besoin de sélectionner ces lecteurs devenus concurrents. Par l'emploi d'une seconde couleur pour la vocalisation des manuscrits, les *ponctuateurs* expriment leur volonté de distinguer – non pas sept, dix ou quatorze lectures canoniques – mais deux lectures : l'une relevant de la Norme, l'autre d'une variante.

51. Nombreux exemples de graphie D, écriture qui se serait développée entre le milieu du IXe siècle et le Xe siècle. Voir F. Déroche, *The Abbasid Tradition*, The Nasser D Khalili Collection of Islamic Art, 1992, p. 36-37.

Ces différentes hypothèses, élaborées à partir de l'observation d'un ensemble de huit fragments coraniques, ne prétendent à aucune certitude. Ne peut-on considérer, à l'instar de Th. Nöldeke, certaines variations comme l'expression propre à un individu ? L'élargissement de ce travail à d'autres manuscrits pourra assurément infirmer ou confirmer les hypothèses présentées, et ouvrir de nouvelles perspectives de recherche sur l'histoire du texte coranique.

Éléonore Cellard

ENTRE *QIRĀ'ĀT* ET VARIANTES DU *RASM* : L'EXEMPLE DU FRAGMENT MARCEL 18

L'Étudie des origines du Coran est un sujet extrêment sensible en raison du statut sacré du Livre. Mais en même temps cette question a depuis longtemps suscité l'intérêt des chercheurs soucieux de mieux comprendre le texte et le contexte de son élaboration. Ce livre, contrairement aux livres saints des autres religions monothéistes, ne fait pas seulement l'objet d'une multitude d'interprétations et commentaires, mais il comporte en outre un très grand nombre de variantes graphiques et/ou phonologiques. Nous identifions dans la tradition musulmane une quantité considérable de variantes de lecture qui, pour l'orthodoxie musulmane, est la conséquence d'une transmission orale qui trouverait son origine dans l'enseignement prophétique.

Les études codicologiques et philologiques contemporaines montrent qu'il y aurait plutôt une interaction entre une graphie coranique (*rasm*) défectueuse et les variantes de lecture, voire que certaines variantes de lectures seraient peut-être apparues en raison de la confusion née entre les habitudes orthographiques des premiers musulmans et les utilisateurs postérieurs des manuscrits. Dès lors, je propose de présenter ici quelques-unes des particularités du manuscrit Marcel 18, fragment pouvant contribuer à une meilleure compréhension sur la question du Coran des origines et du contexte d'élaboration du corpus coranique.

Le manuscrit « Marcel 18 A »

A) DESCRIPTION DU MANUSCRIT

L'importance du Marcel 18 s'évalue tout d'abord par son ancienneté. En effet, même si la datation de ce manuscrit est un point controversé, la plupart des spécialistes proposent une rédaction entre 680-750 du calendrier grégorien. Il est ainsi un témoin incontournable de la mise en place du corpus coranique. Étant dépourvu de points diacritiques, l'étude du squelette consonantique et la confrontation avec les autres manuscrits de même époque ou d'une période proche de celle-ci, ainsi qu'avec les ouvrages traitant de la graphie coranique (*rasm*) et des variantes de lectures (*qirā'āt*), rédigés entre le IVe et le VIe siècle de l'Hégire, devraient permettre d'apporter un éclairage sur certaines zones d'ombre autour de l'élaboration du corpus coranique.

Le Marcel 18[1], conservé à la Bibliothèque Nationale de Saint-Pétersbourg en Russie, est incomplet. Il fait partie des fragments du codex Parisino-petropolitanus[2] et représente seulement 15 % du corpus coranique. Ce manuscrit est composé de deux parties, dues à deux copistes différents. La première partie, appelée Marcel 18 A, est composée de 13 bi-feuillets (folios 1-24 et 45-46), la seconde, appelée Marcel 18 B, postérieure au Marcel 18 A, est composée de 19 bi-feuillets (folios 24-44). Toutes deux sont écrites en *ḥiǧāzī*. Chaque feuillet comporte environ une vingtaine de versets et l'ensemble des feuillets recouvre une quinzaine de sourates du Coran.

B) Particularités graphiques

Le Marcel 18 A présente quelques particularités graphiques qui posent un certain nombre de problèmes liés à la constitution du corpus coranique et à l'élaboration des variantes de lectures. Je retiens exceptionnellement comme particularités les exemples suivants :

1 - Les lectures et graphies non recensées parmi les *Qirā'āt* canoniques et extra-canoniques : *min ʿabdi-ka* (مِن عَبدِكَ) au lieu de *min ʿindi-ka* (مِن عِندِكَ).

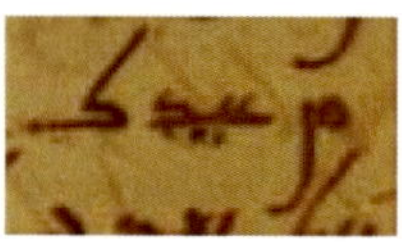

Min ʿabdika
(S.VIII, 32)

مِنۡ عِندِكَ فَأَمۡ

Édition du Caire : *Min ʿindika*
(S.VIII, 32)

1. François Déroche, *La Transcription manuscrite du Coran*, Boston-Leyde, Brill, 2009, p. 21-22.
2. *Ibid.*

2 - La graphie *ḏū* avec un *alif* final ذوا : on retrouve cet ajout de l'*alif* de manière récurrente, par exemple pour le mot *šāyy*›: et شاي .

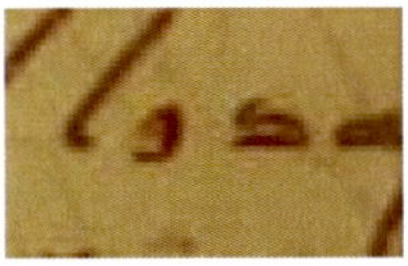

ḍu avec *alif*
(S.VIII, 29)

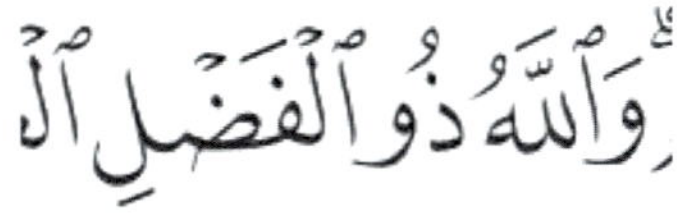

ḍu sans alif
(S.VIII, 29)

šayy avec un *alif*
(S.VIII, 41)

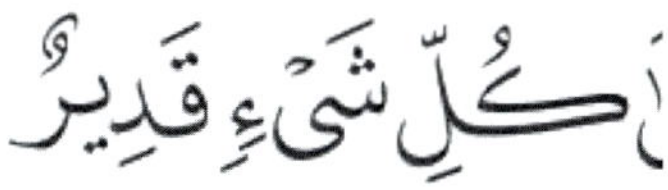

šayy sans alif
(S.VIII, 41)

3 - L'ajout du *lām* pour le mot *nabiyyin* (indéfini), qui le rend défini (*mā kāna li-l-nabiyyi*) :
ما كان للنبي (S.VIII , 67). Cette graphie a été évoquée parmi celles qui auraient été soi-disant attribuées au Coran de ʿUṯmān dans la région du Šām[3].

mā kāna li-l-nabiyyi
(S.VIII, 67)

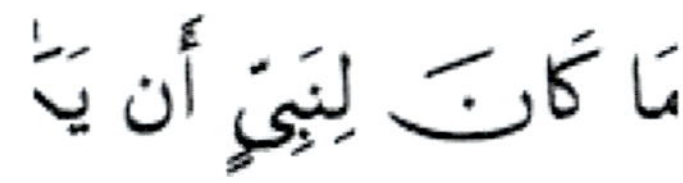

Édition du Caire : *mā kāna linabiyyin*
(S.VIII, 67)

3. Ibn Wathīq al-Andalusī, *al-Jāmi' lima yuḥtāj ilayhi min rasm almusḥaf*, Amman, Dar Ammar, 2009, p. 106.

4 - Le mot *kullan* (كلا) de la sourate 57 (*al-ḥadīd*) est écrit sans alif et s'écrit donc *kullun*. Al-Dānī[4] (m. 444) et Ibn Waṭīq[5] (m. 654) attribuent cette graphie au codex de la région du *Šām*.

kullun
(S.LVII, 10)

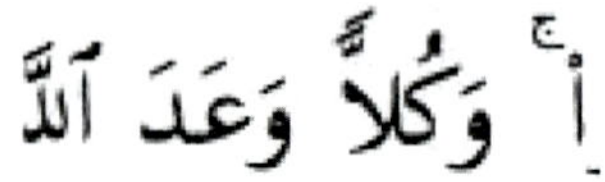

kullan
(S.LVII, 10)

5 - La graphie du mot « *ǧannat* » au singulier dans la sourate LVI, 89. Ce mot est représenté par un *tā'* fermé (*tā' marbūṭa*), contrairement à la graphie habituelle que proposent les savants de la graphie coranique, qui affirment que dans tous les manuscrits sans exception ce mot s'achève sur un *tā'* ouvert[6].

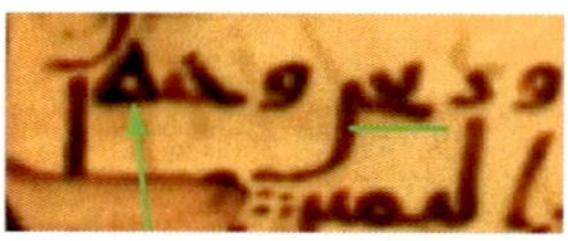

ǧannat avec un tā' fermé
(S.LVI,89)

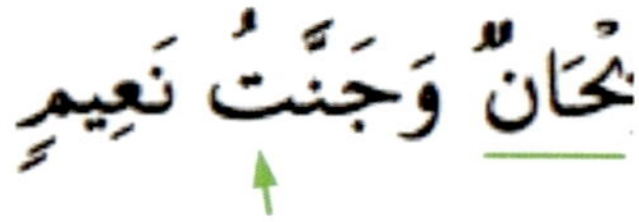

Édition du Caire :
ǧannat avec un tā' ouvert
(S.LVI,89)

Outre ces variantes graphiques, le Marcel 18 A comporte quelques spécificités concernant le découpage des versets, entraînant ainsi un problème de comptabilité.

c) Problème de la comptabilité des versets pour le Marcel 18 A

La comptabilité des versets coraniques est un point de divergence chez les savants musulmans. De manière générale, la tradition a défini sept types de dénombrement (donc de découpage) des versets coraniques[7]. Toutes ces

4. Al-Dānī, *al-Muqni'*, Ryadh, Dar Tadmuriya, 2010, p. 127.
5. Ibn Waṭīq, *al-Jāmi' lima yuḥtāǧ ilayhi min rasmi-l-muṣḥaf*, Amman, Dar Ammar, 2009, p. 146.
6. Al-Sakāwī, *Al-wasīla ilā kashfi al-'qīla*, Ryad, 2005, al-rušd p. 451-452.
7. Al-Qāḍī 'Abdelfattāḥ, *al-farā'id al-ḥisān fi 'addi āyi al-Qurān*, Le Caire, 1404. Éd. Maktabat Al-Dār, p. 10.

formes de comptabilité ne sont en réalité que la résultante de chaînes concurrentes de transmission de traditions remontant soit au Prophète (ce qui en fait un *ḥadīṯ marfū'*), soit à un Compagnon (ce qui en fait un *ḥadīṭ mawqūf*) ou à un savant reconnu dans une des contrées musulmanes. Par exemple, la comptabilité mecquoise (*al-makkī*) est due à *al-Dānī* (m. 444/1052) qui la fait remonter au Compagnon Ubayy b. Ka'b puis au Prophète, en passant par le lecteur Ibn Kaṯīr al-Makkī (m. 120/737) qui lui donne son nom. Le dénombrement des versets se fonde d'une part sur les pauses de lecture (*waqfs*), spécifiques au lecteur de référence, et d'autre part sur divers critères mentionnés dans les ouvrages propres à cette discipline et trop longs à expliquer dans cette communication. Nous avons donc la répartition suivante :

1. ***Al-Madanī al-awwal*** (qui dénombre 6 217 ou 6 214 versets). Cette divergence interne de *Madanī al-awwal* est liée à deux types de comptabilité remontant toutes les deux à un savant de Médine. La première est une comptabilité évoquée par les gens de Kūfa, qui remonterait à un lecteur médinois, mais sans le nommer. La seconde comptabilité, évoquée par les gens de Baṣra, remonterait au lecteur médinois, très célèbre : Nāfi' (m. 169/785)[8].
2. ***Al-Madanī al-āḫir*** (6 214 versets).
3. ***Al-Makkī*** (6 210 versets).
4. ***Al-Baṣrī*** (6 204 versets).
5. ***Al-Dimašqī*** (6 227 ou 6 226 versets).
6. ***Al-Ḥimṣī*** (6 232 versets).
7. ***Al-Kūfī*** (6 236 versets).

Une observation rapide du Marcel 18A pourrait nous conduire à rattacher ce manuscrit au quatrième type évoqué, soit à la comptabilité *baṣrite*. En effet, dans Marcel 18 A, le verset 62 de la sourate VIII (*al-Anfāl*) présente un découpage qui n'est validé que dans un seul des types présentés : le quatrième[9]. En outre, al-Baṣrī est le seul à ne pas dissocier les versets 62 et 63, qui ne forment donc pour lui qu'un seul et même verset. Cet indice devrait nous conduire à attribuer Marcel 18 A à la comptabilité d'*al-Baṣrī*, cependant, Marcel 18 A n'est pas conforme aux autres caractéristiques et particularités de la comptabilité *baṣrīte*. Par exemple, *al-Basri* serait le seul

8. Al-Dānī, *al-bayān fi 'addi āyi-l-qurān*, p. 79. Voir aussi Al-Qāḍī 'Abdelfattāḥ, *al-farā'id al-ḥisān fi 'addi āyi al-Qurān*, p. 25 et le poème de Šāṭibī, *Nāṭimatu-l-zuhr fi 'addi āyi-l-suwar*, v. n° 16-23.

9. Al-Dānī, *al-bayān fi 'addi āyi-l-qurān*, p. X Al-šāṭibī (m. 590/) rappelle en ce sens cette comptabilité *barite* (*al-baṣrī* est représenté par la lettre *wāw*) :

و بالمؤمنين اسقط وفيا ور ا نصر

à couper en deux le verset 3 de la sourate IX. La première partie s'achèverait sur le mot *mušrikīn* ; la seconde partie commencerait par *wa rasūlu-hu* jusqu'à *ʿaḍābun alimun*. Or dans Marcel 18 A, ce verset n'est pas coupé. On ne peut donc pas le rattacher de manière exclusive à la comptabilité *baṣrite*. En outre, pour d'autres versets, le Marcel 18 A est conforme à la comptabilité *baṣrīte* et *šāmīte*, par exemple pour le découpage du verset 36 de la sourate VIII : la fin du verset est marquée après *ṯumma yuġlabūna*.

Ainsi, nous observons que le Marcel 18 A est conforme pour certains versets uniquement, à la comptabilité *baṣrite*, pour d'autres à la comptabilité *baṣrite* et *šāmite*, mais parfois même, il se démarque de la comptabilité *baṣrite*.

Tableau récapitulatif

Marcel 18 A	**Édition du Caire**
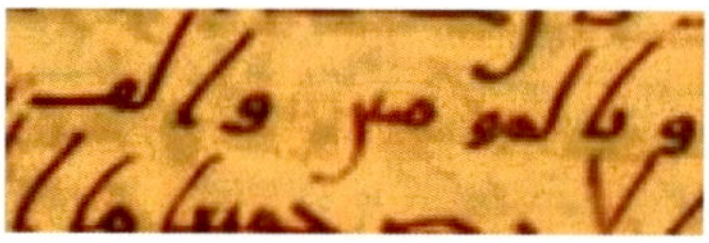 (S.VIII, 62) Remarque : absence de signe séparateur conforme à la comptabilité *basrite*	وَبِٱلْمُؤْمِنِينَ ﴿٦٢﴾ وَأَلَّفَ بَيْنَ قُلُوبِهِمْ (S.VIII, 62) Remarque : présence du signe séparateur des versets.
 (S.IX, 3) Remarque : absence de signe séparateur contrairement à la comptabilité *basrite*	
 (S.VIII, 36) Remarque : présence de signe séparateur de versets conforme à la comptabilité *baṣrīte* et *šāmīte*.	حَسْرَةً ثُمَّ يُغْلَبُونَ وَٱلَّذِينَ كَفَرُوٓا (S.VIII, 36) Remarque : absence de signe séparateur de versets

Il est très difficile de se prononcer et de déterminer le système de comptabilité de Marcel 18 A qui, en tout état de cause, ne se rattache à aucun système entériné par la tradition musulmane. Ce qui tendrait à prouver qu'il est probablement le témoin d'une comptabilité antérieure à la période de définition des systèmes de comptabilité, période qui se situe au ve siècle de l'Hégire avec al-Dānī.

II. Exemple d'articulation entre *qirā'āt* et *rasm*

Il ne s'agit pas ici d'exposer les différentes lectures, très nombreuses, que nous pouvons articuler avec la graphie coranique, mais de pouvoir mettre en évidence quelques exemples de lecture qui semblent être liés non pas à la transmission orale, mais à des variations graphiques du ductus consonantique. Un support particulier me semble pouvoir être à l'origine de certaines variantes de lectures. Prenons comme exemple, extrait des particularités que j'ai décrites du Marcel 18 A, le mot *ğanna* :

Dans Marcel 18 A, ce mot est écrit avec un *tā'* fermé (*marbūṭa*) alors que les spécialistes de la graphie coranique tels que Ibn Abī Dāwūd al-Siğistānī[10] (m. 316/928), Ibn al-Anbārī[11] (m. 328/940) et Abū ʿAmr al-Dānī (m. 444/1052) sont unanimes : dans tous les manuscrits, *ğanna* doit s'écrire, ou « est écrit » avec un *tā'* ouvert même si le terme est au singulier[12]. Or, en lien avec cette anomalie graphique, il est intéressant de relever la manière dont les lecteurs coraniques s'arrêtent sur ce mot : les lectures canoniques d'Ibn Kaṯīr (m. 120/738), d'Abū ʿAmr (m. 154/771), d'al-Kisā'ī (m. 189/805), de Yaʿqūb (m. 205/820) et aussi, parmi les lectures extra-canoniques, d'Ibn Muḥayṣin (m. 123/741)[13] et d'al-Yazīdiy (m. 202/817)[14] interrompent la lecture de ce mot sur un *hā'* (ils prononcent donc en pause : *ğannah*). Cette prononciation suppose d'abord que le mot est au singulier, ensuite qu'il devrait s'écrire avec un *tā'* fermé. Cependant, d'autres lecteurs tels que Ḥamza (m. 156/772) ou Ibn ʿĀmir (m. 118/736) s'arrêtent en prononçant un *tā'* ouvert (*ğannat*). Des grammairiens[15], tel al-Aḫfaš al-Kabīr[16]

10. Ibn Abū Dāwūd, *Al-maṣāḥif'*, Dar ġarrās, p. 488.
11. Ibn al-anbārī, Marsūm al-ḳaṭ, Dar Ibn al-Jawzi, Dammam, 1430, p. 92.
12. Al-Dānī, al-Muqniʿ, Dar Tadmuriya, Ryadh, 2010, p. 127, p. 56.
13. Al-Ḍahabī, *Ṭabaqāt-l-qurrā'*, Dar al-Rushd, Ryadh 1, p. 117.
14. Al-Ḍahabī, *Ṭabaqāt-l-qurrā'*, Dar al-Rushd, Ryadh. 1, p. 176.
15. Je ne voudrais pas évoquer ici toutes les polémiques autour de l'origine de cette prononciation. Est-ce que le *tā* est à l'origine de ce mot ou bien est-ce le *hā* ? Cf. 1/515 : *Al-la'āli'u-l-farīda fi šarḥi-l-qaṣida* de Muhammed al-Fāsī (m. 656/1258).
16. Al-Suyūṭī, *buġyatu-l-wuʿāt*, al-maktaba al-'aṣriyya, Beyrouth. 2 p. 74 (Notice n° 1472).

(m. 177/793), expliquent cette variation phonologique (*ğannah* et *ğannat*) par l'influence des dialectes régionaux ; la première lecture, qui s'achève sur un *hā'*, correspondrait au dialecte *qurayšite* tandis que la seconde, qui s'achève par un *tā'*, serait liée au dialecte de la tribu de *Ṭayy*. Al-Aḫfaš al-Kabīr illustre son argument par la citation de vers attribués au poète omeyyade Abū alNağm al-ʿIğlī[17] :[18]

مِن بَعدِمَا وَ بَعدِمَا وَ بَعدِمَتْ *baʿdimat*	وَ اللهُ أَنجَاكَ بِكَفَّيْ مَسلَمَتْ *maslamat*
وَ كَادَتِ الحُرَّةُ أَنْ تُدعَى أَمَت[19] *amat*	كَانَتْ نُفُوسُ القَومِ عِندَ الغَلصَمَتْ *ġalṣamat*

Dans cet exemple versifié, nous pouvons observer que les mots *maslamat*, *baʿdimat*, *ġalṣamat* et *amat*, qui s'écrivent habituellement avec un *tā'* fermé, le sont ici avec un *tā'* ouvert et se prononcent *tā'* et non *hā'*. De son côté, Sibawayh (m. 180/796) semble réservé sur l'argument d'al-Aḫfaš et sur sa reconnaissance de la lecture, à l'arrêt, avec un *tā'* : Sibawayh (m. 180/796) tout en évoquant l'avis d'al-Aḫfaš (m. 177/793) emploie ainsi la phrase suivante : *zaʿama Abū al-Ḫiṭāb anna nās^{an}* « *Abū al-Ḫiṭāb* prétend que/dit que des gens »[20]. Il est donc difficile de se prononcer sur la validité de l'interprétation et de l'explication d'al-Aḫfaš (m. 177/793).

On aurait pu penser que le mot ğ*annat* est en fait un pluriel dont manque la lettre *alif*, caractéristique des féminins *pluriel* externes, ce qui est fréquent dans la graphie coranique. Néanmoins, le problème subsiste pour d'autres mots, tels que امرأة / *imra'at^{un}* et ابنت / *ibnat^{un}* où la confusion entre le singulier et le pluriel n'est pas possible (nous ne disons pas au pluriel *imrawāt* et *ibnāt* (mais, plutôt, *al-nisā'* et *banāt*). Par exemple, dans le verset 30 de la sourate XII de l'édition du Caire, le mot *imra'at^{un}* est représenté par un *tā'* ouvert : امرأت العزيز , de même que le mot *ibnat* dans le verset III, 12 : و مريم ابنت عمران.

17. Al-Hamawi, *Muʿğam al'udabā*, *Dar al-Kutub-l-'ilmiyya*, Beyrouth, 1993.

18. Al-Khatib, Muʿğam al-qirā'āt, Dar Sa'd al-Din. 9, p. 220.

19. Ibn Hišām al-Anṣārī, *Awḍaḥu-l-masālik ilā alfiyyati Ibn Mālik*, 4 p.312, Beyrouth,1999, *al-maktaba al-ʿaṣriyya*. Et voir aussi Sibawayhi dans *al-Kitāb, Maktaba al-khanji*, Le Caire, 2006, 4, p. 166-167.

20. Sībawayh, *al-Kitāb*, *Maktabat al-khanji*, Le Caire, 4, p. 166-167. Certains pensent que la formule *zaʿama* n'est autre que le synonyme du verbe dire et penser et cela est assez récurrent dans le livre de Sībawayh (2/192, 247, 354 ; 3/354, 362, 518)

L'hypothèse suggérée est que ces lectures se sont probablement développées à partir d'un *ductus* (*rasm*) et de codex (*maṣāḥif*) représentant ces termes avec un *tā'* fermé (*marbūṭa*). Cette hypothèse, qui va dans le sens iconoclaste des travaux de Manfred Kropp[21] et aussi dans une certaine mesure de ceux de M. Déroche, suggère donc que ce ne sont pas les *qirā'āt*, fruit d'une transmission originelle orale du texte coranique, qui seraient à l'origine des différentes versions écrites du Coran, mais qu'à l'inverse l'utilisation d'une écriture défectueuse et non encore uniformisée, aurait donné naissance à différentes lectures coraniques.

Je voudrais aussi attirer l'attention du lecteur sur la question des conditions d'acceptation des variantes de lecture constituant le corpus coranique, et ainsi mettre en évidence le fait que des variantes de lectures respectant ces conditions n'étaient pas connues des spécialistes et ont été exclues du corpus coranique.

III. Les conditions d'acceptation de variantes de lecture

L'établissement de ces conditions et leurs critères sont une question problématique qui se pose aussi bien aux autorités et institutions religieuses qu'aux historiens soucieux de comprendre et d'élucider le contexte flou dans lequel les variantes de lecture se sont élaborées, dans l'espoir de reconstituer l'histoire du corpus coranique.

A) Les étapes de l'élaboration des conditions d'acceptation

Nous pouvons, très succinctement, découper l'histoire des conditions d'acceptation des *qirā'āt* en trois grandes étapes :

1- La période de la Révélation prophétique

Cette période semble ne pas être caractérisée par une quelconque restriction phonologique et graphique.

2 - Le califat de ʿUṯmān

Sous ce règne se serait produite la première restriction due à l'uniformisation graphique du *ductus* coranique et à la censure des codex non conformes à la vulgate ʿuṯmānienne. Certes, on ne parle pas encore de condition d'acceptation de lecture mais plutôt d'une conformité à la gra-

21. F. Déroche, *La Transcription manuscrite du Coran dans les débuts de l'islam*, Boston, Brill, 2009, p. 166-167.

phie ʿuṯmānienne. Ajoutons à cela que de nombreux récits relatent que les musulmans de cette époque jouissaient d'une certaine liberté pour la récitation et l'écriture du Coran sans avoir à craindre de se voir sanctionner par le pouvoir. Par exemple ʿAṣim al-Ǧaḥdarī (m. 128/745), spécialiste de la graphie coranique, respectait le *rasm ʿuṯmānien* pour la copie, mais s'autorisait à réciter le texte différemment dans ses pratiques rituelles[22]. Il est bien entendu qu'à cette époque-là, ces versets récités de manière différente faisaient partie intégrante du Coran. Cependant, progressivement, ces formes de lectures vont être exclues du corpus coranique.

3 - La troisième étape : époque d'Ibn Muǧāhid (m. 324/935)

Lors de cette troisième étape, dans la continuité du débat sur la nature créée ou incréée du Coran, une polémique virulente éclate entre Ibn Muġāhid (m. 324/935) et ses homologues, Ibn Miqsam (m. 362/982) et Ibn Šannabūḏ (m. 328/939), à propos de certaines formes de *qirā'āt* non conformes au *rasm ʿuṯmānien.* Ces deux derniers furent sanctionnés par Ibn Muqla, le représentant du pouvoir.

B) Exemple de non fixation du texte coranique au IIIe siècle

Un des exemples frappants qui permettent de penser que le texte coranique n'était pas encore entièrement fixé au IIIe siècle de l'Hégire, c'est que les traditionnistes, tels Buḫārī (m. 256/870) et Tirmiḏī (m. 279/892), citent pour le même verset coranique (LI, 58) deux types de graphie différents et contraires à celle retenue aujourd'hui dans l'édition du Caire :

Le verset en question est : إِنَّ الله هُوَ الرَّزَّاقُ ذُو القُوَّةِ الَمتِينِ / *Inna Allah huwa al-Razzāq ḏū l-quwwati l-matīn*[23].

Encore faut-il rappeler qu'il existe aussi plusieurs versions du *Ṣaḥīḥ* d'al-Buḫārī.

Nous avons donc pour ce verset coranique[24] deux variantes du texte chez al-Buḫārī. La première graphie, conforme à celle de l'édition du Caire, se trouve dans la version d'Abū Ḏar al-Harawī (m. 434/1043), d'al-Aṣīlī (m. 392/1002) et de Ṣiğazī (m. 553/1158). La seconde est la version d'al-Ḥāfiṭ al-Yūninī (m. 701/1301) ; elle englobe toutes les versions du recueil de Buḫārī et a été retenue pour l'édition du recueil de Buḫārī, édition

22. Ibn Qutayba, Ta'wil muškil al-qurān, al-maktaba al ʿilmiyya, P51.

23. S.LI, 58.

24. *Ṣaḥīḥ al-buķārī : Dar Tawq al-najat*, Beyrouth, 2006. *Kitāb al-Tawḥīd, bāb qawlihi : anā-l-Razzāq ḍū-l-quwwati-l-matīn.* 9/115.

impériale du sultan ottoman ʿAbdulḥamid II (1842-1918) ; elle reproduit la graphie suivante :

أَنَا الرَّزَّاقُ ذُو القُوَّةِ المتِين / *anā al-Razzāq ḏū l-quwwati l-matīn.*

Nous observons que le mot *Allāh* est absent et que la particule énonciative de thématisation à valeur présentative ou affirmative *Inna* a disparu au profit du pronom *anā* à la première personne du singulier.

Par ailleurs, al-Tirmīḏī (m. 279/892) et Abū Dāwūd (m. 275/889) évoquent respectivement dans leur recueil la lecture prophétique de ce verset coranique en y ajoutant au début إِنِّي / *innī.* Ce qui nous donne pour ces deux traditionnistes :

إِنِّي أَنَا الرَّزَّاقُ ذُو القُوَّةِ المَتِين / *Inni anā al-Razzāq ḏū l-quwwati l-matīn*[25].

Par ailleurs, dans l'édition du manuscrit coranique de la Bibliothèque Nationale de Saint-Pétersbourg supervisée par Efim Rezvan, nous observons pour ce même verset que le mot *ḏū* est remplacé par le mot *ḏā*, écrit avec un *alif* « ذا ».

c) L'apparition de nouvelles conditions d'acceptation

Ces exemples pourraient être assez représentatifs de l'évolution du corpus coranique au début de l'islam jusqu'à sa validation, dans le respect de trois conditions qui firent office de gage pour le texte coranique.

La première de ces conditions est la conformité au *rasm ʿuṯmānien*, condition qui a véritablement vu le jour à l'époque d'Ibn Muǧāhid (m. 324/935), en se fondant sur la décision présumée du calife ʿUṯmān, qui avait pour vocation de mettre fin aux divergences de lecture.

La deuxième condition requise est que cette lecture soit conforme aux règles grammaticales et syntaxiques de la langue arabe.

Enfin, la troisième condition est que cette variante de lecture soit transmise à plusieurs niveaux par un nombre important de personnes (c'est ce qu'on a appelé ultérieurement *al-tawātur* : terme qui est venu remplacer ceux qui étaient employés au IIe et IIIe siècles de l'Hégire pour désigner la diffusion importante d'une lecture, tels *al-šuhra*, *qira'at al-ʿāmma*, etc.). En effet, un nombre considérable de savants de tout bord tels que Sībawayh (m. 180/795), Abū ʿubayd (m. 224/838), Ibn Qutayba (m. 276/889), voire Ibn Muǧāhid (m. 324/935), se contentaient de qualifier ces lectures de

25. Abū Dawūd, *Al-sunnan*, Makataba al-Maʿārif, Ryadh, 2000. Hadith nº 3993 et Titmidhi, *al-Jāmiʿ*, Makataba al-Maʿārif, Ryadh, 2000. Hadith nº 2940.

connues ou répandues. Mais, avec al-Mahdawī (m. 440/1038), au ve siècle, apparaît la condition du *tawātur* : celle-ci fait découler la nécessité de disposer d'un nombre important de transmetteurs pour la validation d'une variante de lecture de la validation antérieure du *rasm* par l'ensemble des Compagnons[26]. Par ailleurs, Ibn Ǧinnī (m. 392/1002) désigne son époque comme ligne séparatrice entre les variantes de lectures canoniques et non canoniques (*šāḏ*). Ce n'est donc qu'à partir du ve siècle de l'Hégire que ces lectures non canoniques furent exclues de l'entité coranique. Ibn al-Ǧazarī (m. 833/1429), qui ajoute trois lectures aux sept variantes connues et reconnues, va dans un premier temps adhérer à cette norme[27] du nombre de transmetteurs (*tawātur*) pour la validation des variantes de lecture, puis dans un second temps l'abandonner au profit de l'authenticité de l'*isnād* sans condition de nombre[28].

En conclusion, il est indéniable aujourd'hui que le texte coranique a évolué et que sa fixation s'est faite au fur et à mesure de l'élaboration du système graphique et des savoirs qui gravitent autour de ce dernier. En outre, l'étude des codex conservés nous permet de nous projeter à une époque où le texte n'était pas encore fixé de manière officielle, de reconstituer son histoire et, enfin, de nous interroger sur la conception même du Coran dans l'esprit des premiers musulmans, voire dans celui du prophète lui-même. C'est en effet après avoir été fixé, probablement entre le IIe et le IIIe siècle, que la question théologique concernant le statut ontologique du Coran s'est posée : le Coran est-il incréé ou créé ? Quelle est la nature profonde du Coran ? On peut soulever qu'aucune des écoles théologiques, ni les *muʿtazilites*, ni les *ašʿarites*, ni les *ḥanbalites*, n'ait évoqué la *multiplicité* des variantes de lecture dans le débat sur la nature créée ou incréée du Coran. Il est probable qu'invoquer ces variantes aurait parasité la démarche entamée ayant pour but de démontrer l'inimitabilité du Coran et son aspect miraculeux. Ainsi, la grande figure de l'*ašʿarisme*, al-Bāqillānī (m. 403/1013) essaie, dans son ouvrage *al-intiṣār li-l-qurān*, de démontrer l'inimitabilité du Coran en se fondant sur le *ḥadith* énigmatique des sept *aḥruf*, alors qu'il n'y fait pas grande référence lorsqu'il participe au débat sur la nature du Coran.

Grâce à cette étude, et à défaut d'avoir apporté des réponses définitives, j'espère du moins avoir montré, par les problèmes soulevés par le Marcel 18 A, la complexité de la période de constitution du corpus

26. Al-Mahdawī, *Šarḥ al-hidāya*, ʿAmman, 2006, p. 203.
27. Ibn Al-Ǧazarī, *munǧid al-muqriʾin*, Dar ʿālim al-fawāʾid, La Mecque, 1419, p. 79-81.
28. Ibn al-Ǧazarī, *al-Našr*, *Dar Kutub ʿilmiya*, Beyrouth, p. 13.

coranique. En effet, cette période voit coexister des normes graphiques, orthographiques et linguistiques variées, des transmissions multiples du texte coranique et ces différents éléments interagissent. Les ambiguïtés, les imprécisions, voire certaines incohérences, semblent avoir eu des conséquences majeures du point de vue théologique et dogmatique, sans que l'on puisse encore établir clairement les limites et les incidences de chacun des domaines concernés.

Hassan CHAHDI

POURQUOI ET COMMENT LE CORAN A-T-IL ÉTÉ MIS PAR ÉCRIT ?

L'intitulé de cet étude pose une question franche et radicale à laquelle je n'ai pas la prétention de répondre de mon propre chef, mais à travers ce que nous en dit la Tradition[1] islamique. Pour autant, il ne s'agit pas de reproduire le récit « canonisé », appartenant au *Ṣaḥīḥ* d'al-Bukhārī[2], qui sert de canevas à toutes les histoires du Coran, ni de lui juxtaposer d'autres récits engendrés au sein de la Tradition afin de démontrer que toute vérité historique est impossible à atteindre et que l'on doit se contenter de décrire au mieux la représentation que se font les musulmans de cet acte fondateur d'une communauté : fixer dans l'écriture une révélation divine.

On ne peut, en effet, que demeurer sceptique devant la multiplicité des récits, sceptique en particulier quant à la véracité historique du récit canonisé. Pourquoi celui-ci plutôt qu'un autre ? La démarche positiviste, appartenant à une époque révolue de la recherche, a déjà donné tous ses fruits. Il peut paraître aujourd'hui inutile de reprendre à nouveau la tâche et de faire le tri entre le vraisemblable et l'outrance pour essayer de dégager un noyau historique de sa gangue légendaire.

Par ailleurs, la réflexion sur le caractère littéraire des sources amène à suspendre une telle approche naïvement historique. Une tradition, en effet, nous donne toujours l'événement et son interprétation intimement liés. C'est un *khabar*, une « information », mais c'est aussi un *ḥadīth*, un « événement mis en récit ». C'est en tenant compte de la double nature d'une tradition que j'ai pris en considération tous les récits sur la mise par écrit du Coran pour essayer de comprendre l'intention théologique qui sous-tendait la narration des faits. Chacun de ces récits avait sa cohérence, pas toujours narrative, mais intellectuelle certainement, chacun d'eux se présentant comme

1. Je distingue entre « Tradition » avec une majuscule, pour désigner l'ensemble des transmetteurs autorisés à des degrés divers, et « tradition » signifiant *ḥadīth* ou *khabar*.

2. « Kitāb Faḍā'il al-qur'ān » 66, Bāb 3 et deux versions structurellement identiques, « Kitāb Tafsīr al-Qur'ān » (65, sourate 9, Bāb 20) et « Kitāb al-Aḥkām » (94, Bāb 37).

une réponse à une question, à une inquiétude non formulée que j'essayais de percevoir.

À la lecture de ces récits, on peut constater une première chose : tous s'accordent sur l'ancienneté de la mise par écrit du Coran. La date la plus tardive, celle de l'initiative du troisième calife 'Uthman (24-35/644-656), qui fait du Coran un livre, un *muṣḥaf*, constitue une information centrale. Cette initiative est louée, mais aussi fortement contestée. Divers échos de cette opposition à la décision califale nous sont rapportés par la Tradition. Il est de fait aujourd'hui que le coran était devenu un texte écrit dans la seconde moitié du Ier siècle, une appréciation résultant de l'ancienneté des fragments manuscrits des premiers Corans que les paléographes, ou plus largement les chercheurs, étudient[3].

En examinant attentivement tous ces récits, on peut constater une seconde chose importante pour l'analyse de la question : la version reçue de l'événement, celle qu'a retenue Bukhārī dans son *Ṣaḥīḥ*, est composée d'un ensemble de motifs qui existent aussi sous forme de traditions indépendantes, à l'état isolé. Cette version est donc le produit d'une combinaison qui sélectionne certaines informations et en écarte ou en ignore d'autres.

Le diffuseur de cette version, ou son auteur selon les points de vue, celui que dans le langage des spécialistes contemporains du Hadith on appelle le *common link* de la chaîne de transmission, est un homme des Banū Zuhra de Quraysh, issu d'un cercle docte de Médine dont il reste dépendant intellectuellement tandis qu'il est politiquement au service de la cour omeyyade. Il s'agit d'Ibn Shihāb al-Zuhrī (m. 124/742) dont on peut dire qu'il est à la fois un auteur et un compilateur. Il n'a pas inventé ce récit de la collecte du Coran, mais a combiné différentes *informations* dans une certaine structure narrative, comme il le faisait pour d'autres récits.

Au-delà de cette étape, le *ḥadīth* de Zuhrī a encore évolué dans la transmission de ses disciples avant de parvenir aux grands compilateurs classiques du IXe siècle. On en trouve, par exemple, une version fort différente de celle de Bukhārī (m. 256/870) chez un autre grand compilateur du IIIe siècle de l'Hégire, Ṭabarī (m. 310/923), dans l'introduction à son grand commentaire du Coran. En revanche, aucune information sur la collecte du Coran ne figure dans l'autre grand recueil de traditions prophétiques, celui

3. F. Déroche, *La Transmission écrite du Coran dans les débuts de l'islam. Le codex Parisino-petropolitanus*, Leyde-Boston, Brill, 2009 ; M. Tillier, « Le Coran d'Asmā' », *Les Carnets de l'IFPO*, http://ifpo.hypotheses.org, 23/07/2011 ; B. Sadeghi, « The Codex of a Companion of the Prophet and the Qur'ān of the Prophet », *Arabica* 57/2, 2010, p. 343-436.

de Muslim (m. 261/875). Cette divergence, d'une part, et ce silence, d'autre part, m'ont intriguée.

Que nous raconte Bukhārī[4] à travers la version d'Ibrāhīm b. Sa'd qui transmet directement de Zuhrī ? L'histoire est bien connue. On nous dit qu'à la suite des combats de la Yamāma, qui auraient vu la mort de plusieurs récitants du Coran, 'Umar b. al-Khaṭṭāb conseille au premier calife, Abū Bakr, de rassembler le texte sacré. Ce dernier s'y oppose puisque c'est une chose que le Prophète n'avait pas entreprise. Pourtant, le *ra'y* du Compagnon 'Umar, son opinion propre, est corroboré par une inspiration divine qui « ouvre la poitrine » du calife. Ce dernier accepte alors la proposition et fait appel à Zayd b. Thābit, un scribe du Prophète, pour accomplir la tâche. Après le même refus spontané que celui d'Abū Bakr, puis la réception d'une même inspiration divine, Zayd se résout à rassembler le texte du Coran dispersé sur des matériaux rudimentaires – pétioles de palmier ou pierres plates – ou conservé dans la mémoire des hommes. Les *ṣuḥuf*, ces feuillets de Zayd, dont le moment de l'écriture nous échappe dans le récit – le terme *kataba*, « écrire », n'est jamais utilisé dans cette première étape de la collecte –, demeurent la propriété privée d'Abū Bakr, puis celle de 'Umar, puis celle de sa fille Ḥafṣa. Ce n'est que sous le califat de 'Uthmān que ce document primitif prend le caractère officiel d'un *muṣḥaf*, après avoir été transcrit à nouveau par Zayd le médinois, assisté cette fois d'un comité de rédaction qurayshite, composé de trois hommes : 'Abd Allāh b. al-Zubayr, Sa'īd b. al-Āṣ et 'Abd al-Raḥman b. al-Ḥārith b. Hishām. On nous raconte que le calife avait pris l'initiative d'imposer un texte officiel en raison des divergences apparues entre récitants du Coran, loin de Médine, dans les armées de la conquête, alors que le Coran avait été révélé dans la langue de la tribu des Quraysh. Le calife envoie donc le Coran désormais officiel en « tous lieux », et les autres textes en circulation, *ṣaḥīfa* ou *muṣḥaf*, sont brûlés.

La même histoire, mais avec de sérieuses différences, nous est rapportée par le grand exégète Ṭabarī[5] à travers la version d'un autre disciple de Zuhrī, 'Umāra b. Ghaziyya. La plus importante de ces divergences concerne le rôle de Zayd b. Thābit, le scribe. En effet, après avoir écouté la proposition de 'Umar, Abū Bakr, le calife, conçoit en premier lieu de s'en remettre à la décision de Zayd pour savoir s'il faut ou non rassembler le texte sacré et

4. D'après Mūsā b. Ismā'īl (m. 223/838). Peu d'informations nous sont parvenues sur ce transmetteur.

5. D'après Aḥmad b. 'Abda l-Ḍabbī (m. 240/854-855), qui le tient de 'Abd al-'Azīz b. Muḥammad al-Darāwardī (m. 187/802-803).

le mettre par écrit. En définitive, ce sont les trois Compagnons, Abū Bakr, ʻUmar et Zayd, qui conviennent de le faire par consensus, sans qu'une inspiration divine intervienne. Et cette fois, il n'y a pas de collecte ! C'est Zayd qui écrit directement le texte sur des matériaux rudimentaires, morceaux de parchemins, fragments d'omoplates ou pétioles de palmier.

Dans la deuxième étape, sous le califat de ʻUthmān, Zayd n'est associé qu'à un seul homme de Quraysh dans la rédaction définitive, Abān b. Saʻīd b. al-Āṣ, un Mekkois éloquent. Mais le récit ne précise pas que le Coran « a été révélé dans la langue des Quraysh ». Quant aux divergences dans la récitation du texte, apparues dans les armées de la conquête, elles opposent clairement des groupes régionaux : les gens de Syrie suivent le Coran de Ubayy b. Kaʻb et les gens de l'Irak celui de ʻAbd Allāh b. Masʻūd. La première *ṣaḥīfa* (au singulier) de Zayd qui était restée chez Ḥafṣa, la fille de ʻUmar, n'est pas utilisée comme texte de base de cette nouvelle rédaction. Sa fonction est différente : elle permet à la fin de l'opération de comparer les deux étapes de la rédaction et de constater que les textes en sont identiques. Après la mort de Ḥafṣa, elle sera détruite. Enfin, on précise qu'il y a d'autres hommes, en dehors du comité de rédaction, qui écrivent les *maṣāḥif* à ce moment-là.

Constatons que si ces variantes narratives devaient refléter un point de vue historique, notre perception de l'événement en serait considérablement troublée. Harald Motzki, qui a consacré une longue étude à ce récit de la collecte du Coran[6], estime que cette version de ʻUmāra b. Ghaziyya n'est pas la bonne. Je ne discuterai pas ici ce point de vue puisque je l'ai fait longuement ailleurs[7]. Remarquons simplement que quarante années séparent la mort de ʻUmāra (m. 140/757-758), le transmetteur de la version reproduite dans le *Commentaire* de Ṭabarī, de celle d'Ibrāhīm b. Saʻd (m. entre 182 et 185 /entre 798 et 802), le transmetteur de la version reçue par Bukhārī. Un élément qui peut expliquer certaines variations dans le mode de la transmission.

Indépendamment de la question de l'authenticité – à quelque niveau qu'on la situe dans la chaîne de transmission –, ce qu'il semble important de comprendre, c'est pourquoi un exégète aussi averti que Ṭabarī a sélectionné la version de l'événement donnée par ʻUmāra et non celle d'Ibrāhīm b. Saʻd. Cela m'a conduit à interroger la position de chacun de ces compilateurs à

6. « The Collection of the Qur'ān. A Reconsideration of Western Views in Light of Recent Methodological Developments », *Der Islam* 78, 2001, p. 1-34.

7. V. Comerro, *Les Traditions sur la constitution du muṣḥaf de ʻUthmān*, Beyrouth, Orient-Institut Beirut (Beiruter Texte und Studien, Band 134), 2012.

l'égard du statut de la récitation coranique dans les débats intellectuels de leur époque. J'en ai conclu que le problème de l'*isnād* devenait, dans certaines limites, secondaire. C'est bel et bien les détails du contenu de chaque récit qui importaient au compilateur[8].

Pour Ṭabarī, qui affirme que 'Uthmān a réduit les diverses récitations du Coran dans le *muṣḥaf* officiel[9] à un « mode » unique – si l'on peut traduire ainsi le terme polysémique de *ḥarf* –, il est important de rapporter que le texte du Coran n'est pas le produit d'une collecte, mais le résultat de l'écriture d'un seul homme. Dans le débat de son époque qui concerne la grande variété des récitations, Ṭabarī va défendre de façon extrêmement stricte le ductus 'uthmānien, son *rasm*, et cela quelques années avant la réforme d'Ibn Mujāhid (m. 324/936) qui sélectionnera sept lectures autorisées du texte coranique. Un autre exemple est significatif de cette prise de position de Ṭabarī, qui s'effectue de façon biaisée à travers les fragments d'*informations* sélectionnées dans sa compilation. Lorsqu'il rapporte une autre version du récit d'al-Zuhrī, celle de son disciple Yūnus[10], il le fait de façon tronquée afin d'éviter la déclaration de 'Uthmān affirmant que le Coran a été révélé dans la langue de Quraysh. Car Ṭabarī veut s'en tenir à ce que dit le Coran de lui-même : qu'il a été révélé dans la langue des Arabes et non dans celle d'une tribu particulière[11].

À la suite de ces observations, on peut se tourner à nouveau vers le recueil de Bukhārī et se demander pourquoi la version d'Ibrāhīm b. Sa'd a été sélectionnée de façon exclusive et si, dans ce cas-là, la valeur de l'*isnād* est déterminante. Après examen, j'en suis venue à penser que Bukhārī avait voulu, par une manière propre à la compilation, prendre position dans un débat important de son époque : celui du Coran créé ou incréé, qui se poursuit bien après la fin de la *Miḥna*[12]. Bukhārī est un traditionniste, il ne fait

8. H. Motzki remarque ailleurs le manque d'intérêt des orientalistes pour la méthode critique utilisée par les compilateurs du Hadith au IIIe/IXe siècle, qu'il interprète comme une conséquence du jugement abrupt de Goldziher : ces compilateurs ne sélectionnaient pas leurs textes en fonction de leur contenu, mais principalement en fonction de critères formels comme la validité d'un *isnād*. Une attitude qui commence à se modifier, cf. « Introduction. Ḥadīth, Origins and Developments », in *Ḥadīth: Origins and Developments*, H. Motzki éd., Londres-Aldershot, Burlington-Ashgate Publishing Limited, 2004, p. li-lii.

9. Introduction au *Tafsīr*, chapitre « al-qawl fī l-lugha llatī nazala bi-hā l-qur'ān min lughāt al-'arab ».

10. Ibn Yazīd al-Aylī (m. entre 152 et 160 / 769 et 777).

11. Introduction au *Tafsīr*, chapitre « al-qawl fī l-lugha llatī nazala bi-hā l-qur'ān min lughāt al-'arab ».

12. La *Miḥna* qui commence en 218/833 sera abolie progressivement entre 232/847 et 237/852, mais la controverse se poursuit.

pas de doute que, dans cette controverse, il s'opposait aux gens de l'opinion, aux *Ahl al-ra'y* représentés par les juristes de l'école d'Abū Ḥanīfa qui soutenaient la thèse mutazilite du Coran créé. Mais on sait aussi qu'il aurait été expulsé de la ville de Nishapour par le plus influent savant de cette ville, le ḥanbalite Muḥammad b. Yaḥyā al-Dhuhlī (m. 258/873), parce qu'il affirmait que l'énonciation (*lafẓ*) du texte du Coran (par les hommes) était créée. Or, le hadith que Bukhārī sélectionne de façon exclusive nous rapporte qu'il y a eu une collecte de textes, écrits sur des matériaux précaires. Nul doute que le témoignage de cet assemblage patient du texte sacré détermine ou conforte la position selon laquelle la lettre du Coran est bien créée et non incréée. C'est cela qui amène Bukhārī à privilégier, avec toutes les précautions requises, l'initiative humaine dans la fixation du texte.

Pourtant, d'un *Ṣaḥīḥ* à l'autre, les positions ne sont pas semblables. En effet, quand Muslim, contemporain de Bukhārī, fréquentant les mêmes milieux que lui, évoque la collecte du Coran, Zayd b. Thābit, le scribe, n'apparaît pas ou presque, et il ne recueille nulle part le récit transmis d'al-Zuhrī. En revanche, il rapporte, sur la question, les différentes récitations des Compagnons, plus particulièrement Ubayy et Ibn Mas'ūd[13]. Là encore, il s'agit d'une prise de position dans un débat important sur la diversité des récitations coraniques, qui a perduré pendant des siècles. Dans cette controverse, une position qui deviendra de plus en plus minoritaire s'est pourtant maintenue longtemps[14] : il était permis de réciter liturgiquement d'anciennes lectures, et en particulier celle du fidèle Ibn Mas'ūd, du fait que les compagnons du Prophète et leurs Successeurs l'avaient fait, même si ces lectures n'étaient pas en accord avec le ductus 'uthmānien. Il semble qu'au IIIe siècle de l'Hégire, avant la réforme d'Ibn Mujāhid, le traditionniste Muslim penchait vers une telle position.

Les divergences déjà assez impressionnantes entre les deux versions rapportées par Bukhārī et par Ṭabarī le deviennent encore davantage lorsque sont considérés les autres récits, transmis en dehors du courant de Zuhrī. Et ils doivent l'être non seulement du point de vue de l'historien estimant qu'il n'a pas à se ranger derrière les traditionnistes (aujourd'hui comme hier), mais aussi parce que tous ces récits, exclus par la sélection rigoureuse du

13. C'est dans son « Kitāb *Faḍā'il al-ṣaḥāba* » que Muslim va évoquer brièvement la collecte [*jam'*] du Coran, plus particulièrement dans le chapitre [*bāb*] consacré à Ubayy b. Ka'b. Aucun chapitre n'est consacré aux *faḍā'il* de Zayd b. Thābit ; aucun chapitre non plus concernant sa fonction de scribe du Prophète comme l'a ménagé Bukhārī. En revanche, un chapitre plutôt long est consacré aux *faḍā'il* de 'Abd Allāh b. Mas'ūd.

14. F. Leemhuis, « Readings of the Qur'ān », *Encyclopaedia of the Qur'ān*, J. D. Mc Auliffe éd., IV, p. 359.

Ṣaḥīḥ, réapparaissent dans les marges d'un commentaire ou d'une démonstration chez les auteurs anciens (ou modernes[15]) les plus férus d'orthodoxie.

Quand nous lisons les soixante-dix-huit *akhbār* consacrés à l'assemblage du Coran dans *L'Histoire de Médine* d'Ibn Shabba (m. 262/876), un contemporain de Bukhārī, nous savons que nous avons affaire à une démarche érudite qui rassemble toutes les « informations » en circulation sur un même sujet. Il en va de même de la littérature sur les diverses versions du Coran, les *Kitāb al-maṣāḥif*, dont seul demeure celui d'Ibn Abī Dāwūd (m. 316/928). Ces ouvrages sont les témoins d'une science descriptive plus que normative.

Si nous nous risquons hors du cercle des traditionnistes pour entrer franchement dans celui des historiographes, une autre scène nous attend, plus mouvementée que celle du processus unique de constitution d'un unique *muṣḥaf*. Sayf b. 'Umar (m. 180/796)[16] nous raconte que les gens de Baṣra suivaient le *muṣḥaf* d'Abū Mūsā al-Ash'arī, le gouverneur de la ville. Les gens de Kūfa s'en tenaient au *muṣḥaf* d'Ibn Mas'ūd. À Homs, on défendait la recension d'un autre Compagnon, al-Miqdād[17]. À Damas aussi, il y avait des groupes différents. 'Uthmān est alors averti des dangers de la situation.

Loin de refléter un tel état de choses, la version retenue par Bukhārī nous transmet le récit le plus consensuel possible des circonstances de la constitution du Coran. En procédant par dés-historicisation des « informations », elle occulte la rivalité de groupes régionaux ainsi que les personnes dont ils se réclament. L'existence d'autres *maṣāḥif* n'est pas niée, elle est reconnue, mais dans l'acte même de leur destruction par le feu. La portée éminemment canonique de ce récit nous dit ce qui doit être, non ce qui a été. Nous ne sommes pas dans l'anecdote historique, mais dans une admirable vision prospective. D'autant que l'écriture défective sans diacritation utilisée dans les plus anciens documents coraniques ne permet pas d'atteindre l'objectif visé par le troisième calife, 'Uthmān : fixer un texte pour empêcher les divergences dans la récitation.

La description historique intéresse peu les traditionnistes qui cherchent plutôt des solutions à des problèmes d'ordre légal. La profusion des récits

15. Voir, par exemple, Qaddūrī al-Ḥamad (Ghānim), *Rasm al-Muṣḥaf*, Irak, al-lajna l-waṭaniyya li-l-iḥtifāl bi-maṭla' al-qarn al-khāmis 'ashara l-hijrī, 1982/1402, al-faṣl al-thānī, p. 100-128.

16. *Kitāb al-Ridda wa-l-Futūḥ* : Sayf b. 'Umar al-Tamīmī, *Kitāb al-Ridda wa-l-futūḥ and Kitāb al-Jamal wa maṣīr* 'Ā›isha *wa 'Alī*, Qasim Al-Samarrai éd., Leyde, Smitskamp Oriental Antiquarium, 1995, p. 48-50.

17. A. Jeffery ne mentionne pas ce *muṣḥaf* dans la liste des anciens *codices* cités dans les *Materials for the History of the Text of the Qur'ān*, Leyde, Brill, 1937.

autour d'un événement historique dont nous savons globalement qu'il a eu lieu sous le califat de 'Uthmān peut manifester l'inquiétude des traditionnistes à voir la constitution du *muṣḥaf* s'inscrire dans une conjoncture historique peu favorable : un califat contesté, dans une période troublée par de fortes dissensions. La circulation de différents *maṣāḥif* du Coran présentait un danger pour le califat de Médine car ils n'étaient plus simplement les dépositaires d'une proclamation prophétique, mais devenaient une des sources de légitimité de ce nouveau pouvoir communautaire fondé sur une religion au sens plein du terme *dīn*. Par ailleurs, le choix de Zayd, un homme lié à 'Uthmān[18], n'était pas suffisamment consensuel. Zuhrī, dans ce qui est transmis de lui par Ṭabarī dans son *Histoire universelle*, rapporte les critiques faites au calife et l'influence pernicieuse attribuée à ses conseillers, en particulier à Marwān b. al-Ḥakam, le père du calife 'Abd al-Malik.

Pour toutes ces raisons, plusieurs réponses à des questions non formulées, à des inquiétudes non exprimées, vont apparaître dans le vaste corpus des traditions narratives sur la mise par écrit du Coran[19]. J'ai classé ces récits en fonction du type de réponse qu'ils apportaient pour garantir l'impeccable transmission du *muṣḥaf*.

La première réponse est de confier l'initiative de l'assemblage du Coran aux successeurs immédiats du Prophète dont la légitimité ne faisait pas de doute : Abū Bakr et 'Umar. En revanche, du côté des partisans de 'Alī, sa *shī'a*, l'initiative reviendra à ce dernier. L'établissement du texte, s'il n'a pas été fait par le Prophète lui-même, émane donc d'une autorité qui est issue de lui, celle de son vicaire, son *khalīfa,* ou de son successeur désigné, son *waṣī*, et se fait bien avant le califat de 'Uthmān, peu de temps après la mort du fondateur, voire au moment de sa mort. On nous dit par exemple qu'Abū Bakr avait rassemblé le Coran sur des papyrus ou que 'Alī, immédiatement après la mort du Prophète, avait juré de ne pas revêtir son manteau avant d'avoir rassemblé le Coran. En revanche, le nom

18. Les notices biographiques insistent sur les liens entre 'Uthmān et Zayd, qui était chargé du *Bayt al-māl* sous le califat de 'Uthmān, p. ex. : *kāna 'Uthmān yuḥibbu Zayd b. Thābit wa kāna Zayd 'uthmāniyyan wa lam yakun fī man shahida shay'an min mashāhīd 'Alī ma'a l-Anṣār wa kāna ma'a dhalika yufaḍḍilu 'Alīyan wa yuẓhiru ḥubba-hu*… (« 'Uthmān aimait Zayd b. Thābit et Zayd était 'uthmānien. Il ne participa à aucun des combats de 'Alī avec les Anṣār, mais il préférait Alī [à Mu'āwiya] et exprimait ostensiblement cet attachement... »), Ibn 'Abd al-Barr (Abū 'Amr Yūsuf), *al-Isti'āb fī ma'rifat al-aṣḥāb*, 'A. M. al-Bijāwī éd., I-IV, Beyrouth, Dār al-Jīl, 1992/1412, t. II, p. 540.

19. C'est aussi en termes de *responses to issues* que L. I. Conrad examine les différents récits autour d'un possible événement historique : cf. « 'Umar at Sargh: the Evolution of an Umayyad Tradition on Flight from the Plague », in *Story-Telling in the Framework of Non-Fictional Arabic Literature*, St. Leder éd., Wiesbaden, Harrassowitz, 1998, p. 490.

de ʿUmar, quand il n'est pas associé à celui d'Abū Bakr, apparaît lié au thème de la collecte.

La deuxième réponse table sur la qualification exceptionnelle du scribe Zayd b. Thābit. Le nom de ce dernier apparaît dans la liste de « ceux qui avaient rassemblé le Coran au temps de l'Envoyé de Dieu »[20], il peut ainsi tout écrire de mémoire comme dans la version retenue par Ṭabarī. Mais le fait qu'il ait été l'un des scribes du Prophète permet de justifier le choix de ce seul Compagnon au détriment de ʿAbd Allāh b. Masʿūd par exemple. ʿAbd Allāh avait son propre *muṣḥaf* tandis que Zayd est chargé d'une collecte dans la version retenue par Bukhārī. On a débattu de ce problème dans la Tradition : si Zayd connaissait le Coran par cœur, il pouvait effectivement l'écrire sans avoir besoin de le collecter[21].

Cette réponse est combinée avec la précédente : le choix de Zayd n'est pas seulement celui de ʿUthmān, il était déjà celui d'Abū Bakr.

La troisième réponse est celle d'une collecte qui rassemble toute la communauté primitive dans l'acte de constitution du futur *muṣḥaf*. Cette collecte fait appel à la mémoire des hommes. On sait aussi que des rudiments de textes sont conservés sur des matériaux de fortune. Encore faut-il assurer les conditions de fiabilité dans la transmission du texte. La solution la plus ancienne paraît être celle qui pose la nécessité des deux témoins. On la rapporte par exemple dans un récit de ʿUrwa b. al-Zubayr (m. 94) dont on sait qu'il a été l'une des sources de Zuhrī dans tous les domaines : le calife Abū Bakr envoie ʿUmar et Zayd à la porte de la mosquée écrire ce qu'on vient leur réciter du livre de Dieu. Mais il faut que le témoignage soit le fait, là encore, de deux hommes pour être enregistré. Cette nécessité correspond à l'injonction coranique : « Faites témoigner deux témoins parmi vos hommes »[22].

Dans la version retenue par Bukhārī, le thème de la collecte est combiné avec celui de la qualification exceptionnelle de Zayd : il y a collecte à l'intérieur de la communauté, mais sous la direction d'un maître d'œuvre qualifié pour cette tâche, Zayd, l'un des scribes du Prophète. Quelques qurayshites rejoignent ensuite le Compagnon médinois pour l'établissement définitif du texte.

20. Ibn Saʿd, *al-Ṭabaqāt al-kubrā,* Iḥsān ʿAbbās éd., I-IX, Beyrouth, Dār Ṣādir, 1985/1405, II, p. 355-356 ; et bien d'autres références.

21. Nous en trouvons l'écho dans la notice de l'*Istīʿāb fī maʿrifat al-aṣḥāb* d'Ibn ʿAbd al-Barr, consacrée à Zayd, t. II, p. 538-539.

22. *Coran* 2, 282 : *wa-stashhidū shahīdayni min rijāli-kum.*

La visée de cette association narrative pouvait être de garantir un certain équilibre entre les deux groupes des émigrés mecquois, les *Muhājirūn*, et des partisans médinois, les *Anṣār*, pour des raisons doctrinales et peut-être aussi tribales[23]. Le recours aux locuteurs de Quraysh devient une nécessité dans l'ordre linguistique lorsque se développe la réflexion autour de la langue du Coran. Enfin, la constitution de ce comité de rédaction prend un caractère protocolaire quand il fait apparaître les noms des pères des plus célèbres maîtres de Médine : Zayd est le père du transmetteur Khārija ; ʻAbd al-Rahman b. al-Ḥārith b. Hishām est le père du transmetteur Abū Bakr b. ʻAbd al-Rahman ; ʻAbd Allāh b. al-Zubayr est le frère du transmetteur ʻUrwa. Ces trois hommes, Khārija, Abū Bakr et ʻUrwa sont des maîtres de Zuhrī. Le cas d'Abān ou de son neveu, Saʻīd b. al-ʻĀṣ, est différent : ce personnage est en quelque sorte le représentant des Omeyyades dans sa branche marwānide puisque ʻAffān, le père du calife ʻUthmān, et al-Ḥakam descendent d'al-ʻĀṣ[24].

La quatrième réponse est celle du consensus des Compagnons. Comme pour la collecte, c'est de nouveau la communauté qui est impliquée dans la constitution du *muṣḥaf*, mais à travers une catégorie plus juridique, celle des Compagnons. Cette solution a paru d'une telle légitimité que les récits qui en témoignent ne font pas remonter l'établissement du texte avant ʻUthmān. Devant les divergences dans la récitation du Coran, le calife réunit les Compagnons du Prophète et leur demande de mettre par écrit un texte qui servira d'*imām* à tous les membres de la communauté. Les Compagnons se mettent au travail et lorsqu'il leur arrive de diverger sur tel ou tel verset, ils font appel à l'homme auquel le Prophète a fait réciter le passage en question. Certaines traditions font simplement mention des compagnons de Muḥammad, d'autres de douze hommes également répartis entre *Muhājirūn* et *Anṣār*, d'autres encore de ceux qui se trouvaient à Médine ou dans les environs. Cette solution n'est pas sans refléter l'un des aspects les plus rigides de la jurisprudence, défendu par certaines des écoles de droit musulman : se référer premièrement à la pratique du Prophète et ensuite au consensus des

23. Il faut rappeler que les *Muhājirūn* de Quraysh appartiennent aux tribus du Nord et les *Anṣār* des Aws et des Khazraj à celles du Sud, vieille opposition entre ʻAdnān et Qaḥṭān, qui est un des paramètres de l'historiographie ancienne pour la compréhension des conflits du premier siècle. Cette tension entre *Muhājirūn* et *Anṣār* affleure quelquefois dans l'écriture de la *Sīra*.

24. Al-ʻĀṣ renvoie au nom du fondateur de la branche des Aʻyās du clan des Umayya. Cette branche est parallèle à celle de Ḥarb dont descendent Abū Sufyān et Muʻāwiya : cf. C. E. Bosworth, « Aʻyāṣ », *Encyclopédie de l'islam*, Supplément, p. 102-103.

Compagnons, sans élargissement aux gens de la Syrie et de l'Irak, en dehors des frontières naturelles de la péninsule Arabique.

La cinquième réponse est le recours à la *dernière récitation* du Prophète avant sa mort, qui emprunte un motif nettement hagiographique. Certaines traditions rapportent que l'ange Gabriel faisait réciter chaque année au Prophète tous les fragments coraniques « descendus » par révélation au cours de la période écoulée depuis le début de sa carrière prophétique. L'année de sa mort, l'ange fait réciter au Prophète l'ensemble du Coran par deux fois. Cette *dernière récitation*, destinée à se fixer dans la mémoire des Compagnons, sert alors de critère idéal pour évaluer la qualité de la transmission. Elle suppose un Coran déjà entièrement fixé et ordonné, au moins oralement, avant la mort du Prophète. Cette solution vient souvent se combiner avec celle du consensus des Compagnons ou avec la qualification exceptionnelle de Zayd qui connaît cette dernière récitation.

La sixième et dernière réponse va encore plus loin. L'écriture du *muṣḥaf* de 'Uthmān n'est plus qu'une formalité, car il existait un texte déjà constitué du vivant même du Prophète. Cela peut être des feuillets chez 'Ā'isha, une de ses épouses, qui contiennent le texte original du Coran, exactement contemporain de la révélation ; ou, pour les chiites, le Coran dicté chaque jour à 'Alī par le Prophète. Mais la réponse qui va s'imposer au cours des siècles chez les sunnites est celle que nous décrivait Ibn Qutayba dans une belle inversion rhétorique : « La dernière récitation du Coran qu'a faite l'envoyé de Dieu était sur son [*sc.* de Zayd] *muṣḥaf* qui est parmi les *maṣāḥif* le plus proche du nôtre »[25]. Au XIe siècle, un des plus grands traditionnistes de son époque, Abū Muḥammad al-Ḥusayn al-Baghawī (m. 510/1117), consacre, dans son *Sharḥ al-Sunna*, un chapitre à l'assemblage du Coran, qu'il achève avec la citation suivante[26] :

> « Abū 'Abd al-Raḥman al-Sulamī[27] a dit : "Zayd b. Thābit a récité devant l'Envoyé de Dieu, l'année de sa mort, deux fois et c'est la raison pour laquelle cette récitation a été appelée la *qirā'a* de Zayd b. Thābit, car il l'avait **écrite pour l'Envoyé de Dieu**, il la lui avait récitée et il avait assisté à la dernière '*arḍa* [du Prophète devant l'ange]. Jusqu'à sa mort, il a enseigné aux gens cette récitation et c'est la raison pour laquelle Abū Bakr et 'Umar lui ont donné mission de l'assembler et que 'Uthmān l'a chargé d'écrire les *maṣāḥif*." »

25. *al-Ma'ārif*, Tharwat 'Ukāsha éd., Le Caire, Dār al-ma'ārif, 1981 (4e éd. ; 1e éd. : 1960), p. 260.

26. *Sharḥ al-sunna*, Shu'ayb al-Arnā'ūṭ et Muhammad Zuhayr al-Shāwīsh éd., Beyrouth, al-Maktab al-islāmī, 1983/1403, t. IV, Bāb « Jam' al-Qur'ān », p. 525-526.

27. 'Abd Allāh b. Ḥabīb, mort à Kūfa sous le gouvernorat de Bishr b. Marwān, sous le califat de l'omeyyade 'Abd al-Malik b. Marwān.

Cette tradition opère un double glissement : le premier nous fait passer d'une écriture occasionnelle de la révélation par l'un des scribes du Prophète, Zayd, à la mise par écrit de la dernière récitation ; le second confond la dernière récitation du Prophète avec celle de Zayd. L'identité est désormais parfaite et c'est elle qui perdurera dans la Tradition.

On s'aperçoit, en fin de compte, malgré le statut acquis par le *Ṣaḥīḥ* de Bukhārī et la répétition de livre en livre, de siècle en siècle, de son récit sur la collecte du Coran, qu'il n'y a pas de version reçue de la mise par écrit du *muṣḥaf*. Ainsi, le traditionniste Baghawī a beau nous rapporter le récit de Bukhārī dans son *Sharḥ al-Sunna*[28], il se livre, dans son commentaire, à une réécriture de l'événement avec en mémoire d'autres récits, pour montrer que la constitution du *muṣḥaf* est un acte impliquant les Compagnons comme acteur collectif du consensus, de l'*ijmā'* : ce sont eux qui ont pris la décision avec 'Uthmān et ce sont eux qui ont écrit. De même, Suyūṭī (m. 911/1505), dans le chapitre de son encyclopédie des sciences du Coran – l'*Itqān* – consacré à la collecte du Coran[29], nous démontre-t-il que cette « chose que le Prophète n'avait jamais faite » était en réalité déjà accomplie puisque le *muṣḥaf*, ordonné en versets et en sourates, est exactement semblable à celui que Muḥammad avait institué sous la dictée de l'ange.

La valeur du récit rapporté par Bukhārī s'enracine dans sa vision prospective : l'imposition d'un *muṣḥaf* unique doit se lire comme la canonisation du texte propre à la nouvelle communauté. Or, si l'on se penche sur l'histoire complexe de la récitation coranique, mise en lumière par différentes études, on constate que loin d'imposer une récitation unique, le ductus consonantique fixé « officiellement » ne cesse de donner naissance à de nouvelles *lectures*, combinées ou pas à diverses traditions orales attribuées à des Compagnons. Sans nier le probable accroissement des variantes par les philologues ou les exégètes, il convient de reconnaître d'abord dans cette diversité les effets des différents usages de la langue arabe dans la Péninsule et ceux de la transmission orale primitive de la proclamation coranique. Le rôle des récitants du Coran, les *qurrā'*, a pu être rapproché de celui des *ruwāt* de l'ancienne poésie arabe. Comme ces derniers, ils avaient une certaine liberté dans leur façon de transmettre le texte en se fondant parfois sur une transmission *non-verbatim*, une *riwāya bi-l-ma'nā*, et n'étaient pas prêts à accepter la fixation d'un ductus consonantique unique[30]. Cependant, le statut du Livre

28. T. IV, Bāb « Jam' al-Qur'ān ».

29. *al-Itqān fi 'ulūm al-Qur'ān*, Naw' 18.

30. G. Schoeler, « Writing and Publishing on the Use and Function of Writing in the First Centuries of Islam », *Arabica* 44/3, 1997, p. 431-432.

– le *Kitāb* –, déjà énoncé dans la proclamation coranique, a pu faire naître, à côté de ces perceptions culturelles de l'ancienne Arabie, un horizon d'attente différent du fait que les Écritures possédées par les chrétiens et les juifs aidaient à rendre acceptable l'initiative de ʿUthmān. Cela n'a pas fait disparaître pour autant le rôle des récitants dans la transmission. F. Leemhuis[31] constate justement que l'introduction du *muṣḥaf* de ʿUthmān ne semble pas avoir eu un effet décisif sur la limitation, sans parler de la disparition, des variantes de récitation supposant un autre ductus que le texte officiel. Son étude des premiers commentateurs du Coran au IIe siècle de l'Hégire, qui mentionnent des variantes coraniques – attribuées à divers Compagnons et en particulier à Ibn Masʿūd –, montre que celles-ci sont fondées sur un ductus différent et pas seulement sur une vocalisation ou une diacritation différente du même ductus consonantique, puisque qu'elles introduisent à la fois des différences dans l'articulation des phonèmes (comme *sirāṭ* ou *zirāṭ* ou *ṣirāṭ*), et la production de synonymes ou de parasynonymes, voire l'interpolation de phrases entières. F. Leemhuis constate pourtant que, dès la première moitié du IIe siècle, l'existence d'un *textus receptus* était acceptée *de facto* comme le *muṣḥaf*[32]. Cependant, le débat en cours sur la diversité des récitations ne rendait pas illégitimes des variantes fondées sur un autre ductus consonantique.

Avec l'introduction progressive d'une écriture entièrement vocalisée et diacritée dans les manuscrits du Coran, les différences entre les textes apparaissent encore plus clairement et contribuent à alimenter davantage les débats. À Bagdad, la « réforme » d'Ibn Mujāhid (m. 324/936), qu'il présente dans un ouvrage intitulé « Les sept lectures » (*al-Qirāʾāt al-sabʿ*), marque une étape importante dans l'histoire du texte coranique, non seulement du fait d'avoir été entérinée par le pouvoir politique représenté par les vizirs Ibn Muqla et ʿAlī b. ʿĪsā, mais, également, en raison du processus de canonisation qu'elle amorce ou prolonge sur une durée plus longue. Cette « réforme » n'empêche pas le processus de se poursuivre puisque certaines des traditions de lecture écartées par Ibn Mujāhid réussissent encore à s'imposer : on admet les « trois après les sept », puis les « quatre après les dix », avec cette souplesse encore plus grande de reconnaître pour chacune des dix *lectures*, deux « transmissions » (*riwāya*) différentes. Mais à partir du Ve siècle, les sept *lectures sélectionnées par Ibn* Mujāhid commencent à s'imposer presque exclusivement dans la récitation, et elles sont, quoique de façon toujours variable, systématisées tandis que les autres *lectures* restent

31. « Readings of the Qur'ān », *Encyclopaedia of the Qur'ān*, IV, p. 353-354.
32. « Codices of the Qur'ān », *Encyclopaedia of the Qur'ān*, I, p. 349.

objet de science ou de spécialité. Si Ibn Mujāhid n'a pas expliqué pourquoi il avait choisi sept lectures plutôt que six ou dix, le fait est qu'il n'a pas tenté d'en imposer une seule, mais plutôt de limiter la multiplication des *lectures*[33] en reconnaissant un certain consensus régional établi à Médine, La Mecque, Damas, Baṣra et Kūfa, cette dernière ville réunissant à elle seule trois *lectures* concurrentes, en raison de la variété des écoles qui s'y étaient développées[34] (une variété qui n'est pas sans rapport avec la tradition d'opposition symbolisée sous le nom d'Ibn Mas'ūd). Des deux condamnations prononcées à la suite de l'officialisation de la réforme, en 322 contre Ibn Miqsam[35] et en 323 contre Ibn Shannabūdh[36], nous retenons que le ductus coranique du *muṣḥaf* de 'Uthmān ne pouvait plus être ponctué et vocalisé de toutes les manières conformes à l'usage de la langue arabe, et qu'il n'était plus permis de suivre les lectures anciennes attribuées à Ibn Mas'ūd et à Ubayy[37].

La déclaration de rétractation imposée à Ibn Shannabūdh exprime parfaitement la position désormais orthodoxe :

> « Je récitais des *ḥurūf* [« modes »] qui n'étaient pas en accord avec le *muṣḥaf* de 'Uthmān sur lequel il y a consensus et sur la récitation duquel les Compagnons de l'Envoyé de Dieu se sont accordés. Il m'est apparu ensuite que c'était une faute, par conséquent, je m'en repens, je l'abandonne et je demande à Dieu – que son nom soit exalté – de ne pas la retenir contre moi car c'est le *muṣḥaf* de 'Uthmān qui est véritable et il n'est pas permis de le contredire ou de lire autre chose que lui. »[38]

La position d'Ibn Shannabūdh a été certes condamnée en 323, mais à une époque bien tardive si l'on se place dans la logique du récit de Zuhrī. Le fait que près de trois siècles après le califat de 'Uthmān elle pouvait être

33. Ch. Melchert, « Ibn Mujāhid and the Establishment of Seven Qur'anic Readings », *Journal of the American Oriental Society* 121, 2001, p. 19.

34. Ce consensus s'est établi progressivement puisque qu'au IIe/VIIIe siècle on peut encore relever des divergences, non seulement entre les différentes villes, mais également à l'intérieur de chacune de ces villes, remarque F. Déroche, *op. cit.* (n. 3), p. 149, sur le témoignage d'al-Farrā' et d'après l'analyse de quelques anciens manuscrits.

35. Muḥammad b. al-Ḥasan b. Ya'qub (m. 354/965), traditionniste, grammairien et *lecteur*.

36. Muḥammad b. Aḥmad b. Ayyūb (m. 328/939) ; une rivalité personnelle existait entre lui et Ibn Mujāhid : ce dernier était traité de *'Aṭshī* par son adversaire, c'est-à-dire d'homme originaire du *sūq al-'Aṭsh* à Bagdad, qui n'avait jamais « bougé » de sa ville natale, cf. Ch. Melchert, art. cit. (n. 33), p. 21.

37. F. Leemhuis, art. cit. (n. 14), p. 356-357.

38. Ibn al-Nadim, *Fihrist*, M. 'Awnā'Abd al-Ra'ūf et I. al-Sa'īd Jalāl, Le Caire, al-Hay'a l-'āmma li-quṣūr al-thaqāfa, 2006, vol. I, p. 32.

encore défendue par un des maîtres de l'époque, dont les étudiants étaient nombreux[39], indique qu'elle ne devait pas être isolée. Ces condamnations n'ont pas empêché, cependant, de conserver les *lectures* extra-canoniques ou *shawādhdh* dans des ouvrages spécialisés, qu'elles soient fondées sur le ductus ʻuthmānien sans être reçues dans la récitation liturgique, ou fondées sur un autre ductus.

Rendons grâce à la Tradition de nous avoir conservé dans ses sources littéraires ces nombreuses *lectures* canoniques ou extra-canoniques, fondées ou pas sur le ductus du *muṣḥaf* de ʻUthmān. Aujourd'hui, la découverte et l'étude des fragments coraniques anciens nous donnent d'autres témoins pour éclairer l'histoire réelle de la transmission du texte coranique.

Viviane Comerro

39. Ch. Melchert, art. cit. (n. 33), p. 20, avec référence à Ibn al-Jazarī, *Ghāyat al-nihāya*.

ZUR PROBLEMATIK DER VERMEINTLICH VOM DRITTEN KALIFEN ʿUTHMĀN B. ʿAFFĀN STAMMENDEN AUSSAGE "ES BEFINDE SICH EINE ART VON *LAḤN* IM *MUṢḤAF*": EIN BEITRAG ZUR FRÜHEN ORTHOGRAPHIE DES KORANTEXTES

Im Rahmen des koranischen Kanonisierungsprozesses wurde das sog. *Maṣāḥif*-Projekt durchgeführt, dessen Anfänge zu Lebzeiten des Propheten stagnierten und das nach der Mehrheitsüberlieferung während des Kalifats ʿUthmāns (reg. 23-35/644-656) zum Jahreswechsel 24/25 nach *Hiǧra* zum Abschluss kam[1]. Die Hauptresultate dieser Redaktionsarbeit stellten die Fertigstellung des Einheitstexts sowie dessen Verbreitung in den islamischen Großstädten dar.

Es ist davon auszugehen, dass sich der dritte rechtgeleitete Kalif ʿUthmān b. ʿAffān (st. 35/656) eine spezifische Meinung von der geleisteten Arbeit der Korankommission gebildet hatte. Es liegt nahe anzunehmen, dass auch er eine Bewertung der fertiggestellten Koranexemplare vornahm[2], mindes-

1. Das ist das erste *Maṣāḥif*-Projekt nach islamischer Tradition. Siehe ʿAbd Allāh Maḥmūd Shiḥātah, *Tārīḫ al-Qur'ān wa-tafsīr* 47-58, Kairo, al-Hay'a al-Miṣriyya al-ʿĀmma lil-Kitāb, 1392/1972; Ghānim Qaddūrī al-Ḥamad, *Rasm al-muṣḥaf* 100-128, Bagdad, 1402/1982; vgl. Th. Nöldeke, *Geschichte des Qorāns* 2/1-121, Leipzig, Dieterich'sche Verlagsbuchhandlung, 1919; J. Burton, *The Collection of the Qur'ān*, Cambridge, 1977; Harald Motzki, "The Collection of the Qur'ān: A Reconsideration of Western Views in Light of Recent Methodological Developments", *Der Islam* 78, 2001, 1-34.

Ergänzend dazu fand ein zweites *Maṣāḥif*-Projekt statt, welches mit dem Einverständnis der umayyadischen Obrigkeit, d.h. des Kalifen ʿAbd al-Malik b. Marwān (st. 86/705), von al-Ḥaǧǧāǧ (st. 95/714) initiiert und von dem berühmten Gelehrten al-Ḥasan al-Baṣrī (st. 110/728) geleitet wurde. Siehe dazu Omar Hamdan, *Studien zur Kanonisierung des Korantextes* 135-174, Wiesbaden, Harrassowitz Verlag, 2006, "*Mašrūʿ al-maṣāḥif ath-thānī fī l-ʿaṣr al-umawī*", *Maǧallat al-Buḥūth wad-Dirāsāt al-Qur'āniyya* 4 (1428/2007), 63-116 und "The Second *Maṣāḥif* Project: A Step Towards the Canonization of the Qurʾanic Text", in *The Qurʾān in Context: Historical and Literary Investigations into the Qurʾānic Milieu* 795-835, Leiden, Brill, 2010.

2. Aus einer auf ʿIkrima zurückgehenden Überlieferung geht hervor, dass die

tens von dem als *al-muṣḥaf al-imām* bezeichneten Leitexemplar[3], das ihm zu Händen kam[4] und welches er offenbar auch prüfend durchgesehen haben soll[5].

Es ist zudem wahrscheinlich, dass er die Mitglieder der Kommission für ihre Arbeit und Leistung angesichts der schwierigen Umstände lobte[6].

Allerdings wird auch berichtet, dass ʿUthmān zu der geleisteten Projektarbeit Kritik äußerte. Wenn man dafür hält, dass der–teilweise inhaltlich leicht variierende[7]–viel zitierte Ausspruch, demzufolge „sich eine Art von *laḥn* im *Muṣḥaf*“ befinde, die in inhaltlich ähnlichen Formen überliefert wurde, tatsächlich auf ihn zurückgeht und seine Kritik damit authentisch ist, dann ergeben sich zwangsläufig folgende Fragen:

(fertiggestellten) Koranexemplare ʿUthmān zur Schau gestellt wurden. Siehe dazu Abū ʿUbayd (st. 214/838): *Faḍā'il al-Qur'ān* 159-160, § 20-49 «*lammā kutibati l-maṣāḥifu, 'uriḍat 'alayhi*», Beirut, Dār al-Kutub al-ʿIlmiyya, 1. Ṭ., 1411/1991; auch Ibn Abī Dāwūd (st. 316/929): *Kitāb al-maṣāḥif* 1/231-232, § 110, Beirut, Dār al-Bašā'ir al-Islāmiyya, 2. Ṭ., 1423/2002.

3. Neben dieser Bezeichnung (*al-imām*) gibt es noch zwei weitere Bezeichnungen, nämlich *as-sawād* [der Korankodex, dessen Orthographie (*rasm*) mit „Schwarztinte“ niedergeschrieben ist] und *mā bayna d-daffatayni* [Der Korantext ist das, was „zwischen den beiden Buchdeckeln“ niedergeschrieben ist].

4. Drei Überlieferungen, die auf Qatāda (st. 118/736) zurückgehen, berichten davon: *Kitāb al-maṣāḥif* 1/288, § 106 «*lammā rufi'a ilayhi l-muṣḥafu*», al-Baqillānī (st. 403/1013): *al-Intiṣār lil-Qur'ān* 2/536 «*lammā kutiba l-muṣḥafu, 'uriḍa 'alā ʿUṯmāna*» und «*lammā kutiba l-muṣḥafu, rufi'a ilā ʿUthmāna*», Amman/Beirut, Dār al-Fatḥ/Dār Ibn Ḥazm, 1. Ṭ., 1422/2001.

5. Dafür sprechen zwei Überlieferungen; die eine wird von Qatāda (st. 118/736) tradiert und angeführt im *al-Intiṣār lil-Qur'ān* 2/536 «*lammā kutiba l-muṣḥafu, rufi'a ilā ʿUthmāna, fa-naẓara fīhi*». Die andere geht auf ʿAbd al-Aʿlā b. ʿUbayd al-Lāh b. ʿĀmir al-Qurašī zurück und ist angegeben im *Kitāb al-maṣāḥif* 1/288, § 104 «*lammā furiġa mina l-muṣḥafi, utiya bi-hī ʿUthmānu, fa-naẓara fīhi*».

6. Ibn Šabba (st. 262/876), *Tārīḫ al-madīna al-munawwara* 2/129, § 1763, Beirut, Dār at-Turāth/ad-Dār al-Islāmiyya, 1. Ṭ., 1410/1990, «*qad aḥsantum wa-ağmaltum*»; dasselbe auch *Kitāb al-maṣāḥif* 1/228, § 104, «*qad aḥsantum wa-ağmaltum*».

7. Nach ʿIkrima, «*fa-wağada fīhā ḥurūfan mina l-laḥni, fa-qāla: lā tuġayyirūhā! fa-inna l-'araba sa-tuġayyiruhā - aw qāla, sa-tu'ribuhā – bi-alsinatihā*» [*Faḍā'il al-Qur'ān* 159-160, § 20-49; vgl. *Kitāb al-maṣāḥif* 1/231-232, § 110]; nach Qatāda (drei Varianten): «*inna fīhi laḥnan wa-sa-tuqīmuhu l-'arabu bi-alsinatihā*» [*Kitāb al-maṣāḥif* 1/288, § 106] und «*inna fīhi laḥnan wa-la-tuqīmannahu l-'arabu bi-alsinatihā*» [*al-Intiṣār lil-Qur'ān* 2/536 (zweimal)]; nach Yaḥyā b. Yaʿmur al-ʿAdawī (drei Varianten): «*inna fī l-Qur'āni laḥnan sa-tuqīmuhu l-'arabu bi-alsinatihā*» [*Tārīḫ al-madīna al-munawwara* 2/129, § 1762], «*fī l-Qur'āni laḥn^{un} wa-sa-tuqīmuhu l-'arabu bi-alsinatihā*» [*Kitāb al-maṣāḥif* 1/229, § 107] und «*inna fī l-Qur'āni laḥnan wa-sa-tuqīmuhu l-'arabu bi-alsinatihā*» [*Kitāb al-maṣāḥif* 1/229, § 108]; nach al-Qurašī (zwei Varianten): «*arā šay'an min laḥn$_{in}$ sa-nuqīmuhu bi-alsinatinā*» [*Tārīḫ al-madīna al-munawwara* 2/129, § 1763] und «*arā fīhi šay'an min laḥn$_{in}$ wa-sa-tuqīmuhu l-'arabu bi-alsinatihā*» [*Kitāb al-maṣāḥif* 1/228, § 104].

(1) Wie will diese Kritik verstanden werden?
(3) Zu welchem Zweck wurde Kritik geübt?
(2) Wer bzw. welche Gruppe konnte Interesse an dieser Kritik haben?

I

Zwei Punkte sind hinsichtlich der ersten Frage anzumerken. Erstens war die Problematik, die in ʿUthmāns vermeintlicher Äußerung zur Sprache kommt, wohl v.a. orthographischer Art und zweitens blieb das, was er für problematisch hielt, letztendlich unverändert. Somit stellt sich die Frage: Warum konnte der Kalif ʿUthmān diesen Punkt nicht korrigieren lassen, obwohl er als höchste Autorität dazu in der Lage gewesen wäre und die Macht besaß, dies zu fordern und durchzusetzen?

Die problematische Seite der Orthographie beschränkte sich offenbar auf Stellen, die mit Endvokalisation (*iʿrāb*) versehen waren. Wie zu zeigen sein wird, handelt es sich dabei nicht um falsch niedergeschriebene *iʿrāb*-Stellen, aufgrund derer es zum *laḥn* kam, etwa *al-muqīmīna* (Q. 4:162) statt *al-muqīmūna*; *aṣ-ṣ^{ā}bi'ūna* (5:69) statt *as-ṣ^{ā}bi'īna*; *la-s^{ā}ḥir^{ā}ni* (20:63) statt *la-s^{ā}ḥirayni* oder *wa-akun* (63:10) statt *wa-akūna*, wie es in der Außenkritik der klassischen Überlieferungen[8] und infolgedessen in der modernen Koranforschung[9] angenommen wurde, sondern darum, dass es keine orthographische Aufzeichnung für bestimmte *iʿrāb*-Stellen gab.

Exkurs: die Außenkritik ist im Grunde die Opposition, die mit allen Mitteln versuchte, das politische Image des Kalifen ʿUthmān zu beschädigen, u.a. also auch seine Leistungen im Rahmen des ersten *Maṣāḥif*-Projekt zu bemängeln. Diese Opposition berief sich dabei auf die vermeintliche Äußerung des Kalifen, es gebe „eine Art von *laḥn* im *Muṣḥaf*", und nahmen sie als Angriffspunkt gegen ihn und sein Projekt. ʿUthmāns Gegner verstanden dessen Kritik im Sinne einer fehlerhaften Schreibung der *iʿrāb*-Stellen und bemühten sich, möglichst viele solcher Stellen ausfindig zu machen. Letztendlich konnten sie jedoch lediglich vier Stellen dieser Art anführen, nämlich Q. 4:162, 5:69, 20:63 u. 63:10. Diese wurden drei angesehenen Personen zugeschrieben: (1) Der Prophetengattin ʿĀ'iša bt. Abī Bakr (st. 58/678), einer sehr angesehenen religiösen Autorität unter den *ahl al-bayt*; (2) dem Kalifensohn Abān b. ʿUthmān (st. 105/723), einer ausgebildeten und politischen Persönlichkeit unter den *banī*

8. *Faḍā'il al-Qur'ān* 160-161, § 21-49; *Kitāb al-maṣāḥif* 1/232-235, § 111-113; *al-Intiṣār lil-Qur'ān* 2/531.

9. Th. Nöldeke/G. Bergsträßer u. O. Pretzl, *Geschichte des Qorāns* 3/1-2, Leipzig, Dieterich'sche Verlagsbuchhandlung, 1938.

Umayya; sowie (3) der berühmte Koranmeister Saʿīd b. Ǧubayr (st. 95/714), aus der Generation der *Tābiʿūn*. Mithilfe dieser drei Gewährsmänner sollte der Angelegenheit große Glaubwürdigkeit und Legitimität verliehen werden.

Die klassische Fachliteratur setzte sich sowohl mit der angeblichen Kritik ʿUthmāns als auch mit den Deutungen und Schlussfolgerungen dieser Kritik seitens der Opposition intensiv auseinander. Die meisten Gelehrten hielten die auf ʿUthmān zurückgehende Überlieferung jedoch inhaltlich für unecht und erachteten deren *isnāde* (Tradentenketten) für unzuverlässig.[10] Manche wiederum versuchten, seine Äußerung anders auszulegen, und meinten, er habe mit *laḥn* auf die Rezitation [= die Mündlichkeit] und nicht auf die Orthographie [= die Schriftlichkeit] hingewiesen[11]. Ungeachtet dessen wurden die auf ʿĀ'iša, Abān b. ʿUthmān und Saʿīd b. Ǧubayr zurückgehenden Überlieferungen gemeinhin für unecht und unzuverlässig beurteilt und somit widerlegt[12].

Die moderne Koranforschung, vertreten von Nöldeke, Bergsträsser und Pretzl, zweifelte weder an der Innenkritik von ʿUthmān noch an der Außenkritik seiner Gegner, sondern betrachteten beide als Selbstkritik, ohne allerdings näher auf sie einzugehen oder sie zu erforschen: „Daß der Korantext, wie ihn die von Othman eingesetzte Kommission herausgab, nicht absolut vollkommen war, ist in der älteren Zeit von den Muslims selbst anerkannt worden; wir besitzen eine Anzahl von Traditionen, in denen an ihm direkte Fehler gerügt werden."[13] Direkt im Anschluss an dieses Zitat führt die *Geschichte des Qorans* die Äußerung von ʿUthmān sowie die Interpretation seiner Gegner an[14].

10. Wie Ibn al-Anbārī (st. 328/940), *ar-Radd 'alā man ḫālafa muṣḥaf 'Uthmān* (nicht erhalten), zitiert bei as-Suyūṭī (st. 911/1505), *al-Itqān fī 'ulūm al-Qur'ān* 1/2/538, § 3487; al-Baqillānī (st. 403/1013), *al-Intiṣār lil-Qur'ān* 2/535-538; al-Mahdawī (st. um 440/1048), *Šarḥ al-hidāya* 2/419, Riyadh, Maktabat ar-Rušd, 1. Ṭ., 1416/1995; ad-Dānī (st. 444/1053), *al-Muqni' fī ma'rifat marsūm maṣāḥif ahl al-amṣār* 119, Beirut, Dār al-Fikr, 1403/1983; Ibn al-Ǧazarī (st. 833/1429): *an-Našr fī l-qirā'āt al-'ašr* 1/459, Beirut, Dār al-Fikr, o.J.; al-Ālūsī (st. 1270/1854), *Rūḥ al-ma'ānī* 1/31-32, Beirut, Dār al-Kutub al-ʿIlmiyya, 1. Ṭ., 1415/1994. Siehe auch Barīk b. Saʿīd al-Qarnī, *'Ulūm al-Qur'ān 'ind aṣ-ṣaḥāba wat-tābi'īn* 761-762, Manama, Wizārat al-ʿAdl waš-Šuʾūn al-Islāmiyya wal-Awqāf, 1. Ṭ., 1432/2011.

11. Wie ad-Dānī (st. 444/1053), *al-Muqni' fī ma'rifat marsūm maṣāḥif ahl al-amṣār* 119-120, Ibn ʿĀšūr (st. 1393/1973), *Tafsīr at-taḥrīr wat-tanwīr* 2/134, Tunis, ad-Dār at-Tūnisiyya lin-Našr, 1984. Siehe auch al-Qarnī, *'Ulūm al-Qur'ān 'ind aṣ-ṣaḥāba wat-tābi'īn* 763.

12. Wie Saʿīd b. Manṣūr (st. 227/842), *Sunan* 4/1507, § 769, Riyadh, Dār aṣ-Ṣumayʿī, 2. Ṭ., 1420/2000, al-Baqillānī (st. 403/1013), *al-Intiṣār lil-Qur'ān* 2/530-540, as-Suyūṭī (st. 911/1505), *al-Itqān fī 'ulūm al-Qur'ān* 1/2/536-541, § 3482-3495, Beirut, Dār al-Fikr, 1. Ṭ., 1416/1996, Ibn ʿĀšūr (st. 1393/1973), *Tafsīr at-taḥrīr wat-tanwīr* 16/254. Siehe auch al-Qarnī, *'Ulūm al-Qur'ān 'ind aṣ-ṣaḥāba wat-tābi'īn* 764-767 und 770-771.

13. Th. Nöldeke/G. Bergsträßer u. O. Pretzl, *op. cit.* (Anm. 9), 3/1.

14. *Ibid.* 3/2-6.

Doch zurück zu meiner Deutung des *laḥn* im Sinne eines Fehlens orthographischer Zeichen für bestimmte *i'rāb*-Stellen. Um diese Interpretation näher zu erläutern, möchte ich an dieser Stelle kurz auf eine meiner früheren Thesen eingehen, die besagt, dass die koranische Orthographie auf der arabischen Idealschreibung beruht, also auf einem *rasm* mit möglichst wenigen Konsonanten und Schriftzügen, wie die häufige Auslassung der Vokalbuchstaben bei langen Vokalen–z. B. der Verzicht auf das lange *alif* (*ā*) im Inlaut[15] und das Wegfallen des *hamza*-Trägers[16]–veranschaulicht.

Für die Demonstration der Theorie der Schriftzüge führe ich als Beispiel die koranische Schreibweise des Duals an und wähle die 55. Sure als Muster, da der Dual darin sehr häufig vorkommt:

yasğud^{ā}*ni* [55:6]
tukaḏḏib^{ā}*ni* [55:13][17]
yaltaqiy^{ā}*ni* [55:19]
yabġiy^{ā}*ni* [55:20]
ath-thaqal^{ā}*ni* [55:31]
tantaṣir^{ā}*ni* [55:35]
ğannat^{ā}*ni* [55:46/62]
tağriy^{ā}*ni* [55:50]
mudh^{ā}*mmat*^{ā}*ni* [55:64]
naḍḍ^{ā}*ḫat*^{ā}*ni* [55:66][18]

Diese Art von Idealschreibung trifft wohl auf die Gesamtorthographie des Korantextes zu, unter anderem bei *i'rāb*-Stellen, die orthographisch aufgezeichnet werden müssen. Stellen, für die es wiederum keine (auffindbare) Aufzeichnung im *rasm* gab, soll der Kalif 'Uthmān als *laḥn*-Stellen bezeichnet haben[19].

Die Frage, warum solche Stellen in der Folge unverändert geblieben sind, kann sehr einfach beantwortet werden. Es handelt sich bei der Schrei-

15. Siehe O. Hamdan, *Aḍwā' ğadīda 'alā r-rasm al-'uthmānī* 21-185, Amman/Beirut, al-Maktab al-Islāmī/Mu'assasat ar-Rayyān, 1. Ṭ., 1430/2009.

16. Siehe auch O. Hamdan, *Aḍwā' ğadīda 'alā r-rasm al-'uthmānī* 328-337.

17. Dieses Wort taucht als Dual insgesamt 31 Mal in Sure 55 auf. Oben ist lediglich die erste Stelle angegeben.

18. *Aḍwā' ğadīda 'alā r-rasm al-'uthmānī* 166-169 und 245-248 (nach früheren Koranhandschriften).

19. Wie zum Beispiel das Weglassen des langen *alif* (*ā*) im Inlaut. Siehe O. Hamdan, *Aḍwā' ğadīda 'alā r-rasm al-'uthmānī* 21-185; auch das Wegfallen des *hamza*-Trägers. Siehe auch O. Hamdan, *Aḍwā' ğadīda 'alā r-rasm al-'uthmānī* 328-337.

bweise des Duals (und anderer Formen) um eine einheitliche Regel der arabischen Idealschreibung, welche besagt, dass ein pronominales Suffix (*ḍamīr muttaṣil*) orthographisch nicht allein stehen darf,[20] sondern mit seinem Leitwort verbunden (*muttaṣil*) sein muss. Für diese einheitliche Regel finden wir neben den frühen Koranhandschriften aus dem ersten und zweiten Jahrhundert der *Hiğra* auch eine Bestätigung seitens der Fachliteratur zur koranischen Orthographie. Der Gelehrte Abū ʿUbayd (st. 214/838) berichtete über besondere orthographische Stellen im *imām*, dem Privatkoranexemplar des Kalifen ʿUthmān, das er in einer der Fürstenbibliotheken gesehen haben soll. Er machte dabei eine interessante Beobachtung in Bezug auf die Schreibweise des Duals im Nominativ, Akkusativ und Genitiv. Er schreibt: „Und so sah ich den Dual im Nominativ an allen Stellen darin ohne *alif*." Der *rasm*-Gelehrte al-Mahdawī (st. um 440/1048) führt Abū ʿUbayds Äußerung ebenfalls an und nannte zur besseren Erläuterung entsprechende Beispiele für Nomen und Verben: *rağul^{ā}ni* [5:23], *siḥr^{ā}ni* [28:48], *yaḥkum^{ā}ni* [21:78], *yaqūm^{ā}ni* [5:107] und *yaqtatil^{ā}ni* [28:15][21].

Das Vorhandensein dieses orthographischen Phänomens in sämtlichen Koranhandschriften bestätigte Abū ʿUbayd zudem in einer anderen Äußerung, welche Abū l-Layth as-Samarqandī (st. 373/983) in seinem *Tafsīr* mit den folgenden Worten zitierte: *„hākaḏā ra'aytu raf'a l-ithnayni fī ğamī'i l-maṣāḥifi bi-isqāṭi l-alifi. wa-iḏā katabū n-naṣba wal-ḫafḍa, katabūhā bil-yā'i."*[22] [So sah ich den Nominativkasus des Duals in allen Koranexemplaren mit dem Weglassen des *alif*. Wenn der Akkusativ und den Genitiv orthographisch aufzeichnet wurde, so erfolgte dies durch ein *yā'*].

Der berühmte *rasm*-Gelehrte ad-Dānī (st. 444/1053) bestätigte seinerseits den Konsens der Koranschreiber darüber und gebrauchte dafür die folgenden Beispiele: *wa-mra'at^{ā}ni* [2:282], *rağul^{ā}ni* [5:23], *siḥr^{ā}ni* [28:48], *lā yu'allim^{ā}ni* [2:102], *yaḥkum^{ā}ni* [21:78], *yaqtatil^{ā}ni* [28:15], *aḍall^{ā}nā* [41:29][23].

Das Argument zugunsten der arabischen Idealschreibung trägt dem Umstand Sorge, dass eine Einfügung des langen *alif* im Inlaut zur Spaltung des Schriftzuges in zwei Teile führen würde, womit ein neuer zusätzlicher Schriftzug entstünde und die Zahl der Konsonanten im Schriftbild

20. Dafür widmete ich ein Kapitel in meiner Studie *Aḍwā' ğadīda 'alā r-rasm al-'uthmānī* 237-254 [*aḍ-ḍamā'ir al-muttaṣila*].

21. *Kitāb hiğā' maṣāḥif al-amṣār* 105 [*Mağallat Ma'had al-Maḫṭūṭāt al-'Arabiyya* 19/1 (1393/1973) 51-141].

22. *Baḥr al-'ulūm* 2/347, Beirut, Dār al-Kutub al-ʿIlmiyya, 1. Ṭ., 1413/1993.

23. *Al-Muqni' fī ma'rifat marsūm maṣāḥif ahl al-amṣār* 15 und 17.

des Wortes damit einen weiteren bekäme. Hingegen führt das Weglassen dieses *alif* zu keiner Spaltung des Schriftzuges, womit das betreffende Wort mit minimalen Konsonanten und Schriftzügen gestaltet verbleibt. Eben dies entspricht wohl der arabischen Idealschreibung. An dieser Stelle sei betont, dass wenngleich das Weglassen dieses *alif* auf Kosten der *i'rāb*-Stelle *ān* geschah, letzterer Buchstabe (i.e. *n*) auf keinen Fall orthographisch vom Leitwort getrennt stehen darf. Vielmehr muss das *nūn* des Pronominalsuffix als letzter Teil der *i'rāb*-Stelle damit verbunden sein. Dies kann nur zustande kommen, wenn das *alif al-muthannā* ausgelassen wird.

Dasselbe Problem tritt weder beim Akkusativ noch beim Genitiv auf, da das *yā'*, nämlich *yā' al-muthannā*, orthographisch sowohl links als auch rechts anschließbar ist und demnach in keinem Fall zur Spaltung des Schriftzuges führen kann, während das *alif* nur rechts anschließbar ist und dessen Hinzufügung im Inlaut zwangsläufig eine solche Spaltung verursacht. Selbst wenn es bisweilen Hindernisse gibt, welche das pronominale Suffix nicht an das Leitwort angeschlossen lassen, so müssen diese auf jeden Fall außer Acht gelassen werden, um die Gültigkeit der Regel einzuhalten. Beispiele dafür sind in den frühen Koranhandschriften wie folgt belegt[24]:

	Transkription	Koranstelle	Standardausgabe	Frühe Koranhandschriften
1.	*awliyā'uhum*	[2:257]	اولٮاوهم	اولٮهم
2.	*awliyā'ihim*	[6:121]	اولٮاٮهم	اولٮهم
3.	*awliyā'uhum*	[6:128]	اولٮاوهم	اولٮهم
4.	*awliyā'ikum*	[33:6]	اولٮاٮكم	اولٮكم
5.	*awliyā'ukum*	[41:31]	اولٮاوكم	اولٮكم

Diese Fälle werden auch in der fachlichen *rasm*-Literatur genannt. Der *rasm*-Experte ad-Dānī (st. 444/1053) macht eine interessante Bemerkung über irakische *Maṣāḥif* und erwähnt dabei, dass diese Stellen bei den meisten von ihnen orthographisch so–d.h. ohne *wāw* oder *yā'*–geschrieben sind.

«في أكثر مصاحف أهل العراق في البقرة : (أوليهم الطغوت) [2:257] وفي الأنعام : (وقال أوليهم) [6:128] وفيها : (ليوحون إلى أوليهم) [6:121] وفي الأحزاب : (إلى أوليكم) [33:6] وفي فُصّلت : (نحن أوليكم) [41:31] بغير واو ولا ياء»[25].

24. *Aḍwā' ğadīda 'alā r-rasm al-'uthmānī* 251; auch O. Hamdan, "Zur Rolle frühislamischer Grammatiktheorien in der Entwicklung der koranischen Orthographie" 67-68, § 1.2.3 [in *Modern Controversies in Qur'anic Studies*, Hamburg, EB-Verlag, 2009, pp. 45-95; Bonner Islamstudien, v. 13].

25. As-Saḫāwī (st. 643/1245), *Kitāb al-wasīla ilā kašf al-'aqīla* 390, Riyadh, Maktabat ar-Rušd, 2. Ṭ., 1424/2003.

Vor ihm machte bereits der *rasm*-Gelehrte Ibn al-Munādī (st. 336/947) eine ähnliche Bemerkung, in der von den alten *Maṣāḥif* die Rede ist und drei Stellen angeführt sind wie folgt:

«قال ابن المنادي : في المصاحف العُتُق : (أوليهم من الإنس) [128:6] و (ليوحون إلى أوليهم) [121:6] و (إن أوليه إلا المتقون) [34:8] بغير واو ولا ياء»[26].

Im Gegensatz zu ad-Dānī ging Ibn al-Munādī einen bedeutenden Schritt weiter. Er bestätigt meine These zu dem in ʿUthmāns Äußerung vorkommenden *laḥn* und schreibt: „Dies (Phänomen) zählt nach unserer Ansicht zu dem, was ʿUthmān zum Ausdruck brachte, als er sagte: „Ich sehe in den (fertiggestellten) Koranexemplare (*al-maṣāḥif*) eine Art von *laḥn*, den die Araber mit ihren Zungen schon in Ordnung bringen werden."[27]

Jedoch zurück zur Analyse der Tabelle: Die Stellen 1., 3. und 5. haben das *wāw* als *hamza*-Träger, und ein Pronominalsuffix, das vom Grundwort getrennt steht, denn es kann schriftlich nicht mit diesem *wāw* verbunden werden. Das Wegfallen des *hamza*-Trägers, der die *i'rāb*-Stelle–d.h. den Nominativkasus–markiert, sowie die Tilgung des vorangehenden *Medialalif* stellen nach der Regel eine Notwendigkeit dar, damit die pronominalen Suffixe mit dem Grundwort verbunden werden können. Das belegen die frühen Koranhandschriften.

Was die beiden Stellen (2. und 4.) anbelangt, so sind die beiden Pronominalsuffixe dort bereits am Grundwort schriftlich verbunden, und zwar durch das *yā'*, also den *hamza*-Träger. Die Elision des *Medialalif* im Inlaut, welche aufgrund der arabischen Idealschreibung üblich ist, führt jedoch dazu, dass zwei *yā's* nacheinander stehen. Dies läuft dem noch zu Zeiten der Niederschreibung des Korantextes herrschenden Schreibsystem zuwider, das u.a. das Aufeinanderfolgen von zwei *yā's*, *wāws* oder *alifs* im Konsonantenbild nicht gestattet. Infolgedessen muss das zweite *yā'* auf Kosten der *i'rāb*-Stelle weggelassen werden. Das belegen die frühen Koranhandschriften.

Diese Schreibweise gilt für den gesamten *rasm*. Dazu äußert sich Abū Ṭāhir al-ʿUqaylī (st. 623/1236) mit den Worten: „*kullu alifayni aw yā'ayni aw wāwayni addā ilā ǧtimā'ihimā l-qiyāsu ḥuḏifat iḥdāhumā karāhata ǧtimā'i ṣūratayhimā fī l-rasmi.*"[28]

26. *Kitāb al-wasīla ilā kašf al-'aqīla* 391.

27. *Kitāb al-wasīla ilā kašf al-'aqīla* 391 „*qāla Bnu l-Munādī: wa-hāḏā 'indanā mimmā qāla fīhi 'Uthmānu: arā fī l-maṣāḥifi laḥnan sa-tuqīmuhu l-'arabu bi-alsinatihā*".

28. *Al-Muḫtaṣar fī marsūm al-muṣḥaf al-karīm* 28, Amman, Dār ʿAmmār, 1. Ṭ., 1429/2008.

An einer weiteren Stelle spricht er von derselben Schreibregel: „*kullu mā fī awwalihi alifāni aw thalāthun, fa-inna r-rasma warada bi-ithbāti alifin wāḥidatin karāhata ǧtimāʿi ṣūratayni muttafiqatayni, fa-ṣāʿidan*“[29].

Es ist dann aber nicht selten, dass das zweite *yāʾ* oder *wāw oder alif* einen Teil der *iʿrāb*-Stelle bildet und dessen Auslassung dann auf Kosten der orthographischen Aufzeichnung des *iʿrāb* fällt. Beispiele dafür lassen sich in der Standardausgabe der Koran wie folgt finden:

Zu *yāʾ*:[30]

Schriftbild	Transkription	Koranstelle
alnb**y**n	*an-nabiyy*$^{\bar{\imath}}$*na*	[13 Mal, erstmals in 2:16]
alam**y**n	*al-ummiyy*$^{\bar{\imath}}$*na*	[3:20/75, 62:16]
rbn**y**n	*rabb*$^{\bar{a}}$*niyy*$^{\bar{\imath}}$*na*	[3:79]
alḥwar**y**n	*al-ḥawāriyy*$^{\bar{\imath}}$*na*	[5:111]
šrka**y**	*šurakāʾ*^{i}*ya*	[16:27, 18:52, 28:62/74 u. 41:47]
wra**y**	*warāʾ*^{i}*ya*	[19:5]
dʿa**y**	*duʿāʾ*^{i}*ya*	[71:6]

Hierzu ist anzumerken, dass der *hamza*-Träger in den drei letzten Beispielen das *yāʾ* ist und damit den Genitivkasus beschreibt, also دعائي/ورائي/شركائي. Der Träger muss entfallen دعاي/وراي/شركاي, obwohl dessen Weglassen auf Kosten der *iʿrāb*-Stelle erfolgt, denn dadurch würden zwei *yāʾs* nacheinander stehen, was wiederum gegen die entsprechende Regel wäre.

Zu *wāw*:[31]

Schriftbild	Transkription	Koranstelle
(tl**w**n)	(*talw*$^{\bar{u}}$*na*)	[3:153]
(yst**w**n)	(*yastaw*$^{\bar{u}}$*na*)	[9:19]
(fa**w**a)	(*fa-ʾw*$^{\bar{u}}$)	[18:16]
(alġ**w**n)	(*al-ġāw*$^{\bar{u}}$*na*)	[26:94/224]

29. *Al-Muḫtaṣar fī marsūm al-muṣḥaf al-karīm* 29.

30. Vgl. ad-Dānī, *al-Muqniʿ fī maʿrifat marsūm maṣāḥif ahl al-amṣār* 49-50; auch O. Hamdan: *Aḍwāʾ ǧadīda ʿalā r-rasm al-ʿuthmānī* 16 und 379.

31. Ad-Dānī, *al-Muqniʿ fī maʿrifat marsūm maṣāḥif ahl al-amṣār* 36; auch O. Hamdan: *Aḍwāʾ ǧadīda ʿalā r-rasm al-ʿuthmānī* 16 und 380-381.

Zu *alif*:[32]

Schriftbild	Transkription	Koranstelle
m**a**	*mā*$^{'an}$	[27 Mal, erstmals in 2:22]
dʿ**a**	*duʿā*$^{'an}$	[2:171]
nd**a**	*nidā*$^{'an}$	[2:171]
sw**a**	*sawā*$^{'an}$	[5 Mal, erstmals in 3:113]
ǧf**a**	*ǧafā*$^{'an}$	[13:17]
ġth**a**	*ġuthā*$^{'an}$	[87:5]

Es sind in dieser dritten Gruppe zwei Punkte anzumerken. Zunächst handelt es sich bei diesen Beispielen um *alif an-naṣb*, also das *alif* für die Darstellung des Akkusativkasus, dessen Elision auf Kosten der *iʿrāb*-Stelle geht. Ferner muss erwähnt werden, dass das *hamza* auf keinen Fall Teil des *rasm* ist. Vielmehr wird nur sein Träger (z.B. *alif*, *wāw* oder *yā'*), sofern es einen hat, als Teil der koranischen Orthographie betrachtet, das *hamza* selbst aber nicht. Infolgedessen treffen an diesen hier angeführten Beispielen jeweils zwei *alifs* aufeinander, also غثاا/جفاا/سواا/نداا/دعاا/ماا. Da dies aber erneut den Regeln widerspricht, sind diese Stellen orthographisch ohne das zweite *alif* niedergeschrieben worden, also غثا/جفا/سوا/ندا/دعا/ما.

II

Die Fragen, wer großes Interesse an der Aussage des Kalifen ʿUthmān gehabt haben und welches Ziel damit verfolgt werden konnte, lassen sich durch angesichts der Überliefererkette (*isnād*) beantworten. Es ist bemerkenswert, dass zwei Überlieferer der vermeintlich ʿUthmānʿschen Aussage auch Mitglieder des zweiten *Maṣāḥif*-Projekts waren, nämlich Naṣr b. ʿĀṣim al-Laythī und Yaḥyā b. Yamʿur al-ʿAdawī[33]. Diese beiden baṣrischen Gelehrten besaßen dieselben fachlichen Fähigkeiten. Das war das Entscheidende für ihre Wahl in die Kommission. Sie waren berühmte Koranleser, Grammatiker und Punktierer. Ihre Hauptaufgabe war es, von der Punktierungsmethode Gebrauch zu machen, nämlich die im *rasm* ähnlichen Konsonanten mit diakritischen Punkten voneinander zu scheiden[34].

32. Ad-Dānī, *al-Muqniʿ fī maʿrifat marsūm maṣāḥif ahl al-amṣār* 26; auch O. Hamdan, *Aḍwā' ǧadīda ʿalā r-rasm al-ʿuthmānī* 372-375.

33. Das Todesjahr von Naṣr und Yaḥyā steht nicht fest. Zu den beiden siehe *Studien zur Kanonisierung des Korantextes* 141-144 [§ 3.3. Die am Projekt beteiligten]. Zu den Personenketten der Überlieferungen, in denen die beiden Namen Naṣr b. ʿĀṣim und Yaḥyā b. Yamʿur vorkommen, siehe *Kitāb al-maṣāḥif* 1/229, § 107-108.

34. *Studien zur Kanonisierung des Korantextes* 143-144.

Meiner Meinung nach ist dies kein Zufall, vielmehr zeigt es den Zusammenhang zwischen den beiden Projekten, d.h. zwischen demjenigen, welches dem dritten Kalifen zugeschrieben wurde, sowie dem zweiten *Maṣāḥif*-Projekt, dem die beiden genannten Gelehrten angehörten. Der Rekurs auf die fragwürdige Äußerung des rechtgeleiteten Kalifen spiegelt somit gewissermaßen die Diskussionen wider, welche die Mitarbeiter des zweiten *Maṣāḥif*-Projekts im Zusammenhang mit den Problemfeldern der koranischen Orthographie geführt haben mögen. Das Zitat ʿUthmāns ermöglichte der Kommission, das private Koranexemplar des dritten Kalifen, welches den Mitgliedern des zweiten *Maṣāḥif*-Projekts zur Verfügung stand, zur Grundlage ihrer Arbeit[35] zu machen, ohne irgendwelche Änderungen in seinem *rasm* zu verwenden. Dadurch setzte sich die ʿUthmān'sche Orthographie als Muster der Koranschreibung schließlich durch[36].

Fazit

Abschließend möchte ich darauf hinweisen, dass die bislang wohl umfassendste und zutreffendste Bestätigung sowohl der Theorie der arabischen Idealschreibung als auch derjenigen der Schriftzüge und Konsonanten im *rasm* von dem berühmten ašʿaritischen Theologen al-Baqillānī (st. 403/1013) stammt, auf den der Satz *„uthbita l-kitābu 'alā l-waǧhi l-aḫṣari.*"[37] [Der (Koran)text ist auf die kürzeste Weise niedergeschrieben worden] zurückgeht. Ferner war hinsichtlich der koranischen Lesung und Rezitation das Primat der Mündlichkeit offenbar von Anfang an entscheidend. Dafür würde gerade die arabische Idealschreibung sprechen, die ja–wie gezeigt wurde–auf eine Minimierung der Zahl der Schriftzüge und der Konsonanten abzielt.

Omar HAMDAN

35. *Studien zur Kanonisierung des Korantextes* 145-146 [§ 3.4. Welches Koranexemplar stand dem *Maṣāḥif*–Projekt zur Verfügung?].

36. Mehr dazu *Aḍwā 'ǧadīda 'alā r-rasm al-'uthmānī* 9-14 [*i'timād ar-rasm al-'uthmānī namaṭan li-kitābat al-maṣāḥif*].

37. *Nukat al-intiṣār li-naql al-Qur'ān* 133, Alexandria, Manšaʾat al-Maʿārif, 1391/1979.

LE PALIMPSESTE LEWIS-MINGANA DE CAMBRIDGE, TÉMOIN ANCIEN DE L'HISTOIRE DU CORAN

Il y a presque un siècle de cela, en 1914, Agnes Smith Lewis et Alphonse Mingana publiaient un bref opuscule sur un groupe de feuillets coraniques anciens[*]. Ces fragments appartenaient à la couche inférieure d'un palimpseste dont le texte supérieur était arabe chrétien, et qui contenait également des feuillets en langue syriaque et grecque. Puis ce témoin de l'histoire du Coran fut peu à peu oublié. Dans les pages qui suivent, nous offrirons une première vue d'ensemble des feuillets coraniques et de leurs styles d'écriture avant d'entamer une réflexion à leur sujet, en les plaçant d'abord dans le contexte du palimpseste, puis dans un cadre historique plus large.

1. De la découverte à l'oubli

La découvreuse du manuscrit, Agnes Smith Lewis était la fille d'un avocat de l'Ayrshire, en Écosse. Aux côtés de sa sœur jumelle Margaret Dunlop Gibson, elle parvint à s'imposer dans la société victorienne de son temps comme érudite de renom dans le domaine des études paléo-chrétiennes[1]. Les voyages des deux sœurs les menèrent à plusieurs reprises en Grèce, et surtout en Égypte. En 1895, Mme Lewis fit l'acquisition du présent manuscrit auprès d'un marchand d'antiquités de passage à Suez, sans qu'il nous soit donné d'en savoir plus sur son origine[2]. De retour en Angleterre, elle dirigea

* Je remercie François Déroche pour ses commentaires sur cette communication ; Yasmin Faghihi, pour son accueil à la bibliothèque universitaire de Cambridge ; Sebastian Brock, Tim Greenwood, Ayda Kaplan, Laïla Nehmé, Christos Simelidis et Jack Tannous, pour leurs réponses à diverses requêtes, et pour les conversations que celles-ci ont pu susciter ; ainsi que Alya Karame, pour ses conseils sur le dessin des lettres. Je reste par ailleurs seul responsable du contenu et d'éventuelles erreurs. Ma gratitude va enfin au Leverhulme Trust, dont le soutien financier m'a permis de mener à bien cette recherche.

1. J. M. Soskice, *Sisters of Sinai: How Two Lady Adventurers Found the Hidden Gospels*, Londres, Vintage, 2010.

2. A. Smith Lewis, *Apocrypha Syriaca: The Protevangelium Jacobi and Transitus Mariae, with Texts from the Septuagint, the Corân, the Peshitta, and from a Syriac Hymn*

une publication consacrée surtout à ses parties syriaques, parue en 1902[3]. En 1914, un second ouvrage fut dédié à la partie coranique du texte, dont l'analyse avait été confiée à Alphonse Mingana[4]. Ce dernier crut y déceler une trentaine de variantes allant du détail grammatical à quelques cas de mots entiers[5]. La Première Guerre mondiale éclata alors que le manuscrit avait été prêté pour une exposition à Leipzig, et sa trace fut perdue jusqu'en 1936. Selon les vœux d'Agnes Smith Lewis, décédée dix ans plus tôt, il entra alors dans la collection de la bibliothèque de l'Université de Cambridge, où il demeure aujourd'hui sous la cote Or. 1287[6].

Le hasard voulut que la même année, en 1936, Mingana fit l'acquisition auprès d'Erik von Scherling, marchand de livres anciens à Leyde, d'un demi-feuillet provenant du même manuscrit pour la collection de Selly Oak Colleges à Birmingham (Mingana Ch. Arab. Add. 150). Mingana, qui était alors dans les derniers mois de sa vie, ne fit pas le rapprochement avec le manuscrit publié vingt ans plus tôt ; ce n'est que tout récemment que ce lien a été établi par Alba Fedeli[7]. En 1919, l'abbaye bénédictine de Beuron, en Allemagne, avait également reçu le don de deux demi-feuillets provenant du même palimpseste, cette fois-ci avec texte inférieur grec[8].

in a Syro-Arabic Palimpsest of the Fifth and Other Centuries, Cambridge, J. and C.F. Clay (*Studia Sinaitica* 11), 1902, p. xxviii ; A. Smith Lewis et A. Mingana, *Leaves from Three Ancient Qurans, possibly pre-'Othmanic, with a List of their Variants*, Cambridge, Cambridge University Press, 1914, p. v.

3. A. Smith Lewis, *Apocrypha Syriaca*, *op. cit.* (n. 2).

4. A. Smith Lewis et A. Mingana, *Leaves from Three Ancient Qurans*, *op. cit.* (n. 2).

5. *Ibid.*, p. xxxvii-xl. Soulignons que toutes les lectures proposées par Mingana furent, à l'époque, contrôlées par Lewis, et certaines par Gibson (*ibid.*, p. vii).

6. Cf. A. Fedeli, « The Digitization Project of the Qur'anic Palimpsest, MS Cambridge University Library Or. 1287, and the Verification of the Mingana-Lewis Edition: Where Is Salām? », *Journal of Islamic Manuscripts* 2, 2011, p. 103-104.

7. A. Mingana, *Catalogue of the Mingana Collection of Manuscripts, Now in the Possession of the Trustees of the Woodbrooke Settlement, Selly Oak, Birmingham: Vol. III, Additional Christian Arabic and Syriac Manuscripts*, Cambridge, W. Heffer & Sons, 1939, p. 19-20 (n° 165) ; A. Fedeli, « The Digitization Project », *op. cit.* (n. 6), p. 107-109. Comme l'a noté Fedeli, dans l'introduction posthume à l'ouvrage de Mingana, une allusion à ce lien est faite par Margoliouth et Woledge, mais sans référence précise ; A. Mingana, *Catalogue, Vol. III*, p. vi ; A. Fedeli, « The Digitization Project », *op. cit.* (n. 6), p. 108.

8. A. Dold, « Neue Palimpsest-Bruchstücke der Griechischen Bibel », *Biblische Zeitschrift* 18, 1929, p. 241-243, p. 259-260 ; P. A. Vaccari, « I palinsesti biblici di Beuron », *Biblica* 11, 1930, p. 231-235 ; A. Dold et F. Stummer, « Zu den Beuroner Palimpsestfragmenten », *Biblica* 12, 1931, p. 367-368 ; A. Rahlfs et D. Fraenkel, *Verzeichnis der Griechischen Handschriften des Alten Testaments*, Göttingen, Vandenhoeck & Ruprecht, 2004, p. 43 ; A. Fedeli, « The Digitization Project », *op. cit.* (n. 6), p. 106. Sur le contenu de leur texte supérieur arabe chrétien, cf. S. Khalil Samir, « Un exemple des contacts culturels

Le lieu de découverte de ces différents feuillets, entre la fin du XIXe et le début du XXe siècle, reste une énigme. Dans sa publication de 1902, Lewis laissait entendre que les feuillets qui lui avaient été vendus à Suez auraient pu être trouvés au monastère de Sainte-Catherine, tout en ajoutant qu'il ne s'agissait là que d'une « simple présomption », en l'absence de données concrètes ; en 1914, elle semblait se rétracter en affirmant n'avoir « aucune raison de penser que [ce manuscrit] ait jamais été au Sinaï »[9]. On sait que Von Scherling, quant à lui, s'alimentait parfois à ce monastère : les archives de la collection Mingana contiennent, par exemple, le reçu d'une transaction portant sur un autre fragment arabe chrétien provenant « du Mont Sinaï »[10]. Mais l'antiquaire de Leyde parcourait également toute l'Égypte à la recherche de manuscrits[11], de sorte qu'il reste difficile de se prononcer, au-delà du fait que la source a dû être, là encore, égyptienne. Les feuillets de Beuron furent légués à l'abbaye par Friederich Grote, mais les conditions de leur acquisition « en Orient » pendant la Première Guerre mondiale ne sont pas connues[12]. En somme, l'hypothèse d'une découverte au Sinaï, bien que plausible, reste à confirmer. Et ceci est plus vrai encore si l'on se réfère au lieu de confection, plutôt que de découverte, du manuscrit, tant les livres circulaient à l'époque, et tant ce monastère en particulier reçut de dons au cours des siècles. Nous reviendrons, plus loin, sur cette question.

Malgré la publication destinée à le faire connaître, le palimpseste n'eut pas le retentissement escompté. Peut-être faut-il voir là une conséquence de la réputation de Mingana, sérieusement entachée par la publication, en 1905 et 1907, d'éditions de textes syriaques partiellement ou entièrement falsifiés[13]. Ceci, ajouté au titre provocateur de l'ouvrage (*Leaves from Three An-*

entre les églises syriaques et arabes : Jacques de Saroug dans la tradition arabe », dans *III Symposium Syriacum, 1980 : Les contacts du monde syriaque avec les autres cultures (Goslar 7-11 septembre 1980)*, R. Lavenant éd., Rome, Pont. Institutum Studiorum Orientalium (*Orientalia Christiana Analecta* 221), 1983, p. 224.

9. A. Smith Lewis, *Apocrypha Syriaca*, *op. cit.* (n. 2), p. xxviii ; A. Smith Lewis et A. Mingana, *Leaves from Three Ancient Qurans*, *op. cit.* (n. 2), p. v.

10. Le rôle de Von Scherling a été remarqué par A. Fedeli, « The Digitization Project », *op. cit.* (n. 6), p. 109. On aperçoit dans la marge du reçu reproduit dans le même article (p. 117) la mention « Ch. Arab. Add. 123 » ajoutée à la main.

11. Un autre manuscrit arabe chrétien acquitté dans le même reçu (Ch. Arab. Add. 208) est ainsi désigné par Von Scherling comme étant « d'Égypte ». Cf. également à ce sujet J. Janssen, « Nécrologie : Erik Edzard Floris Folkard von Scherling », *Chronique d'Égypte* 63, 1957, p. 81 ; M. Bakker, A. Bakkers et Kl. Worp, « Back to Oegstgeest: The von Scherling papyrus collection; some von Scherling texts in Minnesota », *Bulletin of the American Society of Papyrologists* 44 (2007), p. 41-42.

12. A. Dold, « Neue Palimpsest-Bruchstücke », *op. cit.* (n. 8), p. 241.

13. S. Khalil Samir, *Alphonse Mingana (1878-1937) and his Contribution to Early*

cient Qurans, possibly pre-'Othmanic, with a list of their variants) et à son caractère liminaire, explique sans doute les échos dubitatifs qu'il reçut de la part des spécialistes de l'époque[14]. La disparition du manuscrit, qui rendait toute vérification impossible de 1914 à 1936, ne dut pas améliorer cet état de fait. Une fois entré dans la collection de Cambridge, le palimpseste sombra peu à peu dans l'oubli. Ce n'est que tout récemment, alors que la connaissance des corans anciens avait considérablement progressé, que l'on a commencé à s'y intéresser de nouveau[15]. Avec un siècle de recul, les questions de ses variantes présumées, de sa datation et de ses types d'écriture semblent à reprendre. Il n'en reste pas moins que ce manuscrit contient des fragments du Coran dont l'authenticité ne fait aucun doute, et qui sont peut-être parmi les plus anciens conservés à ce jour.

2. Composantes et état du palimpseste

De multiples textes et traditions scribales se chevauchent et se côtoient avec une légibilité plus ou moins réduite au sein du palimpseste de Cambridge. À une époque où le coût du parchemin a dû être prohibitif pour la communauté qui le fabriqua, on réutilisa un éventail hétéroclite de feuillets pour former un nouveau livre arabe chrétien : soixante-quatre feuillets et demi-feuillets syriaques ; vingt et un feuillets et trois demi-feuillets coraniques ; trois demi-feuillets de textes administratifs musulmans ; un feuillet avec texte inférieur arabe chrétien ; un demi-feuillet de manuscrit grec ; et un demi-feuillet de remplacement[16]. Tous ces fragments sont sur parchemin

Christian-Muslim Studies, Birmingham, Selly Oak Colleges, 1990, p. 8-13. Ce travail est disponible électroniquement sur http://www.mingana.bham.ac.uk/biog.pdf [consulté le 15 novembre 2011].

14. Sur les références au manuscrit faites par Bergsträsser et Pretzl, Jeffery et Blachère, voir A. Fedeli, « The Digitization Project », *op. cit.* (n. 6), p. 110-111.

15. Voir notamment A. Fedeli, « Mingana and the Manuscript of Mrs. Agnes Smith Lewis, One Century Later », *Manuscripta Orientalia* 11, n°3, 2005, p. 3-7 ; L. Tuerlinckx, « Les palimpsestes à écriture supérieure arabe, témoins d'une culture multiple », dans *Palimpsestes et éditions de textes : les textes littéraires. Actes du colloque tenu à Louvain-la-Neuve, septembre 2003*, V. Somers éd., Louvain-la-Neuve, Institut Orientaliste, Université Catholique de Louvain, 2009, p. 196-197 ; A. Fedeli, « The Digitization Project », *op. cit.* (n. 6). Ce fut une brève mention dans un autre article qui me lança sur sa piste en 2004 : F. Déroche, « L'emploi du parchemin dans les manuscrits islamiques : quelques remarques liminaires », dans *The Codicology of Islamic Manuscripts : Proceedings of the Second Conference of Al-Furqān Islamic Heritage Foundation, 4-5 December 1993*, Y. Dutton éd., Londres, Al-Furqan Islamic Heritage Foundation, 1995, p. 44.

16. Une description d'ensemble est donnée par A. Smith Lewis, *Apocrypha Syriaca, op.*

et palimpsestes, à l'exception du demi-feuillet de remplacement (f. 7) dont le texte arabe chrétien, plus tardif d'environ un siècle, est écrit sur du papier vierge[17]. En règle générale, les feuillets réutilisés sont d'un format nettement plus grand que le manuscrit du texte supérieur : ils furent pliés en deux et, pour certains, coupés à la marge lors de leur réutilisation. Les cahiers ainsi formés furent détachés par Lewis en vue de leur étude[18], de sorte que le manuscrit se présente aujourd'hui comme une succession de feuillets et demi-feuillets indépendants correspondant respectivement aux feuillets doubles et simples du manuscrit arabe chrétien.

Ainsi dépliés, les plus grands feuillets coraniques atteignent 25 x 19 cm, et les plus petits 20,5 x 17,5 cm, soit une taille de 10,2 à 12,5 x 17,5 à 19 cm pour les pages correspondantes du manuscrit arabe chrétien. Deux foliotations parallèles se côtoient : celle de Lewis, basée sur le manuscrit arabe chrétien, à raison d'un numéro par demi-feuillet, soit deux par feuillet déplié ; et celle, plus récente, de la bibliothèque de Cambridge, basée sur le texte inférieur, à raison d'un numéro par feuillet (ou demi-feuillet isolé). Nous utiliserons cette dernière dans la présente étude, vu qu'elle simplifie considérablement la description du texte inférieur[19]. Pour faciliter la référence aux publications antérieures, nous présentons ci-dessous une table des correspondances (tableau 1).

Numéro de feuillet, texte inférieur	**Numéro(s) de feuillet, texte supérieur**
8	*13*
9	*14, 19*
10	*15, 18*
11	*16, 17*
12	*20*
32	*53, 60*
33	*54, 59*
34	*55, 58*
35	*56, 57*

cit. (n. 2), p. ix-xxvii. À ce décompte viennent s'ajouter le demi-feuillet de Birmingham et les deux demi-feuillets bibliques de Beuron.

17. Celui-ci correspond au f. 12 dans la foliotation arabe chrétienne ; cf. *ibid.*, p. ix, xii.

18. *Ibid.*, p. xvii-xviii ; A. Smith Lewis et A. Mingana, *Leaves from Three Ancient Qurans*, *op. cit.* (n. 2), p. ix.

19. Les feuillets qui ouvraient le manuscrit dans la numérotation de Lewis (ff. 1, 2) ont été déplacés dans la nouvelle numérotation (ff. 66, 68 respectivement).

Numéro de feuillet, texte inférieur	Numéro(s) de feuillet, texte supérieur
56	*95, 102*
57	*96, 101*
58	*97, 100*
59	*98, 99*
60	*103*
61	*104, 109*
62	*105, 108*
63	*106, 107*
87	*147, 154*
88	*148, 153*
89	*149, 152*
90	*150, 151*
92	*156, 161*
93	*160, 157*
94	*158, 159*

Tableau 1. – Correspondances entre la numérotation du texte inférieur et supérieur, feuillets coraniques.

On doit à Lewis d'avoir fait connaître le manuscrit, d'en avoir étudié la partie syriaque, tout en sollicitant l'expertise d'autres spécialistes pour les parties arabes et grecque, puis d'en avoir fait don à une grande bibliothèque universitaire. Des dommages involontaires lui furent aussi infligés à l'époque, notamment par l'application généreuse d'une solution d'hydrosulfure d'ammonium (*hydro-sulphuret of ammonia*)[20]. Cette substance était destinée à faire temporairement ressortir le texte inférieur, mais bien que les sœurs jumelles fussent persuadées du contraire, elle était aussi corrosive pour le parchemin[21]. On peut en apprécier l'effet en comparant le demi-feuillet de Birmingham, en relativement bon état car n'ayant reçu aucun traitement de

20. A. Smith Lewis, « A Remarkable Palimpsest », *The Expository Times* 13, November 1901, p. 56, 57 ; A. Smith Lewis, *Apocrypha Syriaca*, *op. cit.* (n. 2), p. xviii, xix, xxiii, xxiv, xxv, xxvi, xxvii ; A. Smith Lewis et A. Mingana, *Leaves from Three Ancient Qurans*, *op. cit.* (n. 2), p. xli. Cette technique fut largement utilisée par les deux sœurs dans leurs travaux sur les palimpsestes ; cf. J.M. Soskice, *Sisters of Sinai*, *op. cit.* (n. 1), p. 173-175 ; A. Smith Lewis, *A Translation of the Four Gospels from the Syriac of the Sinaitic Palimpsest*, Londres, 1894, p. xiv.

21. F. Benton, A.R. Gillespie et J.M. Soha, « Digital Image-Processing Applied to the Photography of Manuscripts », *Scriptorium* 33, 1979, p. 40-42.

ce genre, et l'autre moitié du même feuillet à Cambridge (f. 60), qui est craquelée et dont le parchemin est réduit au niveau des lignes d'écriture[22]. Aux endroits où la solution a été appliquée le plus généreusement, le parchemin est devenu rigide et recouvert d'une couche poudreuse blanche[23].

Lewis confia ensuite le manuscrit à des experts londoniens pour conservation[24]. Les feuillets furent placés dans des cadres en papier plus épais, destinés à les soutenir, puis reliés. Mais le papier utilisé s'avéra à la longue acide, et il réagissait à l'humidité différemment du parchemin, ce qui accentua les tensions subies par ce dernier – conséquences courantes des normes en vigueur dans les bibliothèques européennes de l'époque. Afin de maintenir les pages les plus fragiles en un morceau, des gazes de soie leur furent appliquées, peut-être après les avoir enduites d'une solution d'amidon. Avec le temps, les gazes, qui étaient elles-mêmes acides, s'incrustèrent par endroits dans le parchemin, contribuant à le tordre davantage.

De 2009 à 2011, une restauration fut entreprise par la bibliothèque universitaire de Cambridge[25]. Les feuillets furent retirés de leurs cadres et débarrassés de la plupart des gazes avant d'être placés dans des chemises de polyester transparent scellées, au travers desquelles ils peuvent désormais être étudiés. Le manuscrit a été intégralement photographié sous lumière ultra-violette et infra-rouge par la bibliothèque, et un traitement informatique des feuillets coraniques est actuellement en cours en Italie : ce travail, destiné à mettre en relief leur texte inférieur, devrait ultérieurement être mis à disposition des chercheurs[26]. En attendant, nous présentons ici un premier aperçu du manuscrit, sur la base de séjours d'étude effectués sur place entre 2007 et 2011.

22. Leurs deux images sont publiées côte-à-côte dans A. Fedeli, « The Digitization Project », *op. cit.* (n. 6), p. 116.

23. Il ne s'agit donc pas d'une couche calcaire, comme je l'avais avancé dans A. George, *The Rise of Islamic Calligraphy*, Londres, Saqi, 2010, p. 45 (Table 1). Je remercie Deborah Farndell de m'avoir aidé à éclaircir ce point.

24. A. Smith Lewis et A. Mingana, *Leaves from Three Ancient Qurans*, *op. cit.* (n. 2), p. ix.

25. Nombre d'informations des deux derniers paragraphes sont tirées d'un rapport interne de Deborah Farndell, conservatrice en charge du projet, qui a bien voulu me le communiquer. Une image du processus de restauration est publiée dans C. Ansorge, J. Warrior *et al.*, *Faith & Fable: Islamic Manuscripts from Cambridge University Library*, Cambridge, Cambridge University Library, 2011, p. 35.

26. A. Fedeli, « The Digitization Project », *op. cit.* (n. 6), p. 111-113. En raison d'un accord passé entre les initiateurs de ce projet et la bibliothèque de Cambridge, je ne suis pas en mesure de présenter ici des images sous lumière ultra-violette des fragments coraniques.

3. Les feuillets coraniques

L'analyse des écritures dites *ḥijāzī*[27], dans les plus anciens manuscrits du Coran, est rarement aisée en raison de la variabilité souvent observée au sein d'une même main. Elle est rendue plus ardue, dans le cas présent, par la taille des fragments, limités à quelques feuillets, et par leur chevauchement avec le texte supérieur : les lettres ne peuvent être systématiquement étudiées, et souvent, lorsque cela est possible, ce n'est qu'en un ou deux exemplaires plus ou moins clairs, alors que des séries plus longues seraient souhaitables pour établir des caractères constants. D'emblée cependant, une distinction s'impose entre les quatre premiers cahiers, dont proviennent dix-sept fragments coraniques d'un ou plusieurs manuscrits de petite taille (ff. 8-12, 32-35, 56-63), et les deux derniers cahiers (ff. 87-90 et 92-94) comprenant sept fragments issus d'un coran nettement plus grand[28]. Nous nous pencherons successivement sur ces deux groupes, avant de nous intéresser au reste du palimpseste.

Les petits feuillets coraniques (ff. 8-12, 32-35, 56-63)

Des dix-sept petits fragments coraniques, quatorze sont des feuillets entiers et trois des demi-feuillets ; deux de ces derniers (ff. 8, 12) sont les moitiés d'un même feuillet, et le troisième (f. 60) est complété par le demi-feuillet de Birmingham. La hauteur du bloc de texte varie de 14,5 à 16,5 cm et sa largeur de 12,5 à 15 cm, la moyenne se situant autour de 15 à 16 x 13 à 14 cm. Une telle variabilité est envisageable au sein d'un même manuscrit *ḥijāzī*, où les alignements, les réglures et la hauteur des lignes sont souvent irréguliers. La taille des feuillets est plus inhabituelle, la plupart des fragments *ḥijāzī* connus étant nettement plus grands[29]. Quelques feuillets de dimensions comparables, de l'ordre de 10 x 20 cm, existent, notamment dans le fonds de Sanaa, mais ils sont de format oblong et non vertical[30]. En outre, les marges sont quasi-inexistantes dans les manuscrits *ḥijāzī*

27. La variété des écritures et des formules codicologiques rencontrées en *ḥijāzī* montre que ces manuscrits étaient en fait produits bien au-delà du Hijaz : voir sur ce point A. George, *The Rise of Islamic Calligraphy*, *op. cit.* (n. 23), p. 19 et chap. 1.

28. Dans tous les cas, le texte inférieur est perpendiculaire au texte supérieur.

29. Sur ces différents aspects des manuscrits *ḥijāzī*, cf. A. George, *The Rise of Islamic Calligraphy*, *op. cit.* (n. 23), p. 44.

30. Par exemple, Kuwait, *Maṣāḥif Ṣan'ā': Catalogue of an Exhibition at the Kuwait National Museum*, Kuwait, Dar al-Athar al-Islamiyyah, 1985, p. 54 (cat. 23). Voir également le catalogue de ventes de Sotheby's (Londres), 22 octobre 1993, lots 11 et 15. Ces deux feuillets semblent provenir d'un même manuscrit, proche de celui de Sanaa.

anciens[31], alors que dans les petits fragments de Cambridge, elles sont amples, atteignant couramment 3 à 4 cm en haut et en bas de page, et 2 à 3 cm sur les côtés, soit une surface vierge presque égale à celle d'écriture.

Numéro de feuillet (texte inférieur)	Sourate(s)	Série
33	VII	α
60	VII	α
32	IX	α
61	IX	α
62	IX	α
63	XI	-
11	XIII	β
9	XIII à XIV	β
10	XV à XVI	β
12	XVI	β
8	XVI	β
34	XVI	β
35	XVI	β
57	XVI à XVII	β
58	XVII	β
59	XVII	β
56	XVII	β

Tableau 2. – Les petits feuillets coraniques, par ordre de sourate.

L'étude du parchemin est rendue difficile par les effaçages et autres traitements subis par le manuscrit, qui empêchent notamment l'analyse des côtés chair et poil. Nombre de feuillets conservent par contre des traces de réglures à la pointe sèche. Dans le schéma le plus complet, des rectrices ont été effectuées à l'horizontale, ligne par ligne, avec une horizontale supplémentaire au-dessus de la première ligne de texte et deux verticales

31. F. Déroche, *La transmission écrite du Coran dans les débuts de l'Islam : Le codex Parisino-Petropolitanus*, Leyde, Brill, 2009, p. 28-29, p. 125-126, p. 166. Avec les réformes entamées par les omeyyades à la fin du VIIe siècle, les marges deviennent plus amples dans certains manuscrits conservant encore des traces de l'inclinaison des hastes du *ḥijāzī*, par exemple ceux du style B.Ia et Marcel 13 ; cf. A. George, *The Rise of Islamic Calligraphy*, *op. cit.* (n. 23), chap. 2. Cependant, les feuillets de Cambridge se distinguent de cette phase d'évolution par la relative variabilité de leur mise en page et de la forme des lettres.

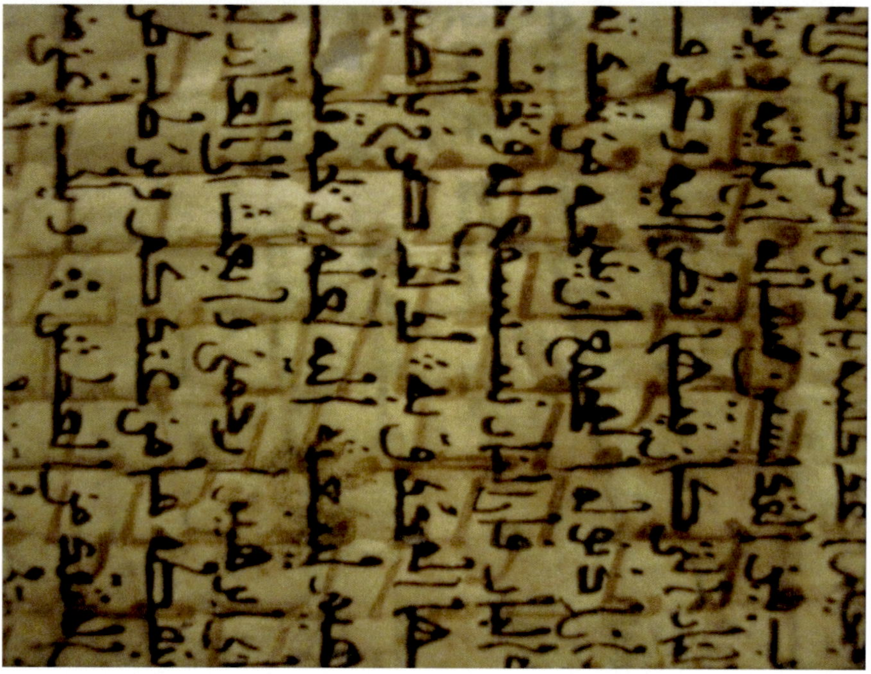

FIG. 1. – Détail de petit feuillet coranique (Cambridge University Library, Or. 1287, f. 57r). (Photo : Cambridge University Library ; reproduite avec l'aimable permission des Syndics de Cambridge University Library)

pour la justification[32]. Ce schéma est attesté dans d'autres manuscrits *ḥijāzī* ; il existait déjà, avant l'islam, dans la tradition scribale grecque et d'autres qui lui sont affiliées du point de vue codicologique, comme le copte et le christo-palestinien, avec cette différence que l'on n'y retrouve pas d'horizontale supplémentaire en haut de page[33].

Pour marquer le passage des sourates XIII à XIV (en tête du f. 9v), XV à XVI (deuxième moitié du f. 10r, dont le parchemin est très abîmé) et XVI

32. FF. 33 et 35. Dans les autres petits feuillets coraniques, on rencontre des versions moins complètes du même schéma : par exemple, aux ff. 62 et 63, sans la réglure horizontale supplémentaire ; aux ff. 9 et 34, avec rectrices seulement ; et au f. 58, avec des rectrices et une seule réglure verticale. Dans ce dernier feuillet, à la quatrième ligne en partant du bas, on relève une double rectrice qui semble definir le corps des lettres. Aux ff. 60 et 61, les verticales sont présentes mais il est difficile d'affirmer si les lignes visibles à l'horizontale sont bien des rectrices, ou si elles résultent de la contraction du parchemin causée par l'hydrosulfure d'ammonium.

33. A. George, *The Rise of Islamic Calligraphy*, *op. cit.* (n. 23), p. 44-46, p. 101 et fig. 24, 25.

FIG. 2. – Séparateur de versets, petits feuillets coraniques
(Cambridge University Library, Or. 1287, détail du f. 32. Dessin : A. George)

à XVII (f. 57r, tête de page), le scribe a sauté deux lignes, sans ajouter de décoration. Cette approche est elle aussi attestée par ailleurs en *ḥijāzī* : elle semble confirmer une affinité avec la tradition grecque et ses dérivés, où l'on ne rencontre presque pas de bandeaux décoratifs – tout au plus une majuscule en tête de paragraphe – alors que ceux-ci sont courants en syriaque[34]. Les petits feuillets coraniques partagent d'autre part entre eux un même type de séparateur de versets, fait de six tirets disposés en triangle (fig. 2)[35]. Au f. 10r (milieu de page), pour marquer la fin de la sourate XV, on a fait suivre le dernier mot d'une rangée de cinq ou six tirets constituant un petit trait incliné.

De par leurs dimensions, leur réglure et leurs rares éléments décoratifs, les petits feuillets coraniques forment donc un ensemble cohérent. Une distinction peut être établie au niveau du module d'écriture, mesuré à épaisseur maximale sur les hastes : cinq feuillets sont écrits d'un trait d'environ un demi-millimètre d'épaisseur (série α, ff. 32-33, 60-62 ; sourates VII à IX), avec une variabilité assez importante aux ff. 33 et 61, où cette valeur atteint par endroits un millimètre ; le feuillet de Birmingham vient compléter ce groupe. Un module plus grand, d'un millimètre à un millimètre et demi, se retrouve dans les onze autres feuillets (série β, ff. 8-12, 34-35, 56-59 ; sourates XIII à XVII). Enfin, dans le feuillet restant (f. 63 ; sourate XI), on observe une gamme d'épaisseurs allant du demi-millimètre au millimètre et demi.

34. *Ibid.*, p. 48, 58.

35. J'ai notamment pu observer cette forme aux ff. 9, 10, 32 et 62, qui couvrent entre eux nos deux séries, ainsi qu'au f. 63. Pour des exemples similaires dans d'autres manuscrits *ḥijāzī*, voir H. C. Graf von Bothmer, « Masterworks of Islamic Book Art: Koranic Calligraphy and Illumination in the Manuscripts Found in the Great Mosque in Sanaa », dans *Yemen: 3000 Years of Art and Civilisation in Arabia Felix*, W. Daum éd., Innsbruck/Frankfurt am Main, Pinguin/Umschau, 1987, Plate 1 ; U. Dreibholz, *Frühe Koranfragmente aus der Grossen Moschee in Sanaa / Early Quran Fragments from the Great Mosque in Sanaa*, Sanaa, Deutsches Archäologisches Institut Orient/Deutsches Botschaft Sanaa, 2003, fig. 7.

Dans son étude de 1914, Mingana avait attribué les petits feuillets à deux corans distincts (dénommés B et C), sur la base de quelques remarques d'ordre très général, le principal argument avancé étant que dans un groupe, les lettres sont « un peu plus petites, fines et hautes » que dans l'autre. Mingana avançait aussi que « certaines portions de la série du coran B [proviennent] d'un autre manuscrit », ce qui revient à affirmer l'existence d'un troisième petit coran, sans cependant préciser quels feuillets lui appartiendraient[36]. Ces observations semblent avoir principalement reposé sur l'apparence d'ensemble de l'écriture, domaine dans lequel l'épaisseur du trait joue un rôle prépondérant. Ceci pourrait expliquer pourquoi le groupe C de Mingana correspond à notre série α, et son groupe B à notre série β (à laquelle il avait rattaché le f. 63). Or ce facteur peut être altéré par une simple retaille du calame ou en changeant sa prise en main (et par là même, l'angle d'attaque par rapport à la page). Dès lors que l'on se penche sur la forme des lettres, la situation s'avère plus complexe (tableau 3).

Mettons un instant de côté le feuillet 63, et comparons nos deux séries : certaines lettres (*'ayn* initial, *kāf* final ou isolé, *ṭā'*) sont comparables d'un bout à l'autre des seize fragments, tandis que d'autres (*alif*, *lām-alif*, *hā'* initial, *hā'* médial, *nūn* final, et dans une moindre mesure *jīm* initial) sont plus distinctes entre la première série et la deuxième ; une certaine variabilité à l'intérieur de chaque série crée cependant des rapprochements occasionnels, comme entre l'*alif* avec retour long et légèrement remontant dans α et β, ou entre la forme plus arrondie du *nūn* dans α et sa forme usuelle dans β. Ces données combinant des recoupements importants et des divergences indéniables ne suggèrent pas de conclusion évidente. Le f. 63 s'insère, au niveau de la séquence du texte coranique, entre ces deux séries, à la sourate XI. Ici, l'*alif* a une inclinaison relativement marquée (plus de 25 degrés par rapport à la verticale), ainsi qu'un retour relativement long, ce qui le place dans une position intermédiaire entre α et β. Plusieurs lettres (*'ayn* initial, *jīm* initial, *kāf* final, *ṭā'*) adoptent la forme commune à nos deux séries. Le *nūn* final se rapproche par contre d'une des formes de la série α, et le *hā'* initial de la série β. Le *lām-alif*, enfin, a deux longues antennes rectilignes et presque perpendiculaires, une forme distincte de celles des deux séries. L'écriture de ce feuillet est donc hybride entre les deux autres, et l'épaisseur de son trait varie du simple au double dans la même page, sans que l'on y puisse déceler de changement de main.

36. A. Smith Lewis et A. Mingana, *Leaves from Three Ancient Qurans*, *op. cit.* (n. 2), p. xxxiii.

	Série α (ff. 8-12, 34-35, 56-59)		**Série β (ff. 32-33, 60-62, Birmingham)**		**f. 63**	
Alif	La haste est rectiligne et inclinée de 15 à 25 degrés par rapport à la verticale ; le retour inférieur va de très court et horizontal à marqué et arrondi.		La haste est rectiligne et faiblement inclinée (de 5 à 15 degrés). Le retour inférieur est relativement long ; il est presque horizontal ou légèrement remontant.		La haste est rectiligne et nettement inclinée (25 à 30 degrés). Le retour inférieur est généralement prononcé.	
Jīm initial	Le trait initial, incliné de 45 degrés environ par rapport à l'horizontale, chevauche cette dernière, parfois amplement.		Proche de la série α. Dans certains cas, la barre ne chevauche pas la ligne de base.		Même forme que dans la série α.	

	Série α (ff. 8-12, 34-35, 56-59)		**Série β (ff. 32-33, 60-62, Birmingham)**		**f. 63**	
Ṭā'	La haste est rectiligne, avec une inclinaison plus marquée que celle de l'*alif*. La boucle s'infléchit à droite en un trait courbe.		Proche de la série α, avec une haste plus inclinée.		Même forme que dans la série β.	
'Ayn initial	Le crochet est fin à la pointe et épais à la base. Il tend à dessiner une forme circulaire en son creux. Le trait de base horizontal est long, avec un biseau pointé vers le haut.		Même forme.		Même forme.	

	Série α (ff. 8-12, 34-35, 56-59)		**Série β (ff. 32-33, 60-62, Birmingham)**		**f. 63**	
Kāf final ou isolé	Le trait horizontal supérieur est courbe. Il rejoint directement le trait horizontal inférieur, qui est allongé vers la gauche. La haste est rectiligne et légèrement inclinée vers la droite (5 à 15 degrés par rapport à la verticale).		Même forme.		Même forme.	

	Série α (ff. 8-12, 34-35, 56-59)		**Série β (ff. 32-33, 60-62, Birming-ham)**		**f. 63**	
Nūn final	Oscille entre deux formes principales : (i) Un trait vertical ou incliné vers la gauche rejoignant à angle droit ou obtus un retour inférieur horizontal ; (ii) un tracé arrondi, avec des angles moins marqués, le trait inférieur se terminant souvent alors par un léger retour vers le haut.		Proche de la forme arrondie de la série α, mais plus circulaire, avec un tracé d'un seul tenant, sans inflexions.		Proche de la forme angulaire de la série α.	

	Série α (ff. 8-12, 34-35, 56-59)		**Série β (ff. 32-33, 60-62, Birmingham)**		**f. 63**	
Hāʾ initial	La barre d'appui est verticale ; le corps de la lettre chevauche parfois la ligne de base.		Soit proche de la série α, soit avec une barre d'appui fortement incurvée, la lettre pouvant alors être comparée à une goutte d'eau.		Proche de la deuxième forme de la série β.	
Hāʾ médial	La barre d'appui est verticale ; le trait de gauche est une courbe se rapprochant d'un quart de cercle. Le corps de la lettre ne chevauche pas ou peu la ligne de base.		Cette lettre est presque triangulaire ; les deux traits descendants peuvent soit s'infléchir nettement à mi-hauteur, soit être rectilignes. La lettre ne chevauche pas ou peu la ligne de base.		Non relevé*	—

* Sur la base des clichés effectués par l'auteur pour la présente étude : l'existence de cette lettre au sein du feuillet reste cependant envisageable.

	Série α (ff. 8-12, 34-35, 56-59)		**Série β (ff. 32-33, 60-62, Birmingham)**		**f. 63**	
Lām-alif	L'antenne de droite est plus inclinée que celle de gauche ; les deux antennes sont rectilignes, avec quelques exemples de légère inflexion.		L'antenne de gauche est fortement incurvée, celle de droite presque rectiligne ; toutes deux ont une inclinaison comparable.		Les deux antennes sont rectilignes et presque perpendiculaires, donc fortement inclinées.	

Tableau 3. – Formes des lettres des petits feuillets coraniques[37]. (Dessin : A. George)

37. Dans les tableaux de formes de lettres, les surfaces floues et pointillées indiquent des parties de lettres non visibles en raison de superpositions ou d'effaçages. Les « yeux » à l'intérieur des lettres sont parfois indiqués de manière approximative, car ils sont particulièrement difficiles à voir sur le manuscrit.

En raison des convergences observées dans les dimensions, la réglure et les séparateurs de versets, il est probable que ces feuillets proviennent d'un même coran[38]. Deux possibilités se présentent : soit celui-ci serait un travail à plusieurs mains, comme on en connaît déjà plusieurs cas en *ḥijāzī*[39] ; soit il représenterait le travail d'un seul scribe s'autorisant d'importantes fluctuations dans son écriture. Cette dernière hypothèse est tout à fait plausible au vu de la variabilité souvent observée au sein d'un même feuillet, que ce soit dans la forme des lettres où l'épaisseur du trait. Elle semble renforcée par les recoupements entre nos différents feuillets et séries, qui génèrent une certaine unité stylistique. Il reste néanmoins difficile de se prononcer définitivement : peut-être l'étude des clichés numériques, lorsque ceux-ci seront disponibles, permettra-t-elle de le faire.

Quoi qu'il en soit, en tenant compte de ses variations, l'écriture des petits feuillets coraniques présente des affinités avec d'autres corans *ḥijāzī* : elle rappelle notamment la main A du codex dit Parisino-Petropolitanus, manuscrit de format nettement plus grand (33 x 24 cm) écrit par plusieurs scribes. Dans cette dernière, l'*alif*, le *jīm*, le crochet du *'ayn* initial, le *nūn* final, le *ṭā'*, le *kāf* final et le *lām-alif* se rapprochent des formes des feuillets de Cambridge, sans pour autant masquer certaines divergences[40]. Le Parisino-Petropolitanus utilise également un système de réglure comparable, avec rectrices à la pointe sèche, bien que leur ordonnance y soit nettement plus irrégulière, et dénuée de verticales[41]. Sur la base de la paléographie et de l'orthographe, une étude récente a avancé de manière convaincante, pour ce dernier manuscrit, une date entre les dernières décennies du VIIe siècle et le début du VIIIe siècle[42]. Les petits feuillets coraniques de Cambridge pourraient être de la même époque, sans qu'il soit possible de cerner la chronologie de manière plus précise : d'une part, l'étude de l'orthographe de ces fragments

38. Les débuts de sourates restants appartiennent tous à la série β.

39. F. Déroche, *La transmission écrite du Coran*, *op. cit.* (n. 31), p. 21-45, p. 127-130.

40. Sur la forme des lettres de la main A du Parisino-Petropolitanus, cf. *ibid.*, p. 31-34, p. 185-186. Au niveau des différences, notons, dans la main A, le *'ayn* initial, avec son retour horizontal plus court qu'à Cambridge ; et le *hā'* initial, dont la barre d'appui rectiligne et penchée ne trouve que peu d'équivalents à Cambridge.

41. Cf. A. George, *The Rise of Islamic Calligraphy*, *op. cit.* (n. 23), fig. 20.

42. F. Déroche, *La transmission écrite du Coran*, *op. cit.* (n. 31), p. 152-159. Sur la datation du corpus *ḥijāzī*, voir aussi A. George, *The Rise of Islamic Calligraphy*, *op. cit.* (n. 23), p. 32. Une datation récente par le carbone 14 d'un feuillet palimpseste dont les deux couches sont en écriture *ḥijāzī* a placé le parchemin (donc la couche inférieure) à une date antérieure à 671 ap. J.-C., avec une probabilité de 99 % ; B. Sadeghi et U. Bergmann, « The Codex of a Companion of the Prophet and the Qur'ān of the Prophet », *Arabica* 57, n° 4, 2010, p. 348, p. 353-354 ; B. Sadeghi et M. Goudarzi, « Ṣan'ā' I and the Origins of the Qur'ān », *Der Islam* 87, n° 1-2, 2012, p. 8.

n'a pas été possible à ce stade ; d'autre part, dans cette phase où les écritures coraniques étaient encore des graphies individuelles peu standardisées, la durée de vie d'un scribe ouvre à elle seule une fenêtre de plusieurs décennies au cours desquelles a pu être pratiquée une certaine écriture *ḥijāzī* ; ceci, sans compter des continuités envisageables entre maître et élève, dont on ne sait encore rien aujourd'hui.

Notons enfin qu'un contrôle rapide de quelques-unes des variantes lues par Mingana dans les petits fragments coraniques ne m'a permis d'en confirmer aucune : sur quatre cas, l'un s'est avéré illisible et les trois autres erronés, le texte y suivant clairement la recension canonique[43].

Les grands feuillets coraniques (ff. 87-90, 92-94)

Notre deuxième groupement comprend sept feuillets coraniques de format nettement plus grand, qui correspondent au coran A de Mingana[44]. Leurs dimensions actuelles sont de 24 à 25 x 18 à 19 cm, mais ils devaient à l'origine être plus hauts et plus larges de quelques centimètres, le scribe arabe chrétien ayant largement taillé dans le texte et les marges pour les réutiliser (fig. 3). Sur la plupart des feuillets, d'épaisses rectrices pas tout à fait droites ont été tracées à la mine de plomb, avec un espacement irrégulier[45]. Dans six feuillets (ff. 87-90, 92, 94), les grandes lettres ont une hauteur de 0,9 à 1,2 cm, alors que dans le septième (f. 93), l'écriture est beaucoup plus ramassée, avec une hauteur de 0,5 à 0,9 cm. Dans tous ces cas, cependant, l'épaisseur du trait oscille de manière comparable entre 1 et 1,5 mm. Malgré le contraste visuel occasionné par la hauteur des lettres, leur forme reste quasiment identique entre ces différentes pages : il semble faire peu de doute qu'il s'agisse d'un seul et même manuscrit. Les ff. 87 et 88 sont si effacés que l'on n'y décèle que les restes de quelques lettres, même sous lumière ultra-violette. Dans les autres feuillets, plus lisibles, on trouve des passages des sourates XXIV (f. 94), XXVIII (f. 92), XXIX (f. 93), XL à XLI (f. 89) et XLIV à XLV (f. 90). J'ai pu relever deux séparateurs de versets (ff. 93, 94) : ceux-ci sont constitués d'une rangée de cinq tirets épais empilés pour créer un trait oblique (fig. 4).

43. Variantes non-confirmées : A. Smith Lewis et A. Mingana, *Leaves from Three Ancient Qurans*, *op. cit.* (n. 2), First Group, n° 3 (f. 33v = ancien f. 59b, p. xxxvii ; cf. aussi A. Fedeli, « The Digitization Project », *op. cit.* [n. 6], p. 113) ; Second Group, n° 2 (fol. 10r = anc. 15a, p. xxxvii) ; n° 26 (f. 12r = anc. 20a, p. xxxix). Variante illisible : First group, n° 2 (f. 32r, anc. 53b, p. xxxvii). Voir également, pour la mention d'une autre variante non avérée, A. Fedeli, « Mingana and the Manuscript », *op. cit.* (n. 15), p. 5.

44. *Ibid.*, p. xxxii.

45. Cette réglure est le plus clairement visible aux ff. 87, 92, 93 et 94 mais on en perçoit aussi des traces aux ff. 88, 89 et 90.

FIG. 3. – Grand feuillet coranique (Cambridge University Library, Or. 1287, f. 89v). (Photo : Cambridge University Library ; reproduite avec l'aimable autorisation des Syndics de Cambridge University Library).

FIG. 4. – Séparateur de versets, grands feuillets coraniques (Cambridge University Library, Or. 1287, détail du f. 93r). (Dessin : A. George).

<table>
<tr><td>Alif</td><td>La lettre a une très forte inclinaison par rapport à la verticale (de 25 à plus de 45 degrés). Son tracé est parfois incurvé. Le retour inférieur adopte un éventail de formes allant du petit trait droit au crochet nettement incurvé.</td><td></td></tr>
<tr><td>Jīm médial</td><td>Le trait principal est incliné à 45 degrés environ par rapport à l'horizontale, et empiète largement sous la ligne de base, souvent pour plus de moitié.</td><td></td></tr>
<tr><td>Rā' final ou isolé</td><td>La lettre oscille entre trois formes : (i) deux traits presque droits se rejoignant à angle aigu ; (ii) un léger arc de cercle ; (iii) un trait courbe approchant le demi-cercle.</td><td></td></tr>
<tr><td>Ṭā'</td><td>La boucle est longue, avec un trait supérieur courbe. La haste est rectiligne et inclinée à moins de 45 degrés par rapport à la verticale.</td><td></td></tr>
<tr><td>'Ayn initial</td><td>Le crochet est resserré et forme un petit demi-cercle en son creux. Sa partie inférieure rejoint la ligne de base en s'inclinant vers la droite.</td><td></td></tr>
<tr><td>'Ayn médial</td><td>Les deux antennes forment un « V » ouvert.</td><td></td></tr>
<tr><td>'Ayn final</td><td>La lettre évoque un alif auquel aurait été ajoutée une barre transversale supérieure épaisse, courte et inclinée.</td><td></td></tr>
</table>

Qāf final	La lettre a une tête arrondie et une queue sinusoïdale plus ou moins longue.	
Nūn final	La lettre est très variable : le trait descendant est soit incurvé vers la gauche, soit vertical et rectiligne, soit incliné vers la droite et rectiligne. Le retour inférieur est horizontal et long – parfois plus que le trait vertical.	
Lām-alif	Les deux antennes sont plus ou moins rapprochées, mais à moins de 90 degrés. Celle de gauche est parfois incurvée, celle de droite tend à rester rectiligne.	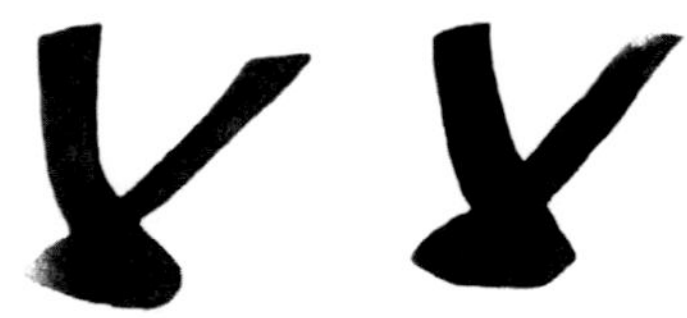

Tableau 4. – Forme des lettres des grands feuillets coraniques[46] (Dessin : A. George).

En raison du nombre limité de feuillets exploitables et de leur degré d'effacement, l'étude de cette graphie est particulièrement ardue, et reste à ce stade préliminaire (tableau 3). D'ores et déjà, cependant, plusieurs formes de lettres remarquables se distinguent. L'*alif* indépendant, tout d'abord, a une inclinaison d'au moins 25 degrés par rapport à la verticale. Celle-ci atteint souvent les 45 degrés, alors que dans le reste du corpus *ḥijāzī*, cette valeur est presque toujours comprise entre 0 et 25 degrés. La haste, de surcroît, est souvent rectiligne, mais elle prend parfois une forme nettement incurvée. Parmi les dizaines de fragments *ḥijāzī* publiés, ces caractéristiques ne se retrouvent que dans l'une des mains d'un coran de Sanaa écrit par plusieurs scribes ; et, dans une moindre mesure, dans la couche inférieure d'un palimpseste à texte supérieur *ḥijāzī*[47]. Même les trois inscriptions arabes da-

46. Cf. note 37.

47. Voir respectivement Kuwait, *Maṣāḥif Ṣan'ā'*, *op. cit.* (n. 30), p. 60 (cat. 3) ; B. Sadeghi et U. Bergmann, « The Codex », *op. cit.* (n. 47), fig. 1, 3. Au verso de ce dernier feuillet (*ibid.*, fig. 2, 4), les *alifs* de la couche inférieure sont plus rectilignes et moins inclinés. Pour d'autres exemples d'inclinaison relativement marquée, mais nettement inférieure

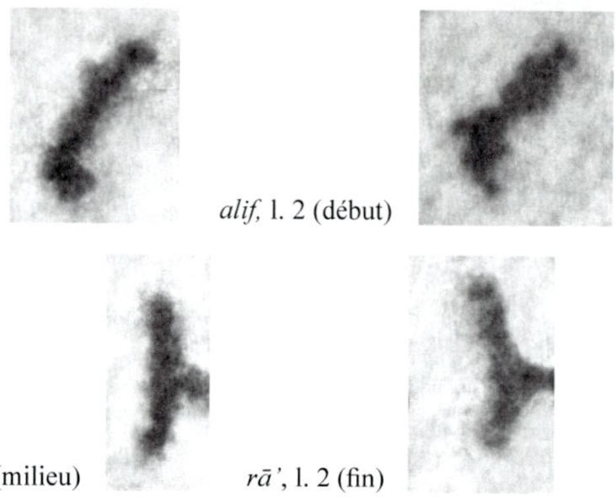

alif, l. 1 (fin) *alif*, l. 2 (début)

rā', l. 1 (milieu) *rā'*, l. 2 (fin)

FIG. 5. – Inscription nabatéenne de Sakākā (région d'al-Jawf, Arabie Saoudite, 428 ap. J.-C. (Photo : Khalil al-Muaikel).

tées du VIe siècle, celles de Zabad, Jabal Usays et Ḥarrān ont une inclinaison de l'ordre de 10 à 25 degrés pour cette lettre, avec un tracé rectiligne (ce dernier pourrait, dans leur cas, s'expliquer par les circonstances de la gravure sur pierre, où les traits droits sont plus faciles à tracer que les courbes)[48].

à 45 degrés, cf. F. Déroche, *La transmission écrite du Coran*, *op. cit.* (n. 31), Pl. 1, 11 ; G. Levi Della Vida, *Frammenti coranici in carattere cufico nella Biblioteca Vaticana (Codici Vaticani Arabi 1605, 1606)*, Vatican, Biblioteca Apostolica Vaticana, 1947, Tav. 1 ; Kuwait, *Maṣāḥif Ṣan'ā'*, *op. cit.* (n. 30), p. 58 (cat. 11).

48. Pour une illustration, voir A. George, *The Rise of Islamic Calligraphy*, *op. cit.* (n. 23), fig. 6.

alif, l. 4  *alif*, l. 5 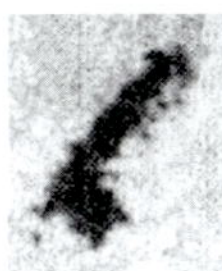 *rā'*, l. 1 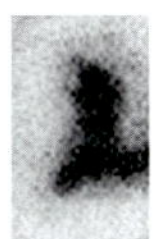 *rā'*, l. 4 

FIG. 6. – Inscription nabatéenne d'Umm Jadhāyidh (région de Taymā', Arabie Saoudite, 455-456 ap. J.-C.). (Photo : Sulaiman al-Theeb).

De manière surprenante, la référence la plus proche se trouve en définitive dans des inscriptions nabatéennes tardives marquant la transition entre le nabatéen classique et l'arabe ancien, comme celles de Sakākā (fig. 5) et d'Umm Jadhāyidh (fig. 6), respectivement datées de 428 et 455-456 de notre ère[49]. L'*alif* y est fortement incliné, avec un retour inférieur tracé dans la continuité de la haste. Le corps de la lettre est légèrement incurvé : il l'était peut-être encore plus dans les *papyri* de la même époque, l'écriture à l'encre et au calame se prêtant naturellement au développement des tendances cursives. Mais cette idée reste hypothétique, aucun papyrus nabatéen postérieur au IIe siècle n'étant connu[50].

49. Sur ces inscriptions, cf. L. Nehmé, « A Glimpse of the Development of the Nabataean Script into Arabic Based on Old and New Epigraphical Material », dans *The Development of Arabic as a Written Language, Supplement to Proceedings of the Seminar for Arabian Studies* 40, M. MacDonald éd., Oxford, Archaeopress, 2010, p. 71 (fig. 29), p. 76-77 (fig. 38). Je remercie Laïla Nehmé et Robert Hoyland de leur aide dans l'obtention des images.

50. Sur les *papyri* nabatéens, cf. J.F. Healey, « A Nabataean Papyrus Fragment (Bodleian MS Heb. D. 89) », *Zeitschrift für Papyrologie und Epigraphik* 146, 2004, p. 185-186.

La lettre *rāʾ* oscille elle aussi entre plusieurs formes dans les grands fragments coraniques, et ce souvent au sein d'une même page. Dans certains cas, elle est composée de deux traits se rejoignant à angle aigu, comme c'est généralement le cas en *ḥijāzī*[51] ; dans d'autres, le scribe a tracé un seul trait allant d'une forme légèrement incurvée à un demi-cercle. La variante plus circulaire est connue, pour l'époque islamique, dans des documents et inscriptions plutôt que dans des corans, à commencer par P.Berol. 15002, un papyrus écrit en 22 A.H. (643 ap. J.-C.), et l'inscription de Zuhayr, datée de 24 A.H. (645 ap. J.-C.)[52] ; elle apparaît aussi dans les inscriptions arabes datées du VIe siècle. Par contre, la forme se limitant à un trait très légèrement incurvé ne présente matière à comparaison, là encore, que dans les mêmes inscriptions nabatéennes tardives.

Autre lettre inhabituelle : le *qāf* final, avec sa queue sinusoïdale entamée par une forte inclinaison vers la gauche et terminée à la verticale, sans crochet. Cette forme est unique en son genre : dans les premiers manuscrits, documents et inscriptions islamiques, on rencontre un début de queue rectiligne et beaucoup plus vertical ; cet élément se termine par un crochet de forme variable, arrondie ou anguleuse ; de plus, la jonction entre la hampe et le crochet est marquée par un angle[53]. Les inscriptions arabes datées du VIe siècle ne peuvent pas nous renseigner sur cette lettre, qui n'y est pas conservée. En nabatéen, le *qāf* est connu presque exclusivement dans ses formes initiale et médiale, où il a normalement une queue en escalier anguleux. Dans une inscription datée de 280, celui-ci devient plus courbe, mais avec une entame du côté gauche de la tête, et non du côté droit comme dans notre coran ; de plus, le tracé commence à la verticale pour finir à l'oblique,

51. Dans le manuscrit Arabe 328 (main A), à côté d'une grande majorité de *rāʾ/zayn* avec un angle en leur creux, on rencontre de manière très occasionnelle une forme plus arrondie de cette même lettre ; voir par exemple A. George, *The Rise of Islamic Calligraphy*, *op. cit.* (n. 23), fig. 20, milieu de l. 6 (« jazāʾuhum » ; s. III, v. 87).

52. *Ibid.*, fig. 8, 9. Dans PERF 558, autre papyrus daté 22 A.H., le *rāʾ* tend par contre vers la forme avec angle aigu ; voir pour une image Y. Rāġib, « Les plus anciens papyrus arabes », *Annales islamologiques* 30, 1996, fig. 1.

53. Cf. par exemple les cinq mains du codex Parisino-Petropolitanus dans F. Déroche, *La transmission écrite du Coran*, *op. cit.* (n. 31), p. 185-194 ; ainsi que, dans les illustrations du même volume, Paris Arabe 6140a (Pl. 16, l. 20), Sanaa 00-25.1 (Pl. 18, l. 3 du cliché) et les différentes mains de Saint-Pétersbourg, Marcel 17 (Pl. 26, l. 23 ; Pl. 27, l. 20 ; Pl. 28, l. 8, 17). Le texte supérieur d'un palimpseste à deux couches *ḥijāzī* (Copenhague, Collection David, inv. 86/2003) contient une version de la même lettre avec un crochet plus ample que dans la plupart des manuscrits *ḥijāzī* ; mais à la différence du fragment de Cambridge, l'entame reste verticale, avec un angle marqué entre celle-ci et le crochet ; voir *ibid.*, Pl. 17, l. 15 ; A. George, *The Rise of Islamic Calligraphy*, *op. cit.* (n. 23), fig. 13, ll. 4, 8, 16.

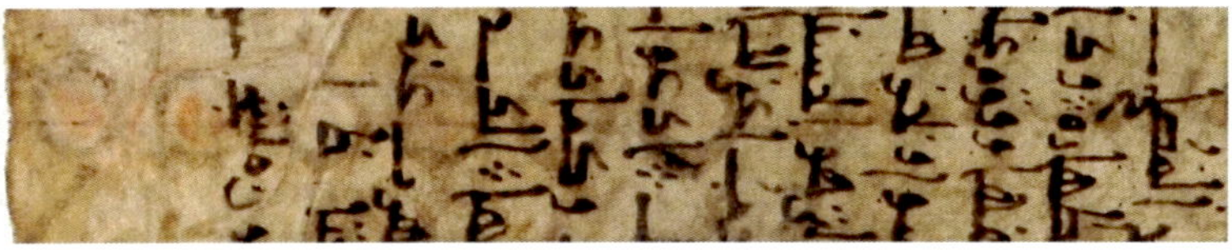

FIG. 7. – Bandeau de sourate, grands feuillets coraniques (Cambridge University Library, Or. 1287, f. 90v). (Photo : Cambridge University Library ; reproduite avec l'aimable autorisation des Syndics de Cambridge University Library)

et non l'inverse[54]. La forme observée dans les grands feuillets coraniques s'éloigne donc aussi, dans ce cas, de ce que nous savons du nabatéen. Là encore, les *papyri* écrits dans cette langue manquent au tableau : on ne sait si leur usage a pu stimuler un premier mouvement vers des formes courbes avant l'islam.

Ces particularités paléographiques confèrent, en tout cas, aux grands feuillets de Cambridge un caractère archaïque au sein même de la tradition *ḥijāzī*. Faut-il y voir un signe de leur ancienneté ? L'essentiel de la production du *ḥijāzī* se trouvant concentré sur quelques décennies, du VIIe siècle au début du VIIIe siècle, il est difficile de savoir si des traits hérités de la période pré-islamique ont pu se perpétuer plus longtemps dans certains lieux ou milieux que dans d'autres. Une donnée supplémentaire semble pourtant renforcer la probabilité d'une date haute. Un bandeau décoratif marquant le début de la sourate XLV est visible au feuillet 90r : il est formé d'une série de six cercles tracés à l'encre noire dont chacun contient un cercle orange plus petit, qui semble avoir été laissé vide en son centre (fig. 7)[55]. D'autres bandeaux horizontaux de couleur avec répétition d'un élément principal sont connus en *ḥijāzī*, sous différentes formes[56]. Plus étonnante est la *bas-*

54. L. Nehmé, « A Glimpse of the Development », *op. cit.* (n. 49), fig. 27, ll. 1 (milieu, « q[b]r ») et 2 (fin, « qry' »), et communication personnelle avec l'auteur (décembre 2011).

55. Pour une photographie prise peu après le traitement à l'hydrosulfure d'ammonium, voir A. Lewis, *Apocrypha Syriaca*, *op. cit.* (n. 2), Pl. IV. Cf. aussi ses remarques *ibid.*, p. xix. Un autre début de sourate appartenant au grand coran se trouve au f. 89v, deux à trois lignes sous le pli du milieu de page. J'ai pu y lire des fragments de la *basmala* et du premier verset de la sourate XLI, mais la ligne précédente est très effacée : on n'y perçoit que faiblement un trait horizontal qui pourrait appartenir soit à un bandeau de sourate, soit à une réglure. Selon Mingana, il s'y trouverait un bandeau décoratif fait de deux lignes horizontales superposées, l'une droite et l'autre sinusoïdale ; A. Smith Lewis et A. Mingana, *Leaves from Three Ancient Qurans*, *op. cit.* (n. 2), p. xxxvi.

56. F. Déroche et A. von Gladiss, *Der Prachtkoran im Museum für Islamische Kunst: Buchkunst zur Ehre Allāhs*, Berlin, Museum für Islamische Kunst, 1999, p. 112 (Abb. 48) ; Kuwait, *Maṣāḥif Ṣan'ā'*, *op. cit.* (n. 30), p. 16 (fig. 16) ; F. Déroche, *La transmission écrite du Coran*, *op. cit.* (n. 31), Pl. 15.

mala, qui se trouve placée *avant* ce bandeau, sur la même ligne d'écriture. Cet usage est unique parmi tous les corans connus : il doit remonter à une époque où la convention d'entamer le texte *après* les bandeaux de sourate n'était pas encore fixée, c'est-à-dire tôt dans le corpus *ḥijāzī*[57]. Ce fragment apparaît en somme, au vu de son écriture et de sa décoration, comme un témoin particulièrement ancien du Coran, qui pourrait remonter aux toutes premières décennies de l'hégire.

J'ai pu procéder, dans ces feuillets, au contrôle de deux des variantes avancées par Mingana. L'une était illisible[58], mais l'autre est confirmée[59] : au f. 89v, là où la recension canonique donne « *fa lam yaku yanfa'uhum 'iymānahum* » (XL, 85), on peut lire « *...kun nafa'...* » – ce qui impliquerait « *[fa lam ya]kun nafa'[ahum 'iymānahum]* », phrase du même sens se distinguant principalement par l'utilisation du temps passé pour le verbe *nafa'a*[60]. L'autre aspect de cette variante, l'écriture du mot *yakun* avec ou sans *nūn* final, relève surtout des conventions de récitation, où cette lettre, si elle est suivie d'un *sukūn*, doit être élidée à l'oral même lorsqu'elle est écrite, afin de faire la liaison avec la première lettre du mot suivant (*idghām*) ; cette règle s'applique qu'il s'agisse d'un *yā'* (comme dans *yakun yanfa'ahum*, prononcé *yaku*ʸ *yanfa'ahum*) ou d'un autre *nūn* (comme dans *yakun nafa'ahum*). Nous sommes donc bien en présence d'une altération du *rasm*, quoique sans incidence sur le sens.

Notons enfin qu'un faisceau de caractéristiques codicologiques rapproche les grands feuillets coraniques du syriaque :

– l'existence d'un bandeau décoratif, et la forme horizontale prise par celui-ci ;

– l'épaisseur du parchemin, indiquant que celui-ci a dû être relativement rigide même avant les traitements subis par la suite ;

– la réglure, l'instrument utilisé (la mine de plomb) étant avant tout celui des scribes syriaques, bien que le schéma adopté soit idiosyncratique

57. En raison de l'état du fragment, il est difficile de s'assurer que le décor est d'origine : l'hypothèse d'un rajout ne peut être exclue, mais même dans ce cas, celui-ci (et *a fortiori* le manuscrit) remonterait également à une époque haute.

58. A. Smith Lewis et A. Mingana, *Leaves from Three Ancient Qurans*, *op. cit.* (n. 2), First Group, n°1 (p. xxxvii, f. 90r = ancienne foliotation 150a).

59. *Ibid.*, Second Group, No. 20 (p. xxxix, f. 89v = anc. 152a).

60. À titre de vérification, la recension canonique du verset XL, 85 apparaît bien dans un manuscrit du VIIIe ou IXe siècle écrit en style D.IV avec seize lignes de texte à la page ; voir le catalogue de vente de Christie's (Londres) du 19 octobre 1993, lot 33 (l. 7) ; et sur la datation de D.IV, A. George, « Calligraphy, Colour and Light in the Blue Qur'an », *Journal of Qur'anic Studies* 11, n°1, 2009, p. 81-89.

(les scribes syriaques se contentant normalement d'encadrer la surface d'écriture soit par des verticales, soit par des horizontales, soit par la combinaison des deux, mais sans rectrices)[61].

Cette affinité avec la tradition syriaque pose un contraste avec les petits fragments coraniques, qui se rapprochent de manière tout aussi cohérente, au niveau de la technique scribale, du grec et de ses dérivés.

4. Le palimpseste comme contexte

En sus de leur intérêt propre, les fragments de Cambridge ont la particularité de nous être parvenus dans un contexte que l'on peut mieux cerner que pour les autres fragments *ḥijāzī*, découverts pour la plupart parmi des masses indistinctes de dizaines de milliers de feuillets dans les dépôts de grandes mosquées. Dans le cas présent, ce contexte se trouve ramené à une petite centaine de feuillets.

Le manuscrit arabe chrétien du texte supérieur

Attardons-nous en premier lieu sur le texte supérieur arabe chrétien, exemple typique d'un groupe de manuscrits peu étudiés jusqu'ici sur le plan paléographique. Un sondage de ses titres montre que nous avons affaire à une sélection de textes et homélies patristiques (voir Appendice). L'écriture se rapproche de celle d'un ensemble de manuscrits arabes chrétiens, dont deux datés :

– 255 A.H./868 apr. J.-C. : Anthologie monastique (hymnes, sermons et hagiographie), copié au monastère de Sainte-Catherine par « Isḥāq » (monastère de Sainte-Catherine du Sinaï, New Finds, Parchemin 1 ; 19,5 x 13,2 cm)[62] ;

61. Au sein même des fragments syriaques du palimpseste de Cambridge, on peut observer un tel dispositif, avec verticales seulement, au texte inférieur des ff. 83 et 85. Sur le parchemin et les schémas de réglure en syriaque, voir A. George, *The Rise of Islamic Calligraphy*, *op. cit.* (n. 23), p. 44-46 et fig. 22-23 ; M. Mundell Mango, « The Production of Syriac Manuscripts 400-700 AD », dans *Scritture, libri et testi nelle aree provinciali di Bisanzio*, C. Guglielmo éd., Spoleto, Centro Italiano di Studi sull'Alto Medioevo, 1991, Tab. VII. Notons que les rectangles avec rectrices tracés par les scribes grecs, coptes et christo-palestiniens l'étaient à la pointe sèche, et de manière beaucoup plus régulière que dans le cas présent.

62. Y. Meimaris, *Katalogos tôn neôn aravikôn cheirographôn tês Ieras Monês Hagias Aikaterinês tou Orous Sina/Katālūj al-makhṭūṭāt al-'arabīyya al-muktashafa hadīthan bi-dayr sānt kātrīn al-muqaddas bi-ṭūr sīnā'*, Athènes, Ethnikon Hidryma Ereunôn, 1985, Parchemin 1.

Fig. 8. – Anthologie monastique arabe chrétienne datée de 255 A.H./868 apr. J.-C. (Monastère de Sainte-Catherine du Sinaï, New Finds, Parchemin 1). (Photo : Y. Meimaris).

– 288/901, Anthologie monastique (hymnes, sermons et hagiographie), copiée au monastère de Sainte-Catherine par Thomas de Fustat (Strasbourg, Bibliothèque universitaire et nationale, n° 4225 = Arabe 150 ; 20,5 x 13,5 cm)[63].

Ces éléments suggèrent une production entre le milieu du ɪxᵉ siècle et le début du xᵉ siècle. Une affinité particulière se dégage avec le manuscrit de 868 (Sinaï NF parchemin 1, fig. 8). On peut ajouter à ce groupe trois autres palimpsestes non-datés : l'Arabe 514 du Sinaï, dont le texte inférieur recèle des fragments d'évangiles syriaques, d'un lectionnaire grec et de textes arabes non-identifiés à ce jour ; le Sinaï NF parchemin 2, avec texte inférieur syriaque et arabe ; et le Mingana Ch. Arab. Add. 124 de Birmingham, avec texte inférieur arménien (Nouveau Testament, Hébreux 11 ; VIIᵉ ou VIIIᵉ siècle ?)[64].

63. I. Khalifé, « Les traductions arabes de Marc l'Ermite », *Mélanges de l'Université Saint-Joseph* 28, 1949 (1950), p. 218 et Pl. XVIII ; J. Mansour, « Homélies et légendes religieuses : un florilège arabe chrétien du xᵉ s. (Ms. Strasbourg 4225) », Thèse doctorale non-publiée, Université de Strasbourg, 1972 ; J. Oestrup, « Über Zwei Arabische Codices Sinaitici der Strassburger Universitäts- und Landesbibliothek », *Zeitschrift der Deutschen Morgenländischen Gesellschaft* 51, 1897, p. 453-471.

64. Sur l'Arabe 514, voir A. Suryal Atiya, *The Arabic Manuscripts of Mount Sinai: A*

La graphie du texte arabe chrétien de ces six manuscrits est quasiment identique. Nous sommes loin, ici, des codifications formelles des corans de la même époque. Des variations importantes peuvent être constatées dans le tracé de chaque lettre, mais il se dégage néanmoins certains traits d'ensemble :

– l'*alif* indépendant tend vers une forme de « S » inversé ; la partie centrale de la haste est plus ou moins rectiligne ou incurvée. La terminaison supérieure oscille entre une épaisse boucle arrondie et un crochet redescendant vers la gauche ; elle se limite parfois à un léger épaississement du trait. Cette variabilité des terminaisons, également observée dans les autres lettres montantes, est inhabituelle parmi les manuscrits arabes chrétiens de l'époque ;

– l'*alif* final adopte un éventail comparable de formes, avec une prédilection pour les tracés plus rectilignes, ce qui devait faciliter, dans le travail du scribe, la liaison avec le reste du mot (les mouvements d'encre révèlent que cette lettre était jointe au mot après un lever du calame). Le retour inférieur, qui tend à être penché vers la droite, est plus ou moins long par rapport à la haste ;

– le *ḥā'* initial consiste en une boucle ample et irrégulière, avec une légère pointe du côté inférieur droit. Le *ḥā'* médial est plus triangulaire. Dans ces deux formes de la lettre, la plupart des traits, et notamment la barre centrale, ont tendance à onduler ;

– le *dāl* a un retour supérieur souvent long et incliné vers la droite, bien que l'on note aussi des exemples verticaux ;

– le *kāf* final ou isolé a une haste incurvée rappelant un *alif*. La liaison avec le retour horizontal inférieur se fait par un trait oblique court, parfois même quasi-inexistant. Le retour horizontal est un simple trait droit ;

– le *jīm* final pourrait rappeler un *mīm* d'écriture arabe moderne. Il peut être comparé à un « Z » déformé, penché vers la droite et marqué de deux angles aigus, respectivement au creux de la partie supérieure et inférieure. On relève souvent un léger crochet descendant en tête de lettre. La hampe

Hand-list of the Arabic Manuscripts and Scrolls Microfilmed at the Library of the Monastery of St. Catherine, Mount Sinai, Baltimore, John Hopkins University Press, 1955, p. xxvi-xxvii, 19 ; A. Suryal Atiya, « Codex Arabicus (Sinai Arabic Ms. No. 514) », dans *Homage to a Bookman: Essays on Manuscripts, Books and Printing Written for Hans P. Kraus on His 60th Birthday Oct. 12, 1967*, H. Lehmann-Haupt éd., Berlin, Mann, 1967, p. 75-85 ; S. Brock, « A Palimpsest Folio of Matt. 20:23-31 (Peshitta) in Sinai Ar. 514 (Codex Arabicus) », *Orientalia* 61, 1992, p. 102-105. Sur NF 2, Y. Meimaris, *Katalogos*, *op. cit.* (n. 62), p. 18-19 et fig. 4. Sur le fragment de Birmingham, S. Brock, « An Early Armenian Palimpsest Fragment of Hebrews », *Revue des Études arméniennes* N.S. II, 1965, p. 124-134. Je remercie Tim Greenwood, de l'Université de Saint Andrews, pour ses observations sur ce dernier fragment.

est d'un tracé assez libre, allant d'une ligne droite à une courbe, avec une inclinaison vers la droite plus ou moins accentuée ;

– le *mīm* final ou isolé a une tête ovoïde inclinée, le plus souvent avec un espace vide elliptique en son centre. Son retour inférieur est un petit trait qui part vers le bas et se poursuit vers la gauche ; ces deux éléments se confondent souvent pour former une courbe, qui peut être remontante.

Outre l'écriture, la taille des pages est sensiblement la même (environ 20 x 15 cm) dans ces six manuscrits et fragments. Des groupements de quatre points disposés en croix servent à séparer les phrases[65]. La plupart des titres sont faits à l'encre rouge dans Or. 1287, détail se retrouvant dans Strasbourg 4225, vraisemblablement dans Sinaï NF 1, et peut-être ailleurs[66]. La convergence, à ces différents niveaux, est telle que l'on pourrait envisager la production d'un même atelier scribal. Le manuscrit de 868 fut écrit par un certain « Isḥāq » au Mont Sinaï[67], d'où provient également le 4225 de Strasbourg, copié par Tūmā al-Fusṭāṭī (Thomas de Fustat) pour le Père Mūsā ibn Ḥakīm, « al-qissīs al-adhraḥī » (« le prêtre d'Adhraḥ », c'est-à-dire Deraa)[68]. Ce monastère se présente donc comme un lieu d'assemblage pro-

65. Ces points sont noirs dans Or. 1287 et dans l'Arabe 514 (j'ai pu observer ce dernier sur deux clichés en couleur qu'a bien voulu me communiquer le Père Justin du monastère de Sainte-Catherine). Les reproductions disponibles des autres manuscrits sont en noir et blanc ; dans Strasbourg 4225, les points seraient rouges d'après J. Mansour, « Homélies et légendes religieuses », *op. cit.* (n. 63), XIX. Pour des images publiées des différents manuscrits où figure ce détail, voir Y. Meimaris, *Katalogos*, *op. cit.* (n. 62), p. 74 (Sinaï NF 1 et 2) ; A. Suryal Atiya, « Codex Arabicus », *op. cit.* (n. 64), fig. 2-4 (Sinaï Arabe 514) ; I. Khalifé, « Les traductions arabes », *op. cit.* (n. 63), Pl. XVIII (Strasbourg 4225). Pour une image du fragment de Birmingham, voir http ://vmr.bham.ac.uk/Collections/Mingana/Christian_Arabic_Additional_124/table [consulté le 19 janvier 2012]. Dans Strasbourg 4225 et le fragment de Birmingham, bien que la forme en croix soit attestée, on rencontre plus souvent deux points superposés.

66. La grande majorité des titres d'Or.1287 sont en rouge ; notons aussi ceux des ff. 46r, 55v, 66r, 77r, 85v et 93r, faits en noir. Les titres rouges de Strasbourg 4225 sont mentionnés sans image dans J. Mansour, « Homélies et légendes religieuses », *op. cit.* (n. 64), XIX. La seule image publiée de Sinaï NF 1, reproduite ci-dessus, est en noir et blanc, mais ses niveaux de gris suggèrent clairement que le même schéma y a été suivi. Je n'ai pu observer l'image que d'un seul feuillet avec tête de chapitre de l'Arabe 514 (f. 61v, que je remercie Keith Small de m'avoir communiquée) : le titre y est écrit en noir, mais je n'en sais pas plus sur le reste du manuscrit. Les titres de Sinaï NF 2 ne sont pas publiés, et le court fragment de Birmingham n'en contient pas. Notons enfin que des points diacritiques noirs accompagnent les titres rouges d'Or.1287, et probablement du NF 1.

67. Y. Meimaris, *Katalogos*, *op. cit.* (n. 62), p. 18 (texte arabe), n. 5.

68. J. Oestrup, « Über Zwei Arabische Codices Sinaitici », *op. cit.* (n. 63), p. 454-455 ; J. Mansour, « Homélies et légendes religieuses », *op. cit.* (n. 63), XX, XXIII (français) et 317 (arabe). Le 4225 de Strasbourg aurait été découvert au Sinaï, cf. J. Oestrup, « Über Zwei

bable pour le palimpseste de Cambridge. Notre connaissance de ce corpus arabe chrétien reste cependant trop limitée pour exclure une origine ailleurs en Palestine, surtout que l'on sait que les moines et leurs livres voyageaient. En attestent par exemple deux manuscrits datés de 885, qui se rapprochent dans leurs grandes lignes de notre premier groupe, mais s'en démarquent aussi par la forme de certaines lettres[69] :

– 272 A.H./885 apr. J.-C. : Anthologie monastique (hymnes, sermons et hagiographie), copié à la laure de Saint-Sabas par Antoine de Bagdad (Strasbourg, Bibliothèque universitaire et nationale, n° 4226 = Arabe 151 ; Saint-Pétersbourg, Bibliothèque nationale de Russie, Arabe N.S. 263 ; Birmingham, Collection Mingana, Ch. Ar. 93 et Ch. Ar. Add. 136 ; 21 à 22 x 15 à 17 cm)[70] ;

– 272 A.H./885 apr. J.-C. : Anthologie monastique (hymnes, sermons et hagiographie), copié à la laure de Saint-Sabas par Antoine de Bagdad (Vatican, Arabe 71 ; 23 x 16,8 cm)[71].

Tous deux furent écrits à la laure de Saint-Sabas, près de Béthleem, par Anṭūn al-Baghdādī (Antoine de Bagdad) à la demande d'« Anbā [Père] Isḥāq », pour le monastère de Sainte-Catherine ; c'est-à-dire qu'on les fabriqua dans un monastère pour l'usage d'un autre. Leur commanditaire pourrait être le même Isḥāq ayant copié le manuscrit du Sinaï dix-sept ans plus tôt, mais les données des colophons sont trop brèves pour conclure.

Tous ces livres sont, en tout cas, typiques de la production palestinienne de l'époque, dans l'acception large du terme, incluant Jérusalem, la Terre Sainte et le Sinaï. Cette attribution est suggérée non seulement par les

Arabische Codices Sinaitici », *op. cit.* (n. 63), p. 453, n. 4. Un deuxième colophon, en grande partie effacé et postérieur au premier d'environ une décennie, a été découvert par J. Mansour, « Homélies et légendes religieuses », *op. cit.* (n. 63), XXII (français) et 342 (arabe).

69. Notons en particulier le *hā'*, de forme comparable mais composé de traits droits ou de courbes régulières ; le *jīm* final, dont la hampe est une grande boucle à angle ouvert, et non aigu ; et les retours inférieurs de l'*alif* final, presque toujours courts, tandis que leur haste est plus rectiligne. Antoine de Bagdad traçait aussi le plus souvent des crochets plutôt que des boucles en tête de haste pour l'*alif* et autres lettres hautes.

70. G. Garitte, « Homélie d'Éphrem "Sur la Mort et le Diable" : Version géorgienne et version arabe », *Le Muséon* 82, n° 1-2, 1969, p. 125-129 ; M. Van Esbroeck, « Un feuillet oublié du codex arabe Or. 4226 à Strasbourg », *Analecta Bollandiana* 96, 1978, p. 383-384 ; S. Griffith, « Anthony David of Baghdad, Scribe and Monk of Mar Sabas: Arabic in the Monasteries of Palestine », *Church History* 58, n°1, 1989, p. 8-10 ; O. Vasilieva, « Christian Manuscripts of the East in the National Library of Russia », *Manuscripta Orientalia* 13, n° 2, 2007, p. 36.

71. G. Garitte, « Homélie d'Éphrem », *op. cit.* (n. 70), p. 135-136 ; S. Griffith, « Anthony David of Baghdad », *op. cit.* (n. 70), p. 8-10. Ce spécimen a déjà été rapproché de notre manuscrit par A. Smith Lewis, *Apocrypha Syriaca*, *op. cit.* (n. 2), p. ix.

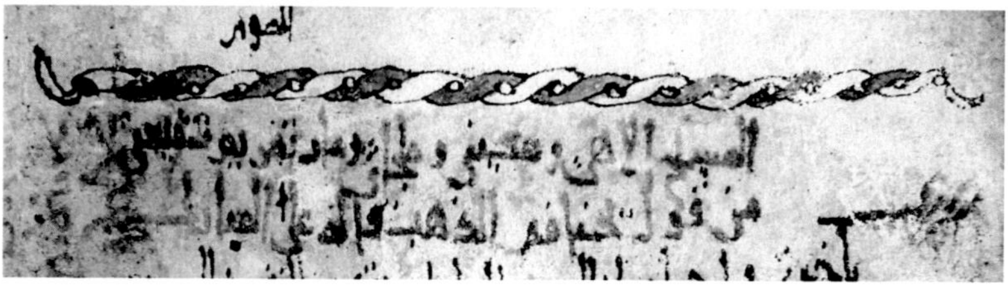

FIG. 9. – Tête de chapitre à entrelacs du manuscrit arabe chrétien (Cambridge University Library, Or. 1287, f. 29v). (Photo : Cambridge University Library ; reproduite avec l'aimable autorisation des Syndics de Cambridge University Library)

données des colophons, mais aussi par le contenu du manuscrit de Cambridge, mélange de sermons, textes patristiques et hagiographies typique de ce milieu ; et par sa langue, qui tend vers l'arabe classique, mais avec de nombreux écarts de grammaire et d'orthographe, ainsi qu'une forte empreinte dialectale. La principale étude linguistique dans ce domaine, celle de Joshua Blau, avait ainsi inclus Or. 1287 dans le corpus des manuscrits arabes chrétiens du Sud de la Palestine, aux côtés des trois autres mentionnés ci-dessus[72].

La technique scribale du manuscrit de Cambridge reflète des affinités hétéroclites. Notons, tout d'abord, les terminaisons arrondies des lettres, qui rappellent le syriaque. Les têtes de chapitre sont, comme nous l'avons vu, écrites à l'encre rouge, et précédées de bandeaux décoratifs horizontaux. Ces deux pratiques se retrouvent là encore dans la tradition syriaque, ainsi que dans certains corans du VIIIe siècle, alors qu'elles étaient rares en grec et dans les autres traditions scribales du Moyen-Orient[73]. La forme de ces décorations les rapproche aussi du syriaque : par exemple, les entrelacs des

72. J. Blau, *A Grammar of Christian Arabic, Based Mainly on South-Palestinian Texts from the First Millennium*, Louvain, Secrétariat du Corpus SCO, 1966, fasc. I, 26 (§ 1.4.2.15). Notons que la forme écrite de ce dialecte, après s'être développée en Palestine, a pu se propager plus à l'est et au nord au sein de la communauté chalcédonienne de l'empire musulman, cf J. Blau, « A Melkite Arabic Literary "Lingua Franca" from the Second Half of the First Millennium », *Bulletin of the School of Oriental and African Studies* 57, n° 1, 1994, p. 14-16.

73. Sur les différents usages relatifs aux lettres, instruments d'écriture, têtes de chapitre et à la décoration, cf. A. George, *The Rise of Islamic Calligraphy*, *op. cit.* (n. 23), p. 40-52 et p. 58. Je n'ai pas pu observer de réglures appartenant de manière claire à la couche supérieure du palimpseste. Dans quelques feuillets (par exemple 70r, 83r, 85r), le scribe a suivi une ou deux lignes verticales tracées à la mine de plomb pour justifier le texte, mais celles-ci pourraient avoir appartenu au manuscrit syriaque du texte inférieur. Parfois, lorsque les deux couches étaient perpendiculaires, le scribe semble aussi s'être instinctivement guidé en suivant des lignes du texte inférieur.

ff. 3v, 20r, 29v, 69r, 70r, 77r et 85v, avec leur bichromie et leurs point blancs à l'intersection des lignes principales (fig. 9), rappellent le Syriaque 16 du Sinaï (VIIe siècle) ; de même ceux des ff. 8v, 38v et 55v, avec leurs rangées de triangles colorés (fig. 10), trouvent un parallèle dans l'Add. 7192 de la British Library (VIIe ou VIIIe siècle)[74].

Avant de démonter le manuscrit arabe chrétien, Lewis nota la composition de ses cahiers : la plupart étaient des quaternions, avec quelques binions, ternions, quinions et feuillets isolés[75]. Un sondage effectué par Jacques Grand'Henry sur la base des microfilms des manuscrits arabes chrétiens du Sinaï suggère que les quaternions y étaient effectivement la formule la plus courante, au côté de cas moins fréquents de quinions[76]. Au sein des traditions antérieures, les quaternions avaient été surtout utilisés en grec, copte, et peut-être en christo-palestinien, alors que les quinions dominaient en syriaque[77]. Plusieurs cahiers d'Or. 1287 sont numérotés à leur ouverture, en milieu de marge supérieure, par une ou deux lettres grecques ou coptes (la distinction n'étant pas possible à partir de quelques lettres). La deuxième lettre, lorsqu'elle apparaît, est une barre verticale placée à gauche de la première : elle représente probablement un *iota* grec ou copte, d'une valeur numérique de 10, bien que sa forme rappelle aussi les *alif*s arabes du texte (fig. 11).

74. Pour le Syr. 16 (f. 56r), voir *Ibid.*, p. 59 (où figure aussi un exemple coranique) ; pour l'Add. 7192 (f. 72v), M. Ph. Penn, « Moving Beyond the Palimpsest: Erasure in Syriac Manuscripts », *Journal of Early Christian Studies* 18, n° 2, 2010, fig. 7.

75. A. S. Lewis (*Apocrypha Syriaca*, *op. cit.* [n. 2], p. xi) mentionne un quinion, un ternion et un binion ; les diagrammes donnés plus loin (*ibid.*, p. xxx-xxxiv) suggèrent aussi quelques constructions irrégulières, avec ajout de feuillets isolés.

76. J. Grand'Henry, « Les signatures dans les manuscrits arabes chrétiens du Sinaï : un premier sondage », dans *Recherches de codicologie comparée : La composition du codex au Moyen Âge, en Orient et en Occident*, Ph. Hoffmann éd., Paris, Presses de l'École normale supérieure, « Bibliologie », 1998, p. 199-200.

77. Sur ces différents usages, cf. J. Irigoin, « Les cahiers des manuscrits grecs », dans *Recherches de codicologie comparée : La composition du codex au Moyen Âge, en Orient et en Occident*, Ph. Hoffmann éd., Paris, Presses de l'École normale supérieure (« Bibliologie »), p. 4-6 ; F. Briquel-Chatonnet, « Cahiers et signatures dans les manuscrits syriaques : remarques sur les manuscrits de la Bibliothèque nationale de France », *ibid.*, p. 155-162 ; A. Boud'hors, « L'écriture, la langue et les livres », dans *L'art copte en Égypte : 2000 ans de christianisme*, Paris, Institut du Monde Arabe, 2000, p. 56 ; A. Boud'hors, « Introduction aux manuscrits coptes », dans *Pages chrétiennes d'Égypte : Les manuscrits des Coptes*, Paris, Bibliothèque nationale de France, 2004, p. 8 ; S. Brock, « Homily on the Prodigal Son, in Christian Palestinian Aramaic », *Le Muséon* 112, n° 3-4, 1999, p. 335.

Fig. 10. – Feuillet avec texte supérieur arabe chrétien et texte inférieur coranique (Cambridge University Library, Or. 1287, f. 8v). (Photo : Cambridge University Library ; reproduite avec l'aimable autorisation des Syndics de Cambridge University Library)

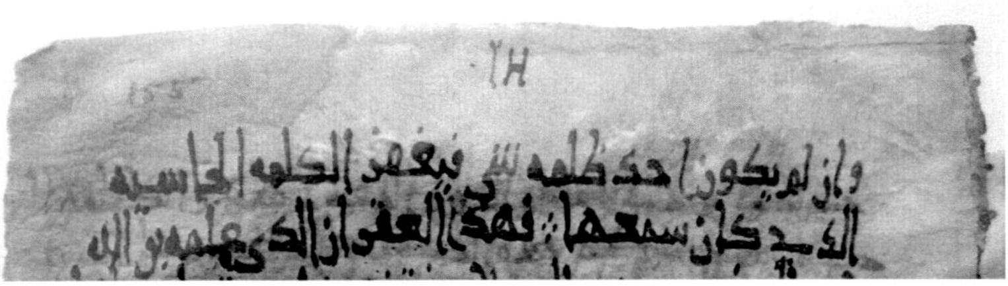

FIG. 11. – Signature de cahier du manuscrit arabe chrétien (Cambridge University Library, Or. 1287, f. 91v). (Photo : Cambridge University Library ; reproduite avec l'aimable autorisation des Syndics de Cambridge University Library)

Si l'écriture, la décoration et les titres se rapportent à la tradition syriaque, la fabrication et la numérotation des cahiers sont donc d'inspiration grecque ou copte. Ce mélange des genres s'accorde avec la réalité palestinienne de l'époque : cette région était alors un creuset où se rencontraient plus qu'ailleurs les différents courants du christianisme. Ses grands monastères, comme Saint-Sabas, Sainte-Catherine et Saint-Chariton, étaient acquis à la cause chalcédonienne, mais l'Église syrienne orthodoxe, d'obédience monophysite, possédait aussi des établissements plus modestes à Jérusalem[78]. Du VIIIe au Xe siècle, en raison de leur situation au cœur de l'empire islamique, les Chalcédoniens de Palestine, tout en restant doctrinalement rattachés à l'orthodoxie byzantine, perdirent largement contact avec Constantinople, et leur vie intellectuelle se développa surtout en relation avec leur environnement musulman. Le grec, bien que pratiqué, y laissait la place au syriaque et à l'arabe, que ces communautés furent parmi les premières à adopter pour la littérature chrétienne[79]. Dans un tel contexte, les barrières doctrinales avec les autres courants chrétiens eurent tendance à s'assouplir avec le temps : ce fut à Saint-Sabas, par exemple, que Jean Damascène (m. avant 754) écrivit, entre autres, des réfutations des syriens orthodoxes et de l'Église de l'Orient (respectivement designés par leurs

78. A. Palmer, « The History of the Syrian Orthodox in Jerusalem », *Oriens Christianus* 75, 1991, p. 16-43 ; O. Meinardus, « The Syrian Jacobites in the Holy City », *Orientalia Suecana* 12, 1963, p. 60-82.

79. S. Griffith, « From Aramaic to Arabic: the Languages of the Monasteries of Palestine in the Byzantine and Early Islamic Periods », *Dumbarton Oaks Papers* 51, 1997, p. 11-31 (où est également souligné le rôle du christo-palestinien) ; S. Griffith, « The Monks of Palestine and the Growth of Christian Literature in Arabic », *The Muslim World* 78, 1988, p. 4-6 ; S. Griffith, « Stephen of Ramlah and the Christian Kerygma in Arabic in Ninth-century Palestine », *Journal of Ecclesiastical History* 36, 1985, p. 24-32 ; S. Griffith, « Greek into Arabic: Life and Letters in the Monasteries of Palestine in the 9th Century; the Example of the Summa Theologiae Arabica », *Byzantion : Revue internationale des Études byzantines* 56, 1986, p. 128-131.

détracteurs comme « jacobites » et « nestoriens ») ; mais ce fut aussi dans ce monastère qu'un siècle plus tard, des œuvres d'Isaac de Ninive, l'un des grands auteurs de l'Église de l'Orient, furent copiées en syriaque et traduites vers le grec[80].

Le contenu du texte supérieur peut, lui aussi, nous renseigner sur le milieu d'assemblage du palimpseste, pour peu que l'on garde ces nuances à l'esprit. On y rencontre, d'une part, des textes patristiques d'auteurs antérieurs au schisme, et qui constituent donc un fonds commun aux chalcédoniens et monophysites : Jean Chrysostome (« yuḥannā famm al-dhahab » ; 347-407 ; ff. 14v, 29v, 42r, 69r, 70r, 93r), l'auteur le mieux représenté dans ce volume, comme c'est souvent le cas dans les milieux palestiniens[81] ; Athanase, « patriarche d'Alexandrie » (« athanāsyūs baṭrak al-iskandarīyya » ; vers 296-373 ; f. 3v) ; Éphrem (« mārī afrām al-qiddīs » ; env. 306-373 ; f. 20r), le grand auteur de la littérature syrienne orthodoxe, mais qui était largement lu dans les milieux chalcédoniens ; et enfin Isaac, « élève d'Éphrem » (f. 22r), ce qui semble faire référence à Isaac d'Āmid (fin IVe-début Ve siècle), disciple soit d'Éphrem lui-même soit de son disciple Zénobe ; celui-ci était d'obédience chalcédonienne, mais également lu chez les syriens orthodoxes[82].

Viennent ensuite des histoires de saints eux aussi antérieurs au schisme : « l'évêque Éleuthère (« dūlatharyūs al-asqaf »), sa mère Anthia (« anthīnā ») et le gouverneur Corebor (« adqurbur »), qui furent martyrisés à Rome sous le règne d'Adrien (« andriyānūs », r. 117-138 ; f. 66r) ; Théodore « qui fut martyrisé à Antioche » sous l'empereur Julien (« lulyān », c'est-à-dire Julien « l'Apostat », r. 361-363 ; f. 38v)[83] ; et une histoire sur l'apôtre Philippe (f. 77r). Un auteur de sermons revient par trois fois sans être clairement identifié : « mār yaʿqūb al-ṭūbān » (« Saint Jacques le bienheureux » ; ff. 46r, 55v, 85v)[84]. Il pourrait s'agir de Jacques de Saroug (452-521) : dans le Sinaï Arabe 514, dont nous avons vu qu'il est très proche d'Or. 1287, on

80. Cf. A. Peristeris, « Literary and Scribal Activities at the Monastery of St. Sabas », dans *The Sabaite Heritage in the Orthodox Church from the Fifth Century to the Present*, J. Patrich éd., Louvain, Peeters, 2001, p. 173 ; S. Brock, « Syriac into Greek at Mar Saba: The Translation of St. Isaac the Syrian », *ibid.*, p. 201-208.

81. S. Griffith, « Greek into Arabic », *op. cit.* (n. 79), p. 129, n. 35.

82. A. Di Berardino, *Patrology: The Eastern Fathers from the Council of Chalcedon (451) to John of Damascus (750)*, trans. A. Walford, Cambridge, James Clarke & Co, 2006, p. 453 ; A. Abūnā, *Adab al-lugha al-arāmīyya*, 2e éd., Beirut, Dār al-Mashriq, 1995, p. 87.

83. Le nom du saint est noté « thāwudhurus » (Théodore) dans le titre et au début du texte ; il a été changé à l'encre noire par une main ultérieure, dans le titre, en « thāwudhūs » (Théodose). Son nom usuel est Théodoret ou Théodore.

84. L'adjectif apparaît sous la forme *ṭūbān* aux ff. 55v et 85v, et *ṭūbānī* au f. 46r.

retrouve aussi des homélies de « mār yaʿqūb » et « mār yaʿqūb al-ṭūbān » dont le nom complet est donné par ailleurs : « mār yaʿqūb asqaf buṭnān sarūj » (« Saint Jacques, évêque de Butnan-Saroug »)[85]. De même, dans le Sinaï NF 2, qui se rapproche lui aussi de notre manuscrit, apparaît une homélie de « mārī yaʿqūb al-ṭūbān asqaf buṭnān sarūj » (« Saint Jacques le bienheureux, évêque de Butnan-Saroug »)[86]. Une identification définitive devra attendre l'étude du texte ; Jacques de Saroug, si c'est bien lui, était l'un des grands noms du courant monophysite, mais il fut aussi lu et traduit vers l'arabe dans le milieu chalcédonien de Palestine au IXe siècle[87].

Reste, parmi les textes d'Or. 1287, une homélie sur le jeûne d'un certain Théodose d'Édesse (« anbā tudhūsu al-ruhāwī », f. 8v). Un personnage du même nom fut patriarche syrien orthodoxe de cette ville au début du IXe siècle[88]. Mort vers 832, il traduisit du grec au syriaque des homélies de Grégoire de Nazianze et de Théodose d'Alexandrie, et rédigea une chronique ecclésiastique des années 753 à 812, aujourd'hui perdue, sauf pour des citations par son frère, Dionyse de Tell Maḥrē, lui-même patriarche de l'Église syrienne orthodoxe de 813 à 845. En 825, Théodose et Dionyse se rendirent ensemble en Égypte pour se plaindre auprès du gouverneur ʿAbdallāh ibn Ṭāhir de destructions perpétrées dans leur diocèse par le frère de ce dernier, Muḥammad. Cette trajectoire est donc proche dans le temps et l'espace de notre manuscrit arabe chrétien, mais d'autres Théodose ont pu être liés à Édesse[89]. Une attribution définitive devra, là encore, attendre l'étude plus poussée du texte.

En somme, le style et le contenu du manuscrit font d'un monastère de Palestine le lieu le plus probable de son assemblage, plusieurs indices menant plus précisément vers Sainte-Catherine. Peut-être cependant ne faut-il pas entièrement exclure, à ce stade, l'hypothèse d'un autre établissement,

85. A. Surya Atiya, « Codex Arabicus », *op. cit.* (n. 64), p. 82-83, nº 1, 7, 8 et 10.

86. Y. Meimaris, *Katalogos*, *op. cit.* (n. 62), 18 (Arabic), n° 9.

87. S. Khalil Samir, « Un exemple des contacts », *op. cit.* (n. 8), p. 239-240 ; S. Griffith, « Greek into Arabic », *op. cit.* (n. 79), p. 129.

88. A. Abūnā, *Adab al-lugha al-arāmīyya*, *op. cit.* (n. 82), p. 353-354 ; I. Aphram I Barsoum, *The Scattered Pearls: A History of Syriac Literature and Sciences*, trans. M. Moosa, Gorgias Press, 2003, p. 381-382 ; A. Baumstark, *Geschichte der syrischen Literatur, mit Ausschluss der christlich-palästinensischen Texte*, Bonn, Marcus und Weber, 1922, p. 276.

89. À la même époque (IXe siècle) vécut, par exemple, un ermite Théodose dans la région d'Édesse, maître spirituel du patriarche chalcédonien de la ville Théodore d'Édesse, bien qu'aucune mention d'écrits ne soit faite dans son cas ; cf. S. Griffith, « The Life of Theodore of Edessa: History, Hagiography, and Religious Apologetics in Mar Saba Monastery in Early Abbasid Times », dans *The Sabaite Heritage in the Orthodox Church from the Fifth Century to the Present*, J. Patrich éd., Louvain, Peeters, 2001, p. 150, p. 152 et p. 162.

FIG. 12. – Feuillet avec trois couches palimpsestes et impression inversée de titres syriaques (Cambridge University Library, Or. 1287, f. 80r). (Photo : Cambridge University Library ; reproduite avec l'aimable autorisation des Syndics de Cambridge University Library).

chalcédonien ou même monophysite, de cette région. Un détail prouve en tout cas que la communauté qui produisit le manuscrit arabe chrétien pratiquait bel et bien le syriaque au IXe siècle : au feuillet 80r se trouve l'impression inversée, au-dessus du texte arabe chrétien, de deux titres syriaques à l'encre métallique, peut-être d'argent (fig. 12). Une ou deux pages de manuscrit syriaque fraîchement écrites ont dû être pressées contre le manuscrit arabe chrétien, soit pour absorber un surplus d'encre, soit par erreur. Comme pour rappeler la profondeur statigraphique du manuscrit, trois couches de texte se superposent à cet endroit, en plus de ce titre : deux en syriaque, et le texte arabe chrétien.

LES FRAGMENTS SYRIAQUES (FF. 1-5, 13-31, 36-45, 47-49, 52-55, 64-86)

Au vu de ces éléments se dessine donc la possibilité d'une communauté ayant possédé une archive de langue syriaque, dans laquelle elle aurait puisé pour se procurer du parchemin. La grande majorité des matériaux recyclés dans le palimpseste (soixante-quatre feuillets et demi-feuillets, soit plus des deux-tiers) provient d'au moins sept manuscrits syriaques différents, auxquels la publication de 1902 était principalement consacrée. Je me contenterai, pour le moment, de reprendre les observations et datations de Lewis. On recense :

a) un manuscrit ancien du *Protevangelium Jacobi* (Protévangile de Jacques) et du *Transitus Mariae* (Assomption de la Vierge), V^e^-VIe siècle ;

b) deux manuscrits des Évangiles dans la version de la Peshitta, V^e^-VIe siècle ;

c) un palimpseste à trois couches (texte inférieur : syriaque, Ancien Testament ; texte médian : syriaque, non-identifié ; texte supérieur : arabe chrétien, Jean Chrysostome) ;

d) un fragment d'hymnes bibliques, IXe siècle ;

e) un ou plusieurs fragments contenant des passages d'Éphrem et d'un certain « Mar Jacob »[90].

L'inclusion d'Éphrem et de ce « Mar Jacob » fait écho au contenu manuscrit arabe chrétien : une analyse plus poussée pourra montrer si des affinités existent effectivement entre ces deux couches de texte.

Le fragment grec (f. 6)

Un demi-feuillet du manuscrit de Cambridge (f. 6) contient, dans sa couche inférieure, un fragment de versets de la Genèse (XL, 3-4, 6-7) en onciale biblique[91]. Il est complété par les deux demi-feuillets de Beuron (respectivement Genèse XLI, 8, 10-12 et XLI, 39-41, 43-44)[92]. L'onciale biblique pose souvent des problèmes de datation en raison de son conservatisme par rapport aux écritures grecques cursives. Ce spécimen avait néanmoins été attribué à une date « non antérieure au VIIe siècle » par les pairs de Lewis[93]. Selon Guglielmo Cavallo, à qui j'ai soumis une image de ce fragment, une date entre le VIIIe et le IXe siècle semble effectivement plausible, sous réserve d'un examen plus détaillé ; c'est également la période qu'avaient suggérée avant lui plusieurs experts des études bibliques, dans les années 1920[94]. Ces feuillets suivent la version de la *Septante*, avec

90. Voir respectivement A. S. Lewis, *Apocrypha Syriaca*, *op. cit.* (n. 2), p. x-xvii (a) ; xxiii-xxiv (b) ; p. xxv-xxvi (c) ; p. xxvi-xxvii (d) ; p. xxvii (e).

91. A. S. Lewis, « A Remarkable Palimpsest », *op. cit.* (n. 20), p. 56-57 ; A. S. Lewis, *Apocrypha Syriaca*, *op. cit.* (n. 2), p. xxi-xxiii ; A. Rahlfs et D. Fraenkel, *Verzeichnis*, *op. cit.* (n. 8), p. 48-49.

92. A. Dold, « Neue Palimpsest-Bruchstücke », *op. cit.* (n. 8), p. 259-260 ; A. Rahlfs et D. Fraenkel, *Verzeichnis*, *op. cit.* (n. 8), p. 43, 48. Le rapprochement a été initialement fait par P. A. Vaccari, « I palinsesti biblici di Beuron », *op. cit.* (n. 8), p. 234-235.

93. A. S. Lewis, *Apocrypha Syriaca*, *op. cit.* (n. 2), p. xxi.

94. Communication personnelle de Guglielmo Cavallo (mars 2011) sur la base d'un cliché partiel du fragment. Une date entre le VIIIe et le IXe siècle a également été proposée par A. Dold, « Neue Palimpsest-Bruchstücke », *op. cit.* (n. 8), p. 243 ; P. A. Vaccari, « I palinsesti biblici di Beuron », *op. cit.* (n. 8), p. 231. La recension de Rahlfs, mise à jour par Fraenkel, mentionne par contre une date entre le VIe et le VIIe siècle, sans plus de détails ; A. Rahlfs et

FIG. 13. – Feuillet avec texte administratif musulman dans la couche inférieure (Cambridge University Library, Or. 1287, f. 50v). (Photo : Cambridge University Library ; reproduite avec l'aimable autorisation des Syndics de Cambridge University Library).

des variantes connues dans les *Hexaples* d'Origène[95]. Rendel Harris, à qui Lewis avait soumis le fragment, y nota également des esprits et accents qui permettront peut-être d'affiner une datation future[96].

LES FRAGMENTS ARABES MUSULMANS (FF. 46, 50-51)

Trois feuillets sont des fragments d'un ou plusieurs actes légaux musulmans comparables dans leur style d'écriture. On peut les rapprocher de documents datés, notamment une lettre de [Yazdād ?] ʿĀmil [al-Layth ibn ?] al-Faḍl, « mawlā amīr al-mu'minīn », de 182/799 ; un document légal paraphé par plusieurs signataires en 210/826 ; une *waqfiyya* de coran faite en 270/884, et découverte dans le dépôt de la mosquée de Fustat ; enfin, un acte de location de magasin des années 280 de l'hégire (893 à 902 de notre ère), rédigé également à Fustat[97]. Relevons, au delà des traits individuels de

D. Fraenkel, *Verzeichnis*, *op. cit.* (n. 8), p. 43 et p. 48.

95. A. S. Lewis, *Apocrypha Syriaca*, *op. cit.* (n. 2), p. xxi-xxiii.

96. *Ibid.*, p. xxiii. Sur les esprits et accents en grec à cette époque, cf. M. Mavroudi, « Arabic Words in Greek Letters: the Violet Fragment and More », dans *Moyen arabe et variétés mixtes de l'arabe à travers l'histoire : Actes du premier colloque international (Louvain-la-Neuve, 10-14 Mai 2004)*, J. Grand'Henry et J. Lentin éd., Louvain, Peeters, 2008, p. 327.

97. Voir respectivement N. Zayn al-Dīn, *Muṣawwar al-khaṭṭ al-ʿarabī*, Baghdād, Al-

FIG. 14. – *Waqfīyya* de coran, datée de 270/884.
Le Caire, Dār al-Kutub al-Miṣrīyya. (Photo : B. Moritz).

chaque copiste, le *mīm* très compact, normalement sans « œil » central, et qui se limite souvent, en position médiale, à un simple trait oblique épaissi ; les retours inférieurs des *alif*s finaux, au creux desquels se dessine souvent une pointe orientée vers le haut ; et la boucle arrondie, très ample, du *nūn* final, qui se retrouve aussi dans d'autres lettres, comme le *qāf* final et le *wāw*. Il semble probable que les documents arabes musulmans du palimpseste soient bien du IXe siècle, comme l'avait avancé D.S. Margoliouth, qui les avait étudiés pour la publication de 1902[98]. Une date un peu plus haute, au VIIIe siècle, n'est cependant pas hors de question. Le contenu s'est avéré difficile à déchiffrer, même à la lumière ultra-violette. Margoliouth avait pu en lire une partie plus conséquente après traitement à l'hydrosulfure d'ammonium : en attendant une étude plus complète, je me baserai principalement sur ses conclusions, que j'ai tenté autant que possible de vérifier.

Les feuillets portent sur trois personnages : un certain ʿAbdallāh ibn ʿĪsa ibn Abī Wardān (?) al-Sakkawī (?), sa sœur Sumāna ibnat ʿĪsa et sa mère Ruqayya. Une localité du nom d'al-Rāshidīyya serait mentionnée dans la

majmaʿ al-ʿilmī al-ʿirāqī, 1968, fig. 112 ; G. Khan, *Bills, Letters and Deeds: Arabic Papyri of the 7th to 11th Centuries*, The Nasser D. Khalili Collection of Islamic Art, Londres/Oxford, Nour Foundation/Oxford University Press, 1993, p. 178 (n° 99) ; B. Moritz, *Arabic Palaeography: A Collection of Arabic Texts from the First Century of the Hidjra till the Year 1000*, Publications of the Khedivial Library, Cairo, 1905, Pl. 42b ; G. Khan, *Bills, Letters and Deeds*, *op. cit.*, p. 180 (n° 101).

98. A. S. Lewis, *Apocrypha Syriaca*, *op. cit.* (n. 2), p. lxix-lxxi.

description de la ferme du deuxième document (f. 51r = ancien f. 85a), mais je n'ai pu contrôler le toponyme sur le manuscrit. Margoliouth l'avait identifiée à un village de la région de Bagdad cité dans la géographie de Yāqūt[99]. Mais ce déchiffrement, même s'il s'avérait exact, semble trop général pour justifier une telle conclusion : d'autres localités du même nom ont pu exister ailleurs dans le monde islamique, notamment en milieu rural, où elles risquaient peu d'être consignées dans des annales géographiques[100]. À la ligne 13, Margoliouth lisait que ce même terrain fut cédé pour vingt-deux dinars d'or « ma'mū…[nīyya] », peut-être du calife al-Ma'mūn (r. 813-833) ? Mais le texte semble à nouveau trop incertain pour autoriser une conclusion. Rien, dans l'analyse de ces fragments, ne laisse donc envisager une région d'origine plutôt qu'une autre. Les trois feuillets sont en parchemin : le papyrus était normalement utilisé pour les transactions courantes, mais ce support onéreux l'était souvent pour les documents importants, telle la location de magasin notée ci-dessus[101]. Le parchemin est plus fin que dans le reste du manuscrit, et n'avait été écrit que sur une face : en raison de sa qualité médiocre, le verso du texte arabe chrétien transparaît lorsque l'on regarde le recto.

Le fragment arabe chrétien (f. 91)

Au f. 91 apparaît un texte inférieur arabe difficilement lisible, car largement recouvert par le texte supérieur en raison de son ductus plus fin et de ses lignes plus resserrées. On relève cependant en bas de page : « lahu al-majd wa'l-subḥa ilā al-dahr amīn » (« À Lui la gloire et la majesté pour l'éternité, amen »). Cette phraséologie indique un texte arabe chrétien, comme l'avait déjà remarqué Lewis[102], sans que son contenu ait pu être identifié. Le style d'écriture est proche de celui du texte supérieur et plus encore, peut-être, de l'écriture d'Antoine de Bagdad, le scribe des deux manuscrits copiés en 885 à Saint-Sabas. Ce manuscrit a donc probablement été écrit au IXe siècle, mais pas forcément dans le même monastère que le texte supérieur.

99. *Ibid.*, p. lxix.

100. Comme l'avait noté Margoliouth (*ibid.*), al-Rāshidīyya apparaît aussi dans les sources comme nom d'une localité en Afrique du Nord.

101. G. Khan, *Bills, Letters and Deeds*, *op. cit.* (n. 97), p. 180 (n° 101). Voir aussi *ibid.*, p. 209 (n° 147) et p. 283 (n° 256).

102. A. S. Lewis, *Apocrypha Syriaca*, *op. cit.* (n. 2), p. xxvii.

5. La constitution du palimpseste

Entamons maintenant une réflexion quant à l'origine des feuillets coraniques. Pour commencer, il est peu vraisemblable que ces fragments aient été effacés au VIIe siècle, puis laissés vierges pendant deux à trois siècles sans qu'on s'en soit resservi. Il semble plus probable que, tout comme les fragments syriaques du palimpseste, ils aient été longtemps mis de côté, puis effacés au moment d'être réutilisés. Comment des feuillets coraniques ont-ils pu passer dans des mains chrétiennes dans un pays sous domination musulmane ? Très tôt dans l'islam, les manuscrits du Coran, en raison de leur caractère sacré, ont été traités avec un soin particulier, même usés. Selon les juristes, ils ne devaient ni être jetés, ni effacés pour réutiliser le parchemin ; il faut noter cependant que les traités connus à ce sujet sont postérieurs au Xe siècle, alors que le papier était devenu monnaie courante. Y sont recommandées, selon les auteurs, différentes manières de procéder, comme le dépôt des feuillets dans une pièce fermée et bien protégée, leur immersion dans l'eau, ou leur enterrement à la manière des restes humains[103]. Il est difficile de savoir à quand remontent ces pratiques. Quelques opinions attribuées à des autorités du VIIe et VIIIe siècles sont consignées dans le *Muṣannaf* de ʿAbd al-Razzāq al-Ṣanʿānī (env. 744-827), l'un des plus anciens recueils de traditions du Prophète, de ses compagnons (*aṣḥāb*) et de leurs disciples (*tābiʿūn*). On y lit notamment que Ṭāwūs [ibn Kaysān, m. 725] brûlait les papiers (*ṣuḥuf*) qui s'accumulaient, y compris les lettres sur lesquelles était écrite la *basmala* ; tandis qu'Ibrahīm [al-Nakhaʿī, m. vers 714] réprouvait le fait de brûler des *ṣuḥuf* si le nom de Dieu y était écrit[104]. Ces anecdotes témoignent d'une recherche de normes quant au devenir du nom sacré dans sa forme matérielle. Bien qu'issues d'une transmission orale, elles sont relativement crédibles comme témoignages historiques : la première, en particulier, fut communiquée à l'auteur par Maʿmar [ibn Rāshid, m. 770], qui la tenait du fils même de Ṭāwūs[105]. Il n'est question, ici, que de documents

103. J. Sadan, « Genizah and Genizah-like Practices in Islamic and Jewish Traditions », *Bibliotheca Orientalis* 43, n° 1-2, 1986, col. 49-51. Dans certains cas, l'effacement des feuillets était recommandé comme étape préliminaire à leur destruction ou enterrement (*ibid.*, col. 51).

104. ʿAbd al-Razzāq ibn Hammām al-Ṣanʿānī, *Al-muṣannaf*, Ḥabīb-al-Raḥmān al-Aʿẓamī (éd.), Beirut, Al-majlis al-ʿilmī, 1970-1972, v. 11, 425 (n°20901, 20903). Dans une anecdote plus obscure (*ibid.*, n° 20902), il est relaté que ʿUrwa [ibn al-Zubayr, env. 644-713] brûla des livres de *fiqh* lui appartenant le jour de la bataille de Ḥarra (63/683) ; il aurait ensuite déclaré que c'était parce qu'ils lui étaient plus chers que la présence de ses parents et son argent.

105. Dans la deuxième, on rencontre un *isnād* plus long : Ibrāhīm > Mughīra > al-

profanes, domaine dans lequel des recyclages sont effectivement attestés, notamment pour la reliure[106]. Des opinions comparables sur le brûlage des « livres », plutôt que des corans, se retrouvent dans le *Kitāb al-maṣāḥif* d'Ibn Abī Dāwūd (845-929)[107]. C'est là le peu que révèlent les sources dépouillées à ce jour. Restent, pour nous renseigner, les manuscrits eux-mêmes.

Quelques feuillets palimpsestes provenant d'un ou deux corans avec texte inférieur et supérieur *ḥijāzī* sont connus[108]. Leur existence montre que dans les toutes premières décennies de l'islam, les normes empêchant leur réutilisation n'étaient peut-être pas fermement établies. Mais leur rareté nous rappelle aussi que la grande majorité des fragments *ḥijāzī* ayant survécu ne furent jamais réemployés, et tout comme eux l'intégralité des feuillets coraniques remontant aux époques omeyyade et abbasside, qui se comptent par centaines de milliers. L'existence de dépôts rassemblant ces différentes strates chronologiques dans les grande mosquées, comme à Damas, Fustat, Kairouan et Sanaa, suggère que des règles interdisant leur réutilisation ont dû être mises en place assez tôt dans l'histoire de l'islam. Les feuillets coraniques anciens connus sont, de surcroît, tous écrits sur parchemin neuf, à de rares exceptions près[109]. Le contraste est saisissant avec les milieux chrétiens,

Thawrī > Ma'mar > 'Abd al-Razzāq. Sur Ibn Ṭāwūs et Ṭāwūs, cf. H. Motzki, *The Origins of Islamic Jurisprudence: Meccan Fiqh Before the Classical Schools*, Leyde, Brill, 2002, p. 216.

106. F. Déroche, « L'emploi du parchemin », *op. cit.* (n. 15), p. 43-45.

107. Ibn Abī Dāwūd, *Materials for the History of the Text of the Qur'ān, the Old Codices: The Kitāb al-Maṣāḥif of Ibn Abī Dāwūd*, Leyde, A. Jeffery éd., Brill, 1937, p. 195. Dans des anecdotes sur la recension de 'Uthmān, on trouve aussi la mention de corans brûlés, immergés ou enterrés ; cf. *ibid.*, p. 12, p. 13-14 et p. 34 ; H. Modarressi, « Early Debates on the Integrity of the Qur'ān: A Brief Survey », *Studia Islamica* 77, 1993, p. 9 et p. 28 ; A. Gacek, « The Copying and Handling of Qur'āns: Some Observations on the Kitāb al-Maṣāḥif by Ibn Abī Dā'ūd al-Sijistānī », *Mélanges de l'Université Saint-Joseph* 59, 2006, p. 246. Mais celles-ci ne semblent pas avoir de portée normative quant au traitement des manuscrits, et elles ne furent mises par écrit que deux siècles au moins après les faits.

108. Les feuillets du Ms. Sanaa 01-27.1 et quatre autres feuillets palimpestes dispersés dans des collections privées pourraient provenir d'un même manuscrit ; cependant, différentes mains se distinguant dans la couche supérieure, cette hypothèse reste à confirmer ; cf. B. Sadeghi et M. Goudarzi, « Ṣan'ā' I », *op. cit.* (n. 42), p. 10-11 et n. 21 ; A. George, *The Rise of Islamic Calligraphy*, *op. cit.* (n. 23), p. 168 (n. 46).

109. Un manuscrit du fonds de Sanaa avec texte inférieur du VII-VIIIe siècle (s. XXIV, v. 47 ff.) et texte supérieur écrit dans le « Nouveau Style » vers le Xe siècle (s. XXV, v. 1 ff.) apparaît dans un CD d'images de cette collection publié par l'UNESCO (043020C.bmp, également mentionné dans B. Sadeghi et M. Goudarzi, « Ṣan'ā' I », *op. cit.* [n. 42], p. 6 [n. 9]). Sadeghi et Goudarzi (*ibid.*) font référence à d'autres palimpsestes non-publiés dans le même fonds. Le fonds de Damas possédait quant à lui, au début du XXe siècle, quelques feuillets coraniques écrits sur le parchemin de manuscrits christo-palestiniens,

où la réutilisation était monnaie courante et incluait souvent des fragments bibliques, comme en atteste notamment notre palimpseste[110]. Il est peu vraisemblable que de telles pratiques aient été acceptables en milieu musulman au IXe siècle, date à laquelle les grands dépôts des mosquées avaient certainement commencé à être constitués. On écartera donc l'hypothèse, avancée par Lewis, d'une vente ou cession des feuillets coraniques par des musulmans à des chrétiens[111].

Notre manuscrit est rare non seulement de par son état de palimpseste, mais aussi parce qu'il est le seul connu ayant une couche inférieure coranique et une couche supérieure non-coranique. Il présente donc, sous bien des aspects, un cas de figure exceptionnel. Les scénarios envisageables pour expliquer une trajectoire inhabituelle sont potentiellement nombreux, mais nous nous contenterons d'en souligner deux qui semblent particulièrement pertinents. Tout d'abord, à un moment ou à un autre, ces feuillets ont pu changer de main par la force. Bien que la Syrie, la Palestine, l'Égypte et l'Irak aient joui d'une grande stabilité territoriale durant les premiers siècles de l'hégire, ils furent secoués de spasmes périodiques. Aux époques omeyyade et abbasside, les byzantins attaquèrent à plusieurs reprises des villes de la côte syro-palestinienne[112]. Dans la deuxième moitié du Xe siècle, ils reprirent des villes à la confluence des cultures syriaque, grecque et arabe situées à la frontière des empires byzantin et musulman, notamment Diyarbakir (Āmid), Édesse et Antioche[113]. Ces événements sont soit trop anciens, soit trop récents, pour expliquer l'existence de notre manuscrit, mais dans ces régions comme dans d'autres, des épisodes d'affaiblissement du pouvoir politique ont aussi donné lieu à d'autres turbulences plus ou moins graves.

qui furent répertoriés par Friedrich Schulthess, *Christlich-palästinische Fragmente aus der Omajjaden-Moschee zu Damaskus*, Abhandlungen der Königlichen Gesellschaft der Wissenschaften zu Göttingen, Philologisch-Historische Klasse, Berlin, Weidmannsche Buchhandlung, 1905, n° IV, XIV-XVI. Cette publication n'incluait pas, cependant, les reproductions ou descriptions détaillées qui auraient permis de se faire une idée de leur âge, mise à part la mention de « points rouges », qui indique peut-être le système de vocalisation en vigueur du VIIIe au Xe siècle.

110. Cf. L. Tuerlinckx, « Les palimpsestes à écriture supérieure arabe », *op. cit.* (n. 15), p. 192-196.

111. A. Smith Lewis et A. Mingana, *Leaves from Three Ancient Qurans*, *op. cit.* (n. 2), p. viii.

112. A. Elad, « The Coastal Cities of Palestine During the Early Middle Ages », *The Jerusalem Cathedra* 2, 1982, p. 146-167.

113. E. Honigmann et C.E. Bosworth, art. « al-Ruhā », dans *Encyclopædia of Islam*, 2nd ed., 12 vol., Leyde, Brill, 1960-2005 (= *EI2*) ; M. Streck et H.A.R. Gibb, art. « Anṭākiya » (*EI2*).

Aux IXe et Xe siècles, Baghdad fut ainsi en proie à plusieurs querelles intestines et rébellions de régiments turcs, au cours desquelles des quartiers entiers et leurs monuments furent dévastés[114]. Plus près du lieu d'assemblage du manuscrit arabe chrétien, la Syrie et la Palestine furent secouées par de violentes révoltes contre le pouvoir abbasside au cours du IXe siècle[115]. Jérusalem en particulier connut une famine sous le règne d'al-Ma'mūn (813-833) ; puis, sous al-Mu'taṣim (833-842), ses mosquées et églises furent pillées par la révolte paysanne d'Abū Ḥarb al-Mubarqa'[116]. Au cours d'un tel épisode, un dépôt de feuillets coraniques a pu être spolié puis revendu, ou passer d'une autre manière aux mains de chrétiens. De pareilles dispersions de livres sont consignées dans les sources pour des périodes un peu plus tardives : par exemple, suite au sac, entre 1067 et 1069, du trésor des fatimides d'Égypte, ses objets et manuscrits précieux, dont des corans, furent disséminés aux quatre coins de la Méditerranée[117]. On songe également aux conquêtes et reconquêtes de Jérusalem entre 1073 et 1099 par les turcomans, seljouks, fatimides et croisés, au cours desquelles des bibles hébraïques furent volées puis rachetées[118]. Un tel parcours est plausible dans le cas qui nous concerne, et pourrait notamment rendre compte du fait que le petit coran est lié codicologiquement à la tradition grecque, tandis que le grand coran se rapporte plutôt à la tradition syriaque, ce qui rend improbable une production dans un même atelier, même à quelques décennies d'écart. Cette hypothèse pourrait aussi expliquer la présence de contrats portant sur des terres arables et mentionnant peut-être des dinars d'al-Ma'mūn au sein du palimpseste.

114. A. A. Duri, art. « Baghdād » (*EI2*).

115. Voir, à ce sujet, P. Cobb, *White Banners: Contention in 'Abbāsid Syria, 750-880*, Albany, State University of New York Press, 2001.

116. S. D. Goitein, art. « al-Ḳuds », parag. A.I.7 (*EI2*) ; J.-B. Chabot, *Chronique de Michel le Syrien, patriarche jacobite d'Antioche (1166-1199), éditée pour la première fois et traduite en français par J.-B. Chabot*, Paris, Ernest Leroux, 1899 (1924), v. 3, 103 ; H. Eisenstein, « Die Erhebung des Mubarqa' in Palästina », *Orientalia* 55, 1986, p. 454-458 ; P. Cobb, *White Banners...*, *op. cit.* (n. 115), p. 116-118.

117. Ayman Fu'ād Sayyid, « Khizānat kutub al-fāṭimīyyīn : hal baqiya minhā shay' ? », *Majallat ma'had al-makhṭūṭāt al-'arabīyya* 42, 1998, p. 11-13 ; A. George, *The Rise of Islamic Calligraphy*, *op. cit.* (n. 23), p. 141 ; A. Shalem, *Islam Christianized: Islamic Portable Objects in the Medieval Church Treasuries of the Latin West*, Frankfurt am Main, Peter Lang, 1998, Chap. 3.

118. C. Sirat *et al.*, « Vingt manuscrits (hebreux, grec, latin-grec, grec-arabe, arabes) pour un seul palimpseste », *Scripta: An International Journal of Codicology and Palaeography* 1, 2008, p. 146. Sur Jérusalem à cette époque, voir S.D. Goitein, « al-Ḳuds », parag. I.8.

À côté de la spoliation, une seconde hypothèse mérite de retenir notre attention : une partie des feuillets coraniques a pu émaner d'un scriptorium chrétien ayant pratiqué l'arabe au VIIe siècle. L'écriture arabe telle qu'en ont hérité les premiers musulmans était dérivée de l'alphabet nabatéen, mais entre le Ve et le VIe siècle, elle subit une transformation à caractère calligraphique sous l'influence du syriaque, probablement liée aux efforts de l'Église syrienne orthodoxe et de l'Église de l'Orient visant à répandre le christianisme parmi les Arabes de Syrie et de Mésopotamie[119]. À la même époque, deux dynasties arabes rivales, les ghassanides de Syrie et les lakhmides d'Irak, avaient développé des États-tampons à la confluence des empires byzantin et sassanide ; l'administration de ces petites entités politiques a probablement rendu nécessaire l'écriture de documents en arabe[120]. Des scribes écrivant l'arabe ont donc pu vivre, à la naissance de l'islam, dans une zone géographique approximativement délimitée par Ḥīra, la capitale des lakhmides, au sud de l'Irak ; Édesse, au nord de la Mésopotamie ; et au sud de la Syrie, Bostra et Jābiya, les deux principales villes sous contrôle ghassanide, proches de Damas et Jérusalem.

L'étude codicologique des manuscrits *ḥijāzī*, bien qu'elle n'en soit encore qu'à ses débuts, suggère l'adoption de diverses techniques héritées des traditions scribales du Moyen-Orient, notamment grecque et syriaque, ce qui laisse supposer une proximité avec des milieux chrétiens[121]. Cette idée trouve une confirmation dans plusieurs traditions religieuses musulmanes (*akhbār*) où sont mentionnés des scribes chrétiens d'Irak ayant copié le Coran pour des *tābi'ūn*, des musulmans de la seconde génération, et ce moyennant salaire. Comme je l'ai montré par ailleurs, ces témoignages relatifs au VIIe siècle ont toutes les chances d'être authentiques[122]. Bien qu'ils se rapportent à Ḥīra et à l'Irak, des pratiques similaires ont pu exister dans d'autres zones peuplées d'Arabes christianisés au VIe siècle. C'est

119. Ch. Robin, « La réforme de l'écriture à l'époque du califat médinois », *Mélanges de l'Université Saint-Joseph* 59, 2006, p. 319-364 ; R. Hoyland, « Epigraphy and the Linguistic Background of the Qur'ān », dans *The Qur'ān in its Historical Context*, G.S. Reynolds éd., Londres, Routledge, 2008, p. 51-69 ; A. George, *The Rise of Islamic Calligraphy*, *op. cit.* (n. 23), p. 21-27.

120. Sur les ghassanides et les lakhmides, cf. I. Shahîd, *Byzantium and the Arabs in the Sixth Century*, 4 vol., Washington D.C., Dumbarton Oaks Research Library and Collection, 1995-2009 ; A.-L. de Prémare, *Les fondations de l'islam : entre écriture et histoire*, Paris, Seuil, 2002, p. 41-48 et p. 242-260. Sur les utilisations possibles de l'écriture arabe par ces derniers, cf. R. Hoyland, « Epigraphy and the Linguistic Background of the Qur'ān », *op. cit.* (n. 119), p. 58 ; A. George, *The Rise of Islamic Calligraphy*, *op. cit.* (n. 23), p. 24-25.

121. A. George, *The Rise of Islamic Calligraphy*, *op. cit.* (n. 23), p. 31-52.

122. *Ibid.*, p. 52-53.

après tout en Syrie du Nord et du Sud qu'ont été découvertes les trois seules inscriptions arabes datées du VIe siècle : deux d'entre elles, celles de Zabad et Ḥarrrān, proviennent d'églises, tandis que la troisième est un graffiti effectué par un envoyé du phylarche ghassanide al-Ḥārith ibn Jabāla (r. 529-569), fervent défenseur de la cause monophysite[123]. Le contexte historique rend donc possible que des corans en écriture *ḥijāzī* aient été écrits par des chrétiens dans ces régions, qui englobent notamment la lisière orientale de la Palestine.

Au lendemain des conquêtes du VIIe siècle, de nombreux chrétiens prirent part à l'administration musulmane. À cette époque d'identités encore fluides, certains d'entre eux semblent parfois avoir été assimilés aux rangs des musulmans. Jean bar Penkāyē écrivait ainsi dans une chronique rédigée en Mésopotamie vers 687 :

> « De tout homme, ils [les musulmans] n'exigeaient que le tribut, et lui laissaient la liberté d'embrasser n'importe quelle croyance. Il y avait même des chrétiens parmi eux : quelques-uns appartenaient aux hérétiques [monophysites], et d'autres aux nôtres [l'Église de l'Orient]. »[124]

Un récit datant de la prise de Jérusalem en 638, et conservé dans sa version géorgienne, rapporte aussi :

> « Les Sarrasins athées entrèrent dans la Ville Sainte du Christ, notre Dieu, Jérusalem, avec la permission de Dieu, en punition de notre négligence, qui est innombrable, et aussitôt, en courant, ils arrivèrent au lieu qu'on appelle Capitole. Ils prirent avec eux des hommes, certains de force, d'autres de leur plein gré, afin de nettoyer ce lieu et d'édifier cette maudite chose, destinée à leur prière, qu'ils appellent une mosquée (*midzghita*). Parmi ces hommes se trouvait Jean, archidiacre de Saint-Théodore le Martyr, parce qu'il était, de son métier, poseur de marbre. Il se laissa séduire par eux pour un gain malhonnête et il alla de son plein gré travailler là-bas. Il était très habile de ses mains. »[125]

123. *Ibid.*, p. 22-24.

124. A. Mingana, *Sources syriaques*, Leipzig, Harrassowitz, 1908, v. 1, t. II, 175 ; S. Brock, « North Mesopotamia in the Late Seventh Century: Book XV of John Bar Penkāyē's Rīš Mellē », *Jerusalem Studies in Arabic and Islam* 9, 1987, p. 61. Sur ce passage, cf. aussi F. Donner, « From Believers to Muslims: Confessional Self-identity in the Early Islamic Community », *Al-Abhath* 50-51, 2002-2003, p. 44 ; S. Brock, « Syriac Views of Emergent Islam », dans *Studies on the First Century of Islamic Society*, G.H.A. Juynboll éd., Carbondale, Southern Illinois University Press, 1982, p. 17 ; W. al-Qadi, « Non-Muslim in the Muslim Army in Early Islam: A Case Study in the Dialogue of the Sources », dans *Conference on Orientalism: Dialogue of Cultures*, S. Khasawnih éd., Amman, Al-jāmiʿa al-urdunīyya, 2004, p. 127.

125. B. Flusin, « L'esplanade du Temple à l'arrivée des Arabes, d'après deux récits

De tels échanges ont très bien pu se reproduire dans le domaine des manuscrits. Les fragments syriaques de différentes époques rassemblés au sein du palimpseste et l'usage de cette langue dans la communauté qui l'assembla s'accordent avec l'idée d'une archive d'une certaine profondeur chronologique. Tous les copistes de manuscrits syriaques, pour lesquels les données des colophons sont plus nombreuses qu'en grec, n'étaient pas membres du clergé. Tous ne travaillaient pas non plus dans des monastères ou dans les *scriptoria* de cathédrales : les milieux potentiellement concernés vont au-delà des grandes villes pour atteindre des villages et petites communautés monastiques, ainsi que des échelons relativement bas de la hiérarchie ecclésiastique, voire même des laïcs[126]. Les grands feuillets coraniques, au vu de leur ancienneté et de leurs liens scribaux avec la tradition syriaque, ont pu être écrits dans un tel milieu avant d'être relégués, pour une raison encore inconnue, dans le même dépôt que les fragments syriaques. Une partie de cette archive aura enfin atteint notre palimpseste soit parce qu'elle appartenait encore à cette même communauté deux siècles plus tard, soit parce qu'elle fut acquise par un monastère de Terre Sainte, comme celui de Sainte-Catherine. Ce n'est ici, cependant, qu'une hypothèse à envisager parmi d'autres : une provenance indépendante des feuillets syriaques, par exemple dûe à la spoliation d'une mosquée, reste envisageable pour les grands feuillets coraniques, tout comme pour les petits.

La présente étude a tenté de dresser un état des lieux et d'apporter quelques données essentielles sur le palimpseste ; plutôt que de tirer des conclusions définitives, elle aura été l'occasion de soulever des questions sur ses différentes couches et leur interprétation. La réflexion ainsi engagée indique clairement le potentiel d'une perspective d'ensemble pour enrichir notre connaissance de chacune de ses composantes : ce manuscrit, qui déborde largement du cadre de nos disciplines traditionnelles, gagnerait à faire l'objet d'une collaboration entre spécialistes des différents domaines concernés. Pour l'heure, il semble déjà acquis que nous sommes en présence d'un témoin de première importance de l'histoire du Coran, et des origines de l'islam.

Alain George

byzantins », dans *Bayt Al-Maqdis: 'Abd al-Malik's Jerusalem*, J. Raby et J. Johns éd., Oxford, Oxford University Press (Oxford Studies in Islamic Art), 1992, p. 21.

126. Voir à ce sujet M. Mundell Mango, « Patrons and Scribes Indicated in Syriac Manuscripts, 411 to 800 AD », dans *XVI Internationaler Byzantinistenkongress Akten II/4 = Jahrbuch Des Österreichischen Byzantinistik 32/4*, 1982, p. 3-12.

Appendice :
Liste des titres du manuscrit arabe chrétien d’Or. 1287

من قول اثناسيوس بطرك الاسكندريه قاله في سيره ملشيساذاق (f. 3v)

من قول انبا تذوسه الرهاوي قاله عظه للصوم وتحضيض ودلالات على أن الصوم
بلا محاله واجب على كل مؤمن (f. 8v)

من قول يحنا فم الذهب قاله على الصوم المبارك (f. 14v)

من قول ماري افرام القديس قاله على المفتردين في الجبال والمغاير وأحجره الأرض (f. 20r)

من قول ماري إسحاق تلميذ ماري افرام القديس (f. 22r)

من قول يحنا فم الذهب قاله على المبارك [sic] (f. 29v)

هذه شهاده ثاوذوس [ثاودرس][127] القديس الذي شهد في مدينه انطاكيه بقلبه
الصحيح ومحبته لله (f. 83v)

من قول يحنا فم الذهب قاله على الإبن الشاطر (f. 42r)

من قول ماري يعقوب الطوباني قاله على الإبن الشاطر (f. 46r)

من قول ماري يعقوب الطوبان قاله على ... (f. 55v)

هذه شهاده دولثريوس الأسقف وأمه أنثينا وادقربر الوالي شهدوا في روميه على
عهد أندريانوس الملك (f. 66r)

من قول يحنا [...]ب قاله على ... (f. 69r)

من قول القديس يحنا فم الذهب قاله على تفسير الانجيل (f. 70r)

هذه قصه القديس فلبس السليح تلميذ ربنا المسيح (f. 77r)

من قول مار يعقوب الطوبان قاله على الصلاه الذي [sic] علمها ربنا لتلامذه (f. 85v)

من قول القديس يحنا فم الذهب قاله على ... (f. 93r)

127. Voir *supra*, n. 83.

LE CORAN DE ‘UTHMĀN DANS LE TRAITÉ DE VERSAILLES

Introduction

Le Coran est le premier livre arabe attesté dans les dernières décennies du VIIe siècle (ère chrétienne). Il est intéressant de constater que, selon la tradition musulmane, avant la mort du Prophète (en 632) le texte du Coran, considéré comme le fondement spirituel de la première communauté musulmane, ne circulait pas encore sous forme de codex. C’est seulement après sa mort que des notes et des transcriptions (enregistrées sans doute avec l’aval du Prophète, qui était à partir de 622 le chef politique du premier État musulman) ont été collationnées (selon les informations des sources musulmanes postérieures) pour produire, sur ordre du troisième calife ‘Uthmān, un codex de référence. Ce premier codex, qui était à l’époque de ‘Uthmān encore en concurrence avec d’autres collections du texte coranique établies par d’autres scribes et savants parmi les compagnons du Prophète, aurait été copié en quatre ou cinq exemplaires par ordre de ‘Uthmān et aurait été envoyé comme texte de référence dans les premières villes musulmanes de Bassorah, Damas, Koufa, La Mecque et Médine (en rajoutant encore selon d’autres traditions la ville de Hims en Syrie)[1].

Pour comprendre l’histoire du texte du Coran, la question de la provenance des manuscrits coraniques paraît centrale. Certes, c’est plutôt en Occident que les manuscrits du Coran ont été étudiés à partir du XIXe siècle ; pourtant, la tradition musulmane dispose de plus de 1 300 ans d’analyse rhétorique, exégétique, lexicographique et linguistique dans ce domaine. Pour envisager la question d’une documentation critique, voire d’une édition critique, les deux approches philologiques doivent à notre avis trouver un certain équilibre. Pour pouvoir comparer les données de la philologie arabo-islamique avec les manuscrits ou d’autres témoins du texte (comme les papyrus, les inscriptions et autres), la

1. Pour l’histoire du texte, cf. G. Bergsträßer et O. Pretzl, *Geschichte des Korans*, Dritter Teil: *Die Geschichte des Korantextes*, Leipzig, 1938.

question de la provenance des plus anciens manuscrits sur parchemin doit être posée. Aujourd'hui, les manuscrits des collections de Paris, Berlin, Le Caire, Istanbul, Saint-Pétersbourg, Londres, Sanaa, Rome, Chicago, Birmingham, Kairouan, les collections modernes (musées ou collections privées) et autres semblent provenir exclusivement de trois centres majeurs – Damas, Le Caire et Sanaa (Yémen) – ainsi que de Kairouan.

Du côté de la transmission orale, le texte coranique, renforcé par l'expansion géographique rapide du premier État islamique, a connu dès les débuts des variantes du texte. Il est frappant que même le Prophète, dans les traditions qu'on lui attribue (les *ḥadīths*), aurait approuvé l'existence des différentes réalisations possibles du texte.

1. Le codex de ʿUthmān dans le Traité de Versailles

Il est intéressant de constater que les deux villes principales d'origine de la communauté musulmane, La Mecque et Médine, ne semblent pas disposer aujourd'hui de manuscrits anciens. Certes, les collections et institutions de l'Arabie Saoudite actuelle ne sont pas toujours accessibles, mais, à notre connaissance, aucune mention de manuscrits anciens n'a été faite pour les deux villes en question. C'est dans le cadre de la question des témoins de textes provenant de l'Arabie de l'Ouest que le Traité de Versailles nous offre des informations. Au XXe siècle, il n'y a pas eu, peut-être, d'autre texte juridique aussi important, discuté, critiqué, crucial, pour ne pas dire tragique dans sa portée politique pour le développement des relations entre l'Allemagne et la France. Dans le cadre d'un colloque consacré aux études coraniques, et placé comme celui-ci sous le patronage de deux Académies, l'une parisienne et l'autre berlinoise, il est intéressant de rappeler que le texte du Traité de Versailles, dans le paragraphe 246 (section II du Traité : « Dispositions particulières ») mentionne un coran de ʿUthmān, qui aurait été volé par les Turcs à la mosquée du Prophète à Médine (au cours des événements survenus pendant la Première Guerre mondiale à Médine), afin d'en faire cadeau à l'empereur allemand Guillaume II. C'est ainsi que l'article 246 exige de l'Allemagne :

> « Dans les six mois qui suivront la mise en vigueur du présent traité, l'Allemagne devra restituer à Sa Majesté le roi du Hedjaz le Koran original ayant appartenu au calife Osman et enlevé de Médine par les autorités turques pour être offert à l'ex-empereur Guillaume II. »[2]

2. Cf. *Deutsches Reichsgesetzblatt*, 28 Juni 1919, p. 1048.

Pendant la Première Guerre mondiale, les troupes arabes (avec participation de T.E. Lawrence, alias « Lawrence d'Arabie ») luttaient contre l'armée ottomane dans les territoires de la Péninsule arabique. Jusqu'aux événements de la Première Guerre mondiale, la péninsule faisait partie, depuis plus de quatre siècles, de l'Empire ottoman. Selon les documents des archives du Foreign Office à Londres, c'est l'armée turque, sous le commandement de Fakhrī Pasha, qui aurait enlevé (et envoyé en deux livraisons à Istanbul) les objets de valeur (vaisselle en argent, pierres précieuses, etc.), des présents offerts par des pèlerins qui visitèrent au cours des siècles la mosquée du Prophète où se trouve aussi jusqu'à nos jours le tombeau du Prophète. Parmi les objets placés à côté de ce dernier, selon les documents du Foreign Office, se trouvaient aussi des manuscrits coraniques. L'histoire de cette collection est, jusqu'à maintenant, mal connue et l'on ignore encore l'endroit où sont conservés les objets en question.

Dans les documents du ministère britannique des Affaires étrangères (« National Archives ») à Londres, l'histoire du coran de ʿUthmān et son destin a laissé des traces : dans un document (FO_608_114_006) (fig. 1) qui date du 10 avril 1919 envoyé de la part d'Earl Curzon of Kedleston à M. Balfour concernant la « spoliation of the tomb of the prophet », et dans un autre (FO_608_114_007, fig. 2), envoyé par Milne Cheetham à Earl Curzon of Kedleston, figurent deux listes d'objets préparées par l'émir Ali sur instruction du roi Hussein. Le document FO_608_114_024 (fig. 3) contient une liste d'objets précieux, y compris des codex coraniques, « enlevés du tombeau du Prophète par Fakhrī Pasha et envoyés en deux livraisons à Istanbul ». En tête de la liste est mentionné un codex du Coran écrit par le calife ʿUthmān. Dans la traduction anglaise (FO_608_114_030, fig. 4), celui-ci est décrit comme « a manuscript in Osman ibn Affan's handwriting ». Dans les derniers jours de la Grande Guerre, selon FO_608_114_032 (7 novembre 1918) (fig. 5), dans un télégramme envoyé à l'ambassade britannique au Caire, les Anglais furent informés que le roi Hussein demandait la restitution des objets précieux enlevés du tombeau du Prophète à Médine par les Turcs. À cette date, un don du manuscrit coranique aux Allemands n'est pas encore mentionné. C'est apparemment pendant l'année suivante que le destin des objets précieux de Médine donna lieu à des spéculations. Dans un télégramme daté du 15 mai 1919 (FO_608_114_035, fig. 6), les autorités anglaises au Proche-Orient informèrent la délégation anglaise à Versailles que l'enquête sur le destin du manuscrit était ajournée, en constatant qu'à l'origine de la revendication se trouvait le roi Hussein. Les informations fournies par ce dernier sont, d'après une dépêche du 2 juin 1919, considérées comme n'étant pas fiables (FO_608_114_045, fig. 7).

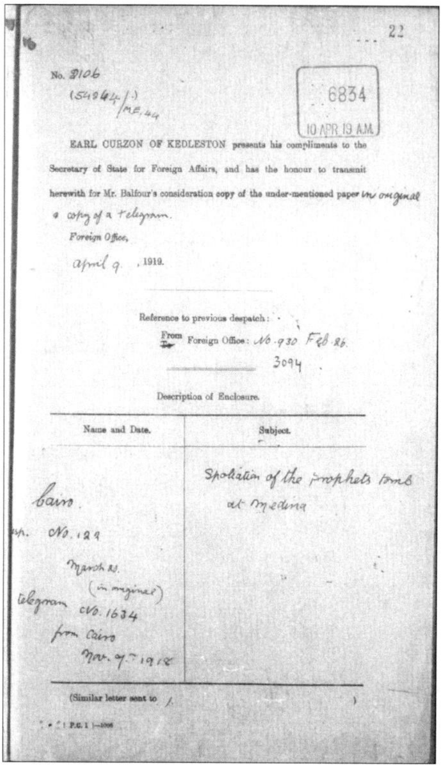

22

No. 2106
(54644/)
/ME.44

6834
10 APR 19 A.M.

EARL CURZON OF KEDLESTON presents his compliments to the Secretary of State for Foreign Affairs, and has the honour to transmit herewith for Mr. Balfour's consideration copy of the under-mentioned paper in original & copy of a telegram.

Foreign Office,
April 9, 1919.

Reference to previous despatch:
From Foreign Office: No. 930 Feb. 26.
3094

Description of Enclosure.

Name and Date.	Subject.
Cairo. Desp. No. 122 March 20. Telegram (in original) No. 1634 from Cairo Nov. 27 1918	Spoliation of the prophets tomb at Medina

(Similar letter sent to)

Fig. 1. – National Archives, Londres, Document FO_608_114_006.

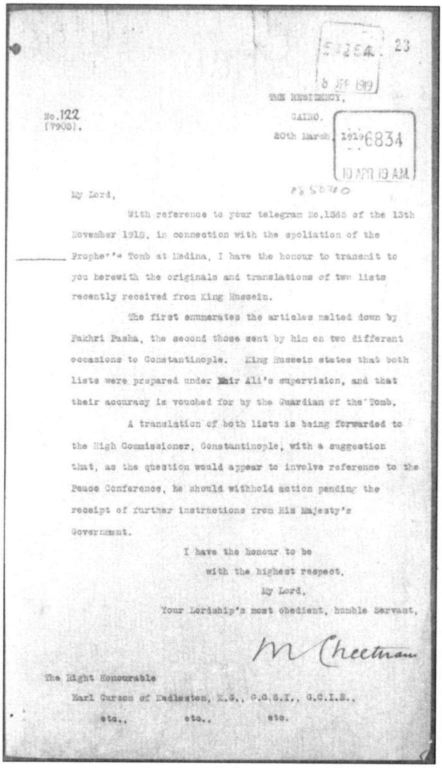

23

THE RESIDENCY,
CAIRO.
20th March, 1919.

6834
10 APR 19 A.M.

No.122
(7905).

My Lord,

With reference to your telegram No.1365 of the 13th November 1918, in connection with the spoliation of the Prophet's Tomb at Medina, I have the honour to transmit to you herewith the originals and translations of two lists recently received from King Hussein.

The first enumerates the articles melted down by Fakhri Pasha, the second those sent by him on two different occasions to Constantinople. King Hussein states that both lists were prepared under Emir Ali's supervision, and that their accuracy is vouched for by the Guardian of the Tomb.

A translation of both lists is being forwarded to the High Commissioner, Constantinople, with a suggestion that, as the question would appear to involve reference to the Peace Conference, he should withhold action pending the receipt of further instructions from His Majesty's Government.

I have the honour to be
with the highest respect,
My Lord,
Your Lordship's most obedient, humble Servant,

M Cheetham

The Right Honourable
Earl Curzon of Kedleston, K.G., G.C.S.I., G.C.I.E.,
etc., etc., etc.

Fig. 2. – National Archives, Londres, Document FO_608_114_007.

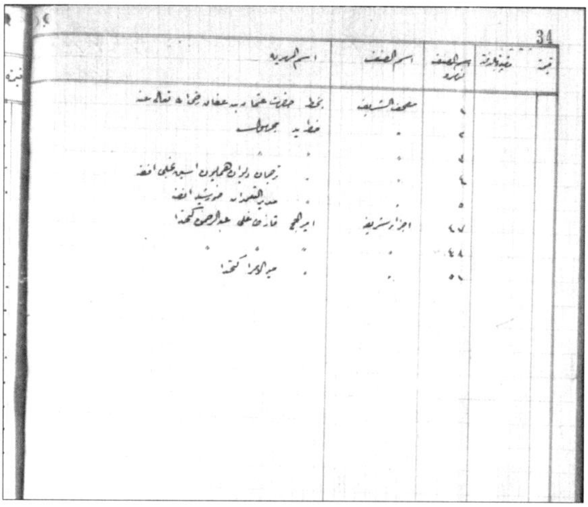

Fig. 3. – National Archives, Londres, Document FO_608_114_024.

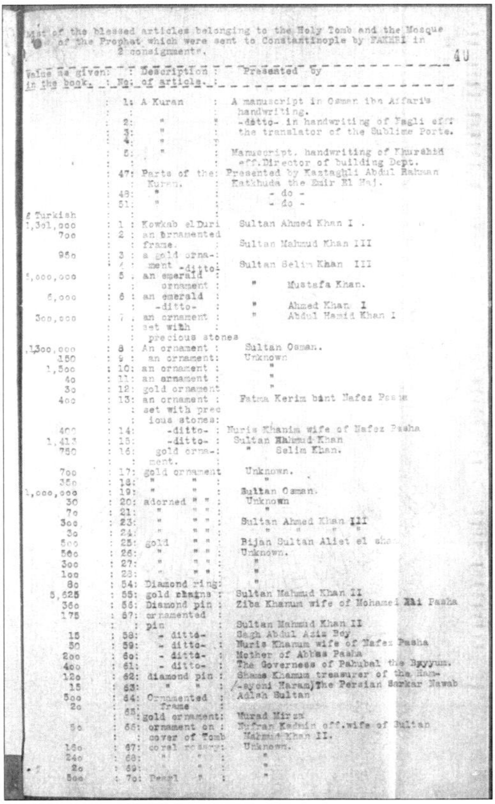

List of the blessed articles belonging to the Holy Tomb and the Mosque of the Prophet which were sent to Constantinople by FAKHRI in 2 consignments. 40

Value as given in the book.	No:	Description of article.	Presented by
	1	A Kuran	A manuscript in Osman ibn Affari's handwriting.
	2	"	-ditto- in handwriting of Fagli eff the translator of the Sublime Porte.
	3	"	
	4	"	
	5	"	Manuscript. handwriting of Khurshid eff. Director of building Dept.
	47	Parts of the Kuran.	Presented by Kaztaghli Abdul Rahman Katkhuda the Emir El Haj.
	48	"	- do -
	51	"	- do -
£ Turkish			
1,3o1,ooo	1	Kowkab el Duri	Sultan Ahmed Khan I .
7oo	2	an ornamented frame.	Sultan Mahmud Khan III
95o	3	a gold ornament	
	4	-ditto-	Sultan Selim Khan III
5,ooo,ooo	5	an emerald ornament	" Mustafa Khan.
6,ooo	6	an emerald -ditto-	" Ahmed Khan I
3oo,ooo	7	an ornament set with precious stones	" Abdul Hamid Khan I
1,3oo,ooo	8	An ornament	Sultan Osman.
15o	9	an ornament	Unknown
1,5oo	10	an ornament	"
4o	11	an ornament	"
3o	12	gold ornament	"
4oo	13	an ornament set with precious stones	Fatma Kerim bint Nafez Pasha
4oo	14	-ditto-	Nuris Khanim wife of Nafez Pasha
1,413	15	-ditto-	Sultan Mahmud Khan
75o	16	gold ornament.	" Selim Khan.
7oo	17	gold ornament	Unknown.
35o	18	" "	"
1,ooo,ooo	19	" "	Sultan Osman.
3o	20	adorned " "	Unknown
7o	21	" " "	"
3oo	23	" " "	Sultan Ahmed Khan III
3o	24	" " "	" " " "
5oo	25	gold " "	Bijan Sultan Aliet el sha[illegible]
56o	26	" " "	Unknown.
3oo	27	" " "	"
1oo	28	" " "	"
8o	54	Diamond ring	"
5,625	55	gold chains	Sultan Mahmud Khan II
36o	56	Diamond pin	Ziba Khanum wife of Mohamed Ali Pasha
175	57	ornamented pin	Sultan Mahmud Khan II
15	58	- ditto-	Sagh Abdul Aziz Bey
5o	59	- ditto-	Nuris Khanum wife of Nafez Pasha
2oo	6o	- ditto-	Mother of Abbas Pasha
4oo	61	- ditto-	The Governess of Pahubal the Byyum.
12o	62	diamond pin	Shams Khanum treasurer of the Hamayoni Haram)
15	63	" "	The Persian Sarkar Nawab Adlah Sultan
5oo	64	Ornamented frame	
2o	65	gold ornament	Murad Mirza
5o	66	ornament on cover of Tomb	Nufran Kadnin eff. wife of Sultan Mahmud Khan II.
16o	67	coral rosary	Unknown.
24o	68	" "	"
2o	69	" "	"
5oo	7o	Pearl "	"

FIG. 4. – National Archives, Londres, Document FO_608_114_030.

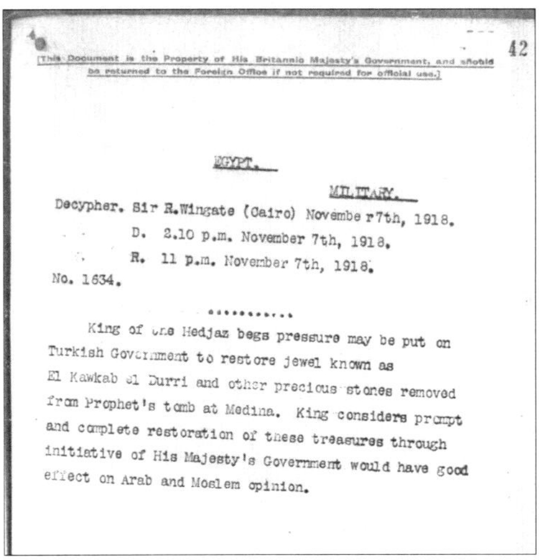

42

[This Document is the Property of His Britannic Majesty's Government, and should be returned to the Foreign Office if not required for official use.]

EGYPT.

MILITARY.

Decypher. Sir R. Wingate (Cairo) November 7th, 1918.
D. 2.10 p.m. November 7th, 1918.
R. 11 p.m. November 7th, 1918.
No. 1634.

King of the Hedjaz begs pressure may be put on Turkish Government to restore jewel known as El Kawkab el Durri and other precious stones removed from Prophet's tomb at Medina. King considers prompt and complete restoration of these treasures through initiative of His Majesty's Government would have good effect on Arab and Moslem opinion.

FIG. 5. – National Archives, Londres, Document FO_608_114_032.

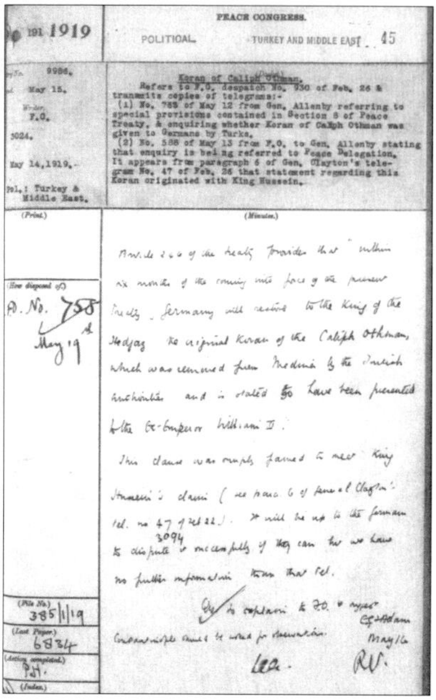
PEACE CONGRESS.
1919 POLITICAL. TURKEY AND MIDDLE EAST. 45
9986. May 15. F.O. 3024. May 14, 1919. Pol.: Turkey & Middle East.

Koran of Caliph Othman.

Refers to F.O. despatch No. 930 of Feb. 26 & transmits copies of telegrams:-

(1) No. 783 of May 12 from Gen. Allenby referring to special provisions contained in Section 8 of Peace Treaty, & enquiring whether Koran of Caliph Othman was given to Germans by Turks.

(2) No. 588 of May 13 from F.O. to Gen. Allenby stating that enquiry is being referred to Peace Delegation. It appears from paragraph 6 of Gen. Clayton's telegram No. 47 of Feb. 26 that statement regarding this Koran originated with King Hussein.

(Print.) (Minutes.)

(How disposed of.)

Fig. 6. – National Archives, Londres, Document FO_608_114_035.

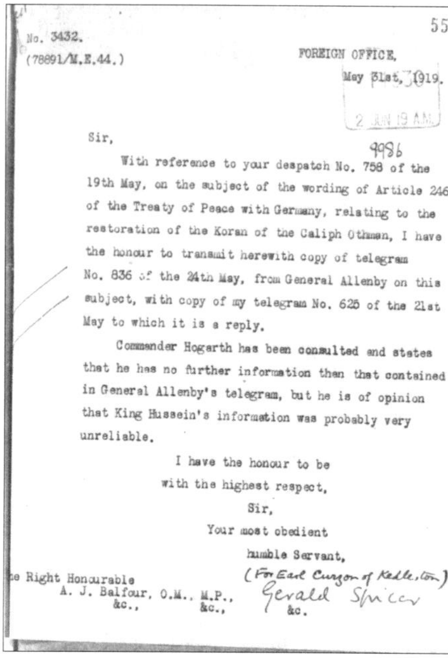
55

No. 3432.
(78891/M.E.44.)

FOREIGN OFFICE,
May 31st, 1919.

Sir,

With reference to your despatch No. 758 of the 19th May, on the subject of the wording of Article 246 of the Treaty of Peace with Germany, relating to the restoration of the Koran of the Caliph Othman, I have the honour to transmit herewith copy of telegram No. 836 of the 24th May, from General Allenby on this subject, with copy of my telegram No. 625 of the 21st May to which it is a reply.

Commander Hogarth has been consulted and states that he has no further information than that contained in General Allenby's telegram, but he is of opinion that King Hussein's information was probably very unreliable.

I have the honour to be
with the highest respect,
Sir,
Your most obedient
humble Servant,
(For Earl Curzon of Kedleston)
Gerald Spicer

The Right Honourable
A. J. Balfour, O.M., M.P.,
&c., &c., &c.

Fig. 7. – National Archives, Londres, Document FO_608_114_045.

Dans une communication, le deuxième président de la délégation allemande à Versailles, Freiherr Kurt von Lersner, conteste toute implication allemande dans la disparition du manuscrit (FO_608_277_004, fig. 8). Cette information est considérée comme validée, du moins aux yeux des autorités anglaises, et confirmée par un document (FO_608_277_005, fig. 9), datant du 3 février 1920, adressé au général Allenby, qui dit :

> « I transmit herewith to your Lordships information a communication addressed to Monsieur Clémenceau by the German Delegation in Paris denying that the Coran of Caliph Osman is, or ever was, in German hands. It is understood that the evidence upon which the allegation originally made was not very conclusive, and it would appear not improbable, therefore, that the German denial is well founded. »

Dans une dépêche datée du 29 avril 1920 (FO_608_277_007 et FO_608_277_008, fig. 10), le diplomate anglais Vansittart apprend l'opinion du Foreign Office concernant le coran d'ʻUthmān : « the Turks must have it », disculpant par là même les Allemands de l'accusation évoquée.

Le destin d'un coran attribué au troisième calife figurant dans le Traité de Versailles est pratiquement oublié aujourd'hui. Aucune des nombreuses études sur la fin de la Grande Guerre et le Traité de Versailles ne semble

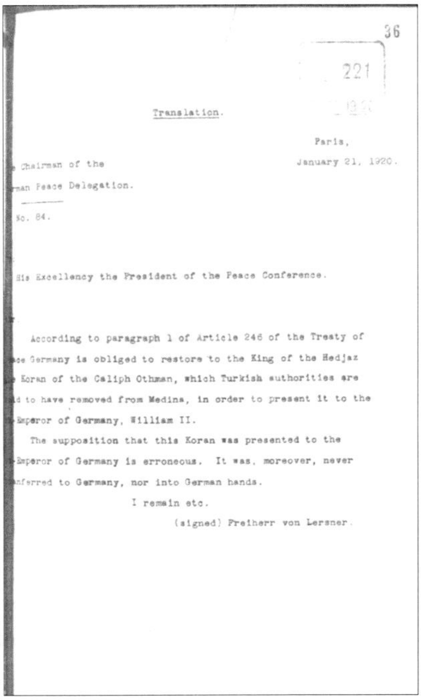

36

221

Translation.

Paris,
January 21, 1920.

[...]e Chairman of the
[...]man Peace Delegation.

No. 84.

His Excellency the President of the Peace Conference.

According to paragraph 1 of Article 246 of the Treaty of [...]ce Germany is obliged to restore to the King of the Hedjaz [...] Koran of the Caliph Othman, which Turkish authorities are [...]d to have removed from Medina, in order to present it to the [...] Emperor of Germany, William II.

The supposition that this Koran was presented to the [...] Emperor of Germany is erroneous. It was, moreover, never [...]nferred to Germany, nor into German hands.

I remain etc.

(signed) Freiherr von Lersner.

Fig. 8. – National Archives, Londres, Document FO_608_277_004.

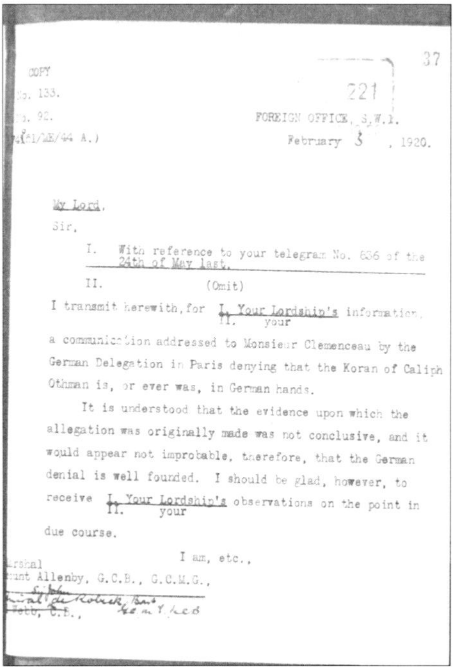

37

COPY
No. 133.
No. 92.
(61/2E/44 A.)

221

FOREIGN OFFICE, S.W.1.
February 3, 1920.

My Lord,
Sir,

I. With reference to your telegram No. 636 of the 24th of May last.

II. (Omit)

I transmit herewith, for I. Your Lordship's / II. your information, a communication addressed to Monsieur Clemenceau by the German Delegation in Paris denying that the Koran of Caliph Othman is, or ever was, in German hands.

It is understood that the evidence upon which the allegation was originally made was not conclusive, and it would appear not improbable, therefore, that the German denial is well founded. I should be glad, however, to receive I. Your Lordship's / II. your observations on the point in due course.

I am, etc.,

[...]rshal
[...]unt Allenby, G.C.B., G.C.M.G.,
[...] Sir John de Robeck, Bart
[...] Webb, C.B., G.C.M.G. K.C.B.

Fig. 9. – National Archives, Londres, Document FO_608_277_005.

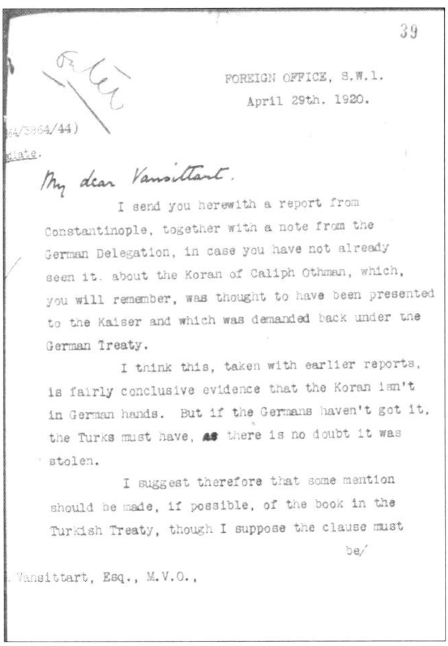

39

FOREIGN OFFICE, S.W.1.
April 29th. 1920.

[...]4/3364/44)

My dear Vansittart.

I send you herewith a report from Constantinople, together with a note from the German Delegation, in case you have not already seen it, about the Koran of Caliph Othman, which, you will remember, was thought to have been presented to the Kaiser and which was demanded back under the German Treaty.

I think this, taken with earlier reports, is fairly conclusive evidence that the Koran isn't in German hands. But if the Germans haven't got it, the Turks must have, as there is no doubt it was stolen.

I suggest therefore that some mention should be made, if possible, of the book in the Turkish Treaty, though I suppose the clause must be/

[...] Vansittart, Esq., M.V.O.,

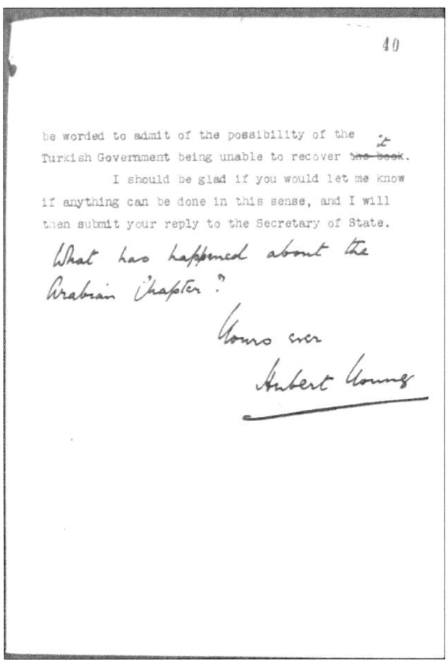

40

be worded to admit of the possibility of the Turkish Government being unable to recover ~~the book~~ it.

I should be glad if you would let me know if anything can be done in this sense, and I will then submit your reply to the Secretary of State.

What has happened about the Arabian Chapter?

Yours ever

Hubert Young

Fig. 10. – National Archives, Londres, Documents FO_608_277_007 et FO_608_277_008.

s'être intéressée aux « dispositions particulières » de l'article 246. Pourtant, l'existence d'un codex attribué au calife, exposé auprès du tombeau du Prophète à Médine, est confirmée par un récit de voyage : c'est le voyageur Ibn Jubayr (1145-1217) qui décrit l'intérieur de la mosquée où des manuscrits coraniques sont exposés à côté du tombeau du Prophète. Parmi eux, un codex, réputé être le Coran que le calife 'Uthmān aurait envoyé après la mort du Prophète aux premières villes musulmanes :

> « La *maqsoura* ceint la cour du sud, une des cinq cours mentionnées, et l'entoure en longueur d'ouest en est, et c'est là que se trouve le *mihrâb*. L'imam prie sur la petite pelouse mentionnée, à côté du coffre. Et entre les deux et entre la pelouse et le saint tombeau, il y a un grand lutrin peint, sur lequel il y a un grand codex dans une reliure fermée autour de lui. C'est un des quatre codex qu'avait envoyés 'Uthmān ibn 'Affân aux pays. En face de la *maqsoura*, en direction de l'est, il y a deux grandes armoires contenant des livres et des codex offerts à la mosquée bénie. »[3]

Malheureusement, les manuscrits coraniques n'ont été que très peu étudiés par la tradition savante musulmane. Dans les ouvrages des savants andalous comme ad-Dānī ou Ibn Najāh, l'orthographe du texte coranique est traitée, mais plutôt comme description d'une norme d'orthographe. Maintes fois l'écriture du texte dans les anciens codex est évoquée, mais sans réflexion historique sur le développement de l'orthographe du texte. En effet, la tradition savante musulmane s'intéressait davantage au côté oral dans le texte coranique. Le culte et la prière demandent qu'une partie du Coran soit récitée. À l'inverse des traditions juives ou chrétiennes, la présence physique du texte de référence n'est pas nécessaire dans les prières (individuelles et collectives) et le livre saint n'apparaît pratiquement jamais sous forme de codex dans les prières musulmanes. Ainsi, à l'intérieur de la tradition spirituelle musulmane, le médium principal du texte coranique, si l'on peut dire, ne semble pas être le codex mais la voix du croyant. Malgré cela, à la lumière des découvertes des manuscrits, qui datent des deux premiers siècles de l'islam, une étude des supports matériels nous semble cruciale pour saisir le développement du texte coranique dans le temps et dans l'espace. Néanmoins, malgré un retard de plus d'un millénaire, l'étude des manuscrits coraniques a suscité l'intérêt des Orientalistes à partir du XVIIIe siècle[4]. Theodor Nöldeke, dans sa *Geschichte des Qorans* (parue en

3. Traduction du passage du *Récit de Voyage* d'Ibn Jubayr (1145-1217). Cf., pour le texte arabe, l'édition Leyde, 1907, p. 193, de W. Wright et M. de Goeje.

4. Cf., à titre d'exemple, le destin d'un ancien manuscrit de Foustat (au sud du Caire actuel) décrit par F. Déroche, *La transmission écrite du Coran dans les débuts de l'islam*,

1860), exprimait son intérêt pour les manuscrits, même si à l'époque la consultation des manuscrits apparaissait comme une entreprise considérable, qui ne pouvait pas encore être allégée par des reproductions techniques.

2. Les archives de Gotthelf Bergsträßer

Dans un petit article paru dans les actes du Congrès des Orientalistes allemands (1929), l'arabisant Gotthelf Bergsträßer (1886-1933), professeur à l'Université de Munich, formulait l'idée de créer un *apparatus criticus*, en faisant la collecte des premiers manuscrits (pour la transmission écrite) et en les comparant avec les données des « sciences coraniques » musulmanes, notamment les variations du texte (*qirā'āt*), enregistrées dans la littérature complexe et vaste des ouvrages de la philologie musulmane[5]. G. Bergsträßer avait la charge de compléter l'ouvrage de Theodor Nöldeke dédié à l'histoire du Coran (dont l'arrière-plan de la genèse a été analysé au début de ce volume dans la communication de François Déroche) par un troisième volume consacré à l'histoire du texte. En suivant l'approche philologique de Theodor Nöldeke, qui déjà avait l'idée d'évaluer systématiquement les données des manuscrits, G. Bergsträßer et son collègue et successeur Otto Pretzl pouvaient employer des techniques modernes (un appareil-photo portable de la marque « Leica ») afin de faire la collecte de plus de 10000 images de manuscrits coraniques (et textes de la tradition musulmane) gardés dans les bibliothèques et collections de Gotha, Paris, L'Escurial, Marrakech, Rabat, Meknès, Le Caire, Istanbul[6]. Après sa mort prématurée, ce fut son collègue Otto Pretzl (1893-1941) qui fut en charge de la « Korankommission » installée comme département de recherche à l'Académie des Sciences bavaroise. Après la mort de M. Pretzl et la destruction du bâtiment central de l'Académie par les raids aériens des forces alliées en 1944, le travail de la « Korankommission » vit sa fin. L'opinion commune croyait les archives détruites – rumeur renforcée par le silence de l'arabisant munichois Anton Spitaler (1910-2003), qui avait transféré les archives des pellicules « Agfa » à son domicile privé avant les raids aériens. La question de savoir pourquoi A. Spitaler ne mentionna qu'à un cercle restreint de personnes l'existence des archives de manuscrits reste difficile à clarifier. A. Spitaler était, avant la Guerre, impliqué dans les recherches coraniques du groupe et publia des articles importants, bien que ses centres d'intérêt semblent avoir évolué

Leyde, 2009, p. 7-19.

5. G. Bergsträßer, *Plan eines Apparatus Criticus zum Koran*, Munich, 1930.
6. M. Marx, « The Qur'an according to Agfa », *Trajekte*, 2010.

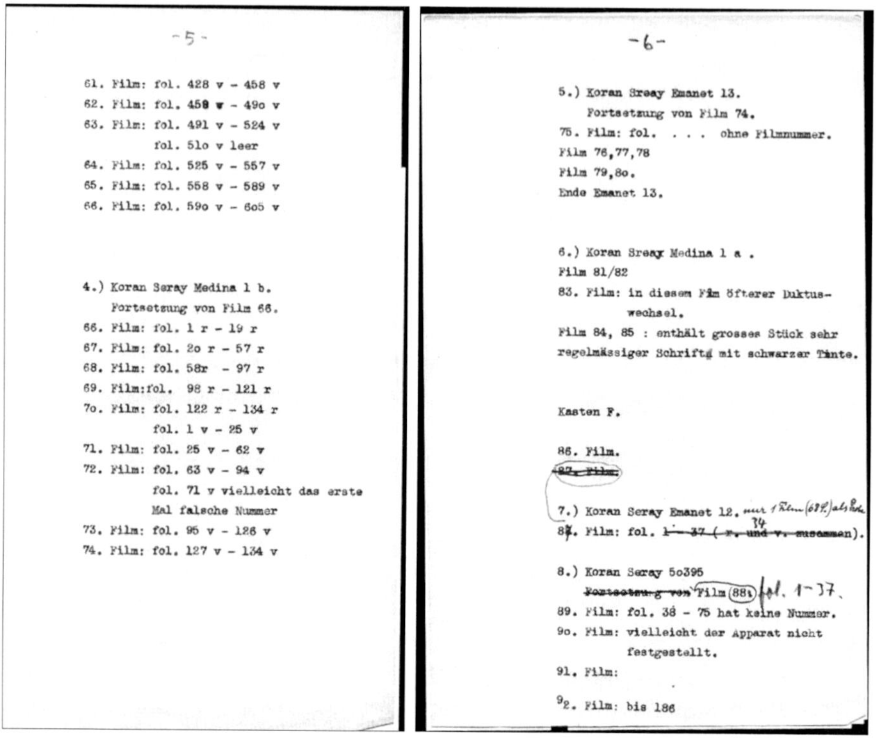

-5-

61. Film: fol. 428 v - 458 v
62. Film: fol. 458 v - 490 v
63. Film: fol. 491 v - 524 v
fol. 510 v leer
64. Film: fol. 525 v - 557 v
65. Film: fol. 558 v - 589 v
66. Film: fol. 590 v - 605 v

4.) Koran Seray Medina 1 b.
Fortsetzung von Film 66.
66. Film: fol. 1 r - 19 r
67. Film: fol. 20 r - 57 r
68. Film: fol. 58r - 97 r
69. Film:fol. 98 r - 121 r
70. Film: fol. 122 r - 134 r
fol. 1 v - 25 v
71. Film: fol. 25 v - 62 v
72. Film: fol. 63 v - 94 v
fol. 71 v vielleicht das erste Mal falsche Nummer
73. Film: fol. 95 v - 126 v
74. Film: fol. 127 v - 134 v

-6-

5.) Koran Sreay Emanet 13.
Fortsetzung von Film 74.
75. Film: fol. . . . ohne Filmnummer.
Film 76,77,78
Film 79,80.
Ende Emanet 13.

6.) Koran Sreay Medina 1 a .
Film 81/82
83. Film: in diesem Film öfterer Duktuswechsel.
Film 84, 85 : enthält grosses Stück sehr regelmässiger Schrift mit schwarzer Tinte.

Kasten F.

86. Film.
~~87. Film.~~

7.) Koran Seray Emanet 12.
87. Film: fol. ~~1 - 37 (r. und v. zusammen)~~.

8.) Koran Seray 50395
~~Fortsetzung von~~ Film 88. fol. 1-37.
89. Film: fol. 38 - 75 hat keine Nummer.
90. Film: vielleicht der Apparat nicht festgestellt.
91. Film:
92. Film: bis 186

Fig. 11. – « *Originalindex* » des archives G. Bergsträßer et O. Pretzl.

après 1945. Il se peut aussi qu'il ait sous-estimé l'importance des archives de ses collègues. Heureusement, dans les années 1990, A. Spitaler permit à son élève Angelika Neuwirth l'accès aux archives, qui furent transférées par Andreas Kellermann, doctorant de Mme Neuwirth, à la Freie Universität Berlin, probablement en 1993[7].

Actuellement, les photos qui forment un ensemble de quelque 10 000 clichés en noir et blanc sur pellicule Agfa, sont en cours de numérisation et une première partie est accessible en ligne sur le site du projet « Corpus Coranicum »[8] (projet de recherche de l'Académie de Sciences de Berlin-Brandebourg, créé en 2007 par A. Neuwirth, N. Sinai et l'auteur de ces pages). Selon le registre (« Originalindex ») établi sur des feuilles tapées

7. M. Kellermann quitta malheureusement le champ des études coraniques ; parmi ses publications, sa thèse peut être considérée comme un ouvrage de référence pour l'étude de la transmission orale du texte.

8. Cf. le site web : www.corpuscoranicum.de en version beta.

à la machine qui se trouvaient dans les boîtes (cf. fig. 11a et 11b), on trouve la mention de deux manuscrits de Médine dont un manuscrit qui a reçu le nom « Kodex Medina 1a » par G. Bergsträßer et qui a été photographié dans la collection du Topkapi Sarayi à Istanbul.

Le manuscrit « Koran Seray Medina 1a » est un codex relié de 308 feuilles (selon les pellicules disponibles à Berlin) en format vertical, qui contient le texte coranique à partir de la sixième sourate jusqu'à la fin du texte. Le manuscrit est l'œuvre d'au moins quatre mains différentes, dont la plus ancienne pourrait être classée comme écriture *ḥijāzī* (peut-être du type IV, selon la typologie paléographique de F. Déroche) (cf. fig. 12). La main d'un autre scribe pourrait être chronologiquement classée à une époque plus récente, la graphie se présentant dans un style postérieur au style hijâzite et déjà orienté vers les styles plutôt coufiques (cf. fig. 13). Au moins deux autres mains peuvent encore être distinguées, comme on l'a dit, toutes deux en écriture coufique (cf. fig. 14 et 15).

Il est intéressant que les archives de Bergsträßer contiennent un autre manuscrit, qui a été nommé « Koran Seray Medina 1b » en écriture coufique, peut-être dans un type A/B (toujours d'après la typologie paléographique de F. Déroche). Puisque la collection du musée de Topkapi Sarayi n'était pas accessible, pas plus que les archives du musée, nous ne connaissons pas l'histoire de ces deux manuscrits. Pour l'instant rien ne prouve qu'ils aient fait partie des manuscrits de la collection de la mosquée de Médine dont il est question dans l'article 246 du Traité de Versailles. Nous ne connaissons pas non plus la date à laquelle les deux manuscrits ont été transférés dans la collection du musée de Topkapi Sarayi. Aujourd'hui, plusieurs collections dans le monde islamique disposent d'un codex du calife 'Uthmān[9], comme par exemple celles du Caire et de Tashkent. Le musée de Topkapi Sarayi montre aussi dans une vitrine un codex qui est attribué au troisième calife[10]. Certes, les codex attribués à 'Uthmān sont, à notre connaissance, tous en écriture coufique. Peut-être la calligraphie plus développée ou le fait qu'un codex en écriture coufique était souvent plus volumineux donnaient au codex coufique une apparence plus mondaine et plus prestigieuse et par là plus adéquate à servir comme mémorial de l'effort du calife 'Uthmān dans le domaine de la standardisation du texte coranique.

9. Cf. l'étude de Sahar as-Sayyid 'Abdal 'azīz Sālim, *Adwā' ala mushaf 'Uthmān sharqan wa-gharban*, Iskandariyya, 1991, qui présente un tour d'horizon des différents codex attribués au troisième calife.

10. Cf. l'édition en fac-similé publiée par T. Altikulaç, Istanbul, 2006.

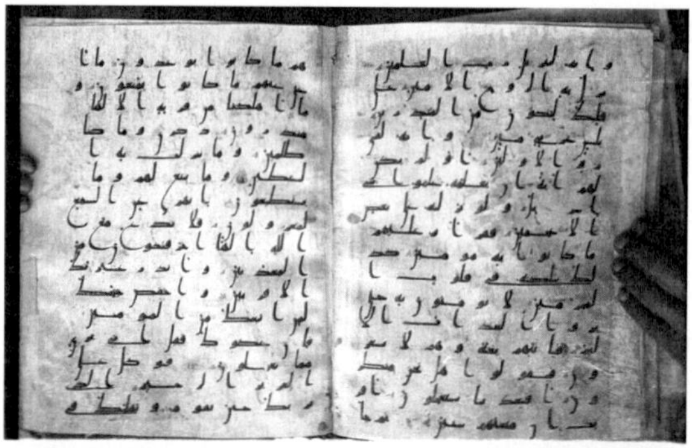

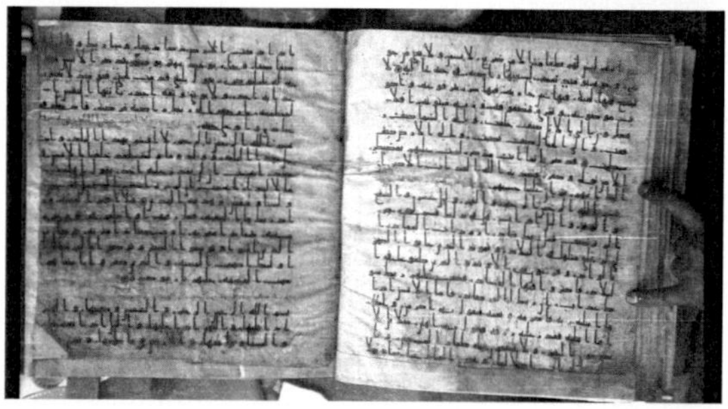

FIG. 12 à 15. – Quatre mains du manuscrit « Kodex Medina 1a ».

3. La géographie des variations de la récitation et le problème des codex de référence

Dans le *Livre des codex* du savant Ibn Abī Dawūd as-Sijistani (845-928), deux récits relatifs aux premiers codex sont évoqués : l'un fait mention de cinq copies du texte, quatre envoyées à la Mecque, en Syrie, à Koufa et à Bassorah (en Irak). Le deuxième récit raconte qu'une sixième et une septième copie de référence furent envoyées à Bahraïn et au Yémen. Les traditions musulmanes concernant les variations locales ne font aucune mention de ces deux copies. Aucune façon de réciter le Coran au Yémen et à Bahraïn (dans l'Est de l'Arabie) ne nous est connue.

Les sciences coraniques musulmanes nous parlent de trois niveaux de signes du texte révélant des traditions locales. Il s'agit ici des trois aspects différents de la transmission du texte selon les systèmes : (1) du décompte des versets, (2) du type d'orthographe du squelette consonantique, et (3) de la variation de récitation. La récitation du texte a occupé le plus les savants de la tradition musulmane : à partir du deuxième siècle (VIIIe siècle) les *qirā'ats* (« variations de la récitation ») seront traitées par les exégètes musulmans, les grammairiens, les rhétoriciens et autres. Dès le début, la tradition musulmane ne dissimule pas le fait que le texte coranique est récité avec des variations. Les sept systèmes de lecture établis par Ibn Mujāhid (m. 936) à Baghdad constituent un pas important vers le contrôle des variations répandues dans les pays arabes pendant les siècles antérieurs.

Le grammairien Sibawaihi, dans son livre sur la grammaire, appelé le livre (*al-kitāb*) et l'exégète al-Farrā', dans son traité rhétorique (*ma'âni al-qur'ân*), mentionne de nombreuses variations de récitation (les noms des récitateurs sont assez rarement précisés). Par la force des choses, une expansion rapide de l'empire arabe donnait naissance à des variations considérables ; parmi les plus importantes, sont mentionnés la façon de lire le texte et les codex des deux compagnons du Prophète, Ubayy et Ibn Mas'ūd. Il est intéressant de constater que le récit des codex de référence envoyés par 'Uthmān n'est mentionné ni par Sibawaihi ni par al-Farrā'.

Il nous semble intéressant d'indiquer que, pour les trois niveaux possibles d'analyse philologique concernant la provenance des manuscrits – le système de décompte des versets (*'adad*), l'orthographe du squelette des consonnes (*rasm*) et les variations de récitations (*qirā'āt*) –, de nouveaux résultats pourraient être obtenus par l'emploi d'une approche empirique. Concernant le manuscrit de la British Library (Or. 2165) et la tradition locale de récitation qu'il contient, Yasin Dutton a publié une étude qui montre qu'au niveau de l'écriture du squelette consonantique, le manus-

Les systèmes de lecture canoniques des sept savants selon Ibn Muǧāhid (m. 936)			*Lecture transmise par deux savants selon Abū ʿAmr ad-Dānī (m. 1053)*
1	Médine	Nāfiʿ b. ʿAbdarraḥmān (m.785/6)	Warš (m. 812)
			Qālūn (m. 835)
2	La Mecque	ʿAbdallāh b. Kaṯīr (m. 737/8)	al-Bazzī (m. 845 ou 864)
			Qunbul (m. 893 ou 904)
3	Bassorah	Abū ʿAmr b. al-ʿAlāʾ (m. 765/6)	ad-Dūrī (m. 860/1)
			as-Sūsī (m. 874)
4	Damas	ʿAbdallāh b. ʿĀmir (m. 736)	Hišām ad-Dimašqī (m. 859)
			ʿAbdallāh b. Ḏakwān (m. 856)
5	Koufa	ʿĀṣim b. Abī n-Naǧūd (m. 744/5)	Abū Bakr Šuʿba (m. 808/9)
			Ḥafṣ b. Sulaimān (m. 796)
6	Koufa	Ḥamza b.Ḥabīb az-Zayyāt (m.773)	Ḫalaf al-Baġdādī (m. 843/4)
			Ḫallād al-Baġdādī (m. 835)
7	Koufa	ʿAlī b. Ḥamza al-Kisāʾī (m. 804/5)	Abū al-Ḥāriṯ al-Laiṯ (m. 854)
			ad-Dūrī (m. 860/1)

Tableau 1. – Les systèmes de lecture canoniques des sept savants, selon Ibn Mujāhid. Chaque lecture est transmise par deux transmetteurs selon « le standard » du savant andalou al-Dānī.

crit 2165 en écriture *ḥijāzī*, avec très peu de signes diacritiques, pourrait être rattaché à la tradition de lecture et d'écriture du texte en usage à Damas. Dutton se basait sur la liste des « mots clés » établie par Bergsträßer (v. *supra*), puisque le manuscrit de Londres montre très peu de signes diacritiques (les signes indiquant les voyelles sont absents)[11]. Une étude d'Intisar Rabb analysait quant à elle le manuscrit de Londres sous l'angle du décompte des versets[12]. Selon cette étude, le système contredit assez souvent le système attribué par la tradition[13] à la ville de Hims en Syrie, mais présente en même temps certaines affinités avec ce même système. Concernant le codex « Medina 1a » malheureusement, dans un premier sondage, le système de décompte des versets ne coïncide pas beaucoup avec d'autres systèmes de décompte connus dans la tradition islamique. Il est vrai que la

11. Y. Dutton, « Some Notes on the British Library's "Oldest Qur'an Manuscript" (Or. 2165) », *Journal of Qur'anic Studies* 6, 2004.

12. I. Rabb, « Non-Canonical Readings of the Qur'an: Recognition and Authenticity persist ? (The *Himsī* Reading) », *Journal of Qur'anic Studies* 8, 2006.

13. Pour un répertoire des différents systèmes de décompte des versets, cf. A. Spitaler, *Die Verszählung des Korans nach islamischer Überlieferung*, Munich, 1935.

No.	Coran	Les codex (*maṣāḥif*) et les traditions locales					„Kodex Medina 1a“	
		La Mecque	Médine	Damas	Bassorah	Koufa	état actuel	état originel
10	6:63	**انجيتنا**	**انجيتنا**	**انجيتنا**	**انجيتنا**	انجينا	انجيتنا	
11	6:137	شركاوهم	شركاوهم	شركايهم	شركاوهم	شركاوهم	شركاهم	
12	7:3	تذكرون	تذكرون	**تتذكرون**	تذكرون	تذكرون	تتذكرون	
13	7:43	**وما**	**وما**	ما	**وما**	**وما**	وما	
14	7:75	قال	قال	**وقال**	قال	قال	قال	وقال
15	7:141	**انجينكم**	**انجينكم**	انجيكم	**انجينكم**	**انجينكم**	انجينكم	
16	9:100	**من تحتها**	تحتها	تحتها	تحتها	تحتها	تحتها	من تحتها
17	9:107	**والذين**	**الذين**	**الذين**	والذين	والذين	الذين	
18	10:22	**يسيركم**	**يسيركم**	ينشركم	**يسيركم**	**يسيركم**	يسيركم	
19	18:36	**منهما**	**منهما**	**منهما**	منها	منها	منهما	
20	18:95	**مكننى**	مكنى	مكنى	مكنى	مكنى	مكننى	
21	21:30	ألم ير	**أولم ير**	**أولم ير**	**أولم ير**	**أولم ير**	أولم ير	
22	23:87	**لله**	**لله**	**لله**	الله	**لله**	لله	
23	23:89	**لله**	**لله**	**لله**	الله	**لله**	لله	
24	25:25	وننزل	**ونزل**	**ونزل**	**ونزل**	**ونزل**	ونزل	
25	26:217	وتوكل	**فتوكل**	**فتوكل**	وتوكل	وتوكل	فتوكل	
26	27:21	ليأتيننى	**لياتينى**	**لياتينى**	**لياتينى**	**لياتينى**	لياتينى	
27	28:37	قال	**وقال**	**وقال**	**وقال**	**وقال**	وقال	
28	36:35	**عملته**	**عملته**	**عملته**	**عملته**	عملت	عملته	
29	39:64	**تامرونى**	**تامرونى**	تامروننى	**تامرونى**	**تامرونى**	تامرونى	
30	40:21	**منهم**	**منهم**	منكم	**منهم**	**منهم**	منهم	
31	40:26	**وان**	**وان**	**وان**	**وان**	اوان	وان	
32	42:30	فبما	**بما**	**بما**	فبما	فبما	بما	
33	43:71	تشتهى	**تشتهيه**	**تشتهيه**	تشتهى	تشتهى	تشتهيه	
34	46:15	**حسنا**	**حسنا**	**حسنا**	**حسنا**	احسنا	حسنا	
35	47:18	ان تاتهم	**ان تاتيهم**	**ان تاتيهم**	**ان تاتيهم**	**ان تاتيهم**	ان تاتيهم	
36	55:12	**ذو**	**ذو**	ذا	**ذو**	**ذو**	ذوا	ذا
37	55:78	**ذي**	**ذي**	ذو	**ذي**	**ذي**	ذي	ذوا
38	57:10	وكلا وعد	وكلا وعد	**وكل وعد**	وكلا وعد	وكلا وعد	وكل وعد	
39	57:24	الله هو الغنى	**الله الغنى**	**الله الغنى**	الله هو الغنى	الله هو الغنى	الله الغنى	
40	91:15	ولا	فلا	فلا	ولا	ولا	فلا	

Tableau 2. – Les différences entre les codex des cinq centres
et l’orthographe du manuscrit « Kodex Medina 1a ».

		Damas	Médine	La Mecque	Bassorah	Koufa	Codex Wetzstein We II 1913 : état actuel	Codex Wetzstein We II 1913 : état originel	Codex Parisino-Petropolitanus
1	2:116	قالوا	وقالوا	وقالوا	وقالوا	وقالوا	وقالوا		–
2	2:132	واوصى	واوصى	ووصى	ووصى	ووصى	واوصى	ووصى	–
3	3:133	سارعوا	سارعوا	وسارعوا	وسارعوا	وسارعوا	وسارعوا		سارعوا
4	3:184	وبالزبر	والزبر	والزبر	والزبر	والزبر	وبالزبر	والزبر	وبالزبر
5	3:184	وبالكتاب	والكتاب	والكتاب	والكتاب	والكتاب	والكتاب		وبالكتاب
6	4:66	قليلا	قليل	قليل	قليل	قليل	قليلا	قليل	قليلا
7	5:53	يقول	يقول	يقول	ويقول	ويقول	يقول	ويقول	يقول
8	5:54	يرتدد	يرتدد	يرتد	يرتد	يرتد	يرتد	يرتدد	–
9	6:32	ولدار الاخرة	وللدار الاخرة	وللدار الاخرة	وللدار الاخرة	وللدار الاخرة	ولدار الاخرة	وللدار الاخرة	ولدار الاخرة
10	6:63	انجيتنا	انجيتنا	انجيتنا	انجيتنا	انجينا	انجيتنا		انجيتنا
11	6:137	شركايهم	شركاوهم	شركاوهم	شركاوهم	شركاوهم	شركايهم		شركايهم ← شركا هم
12	7:3	تتذكرون	تذكرون	تذكرون	تذكرون	تذكرون	تتذكرون	تذكرون	تتذكرون
13	7:43	ما	وما	وما	وما	وما	ما	وما	ما ← وما
14	7:75	وقال	قال	قال	قال	قال	وقال	قال	وقال
15	7:141	انجيكم	انجينكم	انجينكم	انجينكم	انجينكم	انجيكم		انجيكم
16	9:100	تحتها	تحتها	من تحتها	تحتها	تحتها	تحتها		–
17	9:107	الذين	الذين	والذين	والذين	والذين	الذين	والذين	–
18	10:22	ينشركم	يسيركم	يسيركم	يسيركم	يسيركم	incertain	incertain	ينشركم
19	18:36	منهما	منهما	منهما	منها	منها	منهما	منها ?	منهما
20	18:95	مكنى	مكنى	مكننى	مكنى	مكنى	مكنى		مكنى
21	21:30	أولم ير	أولم ير	ألم ير	أولم ير	أولم ير	أولم ير		أولم ير
22	23:87	لله	لله	لله	الله	لله	لله	لله	لله
23	23:89	لله	لله	لله	الله	لله	لله	لله	لله
24	25:25	ونزل	ونزل	وننزل	ونزل	ونزل	ونزل		ونزل
25	26:217	فتوكل	فتوكل	وتوكل	وتوكل	وتوكل	فتوكل		فتوكل
26	27:21	لياتينى	لياتينى	لياتيننى	لياتينى	لياتينى	لياتينى	لياتينى ?	لياتينى
27	28:37	وقال	وقال	قال	وقال	وقال	---	---	وقال
28	36:35	عملته	عملته	عملته	عملته	عملت	عملته		–
29	39:64	تامرونني	تامرونى	تامرونى	تامرونى	تامرونى	تامرونني		–
30	40:21	منكم	منهم	منهم	منهم	منهم	منكم	منهم ?	–
31	40:26	وان	وان	وان	وان	اوان	وان		–
32	42:30	بما	بما	فبما	فبما	فبما	فبما	بما	بما
33	43:71	تشتهيه	تشتهيه	تشتهى	تشتهى	تشتهى	تشتهيه		تشتهيه
34	46:15	حسنا	حسنا	حسنا	حسنا	احسنا	حسنا		–
35	47:18	ان تاتيهم	ان تاتيهم	ان تاتهم	ان تاتيهم	ان تاتيهم	ان تاتيهم		–
36	55:12	ذا	ذو	ذو	ذو	ذو	ذو	ذا	–
37	55:78	ذو	ذي	ذي	ذي	ذي	ذي	ذوا	–
38	57:10	وكل وعد	وكلا وعد	وكلا وعد	وكلا وعد	وكلا وعد	وكل وعد	وكل وعد	وكل وعد
39	57:24	الله الغنى	الله الغنى	الله هو الغنى	الله هو الغنى	الله هو الغنى	الله هو الغنى	الله هو الغنى	الله الغنى
40	91:15	فلا	فلا	ولا	ولا	ولا	---	---	–
		Damas	Médine	La Mecque	Bassorah	Koufa	état actuel	état originel	

Tableau 3. – Les différences entre les codex des cinq centres
et l'orthographes du « Codex Wetzstein »
(Staatsbibliothek zu Berlin : ms. We II 1913) et du Codex Parisino-Petropolitanus.

qualité des photos ne permet pas de lire avec précision le manuscrit et que les grattages ne sont guère visibles sur les pellicules Agfa numérisées.

Pour l'orthographe du squelette consonantique (le *rasm*), Gotthelf Bergsträßer a compilé une liste de trente-huit mots qui sont susceptibles d'être distinctifs et caractéristiques d'une tradition locale propre à chacune des cinq villes en question[14], puisqu'entre ces trente-huit mots l'on trouve une fois une combinaison de deux mots (voir, dans le tableau 3, les n° 4 et n° 5), et une fois le même mot qui apparaît dans deux versets (n° 22 et n° 23). Notre liste contient quarante mots. Chacune des deux variantes caractérise, selon la tradition musulmane, un trait caractéristique des traditions orthographiques de cinq villes (Basra, Damas, Koufa, La Mecque et Médine). Les mots distinctifs et caractéristiques sont en lien étroit avec le récit des codex de référence envoyés par le troisième calife 'Uthmān[15]. La liste compilée est le résultat d'une comparaison des trois ouvrages sur la norme orthographique pour le texte coranique :

1). Abū 'Amr 'Uthmān b. Sa'īd ad-Dānī (m. 444AH) : *al-Muqni 'fī rasm maṣāḥif al-amṣār*, édité par Otto Pretzl, Istanbul 1932 ;

2). Abū 'Ubayd al-Qāsim b. Sallām (m. 223/224AH) : *Kitāb Faḍā'il al-qur'ān*, ms. Sign. 451 de la Staatsbibliothek zu Berlin ;

3). *Kitāb al-Mabānī li-naẓm al-ma'ānī*. (auteur anonyme), Staatsbibliothek zu Berlin, Sign. Wetzstein I 94.

Il suffira ici d'évoquer l'exemple de la 4e sourate, verset 66 : قليل (Bassorah, Koufa, La Mecque, Médine) vs. قليلا (Damas). La récitation de

14. Dans la communication le terme *shibboleth* a été employé pour désigner un mot qui indique l'appartenance. Un *shibboleth* – שיבולת en hébreu – est une phrase ou un mot qui ne peut être utilisé – ou prononcé – correctement que par les membres d'un groupe. Dans notre cas, il s'agit d'une orthographe ou plutôt d'une variante écrite d'un mot du texte du Coran qui indique une tradition orthographique, une façon d'écrire le texte du Coran propre à la tradition de cinq villes : Bassorah, Damas, Koufa, La Mecque et Médine. Le *shibboleth* apparaît dans le Livre des Juges (12:4-6). D'après cet épisode, les Giléadites utilisèrent ce terme pour distinguer leurs ennemis éphraïmites parmi les fuyards. Les Éphraïmites, se trompant sur la façon de prononcer la lettre *sh*, écorchaient là le dernier mot de leur vie... Lorsque Jephté, chef des hommes de Galaad eut défait les Éphraïmites et pris les gués du Jourdain, de nombreux fugitifs voulurent traverser le fleuve. Quand les fuyards d'Éphraïm disaient : « Laissez-moi passer », les gens de Galaad demandaient : « Es-tu éphraïmite ? ». S'il répondait : « Non », alors ils lui disaient : « Eh bien, dis "shibboleth" ! ». Il disait : « sibboleth », car il n'arrivait pas à prononcer ainsi. Alors on le saisissait et on l'égorgeait près des gués du Jourdain. Dans notre cas, le mot, ou plus précisément sa graphie, révèle l'appartenance à un centre ou une tradition. Autrement dit, un *shibboleth* représente un signe de reconnaissance, de rattachement à une tradition normative orthographique. Dans l'usage anglais, le mot hébreu *shibboleth* est devenu un terme socio-linguistique.

15. Cf. G. Bergsträßer et O. Pretzl, *op. cit.* (n. 1), p. 11-14.

Damas lit *qalīlan* alors que les quatre autres villes lisent *qalīl*. La différence entre les sept systèmes entraîne donc ici un changement dans le squelette consonantique.

L'orthographe du *rasm* – le squelette de consonnes – du manuscrit « Kodex Medina 1a » semble coïncider avec les descriptions de l'orthographe que la tradition musulmane (voir la liste de Bergsträßer) rattache aux systèmes de Médine et de Damas.

Le manuscrit « Kodex Medina 1a » montre une certaine affinité avec les systèmes attribués à Damas et à Médine. Il est intéressant de constater qu'au moins à quatre endroits l'état actuel a été manipulé :

(1). *wa-qāla* : la lettre *wāw* insérée postérieurement, l'état originel se lisait sans doute *qāla* (fig. 16a) ;

(2). la lettre *wāw* insérée entre le *dhāl* et la lettre *'alif* (sans effacer la lettre *'alif* !), pour écrire *dhū* (en orthographe archaïque avec la lettre *'alif* employée pour marquer la séparation avec le mot suivant, le soi-disant « *'alif al-wiqāya* » (fig. 16b) ;

(3). les lettres *dhāl* et *'alif* effacées (orthographe ancienne, qui écrit *dhû* avec un *'alif al-wiqāya*, dont les traces sont encore reconnaissables ; état actuel : *dhī* (fig. 16c) ;

(4). le mot *min* effacé ; l'état originel lisait sans doute : *min taḥtihā* (la variante de la Mecque) (fig. 16d).

Il est intéressant que le manuscrit coranique de la Bibliothèque nationale ms. Arabe 328 montre deux « corrections » au moins : (fig. 17a) : *wa-mā* : la lettre *wāw* insérée postérieurement; (fig. 17b) : la lettre *yā* effacée. Le codex Berlinois We II 1913 de la Staatsbibliothek zu Berlin présente aussi des corrections, et montre ainsi que la liste de mots caractéristiques jouait un rôle majeur dans l'histoire des deux manuscrits (un premier sondage a été entrepris pour le manuscrit E-20 de Saint-Pétersbourg qui confirme l'observation).

Dans le tableau 3, l'analyse est présentée de manière synoptique concernant les deux manuscrits, berlinois et parisien. Le « Codex Wetzstein » a été acheté par le diplomate Johann Gottfried Wetzstein (1815-1905) en Syrie. Les « corrections » montrent l'influence du système orthographique de Damas. L'orthographe du manuscrit semble d'être « damascisée » : voici quelques exemples :

– *wa-qāla* : lettre *wāw* insérée postérieurement (fig. 18a) ;

– *alladhīna* We II 1913 : lettre *wāw* effacée (fig. 18b) ;

– *minhā* ou *minhumā* ? : difficile de lire l'état original à cause d'une couche nouvelle d'encre ajoutée (fig. 18c) ;

– *wa-waṣṣā* devient *wa-'awṣā* : lettre *wâw* insérée (fig. 18d) ;

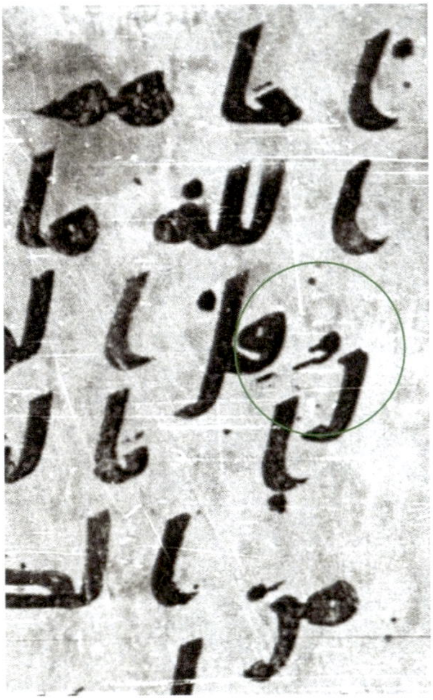

a. Fol. 17r

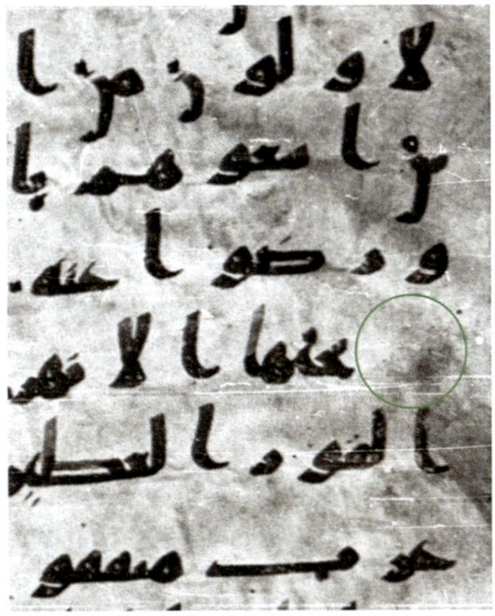

b. Fol. 37v

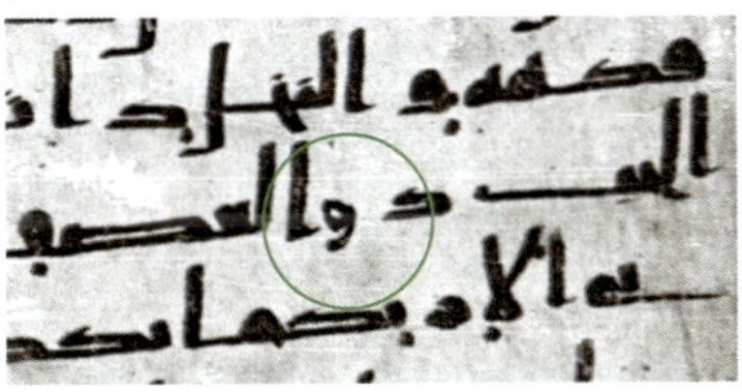

c. Fol. 216v

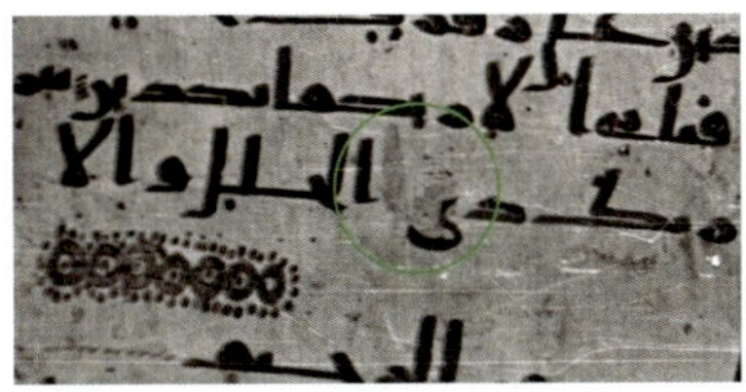

d. Fol. 263r

FIG. 16. a-d. – « Kodex Medina 1a » : manipulations :
la graphie actuelle est toujours la graphie compatible avec la tradition médinoise.

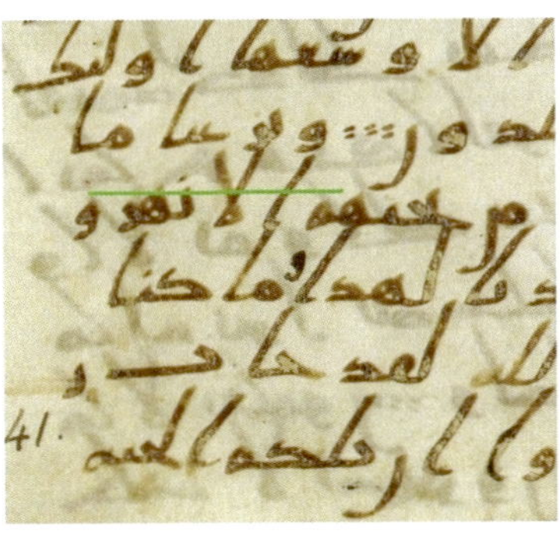

a. Fol. 31v

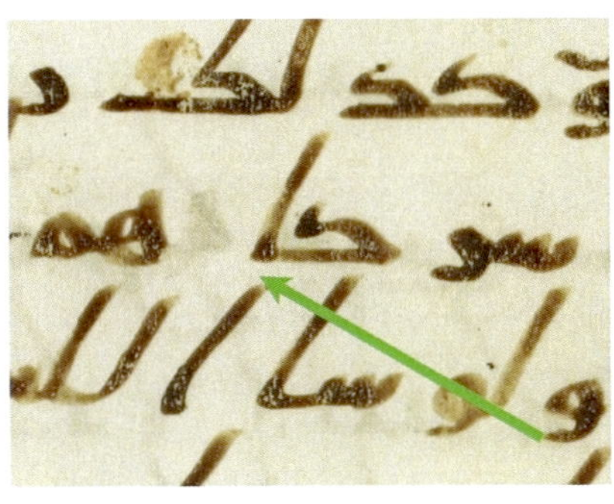

b. Fol. 28r

FIG. 17 a-b. – Bibliothèque nationale ms. Arabe 328 : corrections :
dans les deux cas, l'orthographe de Damas est modifée.

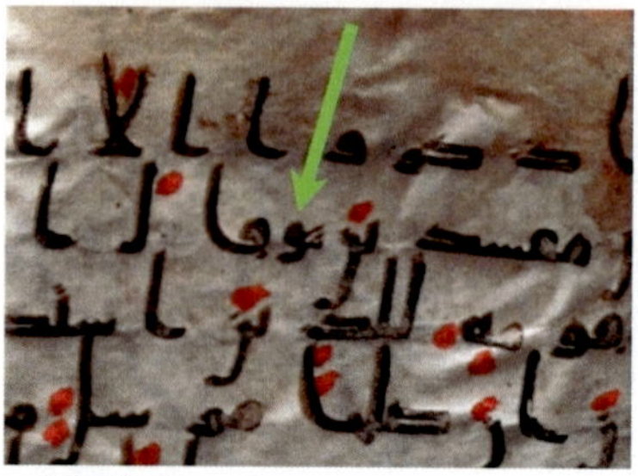

a. Fol. 58v

b. Fol. 75v

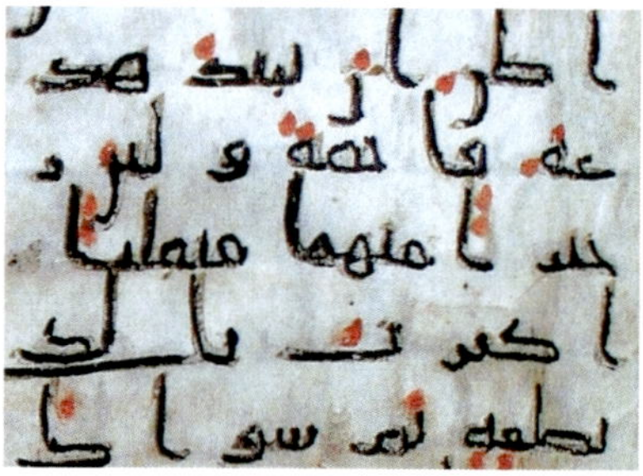

c. Fol. 113v

d. Fol. 186v

FIG. 18 a-d. – Exemples de « damascisation » de l'orthographe du manuscrit Berlin ms. We II 1913.

FIG. 19 a-b. – Fol. 41v. Exemples de « damascisation » de l'orthographe du manuscrit Berlin ms. We II 1913.

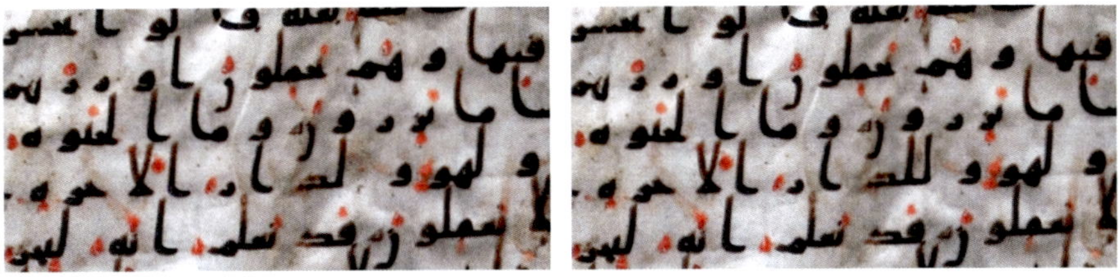

FIG. 20 a-b. – Fol. 47r. Exemples de « damascisation » de l'orthographe du manuscrit Berlin ms. We II 1913.

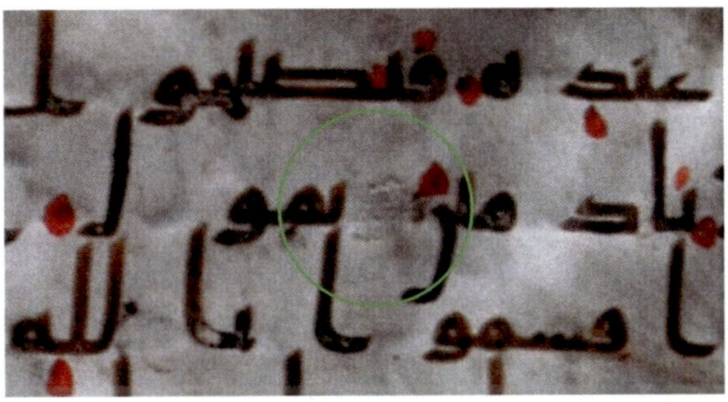

FIG. 21. – Fol. 41v. Exemples de « damascisation » de l'orthographe du manuscrit Berlin ms. We II 1913.

FIG. 22. – Fol. 30v. Exemples de « damascisation » de l'orthographe du manuscrit Berlin ms. We II 1913.

– *yartadid* : deuxième lettre *dāl* rajoutée, l'espace avant le mot suivant (*minkum*) est trop court (fig. 19a) ;

– *yartadda* : état originel reconstruit (par logiciel Photoshop) : espace régulier avant le mot suivant (*minkum*) (fig. 19b) ;

– *wa-li-d-dār al-'ākhira* : espace avant *wa-li-d-dār* trop grand, lettre *lām* effacée (fig. 20a). État originel : lettre *lām* reconstruite (par logiciel Photoshop) (fig. 20b) ; état actuel : lettre *wāw* effacée, tracé de la lettre et espace après le séparateur entre deux versets (fig. 21a) ;

– *qalīlan* : lettre *'alif* rajoutée à la lettre *lām* (fig. 22) ; la comparaison avec la combinaison *'alif-lām* dans le mot *'illā* (la même ligature entre les lettres *lam* et *alif*) montre la manipulation du mot *qalīlan* dans l'état actuel du manuscrit.

Conclusion

D'autres documents concernant le coran de 'Uthmān mentionné dans le paragraphe 246 du Traité de Versailles pourraient encore être trouvés dans les archives de Paris, Istanbul et autres. À ma connaissance, aucun travail historique sur la décennie qui suivit la Grande Guerre ne mentionne le coran, ni les circonstances de sa disparition de Médine, ni son destin pendant le reste du XXe siècle. Certes, dans le monde musulman, de nombreux manuscrits ont été présentés comme le « coran originel » du calife 'Uthmān. Comme exemples, il suffira ici de mentionner le manuscrit d'Istanbul, conservé au musée de Topkapi Sarayi (édité en fac-similé par Tayyar Altikulaç), le manuscrit du Caire (conservé actuellement dans la bibliothèque de Sayyida Zaynab) ou le manuscrit de Tashkent, tous trois en écriture coufique.

Pour l'instant, il semble impossible de dire avec certitude si l'un des deux manuscrits photographiés à Istanbul (selon les documents des archives de Bergsträßer) est bien le codex mentionné dans le Traité de Versailles. Le manuscrit dont il est question ici montre une orthographe et des « corrections » que l'on pourrait considérer comme indices d'une provenance médinoise. Pourtant, même si le manuscrit « Kodex Medina 1a » était de Médine, nous ne savons pas si c'était ce codex ou un autre (comme par exemple le « Kodex Medina 1b », manuscrit en écriture coufique et format oblong) qui était considéré comme le « coran de 'Uthmān ».

D'après le récit de voyage d'Ibn Jubayr, un codex de 'Uthmān fut exposé auprès du tombeau du Prophète. Le *Fihrist* d'Ibn an-Nadīm (m. 995 ou 998) mentionne un codex à la mosquée de Médine qui est attribué aux Omeyades, non au troisième calife. Bien que la collecte du texte par 'Uthmān soit mentionnée dans des traditions anciennes, le récit de l'envoi des copies de référence par le troisième calife pourrait être compris comme un rajout postérieur afin de justifier les variations locales (écrites et orales).

Notre première analyse du squelette consonnantique, bien qu'elle révèle quelques affinités avec la tradition médinoise, ne peut permettre d'établir si le manuscrit que Gotthelf Bergsträßer avait photographié dans les années 20 est le manuscrit de Médine mentionné dans le Traité de Versailles. Espérons que l'information fournie par les plus anciens manuscrits s'accroîtra progressivement afin d'avancer dans la connaissance du processus de canonisation du texte coranique. Les manuscrits du Caire, de Damas, de Sanaa pourraient témoigner de l'existence de traditions locales. Le manuscrit « Kodex Medina 1a », s'il est possible de démontrer qu'il est originaire de la région du Hijâz, nous offrira un nouveau point de référence dans l'entreprise qui est la nôtre pour établir une géographie de la canonisation du texte, aussi bien au niveau de la tradition écrite que pour les variations de récitation. Le Traitéde Versailles, comme témoin d'un texte coranique, relève peut-être plus de l'anecdote que d'autre chose. Il s'est néanmoins inscrit dans le champ des études coraniques, et cela peut-être au-delà du contexte franco-allemand.

Michael Marx

*

* *

BIBLIOGRAPHIE

Michael P. Edmund BECK, 1939, *Die Koranzitate bei Sibawaih*, thèse dactylographiée, Munich.

Gotthelf BERGSTRÄSSER, 1930, *Plan eines Apparatus Criticus zum Koran*, Munich.

Gotthelf BERGSTRÄSSER et O. PRETZL, 1938, *Geschichte des Korans*, Dritter Teil: *Die Geschichte des Korantextes*, Leipzig.

Michael COOK, 2004, « The stemma of the regional codices of the Koran », *Graeco-Arabica* 9-10, p. 89-104.

IBN JUBAYR, *The Travels of Ibn Jubayr*, W. Wright et M. de Goeje éd., Leyde, 1907.

François DÉROCHE, 2009, *La transmission écrite du Coran dans les débuts de l'islam. Le codex Parisino-Petropolitanus*, Leyde-Boston.

Yasin DUTTON, 2004, « Some Notes on the British Library's "Oldest Qur'an Manuscript" (Or. 2165) », *Journal of Qur'anic Studies* 6.1, p. 43-71.

IBN AN-NADĪM, Abu al-Farağ Muḥammad bin Abī Yaʿqūb Isḥaq, 1997, *Fihrist*, Yūsuf Alī Ṭawīl (éd.), Dar al-kutub al-ʿilmiyya, Beyrouth.

Omar HAMDAN, 2006, *Studien zur Kanonisierung des Korantextes. Al-Hasan al-Basris Beiträge zur Geschichte des Korans*, Diskurse der Arabistik, Bd. 10, Berlin.

—, 2010, « The Second Masahif Project: A Step towards the Canonization of the Qur'anic Text », dans *The Qur'ān in Context. Historical and Literary Investigations into the Qur'ānic Milieu*, A. Neuwirth, N. Sinai et M. Marx éd., Leyde-Boston, p. 795-836.

Arthur JEFFERY, 1952, « The Textual History of the Qur'an », dans *The Qur'an as Scripture*, New York.

Andreas KELLERMANN, 1995, « Die "Mündlichkeit" des Koran. Ein forschungsgeschischtliches Problem der Arabistik », *Beiträge zur Geschichte der Sprachwissenchaft* 5, p. 1-34.

—, 1996, *Koranlesung im Maghreb*, thèse dactylographiée, Berlin.

Frederik LEEMHUIS, 2004, « Readings of the Qur'ān », dans *Encyclopaedia of the Qur'an*, J. Dammen McAuliffe éd., vol. 4, Leyde, p. 353-363.

Michael MARX, 2009, « The Koran according to Agfa. – Gotthelf Bergsträßers Archiv der Koranhandschriften », *Trajekte* 19, p. 25-29.

—, 2008, « Ein Koran-Forschungsprojekt in der Tradition der Wissenschaft des

Judentums: Zur Problematik des Akademienvorhabens Corpus Coranicum », dans *« Im vollen Licht der Geschichte ». Die Wissenschaft des Judentums und die Anfänge der kritischen Koranforschung*, D. Hartwig, W. Homolka, M. Marx et A. Neuwirth éd., Wurtzbourg, p. 41-54.

Angelika NEUWIRTH, 1987, « Der Koran », dans *Gundriss der arabischen Philologie II*, H. Gätje éd., Wiesbaden, p. 96-135.

Theodor NÖLDEKE, 1860, *Geschichte des Qurans*, Göttingen.

Intisar RABB, 2006, « Non-Canonical Readings of the Qur’an: Recognition and Authenticity persist? (The *Himsī* Reading) », *Journal of Qur’anic Studies* 8, p. 84-127.

Sahar as-Sayyid ʿAbdalʿazīz SĀLIM, 1991, *Adwāʾ ʿalā mushaf ʿUthmān wa-rihlatuhn sharqan wa-gharban*, Alexandrie.

Anton SPITALER, 1935, *Die Verszählung des Korans nach islamischer Überlieferung*, Munich.

—, 1952, « Ein Kapitel aus den Fada’il al-Qur’an von AbuʿUbaid al-Qāsim ibn Sallām », dans *Documenta Islamica Inedita*, Berlin.

—, 1960, « Die Schreibung des Typus صلوة im Koran. Ein Beitrag zur Erklärung der koranische Orthographie », *Wiener Zeitschrift für die Kunde des Morgenlandes* 56, p. 212-226.

—, 1975, « Die nichtkanonischen Koranlearten und ihre Bedeutung fur die arabische Sprachwissenschaft », dans *Actes du XXe Congrès international des Orientalistes, Bruxelles, 5-10 septembre 1938*, Louvain, 1940, p. 134-135. Repris dans *Der Koran*, Wege der Forschung 326, R. Paret éd., Darmstadt, 1975, p. 413-414.

—, 1997, *Philologica* (*Beiträge zur Arabistik und Semistik* 1), H. Bobzin éd., Wiesbaden.

DES INDICES D'UN PROTO-LECTIONNAIRE DANS LE « LECTIONNAIRE ARABE » DIT CORAN

I. Introduction. Préhistoire du Coran et Antiquité tardive

Pour éviter toute ambiguïté, disons que ce qui est traduit dans le titre qui précède par « lectionnaire arabe », c'est ce qui est appelé habituellement le « Coran arabe » (*al-qur'ān al-'arabī*), et plus spécialement le Coran ou des parties du Coran des périodes dites mecquoises. Si l'on pense d'abord à lectionnaire, c'est que le mot *qur'ān* n'est pas d'origine arabe, mais vient du syriaque *qəryānā*[1], *i.e.* lectionnaire, ou leçon (*lectio*)/lecture solennelle, avec ou sans cantilation, d'un passage d'une Écriture. Quant à l'expression « proto-lectionnaire », elle vient à l'esprit du lecteur critique du Coran face à l'insistance de ce dernier ou de celui qui l'a composé, voire de ceux qui ont collaboré à sa composition, à se dire, ou à le dire, arabe. Y aurait-il donc eu avant lui un lectionnaire non arabe, ou à tout le moins des éléments d'un tel lectionnaire, que l'auteur ou les auteurs du lectionnaire arabe auraient connu oralement ou par écrit, ou les deux à la fois ? C'est ainsi poser une fois de plus la question de la préhistoire du Coran et de ses sources.

Par préhistoire du Coran, nous n'entendons pas d'abord ici les mots, passages ou thèmes coraniques qui sont ou auraient pu être empruntés au judaïsme, au christianisme, à diverses formes de judéo-christianisme, au manichéisme, au gnosticisme, et évidemment à « la religion patrimoniale arabe ancienne »[2]. Nous voulons plutôt parler de la « la terminologie musulmane savante des différentes couches du Coran »[3] qui apparaît soit dans le Coran, soit dans la tradition musulmane ancienne.

1. Th. Nöldeke, *Geschichte des Qorāns*, I, *Über den Ursprung des Qorāns*, revu par F. Schwally, Leipzig, 1909², II, p. 33 *sqq.* ; J. Horovitz, *Koranische Untersuchungen*, Berlin/ Leipzig, 1926, p. 74 ; A. Jeffery, *The Foreign Vocabulary of the Qur'ān*, Baroda, 1938, p. 233-234.

2. K. Rudolph, « Die Anfänge Mohammeds im Lichte der Religionsgeschichte », dans *Festschrift W. Baetke*, K. Rudolph *et al.* éd., Weimar, 1966, p. 304-308 (p. 298-326).

3. G. Lüling, *A Challenge to Islam for reformation. The rediscovery and reliable reconstruction of a comprehensive Pre-Islamic Christian hymnal hidden in the Koran under earliest Islamic reinterpretations*, Delhi, 2003, p. 12-13, p. 69, p. 111 ; cf. G. Lüling, *Über den Ur-Qur'ān*, Erlangen, 1974, p. 5-6, p. 62-63 et p. 206-209.

À notre avis, le Coran et la tradition interprétante des débuts de l'islam fournissent des pistes en faveur d'une semblable hypothèse – nous disons bien hypothèse, car un chercheur qui travaille avec les instruments de la méthode historico-critique et de l'herméneutique théologique des textes anciens, y compris l'analyse littéraire, peut difficilement produire une thèse. La chose est évidemment différente pour les théologiens et les juristes musulmans, pour lesquels le Coran est constitué des *ipsissima verba Dei*, certitude que l'on laisse à la croyance, laquelle est évidemment invérifiable pour le commun des mortels.

Le Coran est né dans un milieu, dans un espace culturel, en un temps donné, comme n'importe quelle autre production culturelle ou littéraire. Rien ne vient de rien, hormis la création *ex nihilo* par Dieu. Or cela qui est généralement accepté pour la Bible, qu'il s'agisse des Écritures vétéro-testamentaires ou néo-testamentaires, fait encore problème pour certains, dès lors qu'il est question du Coran. Cette constatation a de quoi surprendre dans la mesure où la tradition musulmane interprétante, historique, pseudo-historique, voire légendaire, qui pourtant confesse l'origine purement divine du « lectionnaire arabe » qui a nom Coran, laisse affleurer en beaucoup de ses récits ou traditions, souvent contradictoires – contradictions qui font que les chercheurs ne seront jamais au chômage –, les éléments d'une histoire du « Coran en amont » et du « Coran avant le Coran ». Rien d'étonnant à cela, dans la mesure où le Coran est une production de l'Antiquité tardive, période syncrétiste s'il en fut[4].

De fait, comme nous le verrons, le « lectionnaire arabe » de la période mecquoise sait se faire interprète, dans le double sens d'exégète et de « traducteur », de passages, de *logia*, voire d'extraits d'Écritures ou de traditions religieuses antérieures. Bien plus, son insistance sur sa propre arabité donne à penser qu'il veut se distinguer d'un lectionnaire ou d'éléments de lectionnaires qui, eux, n'étaient pas en arabe, ce pour quoi il nous faut d'abord passer par le détour d'une pratique connue dans l'Antiquité tardive, celle

4. Pour plus de détails et avec références, voir C. Gilliot, « Le Coran production de l'Antiquité tardive ou Mahomet interprète dans le "lectionnaire arabe" de La Mecque », *Revue des mondes musulmans et de la Méditerranée* 129, 2011, p. 31-56 ; C. Gilliot, « The "collections" of the Meccan Arabic lectionary », dans *The Transmission and dynamics of the textual sources of Islam. Essays in honour of Harald Motzki*, N. Boeckhoff-van der Voort, K. Versteegh et J. Wagemakers éd., Leyde, 2011, p. 105-133 ; C. Gilliot, « Mohammed's exegetical activity in the Meccan Arabic lectionary », dans *The Coming of the Comforter: When, Where and to Whom. Studies on the Rise of Islam and Various other Topics in Memory of John Wansbrough*, C. Segovia et B. Lourié éd., Piscataway NJ, 2012, p. 399-421 ; A. Neuwirth, *Der Koran als Text der Spätantike. Ein europäischer Zugang*, Berlin, 2010.

des lectionnaires en usage dans la liturgie des Églises de langue syriaque ou araméenne.

II. L'usage du lectionnaire dans les chrétientés syriaques

Le spécialiste des premières littératures chrétiennes, John Bowman (1916-2006)[5], de l'Université de Melbourne, a attiré l'attention sur l'existence de monophysites à Najran au nord du Yémen (les martyrs de Najran sous le roi judaïsant de Ḥimyar, Ḏū Nuwās, *ca.* 520) et parmi les confédérations arabes, *e.g.* les Ghassanides, royaume dont la capitale était Ḥīra. Pour lui, la prophétologie du Coran et son contenu biblique pourraient s'expliquer par le fait que Mahomet était en contact avec des jacobites (monophysites), chez lesquels le *Diatessaron*[6] de Tatien (m. 170) était en usage, considéré qu'il était comme le texte normal des évangiles. Utilisant ces sources, y compris aussi des passages des évangiles dits apocryphes, Mahomet et ceux qui l'ont aidé[7] auraient ainsi constitué leur propre lectionnaire (*qur'ān*, mot qui n'est pas arabe, ainsi qu'il a été signalé *supra*, mais qui vient du syriaque *qəryānā*, *i.e.* lectionnaire), pour leurs propres besoins.

Les églises orientales suivaient la coutume juive de la lecture publique de l'Écriture, selon le mode du lectionnaire (*kitaba d-qəryānā*), contenant des extraits de la Loi (*uraitha* ou *ktaba d-orayta*, livre de la Tora, ou Pentateuque), des livres des saints Prophètes (*ktabe d-anbiye qaddishe*) et des Actes des Apôtres (*praksis da-tres'ar shlihe qaddishe*). De même, l'évangile ne contenait que des sélections des quatre évangiles, par exemple sous la forme du *Diatessaron*. Un autre volume, appelé *Shliha*, contenait des choix des épîtres de Paul apôtre (*aggrata d-Pa'olos shliha*), ou des épîtres des

5. J. Bowman, « The Debt of Islam to Monophysite Syrian Christianity », dans *Essays in Honour of Griffithes Wheeler Thatcher*, E. C. B. MacLaurin éd., Sydney, 1967, p. 191-216 ; Id., « Holy Scriptures, lectionaries and the Qur'an », dans *International Congress for the Study of the Qur'an*, A. H. Johns éd., Canberra, 1983², p. 29-37.

6. L'Évangile à partir des quatre évangiles, L'Harmonie des évangiles. H. Leclercq, « Diatessaron », *Dictionnaire d'archéologie chrétienne et de liturgie* IV, Paris, 1921, col. 414-70 ; F. Bolgiani, « Diatessaron », *Nuovo Dizionario Patristico e di Antichità Cristiane*, Genève-Milan, A-E, 2006, col. 1398-1400.

7. C. Gilliot, « Muḥammad, le Coran et les "contraintes de l'histoire" », dans *The Qur'ān as Text*, S. Wild éd., Leyde, 1996, p. 26 (p. 3-26) : « [...] la possibilité n'est pas à écarter que le Coran ait été établi à l'intérieur d'un groupe dont Mahomet aurait été le parangon » ; cf. J. Van Reeth, « Le Coran et les scribes », dans C. Cannuyer éd., *Les scribes et la transmission du savoir*, Bruxelles, 2006, p. 73 (p. 66-81), parle de « communauté sectaire, proche du monophysisme syrien radical et du manichéisme, et qui attendait la parousie dans un avenir immédiat ».

apôtres (*aggrata d-shlihé*) en général ; un autre encore, les psaumes (*ktaba d-mazmore d-Dawid*). Un dernier enfin, appelé *Turguma* (interprétation, commentaire), pouvait contenir des homélies métriques parénétiques (*mēmrē*) ; on en lisait des passages après la *qəryānā* et la *Shliha*. C'est ainsi que la *mēmrā*, attribuée à Jacques de Serugh/Jacob de Saruq (m. 521), sur les Sept Dormants d'Éphèse en syriaque, son sermon sur Alexandre le Grand, « le roi croyant », et sur la porte qu'il fit construire, selon la légende, contre Gog et Magog, étaient lus à l'église, probablement comme une *turgama* (traduction et commentaire). Le Coran (mecquois), de par son appellation et de par une grande partie de son contenu, fait penser à un lectionnaire liturgique, et contient justement des éléments des récits qui viennent d'être évoqués (sourate 18)[8].

III. Le lectionnaire arabe mecquois interprète d'Écritures antérieures ?

Lectionnaire et liturgie

Le Coran en son état actuel porte encore des traces de ce que devait être le Coran au début, la *récitation* liturgique de péricopes scripturaires accompagnée de textes méditatifs que la communauté croyante trouvait depuis des siècles dans des *lectionnaires*, selon l'ordre des fêtes liturgiques. Même si l'analyse littéraire et prosodique du texte actuel fait apparaître une ordonnance et une structure à l'intérieur des sourates[9], on se trouve avec le Coran, *mutatis mutandis*, dans la situation où l'on se trouverait si, de l'Ancien Testament, nous n'avions que le livre des Psaumes : allusions à des récits, à des thèmes que l'on ne peut comprendre sans le Pentateuque et sans les livres historiques, mais aussi changements abrupts de sujets à l'intérieur du même psaume (ou sourate, pour le Coran), répétitions du même sujet ou du même thème, « litanies », rappels (*ḏikr* et sa racine pour le Coran) de ce qu'ont fait ou subi les pères et de l'agir divin à leur endroit, etc.

Dans le Coran, se trouvent des textes plus ou moins longs, souvent de nature parénétique, et qui font penser à ces homélies métriques que les

8. S.H. Griffith, « Christian lore and the Arabic Qur'an. The "Companions of the Cave" in Surat al-kahf and the Syriac tradition », dans *Qur'an in Its Historical Context*, G.S. Reynolds éd., Londres, 2007, p. 109-37 ; K. Van Bladel, « The *Alexander Legend* in the Qur'ān, 18 : 83-102 », *ibid.*, p. 175-203.

9. A. Neuwirth, *Der Koran als Text der Spätantike. Ein europäischer Zugang*, Berlin, 2010, p. 332-393 ; A. Neuwirth, *Studien zur Komposition des mekkanischen Suren*, Berlin, 1981. Ou encore selon la « rhétorique sémitique », M. Cuypers, *Le festin. Une lecture de la sourate al-Mâ'ida*, Paris, 2007.

syriaques appellent *mēmrē*, comme nous l'avons vu. Il se dégage parfois du texte coranique une impression de « désordre », avec notamment des passages allusifs, des ruptures de thèmes. Cela se donne à voir de temps à autre comme une sorte de graduel qui rend parfois les parties narratives incompréhensibles. Cet aspect particulier a donné de la tablature à des générations d'exégètes musulmans. Ce mode allusif, dérangeant pour l'esprit, est, par ailleurs, soutenu par une lecture récitative et psalmodiante qui envoûte les auditeurs ou récitateurs musulmans, et qui fait oublier ce que le texte a parfois de « confus »[10].

Le Coran et le genre psalmique

Il n'est pas étonnant que les Psaumes aient été connus plus que tout par Mahomet, parangon du groupe qui l'aidait, avec le Pentateuque, les deux seuls livres de l'Ancien Testament nommés dans le Coran[11], « dans la mesure où ils étaient constamment dans la bouche des juifs en tant que formules de prière »[12]. En un certain sens, Mahomet « met la Tora et les Psaumes sur le même plan »[13] : « Nous avons donné à Moïse le Livre » (Q 17, 1), « et nous avons donné les Psaumes à David » (Q 17, 55). Ce qu'on peut probablement mettre en relation avec Q 26 (*Šu'arā'*) : « C'est une révélation en langue arabe claire » (traduction provisoire). Ceci se trouvait déjà dans les Psaumes des anciens (*zubur*, plutôt que « livres », comme l'a bien vu M. Sfar)[14]. On comprend très bien, selon Hirschfeld, que les Psaumes aient exercé un puissant attrait sur l'âme de Mahomet (*einen mächtigen Reiz auf sein Gemüth ausübten*) qui « non seulement les cite, mais encore les imite »[15]. Cela appert dès la sourate liminaire de la collection du Coran : avec ses courtes phrases, elle ressemble à un psaume, et son sixième verset : « Dirige-nous dans le chemin droit », semble être une réminiscence de Ps 27, 11 : « Enseigne-moi, Dieu, ta voie, conduis-moi sur un chemin de droiture ». La connaissance que Mahomet avait des psaumes paraît être chronologique-

10. J. Van Reeth, « La typologie du prophète selon le Coran : le cas de Jésus », dans *Figures bibliques en islam*, G. Dye et F. Nobillo éd., Bruxelles, E.M.D, 2011, p. 84 (p. 81-105).

11. H. Hirschfeld, *Jüdische Elemente im Ḳorân. Ein Beitrag zur Ḳorânforschung* (Promotionsschrift Universität Strassburg), Berlin, 1878, p. 32-42 ; H. Hirschfeld, *Beiträge zur Erklärung des Korân*, Leipzig, 1886, p. 18-27.

12. H. Hirschfeld, *Jüdische Elemente im Ḳorân. Ein Beitrag zur Ḳorânforschung* (Promotionsschrift Universität Strassburg), Berlin, 1878, p. 31-32 ; *Beiträge zur Erklärung des Korân*, p. 27.

13. H. Hirschfeld, *Beiträge*, *op. cit.* (n. 12), p. 27.

14. J. Van Reeth, *art. cit.* (n. 7), p. 77.

15. H. Hirschfeld, *Beiträge*, *op. cit.* (n. 12).

ment ancienne dans le Coran : « La nuit du Décret est meilleure que mille mois » (Q 97, 3)[16], rappelle : « Un jour dans tes parvis en vaut mille » (Ps 84, 11)[17]. Ou mieux encore : « Un seul jour, pour Dieu, est comme mille ans » (Q 22, 47)[18]. Par ailleurs, plusieurs passages du Coran semblent être influencés par des psaumes[19].

Le Coran sur son arabité supposée (Q 16, *Naḥl*, 103)

L'insistance quasi obsessionnelle que met le Coran à décliner sur tous les tons ses titres d'arabité paraîtra suspecte au lecteur critique. Le *locus classicus* est ici Q 16 (*Naḥl*), 103 :

> « Nous savons bien qu'ils disent : "Un homme l'instruit (*i.e.* Mahomet)". La langue de celui qu'ils veulent insinuer est une langue barbare, et vous voyez que le Coran est un livre arabe clair (*lisānu llaḏī yulḥidūna ilayhi a'ǧamiyyun wa hāḏā lisānun 'arabiyyun mubīn*) » (trad. Kazimirski, modifiée par nous ; traduction provisoire).

Le mot *lisān* est utilisé dans plusieurs autres passages du Coran avec le sens non métaphorique de langue en tant qu'organe de la parole. Certaines de ses occurrences ne se réfèrent pas à la langue arabe, mais à la communication prophétique[20] (Q 28, 34 ; 19, 97 ; 44, 58, ce dernier exemple devant être mis en relation avec Q 54, 17 et 22, 40). En Q 20, 27, où Moïse déclare : « Et dénoue le nœud de ma langue (*min lisānī*) » et aussi en Q 28, 34 : « Mon frère Aaron a l'élocution plus facile que moi » (*afṣaḥu minnī lisānan*, mot à mot : « est plus disert que moi en langue/parole »), nous avons une réminiscence de Ex 4, 14-15 :

> « N'y a-t-il pas Aaron ton frère, le lévite ? Je sais qu'il parle bien, lui [...]. Tu lui parleras et tu mettras les paroles dans sa bouche. Moi, je serai avec ta bouche et avec sa bouche. »

16. Sur la sourate 97, voir G. Dye, « La nuit du Destin et la nuit de la Nativité », dans G. Dye et F. Nobillo éd., *op. cit.* (n. 10), p. 107-169. Il l'a comparée, entre autres, avec l'Hymne de la Nativité XXI par saint Éphrem ; cf. Ch. Luxenberg, « Noël dans le Coran », dans *Enquêtes sur l'islam*, A.-M. Delcambre *et al.* éd., Paris, 2004, p. 117-138.

17. *Ibid.* ; cf. Q 32,5/Ps. 90, 4.

18. A. Geiger, *Was hat Mohammed aus dem Judenthume aufgenommen?*, Leipzig, 1902² (1883¹), p. 76.

19. A. Neuwirth, « Psalmen – im Koran neu gelesen (Ps 104 und 136) », dans *"Im vollen Licht der Geschichte". Die Wissenschaft des Judentums und die Anfänge der Koranforschung*, D. Hartwig *et al.* éd., Würzburg, 2008, p. 157-189.

20. J. Wansbrough, *Quranic Studies* [*QS*], Oxford, 1977, p. 99 ; N. Robinson, *Discovering the Qur'ān. A Contemporary Approach to a Veiled Text*, Londres, 1996, p. 158-159.

L'expression *lisān 'arabī* figure trois fois dans le Coran, toutes dans la période mecquoise (Q 16, 103 ; 26, 195 ; 46, 12), avec le sens métaphorique de langue, c'est-à-dire de parole. Comme le Coran est très auto-référentiel, il est en quelque sorte conscient par rapport à sa propre langue[21]. Il ne dit pas seulement qu'il est en arabe ou en langue arabe, mais il semble déclarer qu'il est dans une langue claire (*mubīn*) : « Nous l'avons fait descendre un Coran [ou : lectionnaire] arabe (*qur'ānan 'arabiyyan*) » (Q 12, 2 ; 20, 113) ; « Nous l'avons fait descendre une sentence[22] arabe » (Q 13, 37) ; « un lectionnaire arabe (*qur'ānan 'arabiyyan*) » (Q 39, 28 ; 41,3 ; 42, 7 : 43, 3) ; « Et cela est un livre confirmant [celui de Moïse] en langue arabe (*lisānan 'arabiyyan*) » (Q 46, 12) ; « en langue arabe claire (*bi-lisānin 'arabiyyin mubīn*) » (Q 16, 103 ; 26, 195)[23].

Les raisons pour lesquelles le Coran insiste tant sur la qualité et la valeur de sa propre langue paraissent polémiques et apologétiques. L'argument de son caractère arabe est à mettre en relation avec Q 14, 4 :

> « Nous n'avons jamais envoyé de messager que s'exprimant dans la langue de son peuple (*bi-lisāni qawmihi*), de sorte qu'il pût rendre le message clair pour eux (*li-yubayyina lahum*). »

Cette déclaration, qui met l'accent sur la langue du messager (Mahomet) et de son peuple (les Arabes), peut être entendue comme une expression de la nature ethnocentrique de cette mission prophétique, mais aussi comme une « preuve divine » de son universalité[24], contestant ainsi une autre langue sacrée, l'hébreu[25], ou vraisemblablement aussi le syriaque, ou l'araméen[26], langues probables de certains des informateurs de Mahomet[27].

Mais en revenant régulièrement sur sa langue, le Coran répond aussi aux accusations qui furent adressées à Mahomet durant la période mecquoise :

21. H. Jenssen, « Arabic language », dans *Encyclopaedia of the Qur'ān* [*EQ*], J. Dammen McAuliffe *et al.* éd., 6 vol., Leyde, 2001-2006, I, p. 132a, l. 5-6 (p. 127-135).

22. Avec l'ambivalence de ce terme en français : jugement/code décisif et propos de sagesse. Anglais : *decisive utterance* ; all. : *Rechtsprechung*.

23. C. Gilliot et P. Larcher, « Language and style of the Qur'ān », *EQ*, III, p. 113a (109-35).

24. J. Wansbrough, *QS*, *op. cit.* (n. 20), p. 52-53, et p. 98.

25. *Ibid.*, p. 81.

26. Considéré aussi, dans une certaine mesure, comme langue sacrée ; J. Van Reeth, « L'araméen : langue du Paradis », dans *La langue dans tous ses états*, Bruxelles, 2005, p. 137-144.

27. C. Gilliot, « Informants », *EQ*, II, p. 513 (512-8) ; « Zur Herkunft der Gewährsmänner des Propheten », dans *Die dunklen Anfänge*, K.-H. Ohlig et G.-R. Puin éd., Berlin, 2005, p. 151-156 et p. 167-169 (p. 148-169) ; cf. aussi, du même, « Les "informateurs" juifs et chrétiens de Muḥammad », *Jerusalem Studies in Arabic and Islam* 22, 1998, p. 84-126.

Q 16 (*Naḥl*), 103 : « Nous savons bien qu'ils disent : "Un homme instruit Muhammad". La langue de celui qu'ils veulent insinuer est une langue barbare, et vous voyez que le Coran est un livre arabe clair ». Les commentateurs expliquent *yulḥidūna* (lecture coufienne : *yalḥadūna*)[28] par « incliner vers, avoir de l'inclination ou de l'affection pour »[29]. C'est la raison pour laquelle Marracci traduit : « Lingua ad quam inclinant (idest, qua loquntur homines illi, a quibus dicunt Mahumetum doceri) est barbara »[30]. George Sale (1697 ?-1736), qui est souvent dépendant de lui a traduit : « the tongue of the person unto whom they incline is a foreign tongue »[31]. Pourtant cette interprétation ne paraît pas convaincante. Il se pourrait que le contexte linguistique et social renvoie au syriaque : la racine arabe *l-ḥ-d*, pourrait être une adaptation du syriaque *l'ez*, « parler énigmatiquement », « faire allusion à », comme dans la racine arabe *l-ġ-z*[32].

L'opposition entre *a'ǧamī*, souvent compris comme barbare, étranger, et *'arabī*/arabe, acquiert son sens, si l'on examine Q 41 (*Fuṣṣilat*), 44 :

> « Si nous avions fait ce Coran (la récitation ou le lectionnaire) en une langue étrangère (*qur'ānan a'ǧamiyyan*), ils auraient dit : Si, au moins, ses versets étaient clairs et distincts (*fuṣṣilat āyātuhu*, ou : bien exposés, expliqués), mais c'est du barbare, [alors que l'auditeur est] arabe (*a'ǧamī wa 'arabī*). »

L'exégète al-Suddī l'Ancien (m. 128/745) interprète *fuṣṣilat* « rendus clairs » (*buyyinat*)[33]. Quant au commentateur al-Ṯa'labī (m. 427/1035), sans citer al-Suddī, il écrit : « dont les versets sont clairs ; ils nous parviennent de sorte que nous le comprenons. Nous sommes un peuple d'Arabes, nous n'avons rien à voir avec des non-Arabes (*'aǧamiyya*) »[34]. Longtemps avant lui, Muqātil b. Sulaymān (m. 150/767) commentait :

28. Ṭabarī, *Tafsīr*, 30 vol., A. Sa'īd 'Alī, Muṣṭ. al-Saqqā *et al.* éd., Le Caire, 1954, XIV, p. 180 ; A.M. 'Umar et 'A.S. Makram, *Mu'ǧam al-Qirā'āt al-qur'āniyya*, Le Caire, 1997[3], III, p. 34-5 ; 'A. al-Ḫaṭīb, *Mu'ǧam al-Qirā'āt al-qur'āniyya*, Damas, 1422/2002, IV, p. 689-90.

29. Muqātil b. Sulaymān, *Tafsīr*, 6 vol., 'Al. Maḥmūd Šiḥāta éd., Le Caire, 1980-9, II, p. 487 ; Farrā', *Ma'ānī al-Qur'ān*, 3 vol., M. 'Alī al-Najjār *et al.* éd., Le Caire, 1955-73, II, p. 113.

30. L. Marracci, *Alcorani Textus Universus*, Patavii, 1698, p. 398.

31. *The Koran* […], *by G. Sale, A new edition*, Londres, s.d. (*ca.* 1840) (1734[1]), p. 207.

32. Ch. Luxenberg, *Syro-aramäische Lesart*, p. 87-91/2004[2], p. 116-9/*Syro-Aramaic reading*, p. 112-115 ; cf. C. Gilliot, « Le Coran, fruit d'un travail collectif ? », dans *al-Kitāb. La sacralité du texte dans le monde de l'Islam*, D. De Smet *et al.* éd., Louvain, 2004, p. 190-191.

33. Ṭabarī, *Tafsīr*, *op. cit.* (n. 28), XXIV, p. 127.

34. Ṯa'labī, *Tafsīr*, 10 vol., Abū M. 'Alī 'Āshūr éd., Beyrouth, 2002, VIII, p. 298.

> « Pourquoi ces versets ne sont-ils pas exposés clairement en arabe, de sorte que nous le comprenions et que nous sachions ce que Mahomet dit ? (*hallā buyyinat bi-l-'arabiyyati ḥattā nafqaha wa na'lama mā yaqūlu Muḥammad*) »[35].

Ces passages auto-référentiels du Coran (mecquois) semblent indiquer que ce Coran-là est une sorte de commentaire ou d'exégèse en arabe d'un livre non arabe ou de collections de « textes », ou de traditions, des *logia*, ou des parties d'un lectionnaire non arabe. Fait remarquable, le Coran ne nie pas que Mahomet aurait pu recevoir un enseignement d'informateurs, mais il insiste sur le fait que le message que Mahomet délivre est dans une langue que les Arabes comprennent : l'arabe.

La traduction habituellement donnée de *bi-lisānin 'arabiyyin mubīn*) (Q 16, 103 ; 26, 195) : « en langue arabe claire » doit être examinée de près et dans le contexte dans lequel nous avons trouvé cette expression plus haut. Tout d'abord *mubīn* est le participe actif de la forme verbale causative et factitive *abāna*, que l'on comprend comme : « rendant [les choses] claires », et c'est ainsi que le comprennent al-Suddī et autres, ainsi que nous l'avons vu. C'est une telle compréhension que suggère aussi Q 14, 4, qui utilise la forme causative et factitive *bayyana* :

> « Nous n'avons jamais envoyé de messager que s'exprimant dans la langue de son peuple (*bi-lisāni qawmihi*), de sorte qu'il puisse rendre le message clair pour eux (*li-yubayyina lahum*). »

Cependant l'opposition adjectivale que l'on trouve en Q 16, 103 entre *a'ǧamī*, d'une part, et *'arabī* et *mubīn*, d'autre part, a été entendue par la grande majorité des exégètes comme une opposition entre « barbare », *i.e.* non arabe (*'aǧamī*) et indistincte (*a'ǧamī*), d'un côté, et clair/pur arabe, de l'autre[36]. Cette opposition s'est établie progressivement dans l'imaginaire religieux des exégètes, sous l'influence de l'idée du *i'ǧāz*, tout d'abord *in statu nascendi*, puis d'un véritable dogme de « l'inimitabilité du Coran », jusque dans sa langue. Or, il semblerait qu'à l'origine Mahomet ait tenté tout à fait consciemment de « créer un livre saint arabe, un *qur'ān*, correspondant à la *qəryānā* chrétienne syriaque », ainsi que l'avait bien vu G. Widengren (1907-1996)[37].

35. Muqātil, *Tafsīr*, *op. cit.* (n. 29), III, p. 746.

36. J. Wansbrough, *QS*, *op. cit.* (n. 20), p. 98-99 ; C. Gilliot et P. Larcher, « Language and style », *art. cit.* (n. 23), p. 114-115.

37. G. Widengren, *Muhammad, the Apostle of God, and his Ascension*, Uppsala, 1955, p. 152 : « Muḥammad's quite conscious effort to create an Arabic holy book, a *Ḳur'ān*, corresponding to the Christian Syriac *Ḳeryānā* ».

Quant aux théologiens, de plus en plus habités par l'imaginaire religieux concernant la perfection absolue de l'arabe du Coran, ils se devaient de tenter de montrer que le Coran est dans une langue « douce, coulante, manifeste/claire/distincte (*sahl, layyin, wāḍiḥ*) », en un mot « claire » :

> « Dans le Coran, il n'est aucune articulation (*ḥarf*) qui soit inusuelle/obscure (*ġarīb*), provenant de la manière de parler des Qoreïchites (*min luġat Qurayš*), hormis trois, car la langue (*kalām*) des Qoreïchites est douce, coulante et distincte, alors que celle des [autres] Arabes est non raffinée (*waḥšī*), inusuelle/obscure. »[38]

Ici, une étape supplémentaire a été franchie, mais elle l'avait été déjà bien avant, en direction de la soi-disant supériorité de la langue des Qoreïchites et de la nature supposée qoreïchite de la langue du Coran, ce dont nous ne traiterons pas ici[39].

Le qualificatif *mubīn* apparaît également dans un autre passage coranique de la dernière période mecquoise ou du début de la période médinoise, et que nous avons déjà rencontré, il s'agit de Q 12 (*Yūsuf*), 1-2 : « Ce sont les versets/signes du livre clair/évident (*tilka āyātu al-kitābi al-mubīn*). Nous l'avons fait descendre un Coran [ou : lectionnaire] arabe (*innā anzalnāhu qur'ānan 'arabiyyan*). Peut-être comprendrez-vous ! ». Comme nous l'avons vu, *mubīn* signifie « rendant [les choses] claires », en opposition avec un lectionnaire en langue étrangère. De ces versets, Ch. Luxenberg propose la traduction suivante, en fonction d'une compréhension syro-araméenne, mais ils pourraient également être entendus ainsi sans passer par le détour de l'araméen, du moins à notre avis :

> « Ce sont les signes (*scripturaires*) (*i.e.* les *lettres* = la copie écrite) de l'Écriture <u>*élucidée*</u>. Nous les avons fait descendre en un <u>*lectionnaire*</u> arabe (= Coran) (ou une <u>*récitation*</u> arabe), <u>*de sorte que vous puissiez*</u> [le] <u>*com-*</u>

38. Abū al-'Izz al-Wāsiṭī (m. 521/1127), *al-Iršād fī al-qirā'āt al-'ašr*, cité par Suyūṭī, *al-Itqān fī 'ulūm al-Qur'ān*, 4 vol. en 2 tomes, M. Abū al-Faḍl Ibrāhīm éd., édition revue et corrigée, Beyrouth, 1974-1975 (Le Caire, 1967[1]), chap. 37, II, p. 124 ; les trois articulations mentionnées sont : 17 : 51 (*fa-sa-yunġiḍūna*), 4 : 85 (*muqītan*), et 8 : 57 (*fa-šarrid bi-him*).

39. C. Gilliot et P. Larcher, « Language and style », *art. cit.* (n. 23), p. 115-121, *et passim*. Voir les études fondamentales suivantes de P. Larcher : « Neuf traditions sur la langue coranique rapportées par al-Farrā' *et alii* », dans *Authority, Privacy and Public Order in Islam*, B. Michalak-Pikulska et A. Pikulski éd., 2004, Leuven, 2004, p. 469-484 ; « D'Ibn Fāris à al-Farrā'. ou un retour aux sources sur la *luġa al-fuṣḥā* », *Asiatische Studien* LIX/3, 2005, p. 797-804 ; « Un texte d'al-Fārābī sur la "langue arabe" réécrit ? », dans *Grammar as a Window onto Arabic Humanism. In Honour of M. G. Carter*, L. Edzard et J. Watson éd., Wiesbaden, 2006, p. 108-29 ; « Qu'est-ce que l'arabe du Coran ? Réflexions d'un linguiste », *Cahiers de linguistique de l'INALCO* 5, 2003-2005 (2008), p. 27-47.

prendre »[40].

Nous avons tenté de rendre la signification ambivalente de *mubīn* (clair/expliqué) par le français « élucidé », *i.e.* « rendu clair », mais elle est plus commodément encore rendue en allemand par *klar* (clair)/*erklären* (rendre clair, expliquer) ou encore *lauter* (clair, limpide)/*erläutern*, et en anglais par *plain* (clair)/*explain* (rendre clair, expliquer).

L'idée que le Coran « traduit », ou mieux « transpose » (all. *übertragen*) en arabe, ou explique/interprète/commente des passages d'un lectionnaire en langue étrangère paraît mieux exprimée encore dans d'autres passages du Coran.

IV. Ce Coran interpréterait-il des « choses » qui lui sont antérieures ?

Nous avons déjà vu plus haut un passage qu'il nous faut maintenant examiner de plus près, à savoir Q 41 (*Fuṣṣilat*), 44 :

> « Si nous avions fait ce Coran (la récitation ou le lectionnaire) en une langue étrangère (*qur'ānan a'ǧamiyyan*), ils auraient dit : Si, au moins, ses versets étaient clairs et distincts (*fuṣṣilat āyātuhu*, ou : bien exposés, expliqués), mais c'est du barbare, [alors que l'auditeur est] arabe (*a'ǧamī wa 'arabī*). »

Dans le contexte, *fuṣṣilat* ne signifie pas « être distingué ou séparé », mais, pensons-nous, « être rendu clair », c'est-à-dire être expliqué, dans le sens de *buyyinat*, dans l'interprétation déjà rencontrée d'al-Suddī, et aussi selon le choix retenu par Ṭabarī[41], lequel évidemment ne veut pas donner à entendre que Mahomet expliquait des parties d'une Écriture non arabe. Comme on le sait, dans plusieurs langues « interpréter » peut signifier expliquer ou traduire/transposer. Tel est le cas notamment en arabe, où *tarǧama* veut dire « traduire », *turǧumān*/*tarǧumān* désignant à la fois un traducteur/interprète et un exégète. C'est ainsi qu'Ibn 'Abbās, cousin de Mahomet, a été consacré par la tradition musulmane *turǧumān*/*tarǧumān al-Qur'ān* (l'interprète du Coran)[42]. *Tarǧama* vient du syro-araméen *targem* : interpréter, expliquer, commenter. Dans les synagogues, les rabbins lisaient des *targums* en araméen après la lecture de la Tora hébraïque que le peuple non éduqué

40. Ch. Luxenberg, *Syro-aramäische Lesart*, 2000[1], p. 80-1/2004[2], p. 112/*Syro-Aramaic reading*, p. 105-106 ; confirmé par J. Van Reeth, « Scribes », *art. cit.* (n. 7), p. 77.

41. Ṭabarī, *Tafsīr*, XXIV, p. 90, ad Q 41 : 1-2.

42. Voir C. Gilliot, « Portrait "mythique" d'Ibn 'Abbās », *Arabica* XXXII, 1985, p. 159-199 (p. 127-183).

ne pouvait comprendre[43]. *Faṣṣala* a le sens du syro-araméen *prâsh/parresh*, interpréter, expliquer, et ce verbe arabe est un synonyme de *bayyana*[44].

Toutefois *fuṣṣilat* est compris, en général, par les exégètes en opposition avec *uḥkimat*, en Q 11 (*Hūd*), 1, un verset dont la variété des traductions témoigne de l'embarras non seulement des traducteurs, mais aussi des exégètes musulmans : « A book whose verses are set clear, and then distinguished from One All-wise, All-aware (*kitābun uḥkimat āyātuhu, ṯumma fuṣṣilat min ladun ḥakīmin ḫabīr*) » (Arberry) ; « Ce livre, dont les versets ont été fermement rédigés, puis développés... » (Kazimirski) ; « Écriture dont les *aya* ont été confirmées puis rendues intelligibles » (Blachère) ; « Voici un Livre dont les versets ont été confirmés, puis expliqués... » (Masson). Ce que J. Horovitz, bien embarrassé, lui aussi, rend par : « ses versets sont bien agencés, et en cela chacun d'entre eux est bien travaillé »[45].

V. La tradition musulmane interprétante au secours de cette hypothèse ?

Nous avons déjà vu plus haut un passage qu'il nous faut maintenant examiner de plus près, à savoir Q 41 (*Fuṣṣilat*), 44 :

> « Si nous avions fait ce Coran (la récitation ou le lectionnaire) en une langue étrangère (*qur'ānan a'ǧamiyyan*), ils auraient dit : "Si, au moins, ses versets étaient clairs et distincts (*fuṣṣilat āyātuhu*, ou : bien exposés, expliqués), mais c'est du barbare, [alors que l'auditeur est] arabe (*a'ǧamī wa 'arabī*) ". »

La compréhension de *uḥkimat/muḥkam* versus *fuṣṣilat/mufaṣṣal*, qui correspond à l'interprétation des exégètes ne semble pas convenir au contexte de la prédication mecquoise. Dans une tradition transmise par Yūsuf b. Māhak al-Fārisī al-Makkī (m. 103/721, 110, voire en 114 !)[46], qui la tenait de Aïcha, et qu'avait déjà citée T. Andrae[47], suivi de G. Lüling[48], Aïcha déclare :

43. J. Van Reeth, « Scribes », *art. cit.* (n. 7), p. 76.
44. Ch. Luxenberg, *Syro-aramäische Lesart*, p. 85/2004², p. 117/*Syro-Aramaic Reading*, p. 110.
45. J. Horovitz, *Koranische Untersuchungen*, *op. cit.* (n. 1), p. 75, n. 2.
46. Mizzī, *Tahḏīb al-kamāl fī asmā' al-riǧāl*, 23 vol., A.'A. 'Abīd et Ḥ.A. Āġā éd., révisée par S. Zakkār, Beyrouth, 1414/1994, XX, p. 501-503, nº 7744.
47. T. Andrae, « Die Legenden von der Berufung Mohammeds », *Le Monde oriental* 6, 1912, p. 18 (p. 5-18).
48. G. Lüling, *Ur-Qur'ān*, *op. cit.* (n. 3), p. 62 et n. 56 (p. 427)/*Urkoran*, 1993²/*Challenge*, p. 69 et n. 69 ; C. Gilliot, « Les traditions sur la composition/coordination du Coran (*ta'līf al-qur'ān*) », dans *Das Prophetenḥadīṯ. Dimensionen einer islamischen Literaturgattung*, C.

« Ce qui descendit en premier de lui [du Coran] fut une sourate d'*al-mufaṣṣal* dans laquelle étaient mentionnés le paradis et l'enfer (*innamā nazala awwalu mā nazala minhu suratun min al-mufaṣṣali fīhā ḏikru al-ǧannati wa al-nār*). »[49]

Cette tradition, à n'en pas douter, fait difficulté à ceux des exégètes pour qui la première révélation fut la sourate 96 (*'Alaq/Iqra'*), dans laquelle il n'est fait mention ni du paradis ni de l'enfer. C'est la raison pour laquelle Ibn Ḥaǧar entend *awwalu mā nazala* : « Parmi les premières choses révélées.... », et exprime l'hypothèse que ce puisse être Q 74 (*Muddaṯṯir*), à la fin de laquelle ils sont mentionnés, ajoutant que cette partie de ladite sourate fut révélée « avant le reste de la sourate *Iqra'* (96, *i.e.* avant les versets 1-5 ou plus) » ![50]

Dès 1912, T. Andrae avait attiré l'attention sur le fait que les sourates 96 et 74, avec leur mise en scène d'appels prophétiques, n'étaient pas les premières sourates, mais que, selon une ancienne tradition bien établie, les premières révélations étaient des commentaires des Écritures ou des traditions religieuses antérieures[51].

Les grandes divergences des exégètes sur le sens que l'on doit donner à *al-mufaṣṣal* appliqué au Coran sont bien connues[52]. Cependant la tradition d'Aïcha est un indice pour une possible interprétation d'*al-mufaṣṣal* et de *fuṣṣilat* que les exégètes et théologiens ne pouvaient pas avoir : elle leur était absolument impensable, pour des raisons théologiques.

Cette tradition évoque le fait que la première prédication de Mahomet avait trait au jugement, aux fins dernières et à l'au-delà. Paul Casanova (1861-1926) a bien montré qu'au début de sa mission, et probablement un peu plus tard encore, Mahomet se considérait *nabī al-malḥama* (*rasūl al-malḥama* ou *nabī al-malāḥim*), c'est-à-dire « le prophète de la fin du monde »[53].

Gilliot et T. Nagel éd., Göttingen, 2005, p. 20-21.

49. Buḫārī, *Ṣaḥīḥ*, 46, *Faḍā'il al-Qur'ān*, 6, Krehl éd., III, p. 395/Ibn Ḥaǧar, *Fatḥ al-bārī*., 'A.'A. Bāz éd., Le Caire, 1390/1970 (Beyrouth, s.d.), IX, p. 38-39, nº 4993/ (el-Bokhâri, *Les traditions islamiques*, 4 vol., trad. O. Houdas et W. Marçais, Paris, 1903-1914), III, p. 526.

50. Ibn Ḥaǧar, *Fatḥ*, IX, p. 40, l. 18-21.

51. T. Andrae, *art. cit.* (n. 47) ; G. Lüling, *Die Wiederentdeckung des Propheten Muhammad. Eine Kritik am « christlichen Abendland »*, Erlangen, 1981, p. 98.

52. Voir notre excursus dans C. Gilliot, « Collecte ou mémorisation du Coran. Essai d'analyse d'un vocabulaire ambigu », dans *Ḥadīṯstudien. Festschrift für Prof. Dr. Tilman Nagel*, R. Lohlker éd., Hambourg, 2009, p. 104-106 (p. 77-132).

53. *Mohammed et la fin du monde. Étude critique sur l'islam primitif* I-II/1-2, Paris, 1911-1924, p. 46-53 ; cf. J. Van Reeth, « Scribes », *art. cit.* (n. 7), p. 71.

Des passages du « premier Coran » semblent avoir été des interprétations d'un lectionnaire (syriaque ?) antérieur. Mahomet et/ou d'autres qui l'aidèrent agissaient sur le mode du *mepashqânâ* (commentateur, interprète, traducteur) ; l'équivalent de *mufaṣṣal* est le mot syriaque *mashlemânūtâ*[54]. *Faṣṣala*, dans ce contexte est à mettre en relation avec le *kitāb mubīn* (Q 5, 15 ; 41, 1) ou le *qur'ān mubīn* (Q 15, 1), qualificatif du lectionnaire arabe : le livre qui *traduit*, qui *explique*[55].

Cette hypothèse nous semble appuyée par une autre tradition « lâche » (*mursal*), dans le vocabulaire des spécialistes musulmans de la critique du *ḥadīṯ*. En effet, dans une tradition « lâche » (*mursal*) que nous n'avons trouvée jusqu'ici que dans l'introduction du commentaire de Ṭabarī (m. 310/923), se trouve une glose de l'un des transmetteurs sur *al-mufaṣṣal* qui est ici d'importance[56] : Ḫālid al-Ḥaḏḏā' (m. 141/758)/ Abū Qilāba (m. 107/725 ou 106) : L'Envoyé de Dieu a dit :

> « M'ont été données, les sept longues (sourates) à la place de la Tora, les redoublées à la place des Psaumes, les centaines à la place de l'Évangile ; mais j'ai reçu une grâce spéciale : le (livre ?) discret (*al-mufaṣṣal*). »[57]

À la suite de cette tradition, Ḫālid al-Ḥaḏḏā' fait une courte intervention sur *al-mufaṣṣal* qui n'est pas sans importance :

> « Ils avaient coutume d'appeler *al-mufaṣṣal* : *al-'arabī*. L'un d'eux a dit qu'il n'y a pas de prosternation dans *al-'arabī* (*kānū yusammūna al-mufassala : al-'arabiyya* (avec *fatḥa*, et non *tā' marbūṭa*). *Qālā ba'ḍuhum : laysa fī l-'arabiyyi sağda*). »

Cette tradition et la glose de Ḫālid al-Ḥaḏḏā' requièrent quelques explications[58].

Aucune des Écritures mentionnées n'était « arabe ». Le Pentateuque et les Psaumes sont en hébreu, mais ils étaient expliqués/interprétés/traduits (*mufassar/mufaṣṣal*) dans des *targums* en araméen ; l'Évangile (au singulier) était en syriaque (le *Diatessaron*, mais il existait aussi d'autres Harmonies des évangiles que celle de Tatien). Mahomet, aidé par des « informateurs »,

54. J. Van Reeth, « Scribes », *art. cit.* (n. 7), p. 80.

55. *Ibid.*, p. 80 ; cf. G. Lüling, *op. cit.* (n. 3), p. 13, p. 69 et p. 111, comprenait déjà *mufaṣṣal* comme commentaire ou glose.

56. Ṭabarī, *Tafsīr*, 16 vol., éd. Šākir (inachevée), Le Caire, 1954-1968, I, p. 100, n° 127.

57. « Discret », ici dans l'acception mathématique, médicale et linguistique du terme : composé d'éléments séparés.

58. Cette tradition est commentée, avec des références, dans C. Gilliot, « Le Coran, production de l'Antiquité tardive », *art. cit.* (n. 4), p. 43-46 et « The "collections" of the Meccan Arabic lectionary », *art. cit.* (n. 4), p. 118-122.

poursuivit donc la tradition vivante de l'Antiquité tardive, celle du « targum », interprétant/traduisant des *logia* pris des Écritures antérieures (ou de traditions orales), et pas seulement des trois mentionnées, mais aussi des apocryphes de l'Ancien et surtout du Nouveau Testament : ce devrait être cela *al-mufaṣṣal al-'arabī* de La Mecque dont la glose de Ḫālid al-Ḫaḏḏā' pourrait avoir conservé la « mémoire culturelle »[59], malgré le « filtrage » des « scribes » musulmans soucieux d'établir l'origine purement divine de l'ensemble du Coran.

VI. Conclusion. Les collectes faites pour établir le lectionnaire arabe (*qur'ān*) mecquois

Que le Coran se réfère à des collections de textes ou de traditions comme étant la base des premières prédications de Mahomet n'est pas chose nouvelle dans la recherche, même si l'on n'a pas tiré tout le profit souhaitable de cette idée. Ainsi ce passage de W. M. Watt[60] :

> « The frequent phrase "this Qur'ān" must often mean not a single passage but a collection of passages, and thus seems to imply the existence of other Qur'āns. Similarly the phrase "an Arabic Qur'ān" seems to imply that there may be Qur'āns in other languages (The phrases occur in proximity in 39.27/8f.)[61]. When it is further remembered that the verb *qara'a* is probably not an original Arabic root, and that the noun *qur'ān* almost certainly came into Arabic to represent the Syriac *qeryānā*, meaning the scriptural reading or lesson in church, the way is opened to the solution of the problem. The purpose of an Arabic Qur'ān was to give the Arabs a body of lessons comparable to those of the Christians and Jews. It is known, too, not only from Tradition and continuing practice, but also from the Qur'ān itself that it was thus used liturgically [17.78/80 ; 73.20][62]. »

59. J. Assman, *Religion und kulturelles Gedächtnis*. Zehn Studien, Munich, 2000.

60. W.M. Watt, *Bell's Introduction to the Qur'ān*, Edinburg, 1970, p. 136-137 ; cf. J. Bowman, « Holy Scriptures, lectionaries and the Qur'an », *art. cit.* (n. 5), p. 32-34.

61. Q 39 (*Zumar*) : 27-8 : « Nous avons proposé aux hommes toute sorte de paraboles dans ce Coran (*fī hāḏā al-qur'āni*), afin qu'ils réfléchissent. C'est un livre que nous t'avons donné en arabe ; il est exempt de détours (*qur'ānan 'arabiyyan ġayra ḏī 'iwağin*). »

62. Q 73 (*Muzammil*) : 20 : « Ton Seigneur sait bien que tu restes en prière, tantôt environ les deux tiers de la nuit (*annaka taqūmu adnā thuluthayi al-layli*), tantôt jusqu'à la moitié, et tantôt jusqu'à un tiers. »

Que le Coran, surtout celui de La Mecque, est un livre liturgique est une chose reçue par les chercheurs[63]. On a, de plus, attiré l'attention sur une forme spéciale de dépendance par rapport à des traditions et à des pratiques antérieures :

> « [...] cela suggère que la liturgie, et particulièrement la poésie liturgique[64], la liturgie chrétienne qui inclut la juive, a stimulé Mahomet et exercé une influence sur lui. »[65]

L'idée de produire ou de compiler un corpus de lectures, voire d'hymnes liturgiques en arabe, comparables à ceux dont disposaient les détenteurs des Écritures antérieures, semble même présente dans le Coran, pour peu que l'on oublie un instant le mythique « Archétype céleste »[66] du livre (ce que serait soi-disant *umm al-kitāb* ; cf. les interprétations de *lawḥ maḥfūẓ*). Selon J. Van Reeth : « Le livre révélé que l'on faisait réciter dans la communauté de Muḥammad n'était donc rien d'autre que la Bible syriaque, la Pešiṭṭâ ». Ce serait cela la « Mère du Livre »[67]. De cela, le Coran semble garder la mémoire culturelle dans le passage suivant : Q 75 (*Qiyāma*), 16-17 :

> « Ne remue pas ta langue en le récitant/lisant (?), pour en finir plus vite. À nous de le collecter et de le réciter. Quand nous le récitons, suis sa récitation. Ensuite, à nous de l'expliquer (*Inna 'alaynā ǧam'ahu wa qur'ānahu, fa-iḏā qara'nāhu fa-'tba' qur'ānahu, ṯumma inna 'alaynā bayānahu*) ».

En vérité, on ne sait trop combien d'actants sont en scène dans ce court passage, non plus qu'on ne sait auquel d'entre eux attribuer les divers actes !

Bayānahu, comme *mubīn*, *fuṣṣilat*, *mufaṣṣal*, *buyyinat*, etc., peut se référer au processus d'interprétation (et de transposition/traduction) de Mahomet et de ceux qui ont pu l'aider dans sa tâche de commentateur. Les *logia* ou extraits d'un lectionnaire liturgique ou de plusieurs, ou encore de traditions orales sont interprétés en arabe. Cela semble suggéré aussi en Q 19, 97 : « Nous l'avons rendu (le Coran) facile dans ta langue (*fa-innamā*

63. Voir A. Neuwirth, « Psalmen – im Koran neu gelesen », *art. cit.* (n. 19) et « Du texte de récitation au canon en passant par la liturgie. À propos de la genèse de la composition des sourates et de sa redissolution au cours du développement du culte islamique », *Arabica* LVII, 2, 2000, p. 224-227 (p. 194-229).

64. Voir G. Lüling, *Ur-Qur'ān/Challenge*, *op. cit.* (n. 3).

65. E. Gräf, « Zu den christlichen Einflüssen im Koran », *Zeitschrift der deutschen Morgenländischen Gesellschaft* 111, 1962, p. 396-399.

66. Voir K. Rudolph, « Die Anfänge Mohammeds im Lichte der Religionsgeschichte », *art. cit.* (n. 2), p. 318-319, pour les références aux antécédents du « Livre céleste ».

67. J. Van Reeth, « Scribes », *art. cit.* (n. 7), p. 75, ou encore : « Visiblement cette image a été conçue pour légitimer le travail rédactionnel de plusieurs générations de scribes », p. 69.

yassarnāhu bi-lisānika), afin que par lui tu annonces de belles promesses aux pieux et avertisses le peuple querelleur ». En syro-araméen *pashsheq* signifie : faciliter, rendre facile, mais aussi expliquer, annoter, transposer et traduire[68]. Mais cela peut se comprendre également sans recours au syriaque. Mahomet, l'avertisseur (*naḏīr*) (du jugement dernier) est l'interprète de sélections tirées d'un lectionnaire en langue étrangère commentées/ adaptées en arabe.

Dans le contexte, le verbe arabe ambigu *ǧama'a* (collecter, rassembler, réunir, savoir par cœur, etc.)[69] est mis en relation avec le mot *qur'ān*, qui n'est pas d'origine arabe, mais qui est emprunté au syriaque *qəryānā*, qui désigne un livre liturgique, en particulier un lectionnaire ; y sont consignés des extraits des Écritures, qu'on lit publiquement au cours de liturgies[70].

Les versets Q 75 (*Qiyāma*), 16-17, examinés plus haut, pourraient être une réponse de plus à l'accusation adressée à Mahomet (Q 16, 103) de se faire enseigner, ou de « collecter » des extraits des Écritures auprès d'hommes quelque peu versés dans celles-ci[71]. Bien avant Luxenberg, R. Bell avait noté à propos de Q 25, 4-5 (« Ceci n'est qu'un mensonge qu'il a inventé, un peuple l'a aidé ») :

> « It is not certain whether the verse quoted above means that he had books transcribed for him, or whether there is any truth in the charge. He may have thus got copies of some Apocryphal books, but if so he was dependent on getting some one, who perhaps happened to be in Mecca, to read them and tell him what was in them. »[72]

En vérité, comme nous l'avons vu, Mahomet (et/ou ses collaborateurs) officie dans certains passages du Coran comme un « deutéronomiste »[73] qui interprète des *logia* d'Écritures antérieures, produisant ainsi une autre Loi (mot à mot une « deuxième Loi », *deuteronomos*).

68. Ch. Luxenberg, *Syro-Aramaic Reading*, p. 123-124/*Syro-aramäische Lesart*, 2000, p. 98-99/2004², p. 130-131.

69. A.-L. Prémare, *Les fondations de l'islam. Entre écriture et histoire*, Paris, 2002, p. 283-284 ; C. Gilliot, « Collecte ou mémorisation du Coran », *art. cit.* (n. 7).

70. Ch. Luxenberg, *Syro-Aramaic Reading*, p. 121/*Syro-aramäische Lesart*, 2000, p. 97/2004², p. 129. *Ǧama'a*, dans ce sens correspond au syriaque *kannesh*, qui a notamment le sens de *compilavit librum* (compiler un livre) ; Ch. Luxenberg, *ibid.*

71. Voir C. Gilliot, « Informateurs », *art. cit.* (n. 7).

72. R. Bell, *The Origin of Islam in its Christian Environment*, Londres, 1926, p. 112.

73. H. Bobzin, « The "Seal of the Prophets": Towards an understanding of Muhammad's prophethood », dans *The Qur'ān in Context*, A. Neuwirth *et al.* éd., Leyde, 2010, p. 580.

C'est du moins ce que l'on peut dire en replaçant lesdits passages du Coran dans le cadre de ce qu'on a appelé, avec raison, une herméneutique de « l'histoire du Salut »[74]. Un bel exemple en ce sens est l'étude récente de David S. Powers sur la figure du fils adoptif de Mahomet, Zayd b. al-Ḥāriṯa, en relation avec l'interprétation, controversée dans les débuts de l'islam, de l'expression « le sceau des prophètes » (l'accomplissement des prophètes ou, au contraire, le dernier des prophètes)[75]. Pour sa part, Jan Van Reeth a tenté de retracer dans le Coran des éléments qui pourraient être apparentés à la *Nouvelle Prophétie* (« hérésie des Phrygiens ») des montanistes et d'une forme du manichéisme. Dans cette hypothèse, les origines de l'islam seraient liées à une « souche montaniste »[76].

Claude GILLIOT

74. T. Nagel, « Islamische Geschichte als Heilsgeschichte? Quellen zur Geschichte des Islams und ihre geschichtswissenschaftliche Bearbeitung », *CIBEO-Beiträge* 4, 2010, p. 173-179.

75. D. S. Powers, *Muḥammad is not the father of any of your men. The making of the last prophet*, Philadelphie, University of Pennsylvania Press, 2009 ; voir C. Gilliot, « Miscellanea coranica I », *Arabica* 50, 2012, p. 109-133.

76. J. Van Reeth, *art. cit.* (n. 10), p. 86-105.

LISTE DES AUTEURS

Mehdi AZAIEZ	Assistant Professor of Islamic Theology, Faculty of Theology and Religious Studies, KU Leuven
Éléonore CELLARD	Doctorante à l'INALCO/EPHE
Hassan CHAHDI	Doctorant EPHE CNRS ERC STG 263361
Viviane COMERRO	Professeur des Universités à l'INALCO
François DÉROCHE	Membre de l'Académie des Inscriptions et Belles-Lettres, Professeur au Collège de France
Alain GEORGE	Senior Lecturer in Islamic Art, University of Edinburgh
Claude GILLIOT	Professeur émérite à l'Université de Provence
Omar HAMDAN	Professeur de théologie islamique à l'Université de Tübingen
Gerald HAWTING	Professeur émérite à la School of Oriental and African Studies de Londres
Jean LECLANT	Secrétaire perpétuel de l'Académie des Inscriptions et Belles-Lettres
Michael MARX	Directeur du groupe de recherche « Corpus Coranicum » à l' Académie des Sciences de Berlin-Brandebourg
Ghassan EL MASRI	Deutsche Forschungsgemeinschaft project Ruin to Resurrection at the Corpus Coranicum - Berlin-Brandenburgische Akademie der Wissenschaften
Christian Julien ROBIN	Membre de l'Académie des Inscriptions et Belles-Lettres
Keith E. SMALL	Associate research Fellow à la School of theology de Londres

TABLE DES MATIÈRES

2e tirage
Achevé d'imprimer sur les presses de l'imprimerie
PEETERS (Belgique)
en septembre 2017